意义学习设计

——国家精品课程"教学理论与设计"学习资源

盛群力　马　兰　主编

ZHEJIANG UNIVERSITY PRESS

浙江大学出版社

图书在版编目（CIP）数据

意义学习设计 / 盛群力，马兰主编. —杭州：浙
江大学出版社，2011.11
ISBN 978-7-308-09081-0

Ⅰ.①意… Ⅱ.①盛…②马… Ⅲ.①教学设计－文
集 Ⅳ.①G42-53

中国版本图书馆 CIP 数据核字（2011）第 184706 号

意义学习设计

盛群力　马　兰　主编

责任编辑	李峰伟
封面设计	王笛轩
出版发行	浙江大学出版社
	（杭州市天目山路 148 号　邮政编码 310007）
	（网址：http://www.zjupress.com）
排　　版	杭州中大图文设计有限公司
印　　刷	杭州日报报业集团盛元印务有限公司
开　　本	710mm×1000mm　1/16
印　　张	20.75
字　　数	396 千
版 印 次	2011 年 11 月第 1 版　2011 年 11 月第 1 次印刷
书　　号	ISBN 978-7-308-09081-0
定　　价	40.00 元

目 录

第一编

探索促进学习者知识迁移和专业持续发展之路*
——国家精品课程"教学理论与设计"建设的体会

盛群力　褚献华　马兰

[摘要]　探索促进学习者知识迁移和专业持续发展之路,努力追求教学、科研和地方服务的协调统一,是本课程建设的主要特点。本文从确立建设思路、主抓教材建设、推出网络平台、凸现教改特色和跟进科研/服务等方面探讨了 10 余年建设《教学理论与设计》课程的经验体会,包括本科生和研究生教学彼此兼顾;课堂多媒体和网站资源协同配合;校际之间互相合作各取所长;教学队伍结构渐趋合理;注意吸收国际同类课程的优秀经验,在国内课程与教学论专业以及教育技术学专业领域的同类课程中处于先进地位,形成了自己的特色。

[关键词]　教学设计　教学理论　高等学校课程建设与教学改革　教师专业发展

一、引　言

"教学理论与设计"(原课程名称"教学论")是教育学科的主要组成部分,也是浙江大学教育学、公共事业管理(教育方向)和教育技术学本科专业必修课,同时还是浙江大学课程与教学论和教育技术学硕士学位必修课,教育硕士专业学位、中小学教师高级访问学者进修班和研究生课程进修班等专业课程。盛群力从 1988 年起担任本课程教学的主讲教师,从 1997 年起主要由褚献华担任主讲教师并逐步尝试双语教学。1996 年,"教学理论与设计"被原杭州大学(现合并入浙江大学)列入首批"百课工程"50 门建设课程之一。经过 10 余年"教学理论与设计"

*　国家精品课程"教学理论与设计"负责人为盛群力。浙江大学教育学院盛群力教授、褚献华副教授(英语授课)和杭州师范大学教育科学学院马兰教授分别担任两个学校该专业课程的主讲教师。建设工作得到了浙江大学本科生院、浙江大学教育学院和教育学系的指导与帮助,得到了浙江大学课程与教学论专业和教育技术学专业同仁的鼓励以及两个学校学生(员)的支持,特致谢忱!

课程建设,培养了几名中青年教学骨干,初步创设了浙江大学教育学系品牌特色课程,同时也锻炼了学术队伍,形成了学术研究特色,开启了与中小学课程及教学改革联系的重要窗口。正因为此,盛群力和褚献华分别获得了教育学系优秀教学奖,马兰连续 6 年获杭州师范大学教学考核优秀并获校"教学十佳"。2000 和 2008 年,本课程两次获得浙江大学优秀教学成果一等奖,其中 2000 年还获得了浙江省高等教育优秀教学成果二等奖。2005 年,本课程获浙江大学精品课程、浙江省精品课程和国家精品课程荣誉称号,这也是全国课程与教学论专业第一个国家级精品课程。2006 年,本课程获浙江大学优质课程。2006 年《浙江大学报》在"精品课程巡礼"系列报道中首篇报道了"教学理论与设计"课程建设的简要体会。2009 年"教学与培训设计"被批准为浙江大学首批研究生示范课程。

探索促进学习者知识迁移和专业持续发展之路,努力追求教学、科研和地方服务的协调统一,是本课程建设的主要特点,本文采用"叙事"的风格谈以下几点体会。

二、确立建设思路

早在 20 世纪 80 年代初,即我国教学理论建设刚刚恢复生机之时,原杭州大学教育学系老一辈学者董远骞、张定璋、裴文敏三位教授就联合推出了专著《教学论》(浙江教育出版社,1984),这是"文革"后正式出版的一本较早的专业教材,引起了同行的关注。稍后,董远骞先生还将他在主讲"教学论"课程时的讲稿改写为《教学原理和方法》(人民教育出版社,1985)一书并出版。张定璋先生则十分重视前苏联教学论研究动态,尤其是对巴班斯基的"教学过程最优化"作了较为充分的研究。

至 20 世纪 80 年代末,我国的教学论著作和教材出版达到了高潮,体现了这门学科建设的繁荣景象。然而,中小学课程与教学改革的实践呼唤着更强有力的理论指导,盼望着教学理论更加贴近课堂实际,改变教学论实际存在着的空洞抽象、板着脸孔讲道理的缺点。同时,教育技术学的发展也要求我们合理吸收新的研究成果,开阔视野,体现学科交叉和学科融合。为此,我们从 20 世纪 90 年代初起,就有意识地在原"教学论"课程中渗透应用性理论的成分,注重研究学生(员)的心理需要,尽量让他们喜欢这一课程,真正使他们感觉学之有用。

这门学科的名称究竟为何? 实际上也是学科建设的一个重要问题。在我国教学论和教育技术研究领域,有的学者还为如何认识"教学论"和"教学设计"这两个学科之间的关系展开了讨论,但无一致结论,甚至还有些争辩。在美国,并没有像我国原来意义上的"教学论"这样的学科,按照当代国际著名教学设计专家赖格卢特(Reigeluth C)的看法,教学设计同教学科学、教学理论是同义词,都属于处方性学科,重在加强理解教学过程、改进教学方法(包括组织的方法、传递的方法和管理的方法)。近年来,还有一些教学设计专家建议将这一学科改称为"教学设计与技术"(IDT),以反映学科发展的实际取向。

我们认为,从我国教学论学科发展的实际需要以及综合性大学和师范大学教育专业培养人才的实际需要来看,可以将这一学科领域称之为"教学理论与设计"(Instructional Theories and Design),并努力反映出教学理论、学习理论和教学技术的融合,强化学科之间的沟通。另外,有关教学设计的研究、教学与实际应用,国内目前至少有四支重要的力量在共同发挥作用:教育技术学、教育心理学、课程与教学论领域的专业研究工作者和广大的教研员及一线教师,虽然各自研究的视角和侧重点有所不同,但目标却是一致的,那就是提升教学技术水准、改进教学成效和发展教学理论。四支力量之间并不存在谁正宗、谁高级、谁专业的问题,只有大家齐心协力,各尽所长,才是繁荣教学设计理论与实践的最佳途径。

为响应教育部关于推动双语教学课程建设的要求,我们根据浙江大学的实际,为本科生分别开设了以汉语为主授课和英语为主授课的课程。同时,考虑到本课程作为师范大学的重要专业课程也需要改造和更新,因此我们在申请国家精品课程过程中,特别邀请杭州师范大学教育科学学院马兰教授共同参加。我们力图通过一系列课程建设和教学改革措施,探索促进学习者知识迁移和专业持续发展之路,使学生在初步掌握教学理论与设计的理念和方法的过程中提高学生用英语进行教学专业领域理论学习和交流的能力,为教学实践和研究夯实专业基础。此外,本课程教学也致力于追赶国际一流大学的先进教学水平,在向国际同类课程的教师或专家看齐的同时凸现出自己的特色,努力追求教学、科研和服务地方的协调统一。

三、主抓教材建设

由主讲教师褚献华承担的本课程采用当代国际著名教学设计专家迪克(Dick W)等人著的英文原版教材《系统化设计教学》(*The Systematic Design of Instruction*,第 5 版,2001,高等教育出版社 2002 年影印版),同时,我们收集了本书的中译文网络版(北京大学汪琼译)和中译文概要版(盛群力译写)。为了使教材能够跟上学科的发展,我们在 2007 学年还调整了英文原版参考教材,尝试使用当代国际最著名的教学设计大师加涅(Gagne R)等人主编的《教学设计原理》(*Principles of Instructional Design*,2006 年第 5 版)。此书英文第 4 版是 1992 年出版的(皮连生教授曾经在 1998 年主持将此书译成中文由华东师范大学出版社出版,英文第 5 版的中文译本也已经由皮连生主持组织翻译并由华东师范大学出版社于 2007 年出版)。加涅在 2002 年去世后,他的理论仍被后来者所继承并予以发展,因此,选用这本新的参考教材就特别有意义了。

在中文教材方面,我们曾经使用过张祖忻教授编写的《教学设计原理与方法》(上海外语教育出版社,1990)和乌美娜教授编写的《教学设计》(高等教育出版社,1994)。在此基础上,我们开始尝试编写自己的教材。1998年,我们编写了《现代教学设计论》并由浙江教育出版社出版,该教材比较适合于研究生、研究生课程进修班和教育硕士使用,教材出版后受到读者欢迎,多次印刷,并由台湾五南图书出版公司于2003年在台湾地区出版了繁体中文本。2006年,此教材(修订版)又被列入高等教育国家级"十一五"教材规划选题。

2005年12月,由三位主讲教师共同努力、精心编写的《教学设计》教材,作为国家精品课程建设的初步成果之一,由高等教育出版社出版。该教材共计10章,39万字。我们认为:教学设计是一门以学习理论、教学理论和教学技术的研究成果为依据的,寻求解决教学问题、优化教学总体成效的应用学科。教学设计不仅涉及课程建设,更关注课堂教学。鉴于此,我们依据"适配内外条件,指导分类教学,聚焦一致原理,深层理解意义"的编写原则,注重采用当代国际先进的教学设计理论、方法和程序,旨在帮助学习者提高教学设计能力,适合课程与教学改革中促进教师专业发展的需要编写。该书特别注重探讨学与教的过程,介绍了十种新颖的教学模式,其中包括:信息加工模式与直导教学模式、意义学习模式与知识建构模式、促进理解模式与学习维度模式、五星教学模式与自然学习模式、自我调节模式与通用学习模式。上述学与教的模式都是国际一流学者倡导和实践的理论,这些理论大多从20世纪80年代才开始成型、发展,其中有些理论在国内介绍很少,尚未进入课程与教学专家或教育技术专家的研究视野;有些虽有介绍,但还未被广大教师真正理解并在实际的教学工作中加以借鉴、改造和运用。有鉴于此,我们在教材中介绍和讨论这些模式,不仅有相应的观点阐述,同时也提供了相关的研究背景信息和教学案例。希望学习者通过了解这些新的学与教的模式,能够对教学设计理论更有热忱和追求,对教学改革实践更有信心和决心。该教材既面向普通高等学校教育学、教育技术学、教育心理学等专业学习者,也可供中小学教师教育或校本研训使用,对学科教研员和学科教学理论工作者也有一定的参考价值,同时也适用于企事业单位的员工培训和从事人力资源管理得人员阅读。此书出版后已经10次印刷,杭州师范大学、宁波大学和省内外其他一些高校和研究机构都将此书作为教材。

在我们已经编写出版的《教学设计》基础上,3位主讲教师还将继续分工负责编写出版新的教材,如盛群力主编《现代教学设计论》(修订版,列入高等教育国家级"十一五"教材规划选题,定位于高年级选修课以及教育硕士参考书,浙江教育出版社2010出版)与《现代教学设计新论》、褚献华主编《教学设计》(英文版,供双语教学使用)和马兰等主编的面向更广泛职前教师的《教学设计》。盛群力还应邀参加了两本高等教育国家级"十一五"规划课程与教学论教材中"教学设计"专章的编写,分别是北京师范大学裴娣娜教授主编的《现代教学论基础》(人民教育出版社,出版中)和沈阳师范大学迟艳杰教授主编的《教学论》(高等教育出版社,2009)。如果条件允许,我们希望在"教材"建设方面迈出更大的步子。我们认为,教材的多样性和选择性是当今高等教育发展和信息化网络化时代的重要特征,也是培养高层次素养人才和综合迁移能力的实际需要。靠教师手中持有一本书来炫耀而学生不甚了解各种信息资源的做法已经难以为继,靠行政力量或者"专业"地位来推出教材的手段也被学生所不屑,两者都是不可能有持久影响力的。学科建设越是能够做到开放,对开拓学生的综合视野和培养学生的综合素养就越有好处。

另外,在本课程教材建设方面,盛群力受邀参加了教育部教育技术学教学专业委员会组织的《教学设计》教材编写的招标立项评审工作和教材出版特约审稿工作,还参加了教育部国家精品课程教育学等学科的网络通讯评审工作。褚献华担任了浙江大学本科生院聘请的专业课程双语教学督导组成员,参与浙江大学专业课程的双语教学实践和质量管理工作。

四、更新教材理念

当代国际著名教育心理学家布鲁纳曾经说过:一个人学习一门学科的知识,不是要建立有关这门学科的小型图书馆,而是要掌握其知识结构和方法原理,只有这样,我们才能早日从知识的成品仓库进入知识的生产车间。我们学习、研究与应用教学与培训设计,当然是离不开掌握相关的知识,但这不仅仅意味着一个人知道些什么,了解了什么,而是表示一个人有了独立思考的力量和自由。所以,学习的过程必须同研究和应用的过程结合起来,努力做到三位一体,彼此促进。

教学设计的理论与教学设计的实践之间双向互动良性循环的关系是大家所向往的,也是我们一直在努力追求的。教学设计教材的编写乃至课程、学科的建设当然反映了这种追求,我们希望体现出在国内同行中取得与浙江大学相称的地位,受到教学领域实际工作者的欢迎。"同行认可,实践管用",这样的双重标准无疑是一种挑战。君不见就像一部电影叫好不叫座,叫座不叫好的窘境屡屡可见。以下陈述的是关于学习、研究教学设计理论和开展教学设计应用的若干想法,其中或许也反映了我们对教学设计教材编写或者相关研究成果的些许特色。

许多人认为,学习的主动性主要来自于授课方式的生动性和形象性,依赖于教师的特质,实际上这样的看法具有片面性。如何让学习者喜爱一门课程?首先应帮助他们解决学习的针对性问题,让他们了解学习某一门课程对自己的发展有什么帮助。我们将教学设计教材建设的重点放在两个方面:一是帮助学习者了解国际上最重要的现代教学与培训设计理论、人物和流派;二是帮助学习者了解和掌握教学与培训设计的一般程序,只有掌握了这一程序,才能在实际应用中得心应手。

先说帮助学习者了解国际上最重要的现代教学与培训设计理论、人物和流派,这是希望学习者能站在高处,取法其上。我们并没有停留在常见的教学论教材介绍当代国际流派和人物时止于皮亚杰、布鲁纳、布卢姆、奥苏贝尔和班杜拉等,而希望有更宽阔的视野,引入一些新面孔,呈现一些新理论,诸如像加涅、赖格卢特、兰达、罗米索斯基、兰达、迪克和凯里、史密斯和拉甘、梅里尔、冯曼利伯、梅耶、乔纳森、斯滕伯格、凯勒、巴纳斯等人的理论或者模式。当然,我们也通过编写参考书目、网络学习资源等方式来帮助学习者了解国内学者在教学设计研究方面的进展。总之,立足当代,放眼世界,同时又注意本土消化,绝不人云亦云,做到人无我有,这就是我们希望追求的风格。

再说帮助学习者了解和掌握教学与培训设计的一般程序的意义。我们认为,帮助教师实现专业化的一个重要途径是把教学看成既是科学,同时又是一种技术(当然还有艺术的成分)。如果说介绍流派和思想,这是讲科学,那么,教学设计流派或者理论研究的一个重要特色是其往往同操作程序是联系起来的,这就要求我们还要讲技术。如果说教学论同教学设计有什么重要区别的话,我们认为教学论比较重视横向铺成,教学设计则更重视纵向贯通。程序是一种规则,需要一定的练习和模拟,但同样重要的是,需要有条件性知识和专业热忱。

将流派和程序比较好地结合起来的一个尝试是我们在《教学设计》教材中突出了"学习与教学的模式"。这些模式反映了一定流派的教学设计思想,同时也具有明显的操作性,其中包括:信息加工模式与直导教学模式、意义学习模式与知识建构模式、促进理解模式与学习维度模式、五星教学模式与自然学习模式、自我调节模式与通用学习模式。我们在教材中介绍和讨论这些模式时,不仅有相应的观点阐述,同时也提供了相关的研究背景信息和教学案例。所以,这些模式后来在刊物上连载时也同样受到了中小学教师的欢迎。

在教学设计系列教材编写时我们也考虑了学习者之间的某种区分。例如,职前教育学习者和职后培训学习者,本科生或者研究生,教育学专业还是教育技术、教育心理学专业,等等。但是,实际上目前由于学习方式的多样性和学习资源的开放性,差异适用除了要在教材的编写上留有取舍余地,教师还应该考虑对教学方式、评估方式等诸多因素进行灵活调整。例如同样是定位于研究生的教材,可是研究生的差异实际上非常大,有的是教育与心理类专业毕业的,有的却是非教育与心理专业毕业的;有的有工作实践经验,有的根本没有。所以,一味地规定这个教材是面向哪一类的学习者,恐怕并不现实。学习是一个建构的过程,而不是简单的传递和搬运,人云亦云不可取,自以为是也不足以效仿。善待自我,欣赏别人,这是在学习与研究中所应该具备的素质。什么样的学习者是智慧型学习者或者是专家型学习者呢?判断标准是知己、知事和知人的动态协调。知己是要把握自己有什么优势和劣势;知事是要通晓任务提出了什么样的要求;知人则要了解协同共事或者利益相关者有什么长处与短处。这样一种三知模式在运作中还要同计划、检查(落实)和评估程序共同发挥作用。学习是如此,工作和生活何尝不是如此呢?也许我们早就应该从钟情于智商高低、地域优劣和家境好环的"察人"定式中摆脱出来了。

在教材的编写过程中,我们也非常注重内容的启发性和多样性。我们认为,学习是自己独立思考的结果,不能全部或者主要建立在教科书的结论和教师的讲授上,尽信书,不如无书;尽信师,不如无师。不能唯书唯师。这就是说,有用的东西不可能完全由别人教给你,还得靠自己用心建构。教师只是一个促进者,修行主要靠自己。所以,读书和听课主要应该把握教师和作者的思路,学习教师和作者是如何确定问题、如何分析问题的。教师讲课要讲思路,学习者就是模仿、研究乃至质疑这一思路,而非花许多不必要的力气去记住细节。要广泛采用列表格、画示意图、写摘要、提问题等学习方式。低效的机械学习和有效的意义学习的区别取决于三种不同的学习结果:会不会选择——是否能找到值得探究的东西;会不会组织——是否能梳理出知识的脉络体系;会不会整合——是否能做到博采众长和融会贯通。

既然读书的过程就是研究和应用的过程,那么,就要舍得时间去查阅文献,浏览网址,做文献索引,写读书笔记,写摘要。要耐得住寂寞和甘于承受思考带来的焦虑,会吃苦,有毅力,瞄准方向沉下心来"等"热点而不是一味去"追"热点,这常常是学习和研究成功的保障。学习者应该学会广泛利用网络检索工具来检索、筛选、提炼、整理资料。检索资料——组织和整理资料——知识创造,这是学习的三部曲。帮助学习者学会这些程序和掌握相应的工具,是专业或者学位课程学习的最重要目标之一。学习者必须树立这样一个观念:由于信息激增,学习某一学科的书和资料不一定都看得完,除了训练快速阅读的技能之外,还要明白一个道理:许多书不是要全部读完的,更不是要全部记住的。重要的是要知道哪本书大概讲了哪些问题,哪些信息可以通过哪些渠道去寻找。也就是说,学习者要在自己的头脑中建立一套索引装置,将精力从信息储存转移到信息检索上来,这样,既减轻了记忆的压力,也能够留出更多的时间来思考,而且学会了信息检索的方法。从信息检索到信息组织乃至知识创新也许只有几步之遥。

教学设计教材的外形是"教材",但是未必说一点都没有"著作"的影子。在人们原来的认识中,教材和著作是泾渭分明的,教材反映的是已知的、成熟的和定论的经验;著作反映的是未知的、探索的和争议中的经验,所以教材属于"后端"产品,因而学术价值稍低一些,著作则是"前端"产品,因而学术品位更高一些。实际上,这样的划分往往同实际情况存在矛盾。我们认为,编写教学设计教材应该带有一定的"研究性",即虽然呈现的是教材形式,但绝不是从其他的教材中"借鉴"或者拼凑的,我们鼓励采用第一手资料,鼓励原创的观点和标新立异。总之,模糊"教材"或是"著作"的界限,我们希望学习者明白,教师讲授的观点和教科书的结论,各种学术著作、论文中的观点都只是一家之言、自圆其说而已。在很多情况下,所谓的"科学理论"只是一种研究者认为是合理的叙述,并非真的科学。由于教育科学要回答的是"非良构"问题,答案不是唯一的,寻找合理答案的路径也并非"自古华山一条道"。因此,不要总是试图去寻找权威说法,不要以为只有一种见解才是合理。学习中一个重要任务是发现不合理之处、矛盾之处,不断学会提出问题。能够正确地提出问题是解决问题的前提,剩下的便是如何调动已有的知识和个人的见解去论证和解决。要淡化教材和教师的支配、决定作用,学习时要有参与研究的意识及勇于探讨的气魄。

我们在教材的编写中,每一章有引言、思考题和主要参考文献。尤其是思考题大多是开放式的,只是提示思考,并不是全部可以在该章中寻找到"参考答案"——有的需要不同章节之间综合思考,有的需要在工作实践或者后续学习中慢慢重新体悟。指望在一年半载中对教学设计理论有透彻的把握,这实在是低估了这门学科的复杂性。所谓掌握,并非一定要给出一个标准答案,也不是一点都没有心存疑虑。学习自然是希望解决问题或者疑惑,但是通过学习之后又会产生新的问题或者疑惑,所谓人的认识的提高就是在这样的曲线中实现的。

五、推出网络平台

教育多媒体技术和网络的普及化使得我们可以足不出户就能广泛便捷地利用各种资源。为了达到创建更便利和更有针对性的学习环境,提供更丰富的学习资源,贯通本科教学、研究生教学和在职培训的目的,我们创建了"国家精品课程'教学理论与设计'网络学习平台"(http://jpkc. zju. edu. cn/jpkc/503/webpage)。目前已经有 20 余万人浏览了该网站,这一网络学习平台主要发挥了以下三个方面的作用:

(1)展示课程建设的成果的窗口。随着网络技术的日益普及,以往局限于一所高校内部的学术研究和教学成果现在能为整个世界所分享。通过课程网站这个窗口,我们可以向国内外的同行们展示我们的学术进展,开展广泛的学术交流,促进学术的发展。同时,网站还能让我们的教学设计研究成果在各级各类学校中得以应用和推广,为推进课程和教学的改革作出积极的贡献。

(2)教学设计学习者的交流平台。修学"教学理论与设计"的本科生、研究生(包括教育硕士)以及在职学习的教师,都可以通过我们课程网站提供的环境,了解国内外最新的课程资源和实践动态,并利用"专题讨论板"平台开展学习交流和学术讨论。

(3)教学设计的学习资源库。我们努力为学习者提供"教学理论、教学设计、学习理论和教学技术"等相关的信息和资源,并且尽可能给予学习指导和提示,提供项目组成员相关的研究成果和课题信息,帮助学生拓展研究能力。例如,我们专门编写了《和教师(学生/员)谈如何作研究和写论文》,除了在教育专业报刊上发表之外,也作为课程学习的一项重要内容。我们非常重视与学生探讨如何利用GOOGLE、EBOSCO等搜索工具和专业数据库来检索和使用文献资料。我们不断完善自编的资料《推荐阅读文献与学习资源》,其中收集了国内外主要的"教学理论"和"教学设计"方面的著作和参考书(包括电子版或通过网络链接),努力让学生了解到最新的资讯。

六、凸现教改特色

本课程的重点是促进学生有效地运用教学理论和教学设计的策略进行初步的教学设计(教案、培训项目等)。但是,我们在教学中遇到的困难是:①本科学生缺乏教学实践经验,影响对教学的深层次理解;②在采用双语教学的班级中,部分学生英语阅读和听说技能还跟不上。

综合三位主讲教师在教学方法与手段所做的改革来看,我们比较注重学生对教学设计专业知识的理解,并不在意学生是否按照教材的观点来记忆。为增加教学信息量,我们用多媒体投影呈现讲课的要点和思考题,并提供电子参考资料,鼓励学生课外阅读和课前准备。我们还组织了稳定的合作学习小组,鼓励合作学习和互相帮助。具体的做法有:

(1)课前准备:①布置预习思考问题、提出教学预期目标;②布置小组学习任务;③教师参与学生小组讨论;④对学生进行个别访谈。

(2)教学主要方法:①教师讲课(配有 PPT 幻灯);②分组讨论问题;③小组代表汇报。

(3)教学辅助方法:①事先分发观摩课的教材和资料,请学生在合作小组中协同备课;②学生分组交流;③播放该观摩课教学实况录像或者到小学教学观摩;④请观摩教师现场"说课"并参与讨论。

(4)课后活动:①提供相关资料,鼓励学生进一步学习;②了解学生的反馈。

综合评定课程学习的成绩也是我们的教改特色之一。我们在教学中重视对学生参与教学过程和技能形成的评价,把评价学习过程与学习结果结合起来,评价知识的掌握和实际的应用结合起来(包括通过英语获得知识的能力、口头和书面表达能力、合作学习探究的能力以及应用理论的能力)。例如,主讲教师褚献华在以英语为主的教学中,评估学生的综合成绩的依据包括:根据一次英语课堂独立测验(10%)、课外完成英语小论文(10%)和课堂英语汇报(5%)、小组合作教案设计(25%)和期末考试综合评定(50%)。我们还尝试了请学生参加编制期末考卷的试题并配上参考答案,作为教师遴选组卷的参照依据之一,这样做也培养了学生综合理解和运用知识的能力。

本课程的教学目标是学生能够运用教学理论和教学设计的原理进行教学设计,因此具有很强的实践性。为了促进学以致用,课程中包括了到中小学课堂现场观察、录像案例分析以及合作设计(教案、课件或培训项目)等实践性环节。为学生争取学以致用的机会,如承接教学设计的一些小项目,组织学生合作完成。小组合作教案设计不仅是考试检查的一个环节,更是实践性教学的一项有效措施,发挥学生的团队精神和协同攻关能力,同时,好的设计教案还要展示交流。学生对观摩听课、教案设计大都抱有浓厚的兴趣和积极的态度。学生们非常认真地对待小组设计任务,设计的作品很好地反映了他们的创造性、主动性和理论联系实际的综合能力。

七、跟进科研服务

抓好科研为地方社会发展服务,培养年轻教师,指导学生开展科研训练,这些都是提高教学质量的有力保障。

我们在"九五"、"十五"和"十一五"期间,连续主持开展了当代教学设计理论新发展研究,这些课题有全国教育科学规划"十一五"教育部重点课题(盛群力主持,2009):五星教学过程研究;教育部人文社科"十一五"规划课题(盛群力主持,2009):当代教学设计理论发展研究——界定、培养与评估高层次问题解决能力;教育部人文社科"十一五"规划课题(马兰主持,2010):教师教学设计能力研究——标准研发、模型构建与培养途径;全国教育科学"十一五"规划教育部重点课题(马兰主持,2007):有效课堂合作学习应用深化研究;浙江省哲学社会科学"十一五"规划重点课题(马兰主持,2008):整体视野下的教学设计应用研究;教育部人文社科"十五"规划课题(盛群力主持,2001):教学与课程设计理论新发展及其学科应用研究;全国教育科学"十五"规划教育部重点课题(盛群力主持,2001):学与教的新方式及其整合研究;浙江省哲学社会科学"十五"规划重点课题(盛群力主持,2004):当代国际教育目标新分类研究;教育部人文社科"九五"规划课题(盛群力主持,1996):教学设计理论新发展等。这些基础研究课题充分保证了教材建设具有一定的独创性和前沿性。

我们还比较广泛地收集了国际上先进的教学设计教材和著作约有二三十种,包括像加涅、罗米索斯基、兰达、梅里尔、迪克和凯里、史密斯和拉甘、赖格卢特、梅耶、马杰、肯普和莫里逊、诸克等人的著作或者教材,其中一部分已经反映在《现代教学设计应用模式》和《现代教学理论、策略与设计》两本译著中,还有一些将在后续的教材和著作中陆续介绍。我们还出版了"教学设计理论与应用丛书",包括《21世纪教育目标新分类》、《合作学习设计》等,在《教育研究》、《课程教材教法》、《人民教育》等十几种专业刊物上发表了数十篇科研和教研方面的论文、译文。从2003年开始,我们在《远程教育杂志》主持了"教育技术与教学设计国际新视野"专栏(2009年改为"设计之路——教学与培训设计的应用理论"),比较系统地引进、介绍和评论了国际教育技术和教学设计的新发展动向。两位主讲教师在2003年曾分别到国际一流的教学设计与技术基地——美国印第安纳大学作专题学术访问,并同国际著名的教学设计专家赖格卢特教授进行了访谈,查阅、复制和购买了数百篇最新教科书和文献资料,同时还到美国的几所中小学实地考察,邀请相关的学者访问我系并讲学,进入本科教学课堂观摩和开展合作研究。这些都对该课程的教学能够跟上国际先进水平提供了有效的帮助,也使得我们在同行中确立了教学设计研究的先进地位。

另外,我们为推广宣传教学理论与设计,在省内外数百个单位做过宣讲,在这些单位中,除了大、中、小学和教研部门以外,同时也有像医疗服务机构、公安交警支队、著名企业集团和培训机构等,为使得教学和科研的成果转化为更为广泛的社会效益提供了可能。我们还指导了浙江省舟山市沈家门第一小学开展"五星教学模式应用研究",帮助该校一批教师掌握了先进的教学理念和方法,研究成果获得了2006年浙江省人民政府教学成果一等奖。马兰指导杭州市饮马井巷小学开展了运用系统设计单元教学的研究,研究成果《整体化教学设计的探索》已经正式出版。褚献华积极参与省内外的中小学英语教师培训,他所做的体现教学设计的理念的讲座受到了广泛的好评。

在指导本科生的毕业论文写作和实践教学中我们也作了积极探索。我们指导的本科学位论文,连续两年获得浙江大学优秀本科毕业论文,并且发表在专业刊物上。其他各届的研究生和本科生都不同程度上参与了本课程建设,包括教材编写和课题研究。在已经出版的几本教学设计教材和著作中,研究生参与的程度是比较高的,并且有些是同学位论文直接挂钩的。

尤其值得称赞的是沈琰同学,她作为浙江大学教育技术学新建专业第一届培养的本科优秀毕业生,直接保送进入硕士阶段继续深造。在学习期间,她发表了数篇学术论文,协助建设了浙江大学数门网络课程学习平台(包括本课程网络学习平台),极其出色地完成了毕业论文,她优秀的综合素质使得其到美国攻读博士学位的申请十分顺利,像佛罗里达州立大学、印第安纳大学等近十所教学设计与技术领域国际一流的大学都向她发送了录取函并提供奖学金。

国家精品课程教学团队中的各位成员还注意协调"教学理论与设计"与其他

相关课程的关系。例如,徐晓霞近年来担任了"教学基本技能"课程,她努力探索采用微格教学和小组学习的方式,来培养学生的教学组织能力和教学实践素养。另外,她还探索了在全校公共选修课《心理素养拓展》课程上运用教学理论和心理学理论,教学受到了同学们的好评。胡平洲博士从美国回来后,担任了教育技术学专业数门课程的教学任务,积极编写《教育技术学》等教材。李艳博士在美国完成学业引进到系工作后,已经编写了《远程教育》的本科英文教材。另外,近年来在培养青年教师方面,我们的主要措施是鼓励在职攻读高一级学位;参加省部级课题研究;出国访问或进修;与国内外同行交流;参加学校的青年教师教学基本功竞赛等,都已经取得了明显的成效。

八、结语

我们在教学设计研究方面虽已做了多年的努力,取得了一些进步,受到学生(员)和专业研究工作者以及一线教师的欢迎。尤其是通过运用现代教育技术和建设网络学习平台,使得本课程发挥了较好的综合影响力(例如我们在获得国家精品课程荣誉称号的几年时间中,浙江大学和杭州师范大学本科专业学生通过修学课程直接受益的有 500 人,教育硕士和研究生课程班的学员受益约有 500 人,面向各级教师专业发展的直接交流和向社会各界普及教学设计受益有 1 万人以上,通过访问网络学习平台浏览、下载资源已经超过了 20 万人次)。但是,我们深知,教学设计在理论研究、课程建设和教改实践还存在着剪刀差,教学设计理论还没能跟上课程改革与教学发展的要求,尤其是向高等学校其他学科的渗透还需要作出更大的努力。近闻浙江大学在研制"个性化制鞋系统"方面有重要突破,受到关注。这不由让人联想到:自然科学的发现和技术进步在社会发展和经济改革中的作用人们是给予充分肯定的,并且主张确保其研发投入是作为自主创新的先决条件。可惜人文社会科学却相对没有如此幸运。实际上,教学(育)科学被公认为是最难最复杂的科学,其中培养、教育人的技术含量是最大的,需要心无旁骛尽力探究。我们相信,只要辛勤耕耘,假以时日,类似的"个性化教学系统(设计)"也会受到应有的重视,并且在实践中开拓更加广阔的天地。

论目标为本的教学设计

盛群力　马　兰　褚献华

[摘要]　系统设计教学是一种目标导向的系列活动。许多教学设计模式都可以被看成是"目标为本"这一基本模式的延伸。教学设计的基本方略可以归结为如何处理好学习的结果与过程同学习的内外部条件的关系，实现有效教学途径在于遵循"分类教学"理念，从宏观和微观两个方面保持学习结果与教学条件的适配。

[关键词]　教学设计　教学条件　学习结果　教学目标

一、什么是目标为本的教学设计

教学设计是一种目标导向的系列活动。无论进行哪个年级、哪个课程层次、哪种具体教学任务的设计，都可以比作一次旅行。当代教学设计理论家普遍认为，教学设计要解决的也是类似"旅行"的三个基本问题，即：①我们要到哪里去？②我们怎样到那里去？③我们是否到了那里？

我们知道，回答"要到哪里去？"这是一个"确立目标"的过程；"怎样到那里去？"则是一个"导向目标"的过程；而"是否到了那里？"却是一个"评估目标"的过程。因此，这三者就是"目标为本"教学设计的要素，用简单的互动反馈路线即可将其联系起来构成一个简洁明了、具有很强扩展力的模式。

当然，我们也可以将这一"目标为本"的教学设计模式转换为"状态变化"的教学设计模式。学习就是发展，而发展本身则体现为事物矛盾的运动，即从一种状态向另一种状态的转化。这就是说，在教学开始前，要以学习者的现有状态为起点来设计教学；在教学中要经历若干过渡状态；最终在教学结束时达到预期的结果状态或目标状态，实现学习者内部心理结构或者外部行为从现有状态向预期状态的转化或发展。因此，所谓教学，从特定的视角看，就应致力于促成和引领这种转化和发展；而所谓的教学设计，也就是选择促成这种转化和发展的最优化途径。

许多教学设计专家都强调，教学设计的奥秘就在于教学目标、教学策略和教学评价三个要素之间的一致性，这也被称为"课程协同一致（curriculum alignment）原理"。当然，在教学设计的实践中，仅有这三要素还是不够的，需要根据教学的情况对模式的要素加以扩展。于是，就出现了教学和培训领域各种各样的设计模式。我们曾经概要介绍了当代教学与培训设计的四种基本模式，即迪克和凯里(Dick W & Carey L)模式、肯普(Kemp JE)模式、史密斯和拉甘(Smith PL & Ragan TJ)模式和马杰(Mager RF)模式。这些模式的共同特点是运用系统论的方法，从教学设计的基本问题出发确立教学设计的框架或模式(即包含了教学分析、教学设计、教学开发、教学实施和教学评估五个阶段的 ADDIE 模式)。例如，史密斯和拉甘就强调，如果将教学设计要回答的三个基本问题转换成教学设计的具体任务，那么它们就是：①开展教学分析以确定"我们将要到哪里去"；②开发教学策略以确定"我们如何到那里去"；③开发与实施评价以确定"我们如何知道是否达成了目标"。

我们可以这样说，"教学目标引领"或者"教学任务统筹"是当代教学设计的精髓。因为正是教学目标决定了教学活动、教学内容、教学策略和教学评价。试想，如果我们连要到哪里去都不清楚，我们何以决定怎样去那里？何以判断是否真的到了那里？在课程与教学改革中，我们应当避免陷入人们常常津津乐道的"教学活动主导"(instructional activity-directed)或者"教学方式变通"(instructional approaches varies)的误区。

当代国际著名教学设计理论家和教育心理学家梅里尔(Merrill，M. D)最近几年一直致力于探索以"聚焦完整任务"为特征的"首要教学原理"(或者称之为"五星教学模式")，提出了"教学策略的不同效能水平说"。他指出，教学策略的保底水平(水平 0)是在教学过程中只呈现相关信息；水平 1 教学策略则是呈现相关信息＋示证新知；水平 2 教学策略扩展为呈现相关信息＋示证新知＋尝试应用；水平 3 教学策略则进一步提升为聚焦完整任务＋示证新知＋尝试应用。也就是说，最高级的教学策略可能不是发现教学，而是在聚焦完整任务的前提下能够扎扎实实地示证新知和尝试应用。另外，受到美国视导和课程开发学会大力推荐的一种教学改革模式——通过设计促进理解(UbD)，在实施中也积极倡导"逆向设计程序"(backward design)，主要分为三个阶段：①确定预期的学习结果；②明确达标要求；③安排学习体验和教学活动。这里所谓的"逆向"，是相对于现在通行的从"安排教学活动、选择教学方法"开始备课而言的。为了反其道而行之，引入了系统化教学设计的概念。

特别值得一提的是：倡导"目标为本"的教学设计，并不与时下所流行的"教学生成"相冲突。谈到教学实践，人们常常会引用"教学有法而无定法"这句话。这里的"法"，其实就是一种"套路"、一种"序列"。无"定法"是在承认有"定法"的前提下根据实际情况进行的变通。有人认为，课堂教学不应该过于关注"预设"，而应该强调"生成"。这种观点貌似新颖，其实站不住脚。试想，没有"预设"，哪来的"生成"呢？毋庸置疑，预设是计划，是教学的准备。教学设计就是要强调"事先筹划"，这是一种积极的"预设"，而绝非刻板僵化的"限定"。很明显，问题不是要不要预设，而是如何预设，即应该"预设"什么、依据什么来"预设"。因此，"预设越细致,生成越自由"是有道理的。课程与教学改革绝不是让教师远离教学设计,恰恰相反,它们对原有的教学设计方法提出了新的挑战和更高的要求。

目标为本的教学设计同"因材施教"的理念也是一致的。教学目标从哪里来?直接套用课程标准或者教材要求是否可行?一般来说,目标为本的教学设计都强调根据学习者特点和需要来确定教学目标。学习者的特点和需要不尽相同,但这并不意味着教学的目标就不可设定。相反,正是由于学生情况的复杂性,决定了教学计划的必要性。只有通过分析发现学生特点和需要的共性以及个体差异,才能设定更灵活和可行的教学目标。教师应该关注如何处理好课程标准、教科书和学习者实际情况之间的落差问题,而不是盲目地追赶进度、机械地覆盖教材内容。

此外,强调目标为本的教学设计,是否意味着在实际教学中应该更倾向于倡导接受式、直导式的教学方式?回答也是否定的。只要有利于学习目标的达成,不论什么教学方式,都在教学设计的选择范围之内。实际上,教学设计反复强调没有单一的、绝对可靠的、最好的教学方式。无论是直导式教学、还是探究式教学,对于达成教学目标具有同样重要的意义。因为,采用什么样的教学方式取决于它们是否能在特定的教学情境中有效地回答"学习结果是什么、学习结果如何达成以及学习结果如何评估"这三个基本问题。

二、为什么要倡导目标为本的教学设计

从目标为本的教学设计要回答的三个基本问题来看,教学设计就是要处理好学习结果与过程、学习内部与外部条件之间的关系。这也是当代教学设计大师加涅(Gagne RM)在 20 世纪七八十年代就基本确立并逐渐完善的教学设计核心思想。

我们知道,所谓"学习",是学习者通过外显的行为表现所反映的一种相对稳定的内部心理结构的变化。很显然,内隐的变化离不开学习过程中的心理运作,外显的行为表现也有赖于对学习结果的明确要求。换言之,学习活动有些是外部的、可观察的,有些则是内部的、不可观察的;有些是学习的过程,有些则是学习的结果。如果采用二维表征的方式,那么,每一次学习活动,实际上都由四种成分构成:

第一,学习过程同内隐运作相结合,我们称之为"内部学习过程"(internal learning processes),即学习者在学习过程中体现的各种"心理活动",如感知、记忆、思考、想象等。这种内部学习过程是难以直接观察得到的。

第二,学习过程同外显表现相结合,我们称之为"外部学习过程"(external learning processes),即学习者对外部世界所拥有的经验,即我们与物、人、事件、观点等所发生的互动。这种互动,体现为心理加工或建构过程的"输入",且通过

形式多样、丰富多彩的学习活动得以展示,如阅读文章、计算机模拟、模仿他人动作、执行口头指令、观看动态画面、与人协作解题等。值得注意的是,外部学习过程的多样性取决于内部学习过程的丰富性。

第三,学习结果与内隐变化相结合,我们称之为"内部学习结果"(internal learning outcomes)。学习结果可以是认知技能或元认知技能,也可以是动作技能、情感态度等,它们都是将学习者的经验转换成能在心理上表征的图式并储存在记忆中。实际上,它们也被称之为"教学目标"或"学习目标"。必须认识到:发生在学习者身上的可观察的才能,反映的是学习的内部结果,比如说新的知识技能或态度等。只有形成了内部的结果,才有可能超越课堂情境或课文局限而实现迁移。

第四,学习结果与外显要求相结合,我们称之为"外部学习结果"(external learning outcomes),这是指学习者已经建构了某种新知识技能或情感态度,而且能够通过外显行为展露和表现出来,使得学习结果具有可观察性,也便于教师通过学生的"表现力"来推断其"摄取力"。

以上对学习结果与过程、学习内部与外部条件之间的关系所做的简要说明或许可以帮助我们更好地认识许多教学现象。以阅读教学为例,在教师领读示范或者学生自读的过程中,学生会产生识记、想象、思考等心理过程,这就是"学习过程的内隐运作";在此基础上,学生会形成新的认知结构或情感结构甚至动作技能线索,如掌握规则或概念等,这就是"学习结果的内隐变化"。至于"学习过程的外显表现",则是学生在课堂上实际展开的学习活动或教学活动,如朗读课文;而"学习结果的外显要求",往往体现在学生实际的学习行为上,如朗读课文应流利且富有激情。需要强调的是,正确认识学习结果与过程、学习的内隐运作(变化)与外显表现(要求)四个方面之间的关系,是系统设计教学取得实效的重要突破口。学习的发生必定是一个结果与过程、外显与内隐相互依存、相互制约的完整事件。内外兼修,协同一致,这才是我们所追求的学习与教学的目标。

虽然从本质上说,学习是一种难以观察的、内在的、体现不同结果的心理建构活动,但是,至于学习者在具体的教学活动中是否达成了教学目标(有没有学到什么),确实需要有外部的行为业绩来证明。学习者必须通过某种外显的表现方式向他人(同伴、教师等)证实自己的学习成果,并得到他们的评估。有时候,学习者用外显的表现方式向自己证实内部心理过程的变化,得到自我评估。换句话说,学习结果的内隐变化外显出来,对教师而言是"教学目标"(instructional objectives),对学生而言则是"学习目标"(learning objectives),两者的共同追求都是建立在学习者内在的、认知结构改变基础上的行为业绩。正因为如此,教学设计者通常观察并描述一些具体的外显行为,用以制订评估学习者的学习业绩。也正是这些明确具体、可观测的学习目标,能够展示原本无法观察和测量的"学习结果的内隐变化"。

需要指出的是,尽管大家都在说"明确教学目标"、"落实教学任务",但是具体的指向可能是大相径庭的。常看到教师将"明确教学目标"理解为本单元或者本节课具体要教什么学科内容,诸如"运用三角形面积计算公式"。但这并不是我们所说的"教学目标"。教学设计要强调的"教学目标引领"或"教学任务统筹",并非只是要求列出学科教学内容。例如,《科学(7~9年级)课程标准(实验稿)》所列的"了解传染病的特点、传播三环节及预防措施",这是学科教学内容,是编制教学具体目标的素材和纲要,但它本身还不是教学目标。教学目标是反映透过学科教学内容背后更深层的学习结果(任务)领域,例如,认知与元认知、情感态度、动作技能、人际交往等。将"了解传染病的特点、传播三环节及预防措施"这一课程标准转化为教学目标,至少可以归结为"了解事实(有关传染病症状的一般现象、特征)、掌握程序(传染病传播的三环节)、形成正确的预防态度等"。事实上,明确的教学目标通常需要用那些反映学习结果分类的行为动词所构成的动宾词组来描述。

在新的课程与教学改革中,教学(育)目标大体被表述为知识与能力、过程与方法、情感态度与价值观三个维度。之所以要提出重视"过程与方法",也是与经历学习过程的心理运作和体验、学会自我监控与调节学习活动有关。实际上也是同我们在上面分析的学习的两个维度和四种具体结合情况相一致的。不过,有的学者在说明"三维目标"时,用一个三角形来表示,试图说明过程与方法同其他二维目标是相类似的。这实际上并不妥当,也是一线教师很难操作的。原因在于过程与方法并不是同知识与能力、情感态度价值观处于同一个层面的。"过程与方法"本身会包容知识与能力、情感态度与价值观,绝没有脱离了知识与能力、情感价值和态度的所谓"过程与方法"。如果我们采用"三维目标",同时又兼顾"过程与方法",比较好的分类可能是:①认知技能(包含了知识)与元认知技能;②情感、态度与价值观;③心理动作技能。正是上述三维目标的不同结合构成了特定的"过程与方法"。

三、如何开展目标为本的教学设计

相对于什么是目标为本的教学设计和为什么要倡导目标为本的教学设计而言,如何开展目标为本的教学设计可能更困难一些。目前基本的共识是采用"分类教学"的策略。这里所谓的"类",一般有三种含义:一是关注学习者的差异,现在比较倡导的教学设计新模式,如"通用学习设计"和"多元课堂教学设计"便是如此。其次是重视学科内容的特点,体现在根据不同学科内容的性质来设计教学(例如,口语教学设计等)。应该说这是多数教师所熟悉的,也是他们一直在追求的教学优化策略。第三种含义是指超越学科内容,探究其隐含的学习结果(任务)领域。这也是教学设计研究最为关注的,因为提高教学效能的真正突破口可能就在于此。因此,要满足上述第三种含义上的分类教学,首先取决于我们对学习结果或者教育目标的正确分类,其次是依据不同的学习结果选择有针对性的教学策略和评估策略。

有关学习结果的分类或者教育目标的分类,学术界目前尚没有一致的意见。从 20 世纪 50 年代开始,以布卢姆(Bloom B)为代表的心理学家开创了认知、情感和心理动作三个领域为核心的教育目标分类学。稍后在 20 世纪七八十年代,加涅、罗米索斯基(Romiszowski AJ)和梅里尔等人也作出了分类,其中,加涅对五种学习结果所作出的分类(言语信息、智力技能、认知策略、态度和动作技能)在教学设计领域内的应用实际上超过了布卢姆的分类。进入 20 世纪 90 年代以后,影响力最大的教育目标新分类可能是安德森(Anderson LW)对布卢姆的认知目标所作的修订(2001,分为知识维度和认知过程维度,由课程专家、教育心理学家、测量专家等组成的团队历经十年修订而成)、豪恩斯坦(Hauenstein AD)的教育目标新分类(1999,对认知领域目标、情感领域目标和心理动作领域目标重新修订及其在三者整合的基础上提出行为领域目标)和马扎诺(Marzano RJ)的新教育目标(2000,2007,提出了依据自我系统目标、元认知系统目标、认知系统目标和知识系统目标的学习/工作行为模型)。从现有的研究趋势来看,认知目标、情感目标、心理动作目标和自我调节学习目标(元认知、自我认识等)是研究者取得的共识,只是在名称和类别划分上尚有些差异。

那么,如何依据不同的学习结果开展有针对性的教学呢?基本的思路可以区分为宏观一致性匹配和微观一致性匹配。

"宏观一致性匹配"所强调的是将学习过程和学习结果看成是学习的内部条件,将教学的策略或事件(instructional strategies or events)看成是学习的外部条件。设计教学,就是要安排好内部学习过程与外部教学条件之间的关系。教学的有效性取决于学习的外部条件与内部条件之间匹配的程度。各种教学事件与学习者内部学习需求的匹配程度越高,学习的效果就越好。反之则不然。教学设计的研究一般倾向于将支持学习的外部教学事件(活动)分为组织策略、传递策略和管理策略。"组织策略"是指教师对教学(课程)内容的选择(包括增减、换序、整合、改编等)和排序;"传递策略"是指教师所选择的教学具体方式和互动形态;"管理策略"是指教师创设人性化的学习环境和提供丰富、相关的学习资源。外部的教学事件一定要通过学习者内部的学习过程才能发挥其影响和作用,这就是我们为什么要强调以学习者为中心,调动师生两方面积极性的理由。

"微观一致性匹配"着眼于课堂教学结构与学习结果之间的协调关系。从 20 世纪 70 年代开始,影响力最大的课堂教学结构是加涅提出的"九大教学事件"，这是从信息加工的视角将学习过程与教学活动相匹配的探索。九大教学事件迄今并没有过时，在其他的教学设计模式中也是一直被广泛参照的。尽管加涅在2002年去世了，但是其新版名著《教学设计原理》（2005年英文第5版）中仍然确认了九大教学事件。加涅的贡献不仅在于从信息加工的流程中提出了教学的步骤，更可贵的是他也一直在探索将五种学习结果与九大教学事件相匹配的课堂教学结构。在当代教学设计研究中，史密斯和拉甘将加涅的九大教学事件扩展为15个步骤（区分为学习者自我生成和教学外部提供两种形态），并同八种学习结果（陈述性知识、概念、原理、程序、问题解决、认知策略、态度和心理动作）相匹配。梅里尔在五星教学模式中也探讨了在"面向完整任务"的前提下，教学过程如何通过"激活旧知—示证新知—尝试应用—融会贯通"四个基本阶段的循环来展开，同时如何将其与四种认知结果（事实、概念、程序和原理）以及四种教学方式（讲解、提问、操练和表现）相匹配的要义。

很显然，这些改进的高明之处在于将各种外部教学事件与特定的学习结果联系起来，以保证教学活动能够真正促进学习者实现知识迁移和素质养成。乍一看，有的人似乎会觉得每一个教学目标都有其独特的学习内部条件，因此，外部条件也应该都不一样。这样的教学岂不符合灵活多样的性质吗？然而，事实并非如此。确切地说，不同的学科可以具有相同的学习结果，同一学科也可以有不同的学习结果。比如"运用欧姆定律计算电阻"、"说出太阳系各大行星的排列位置"、"理解商品的供求关系"、"篮球场上越过对手运球"、"虚心倾听他人说话"等，从教学目标看似乎彼此各不相同，学科内容分属自然、社会、体育等不同学科。然而，依据学习结果、教育目标分类的理论，它们所需要的内部学习条件却是可以加以区分的——认知领域（程序性知识、陈述性知识）、心理动作领域和情感领域。

不同的教学目标如果属于同一学习类型，那么，其学习的内部条件事实上是相同的；不同的教学目标如果属于不同的学习类型，那么，其学习的内部条件则是不同的。例如，虽然具体的内容或概念在不同的教学目标中是不同的（欧姆定律、商品供求关系、居民职业分类等），但是学习的内部条件却是相似的。不管什么样的具体内容，掌握概念的途径都是需要知道该概念的关键特征并将尽可能广泛地在新的实例中运用这些关键特征；掌握规则的途径都是需要了解先决概念以及概念之间的关系；掌握原理的途径都是需要理解先决规则以及规则之间的关系，变化的只是内部学习条件运作时所涉及的具体内容。

那么，不同的教学目标如果属于不同类型的学习任务的话，情况会怎么样呢？我们会发现学习的内部条件是不一样的。例如，"运用欧姆定律"的内部条件与"运球越过对手"的内部条件是有差别的，前者主要是一种程序性知识（规则），而后者则是主要依靠支配肌肉与躯体的运动。

关注学习的内部过程而不是外部教学方法有什么好处呢？除了可以增强教

师自身运用教学方法的能力以及开发与具体学习者相适应的教学内容外,还可以避免被教科书或其他教学参考资料牵着鼻子走,能对自己选择有效的教学方法提出充足的理由,体会教学的创造性与独特性。对一个普通的教师或教研员而言,他可能在教育技术方面并不擅长,他所关注的是学科教学效果,他希望教学设计能够使自己在学科教学上如虎添翼。怎样才能如愿以偿呢?我们的观点是既要基于学科,同时又超越学科。所谓超越学科,不是不尊重学科特点,而是要透过学科表面的差别认识各学科教学的本质,从教学任务或目标的类型上来探讨教学,探寻提高教学效益的新突破口。否则,我们很难设想不同学科甚至同一学科不同年段的教师之间还有什么彼此学习交流的必要性。

总之,依据学习结果或教育目标分类来开展教学指导,是教学设计研究在课堂教学取得实效的一条有效途径。不过,探索的道路还很长,需要理论工作者与广大教师的积极探索和协作实践。

参考文献

[1]何晔,盛群力.为促进理解而教——掌握逆向设计.高校教育管理,2007(2):21—26.

[2]盛群力.21世纪教育目标新分类.杭州:浙江教育出版社,2007.

[3]盛群力.教学设计.北京:高等教育出版社,2005,8—10.

[4]盛群力.教学设计的基本模式及其特点.广州大学学报,2006(7):32—37.

[5]盛群力,李志强.现代教学设计论.杭州:浙江教育出版社,1998,187—203,273—277,239—248.

[6]盛群力,马兰."首要教学原理"新认识.远程教育杂志,2005(4):16—20.

[7]Gagne RM et al. *Principles of Instructional Design*. Belmont:Thomson Learning Inc,2005,195.

[8]Merrill MD. Levels of instructional strategy. *Educational Technology*,2006,5—10.

[9]Smith PL & Ragan TJ. *Instructional Design*. Hoboken, NJ: John Wiley & Sons, Inc,2005,3—16.

面向时代需求，实现范式转变
——赖格卢特论信息时代视角下的教学理论演进

盛群力　余诗诗　许　凯

[摘要]　教学是帮助学习者构建内化知识的各种行为。信息时代所出现的变革呼唤着教学新范式。教学新范式既保留了已经被实践证明了的行之有效的"基本教学方法"（讲解、示证和练习），同时也鼓励采用"变通教学方法"（问题教学、项目学习、模拟学习、辅导学习、认知学徒等）。信息时代的教学理论遵循着四项基本原理，那就是个性化与多样性、主动性与自导性、协作性与情感性、整体性与一体化，而技术在记录学习进步、规划学习蓝图、提供学习指导、评估学习效果等方面也起到了不可或缺的保障作用。

[关键词]　教学理论　教学设计　教学范式　教学改革

教育既要促进社会的发展，也要推动人自身的发展与完善。社会的变革和人自身自由发展的觉醒往往会对教育的旧观念和旧体制提出挑战。世界各国教育改革风起云涌，中国教育改革的中长期目标制订与决策也已提上日程。本文主要介绍当代国际著名教学设计理论家赖格卢特新近呼吁的"信息时代教学理论"之轮廓。赖格卢特长期致力于发展有关教学方法的知识和帮助学校与社区掌握积极参与系统变革的方法（例如他近年主持了"通向成功之路/Journey Toward Excellence"项目）。赖格卢特提出的从社会转型的新需求出发进行系统完整的教育变革，将有助于我们形成教育的新范式，推动教育从关注分等向聚焦学习转变，从达尔文的"适者生存"转向更人道、更民主的"人人成才"。

一、信息时代对教育范式的新需求

变革有两种基本的类型：一种是片段零散的变革，另一种是系统完整的变革，片段零散的变革并不会使系统本身伤筋动骨，通常只是寻找更好的办法来解决老问题，满足旧需求；相反，系统完整的变革则是需要对系统的结构进行大的调整，解决新问题，满足新需求。例如，教师发现现在的学生的起点水平很不一致，需求更加多样化了，那么他就要考虑是否应该采取定制目标、团队协作解决问题和探究学习，并且加大教育技术应用的力度。

教学设计理论需要片段零散的变革还是系统完整的变革？教学设计理论是

指导教学实践促进学习的知识体系,教学实践是整个教学系统和教育系统的一个子系统。系统观点认为,当一个社会系统发生重大变革时,子系统也需要发生相应的变革才能赢得生存。

教育系统或者教学系统发生了哪些重要的变革呢? 赖格卢特认为:许多社会科学家已经注意到工业时代和正在崛起的信息时代之间存在的巨大差异(参见表1)。总之,现有的教育体制绝大部分都是工业时代标志性特征的反映。

表1 工业时代与信息时代的若干标志性特征(赖格卢特,2002,9)

工业时代	信息时代
标准化	个性化
服从性	首创性
划一性	多样性
门类化	整体论
部分定向	过程定向
科层组织	团队组织
集中控制	责任自主
对手关系	合作关系
权威决策	分享决策
单向沟通	网络联系
预设期限	全面质量
主管至上	客户至上

赖格卢特认为,教育的新范式标志着我们需要从"关注分等"向"聚焦学习"转变,从达尔文的"适者生存"到更人道、更民主的"人人成才",即发挥每个人的潜能。这就意味着"教学的范式"(paradigm of instruction)必须从划一标准到度身定制,从覆盖教材到满足学习者需要,从灌注倾倒到帮助学习者用心思考与专注理解,这是聚焦学习的范式(learning-focused paradigm)。这种范式要求学习者从被动学习转向主动学习,从教师中心转向学习者中心(或者共同分享),从教师主导、控制和反应转向师生共同主导、控制和反应,从脱离具体情境的真空状学习向掌握真情实境、富有意义的学习任务。最重要的是,它要求从时间固定而成绩参差不齐的模式中摆脱出来,走向因人而异、灵活多样的达标时间。

这种教学范式的转变,不可能再由教师面向全班在相同的时间相同的地点教同样的事情,意味着教师应该是一个"协力指导"者,而不是"讲坛圣贤"。除了教师之外,精心设计的学习资源、教学设计理论和教学技术、学习同伴、地方资源和远程资源都可以成为教学的有力武器。更进一步说,新的教学范式要求我们对教学(instruction)的定义将认知心理学家所指的"建构"(construction)含义包括进来,也就是帮助学习者构建自己的知识,而不是仅仅向他们传递信息。各种有目的、有意义的事情都应该包括在教学这个概念中,既包括建构法,也包容接受法。

显而易见的是,这种新的教学范式需要教学设计理论也有新的范式。那么,这样是否意味着我们需要抛弃现有的教学设计理论呢?为了回答这个问题,赖格卢特认为应该分析现有理论的主要贡献:如果学习者想要掌握一项技能,那么,这就离不开示证、讲解和操练并给予反馈(demonstration,generality/explanation and practice with feedback),这样做保证了学习更加便捷和有效。带有行为主义色彩的教学理论将它们称之为"举例、规则和练习"(example,rules and practice with feedback),认知主义色彩的教学理论也不否认这样做,只不过换了另外一个名词,称之为认知学徒和支架作用(cognitive apprenticeship and scaffolding),建构主义色彩的教学理论也不例外,只不过他们实际做的是一套,说的又是另一套而已。我们难道应该丢弃这些教学理论吗? 显然不应该;同时,我们应该满足于此吗? 显然更不应该。

教学设计人员和其他教育工作者应该认识到有两种主要的教学方法。一种是"基本方法"(basic methods),另一种是"变通方法"(variable methods)。基本方法已经被实践证明在给定的条件下(即针对特定的学习者和学习类型)总是能够提高学习成功的可能性,例如像"讲解、示证和练习"(tell,show,and do;or generality,examples,and practice with feedback),总是适用于教授掌握一项技能的。而变通方法(如问题教学、辅导学习、学徒制等),则是以基本方法为载体的。虽然这样说明基本方法和变通方法之间的关系有点简单,无疑,我们应该认识两者之间的重要区别。传统的教学设计理论在提供变通方法方面的确缺乏足够的办法。

二、教育新范式的四项基本原理

赖格卢特教授认为,应对信息时代新兴的教育需求,新的教育范式或教学理论必须遵循以下"四项基本原理"。

(一)个性化和多样性

首先,不同学生的学习速率是不一样的。一些学生已经掌握了学习过的知识,却要让他们等待班级里其余学生,这本身就是对其潜力的一种浪费。同样,如果学生还没有掌握现阶段的知识就让他进入下一个学习阶段,这也是一种浪费。第二,当今的信息时代比起工业时代更加复杂多变,所培养的公民需要成为拥有多专业知识的交叉复合型人才。因此,我们必须做到因材施教,根据学生的兴趣和能力帮助他们掌握不同的东西,从而拥有不同的造诣。第三,不同学生的最佳学习方式也有差异。因此,我们在保持学生个性化的基础上,要采取多样化的教学,根据学生个体的实力和智力水平,帮助他们以不同的方式、不同的速度学习,通过教学多样化实现学生成就的多样化。

(二)主动性和自导性

据研究显示,如今的学生在其一生中预计将会变更超过 10 份的工作。众所周知,在知识型工作中,技术和信息变化速率非常之快,劳动者必须在不断学习和创新中适应社会的需求。简言之,社会需要终身学习者。这意味着我们培养的学生不仅要热爱学习,而且要乐于提升学习的技能。因此,我们必须帮助学生成为自我指导的学习者,由被动转变为主动、依赖性转变为独立性,无论是解决问题还是自主学习,都要养成积极主动的心态,只有这样才不致被社会所淘汰。

(三)协作性和情感性

在信息时代,越来越多的雇主将知识工人编入协作团队中,而且,研究表明,在一个人一生的成功中,情商所发挥的作用比智商显得更重要。因为情感是一种巨大的力量,如果一个人的内心有积极、高尚的情感,工作时就会有奉献的激情和忘我的投入;反之,若时常产生"被雇佣"的感觉,精神状态便会大不一样,缺少内心的追求和依恋,成功自然变得困难。因此,学生必须培养自己人际交往和内省的能力。服从性、划一性是工业时代"隐性课程"的基本价值观,但是,在新范式下的隐性课程中,学会与人友好相处,了解自己的情绪、长处、弱点等会被作为新的价值观。因此,教学理论必须回答如何促进学生这些素质的发展。

(四)整体性和一体化

鉴于整个社会处在信息时代变得日益复杂的大环境下,形成系统的思维就显得比以往任何时候都更为重要了。这就是说,要依据各个系统——如生物系统、社会系统、生态系统、组织系统、物质系统、技术系统等——所表现出来的动态因果变化来考虑问题。所有不同的学习科目都是相互关联、不可分割的,若将各学科分离,在一个孤立的情境中教授知识,必会给他们带来严重的弊端。同样,仅仅关注学生的认知能力发展水平也是一个重大的失误,因为社会交往能力发展、情感发展、身体发展等所有其他方面都是相互联系在一起的。每一项都非常重要,不能简单以成绩来划分学生的水平,像暴饮暴食、吸毒、恐吓、暴力、少女怀孕只是片面发展所带来的少数负面结果而已。总之,在信息时代的教育范式中,我们既要关注学生的全面发展,同时也要关注学生的全面学习。这就需要探讨各种综合学习的方式。

以上几点就是"面向学习者的教学设计理论"(learning-focused instructional-design theory),或者说是"面向信息时代教育系统教学理论"的主要特征。它在平衡风险挑战、指引导向、支架协助、自主激励、自主定向等方面予以巧妙结合,从而提供了强有力的学习环境的设计指南。面向学习者的教学设计理论将对以往教学设计理论没有充分关注的变通方法提出指导,包括问题教学、项目学习、团队学习、模拟学习和辅导学习,等等(参见表 2),对如何合理评估学习也作出了重要思考。

表2　信息时代教学理论的若干特征（依据赖格卢特，2009，392－395；2002，10 整理）

基于达标评估（attainment-based progress）

也许最重要的变革发生在从死盯着分等分类中摆脱出来，专注于学生的学习状态。学业进步的模式从基于时间转变为基于达标。不是简单地追赶学习进度时间表，学生只有在掌握了现有的课程内容之后，才能进入到新的学习。实际上，这就是"掌握学习"（mastery learning），每个学生在掌握某一技能或学习某一主题时都应该达到掌握的要求为止。

个性化达标档案（personal record of attainments）

为了实现达标模式的转型，必须追踪每个学生的学习状况。可以通过电子档案等方式，用各种作品证据记录学生掌握技能或主题的情况，以此作为"最近发展区"的重要依据。个性化达标档案为每一个人进入下阶段的学习提供依据。

基于标准的评估（criterion-based assessment）

为了实现基于达标评估，通过个性化达标档案改变了以往重在横向比较的常模参照评估做法，采用标准参照评估，以此来衡量学生进步状况。

基于业绩评估（performance-based assessment）

每个学生都应该通过尽可能是现实生活世界中典型要求的方式作出评估。

因人而异，灵活多样的达标路径（customized, flexible progress）

学生在未掌握现有的技能或学习主题之前不强迫他们进入后续学习，一旦他们达到了掌握要求之后允许随时随地进入下一项技能或学习主题。每一个人都能取得学业成功，尽管所得到的"实惠"是各不相同的，但是各自都尽了自己最大的努力。通过新的技术手段予以支撑，可以使得这种达标路径的优势凸显。

因人而异，灵活多样的达标要求（customized, flexible goals）

依据社会对人才培养要求的差异和学习者自身潜能和兴趣的多样性，我们在提出达到作为一个公民的核心要求之外，应该允许学校有充分的时间保证发展个性特长。

因人而异，灵活多样的达标支持（customized, flexible methods）

教师应提供各种不同的学习机会（各种不同的教学方法）照顾到每一个学生不同的学习风格和学习方式。这是一个扬长避短和扬长补短的过程，也是教学设计理论大有用武之地。教师十分迫切地需要了解使用什么方法和什么时候使用哪一种方法。

个性化学习计划（personal learning plan）

为了实现因人而异、灵活多样的达标路径、达标要求和达标支持，每个学生都应该有适合他自身特点的学习计划。这一计划具体规定了他学什么、按照什么顺序学以及通常什么方法来学，通常采取合同形式（大约 2 个月为一个周期），由学生、父母及其导师来共同制定目标、达标方式和时限。这样的计划也有利于培养学生自我规划的专长。

教师作为指导者（teacher as coach）

教师的角色必须从"讲坛圣贤"转变为"协力指导"，他是一位充满爱心的良师益友，是一位善于设计学生学习活动的行家里手，更是一位学习过程的促进者。每个教师都应该在帮助学生掌握具体学科领域技能和学习任务的同时，指导他们成为有自学能力的人。

续表

意义学习（meaningful content）

每个学生都应该关注掌握那些对个人最有用的技能或主题，包括高层次思维技能和决策能力。

真实情境学习（authenticity）

每个学生所学习的任务或主题都应该与他自身的生活密切联系，应尽可能在一个真凭实据或真情实感的情境中学习。

自我指导与同伴指导学习（self-directed & peer-assisted learning）

学习本身是一个积极主动建构的过程，每个学生都应该全身心投入学习，并且随着能力的不断发展，逐渐地增强自我指导和自我激励的本领。每个学生都应该有充分的机会与同伴开展合作协同学习，同时，也乐意从"教"中学习。

父母作为伙伴参与学习（parents as partners in learning）

父母要参与到创设孩子的个性化学习计划或合同中，并通过与导师或其他服务机构的合作来不断提高自己的抚育技能。

基于社区的学习（community-based learning）

社区以多种方式参与教育服务，例如组织志愿者服务，提供各种资源和场所，促成家校联系和家校-社区联盟等，使得教育与社区组织产生一种特殊的关系。

技术的新角色（new roles for technology）

正像个性化学习需要教师、学生、家长和社区转型一样，也要求技术进步的支持。实际上，如果没有新技术的支持，在未来学校中实现个性化学习是不可能的。

三、教学方法的新分类

赖格卢特主张，教学设计理论是一种对如何更好地帮助人学习与发展提供实际指导的理论。赖格卢特对教学设计功能定位的主要观点概括起来说包括了两个大的方面：一是教学的方法（instructional methods），教学应该看起来像什么；二是教学的情境（instructional situations），在某个时候教学看起来像什么。

教学的情境可以分为两个方面，一是教学的价值；二是教学的条件。教学的价值涉及学习的目标、学习的标准和学习的方法，以及谁有教学的决策权和主动性；教学的条件涉及教学的内容、学习者、学习环境和教学开发的约束条件。

教学方法的分类是非常困难的，主要的原因是很难按照一个维度来对教学方法作出分类。赖格卢特在 1983 年的时候将教学方法按照组织策略（包括宏观组织策略和微观组织策略）、传递策略（选择与使用媒体）和管理策略来划分。

1999 年，他按照六个维度进行分类。这六个维度是：

（1）学习的类型（分为记忆信息、理解关系、运用技能和运用一般技能）；

（2）学习的控制点（分学习者自我控制、教学控制和教学设计人员控制）；

(3)学习的焦点(某一个主题或者问题、单一的学科领域、跨学科领域);

(4)学习的分组(单干学习、配对学习、小组学习和全班学习);

(5)学习中的互动(师生互动、生生互动、学生与其他人互动、学生与工具互动、学生与信息互动、学生与环境等互动);

(6)学习的支持程度(认知支持和情绪支持)。

2009年,赖格卢特倾向于建议用教学方式(instructional approaches)、教学成分(instructional components)和教学内容排序(instructional content sequencing)来对教学方法作出分类。他认为,教学方式比较宏观一些,例如问题教学、体验教学和直接教学等,均属于教学方式。教学成分主要指的是比较微观的教学方式,比如说先行组织者、指导性操练和辅导等。教学内容排序主要是指教学任务的组块大小以及呈现序列。从具体到抽象排序和精细加工排序都是代表。关于教学方式、教学成分和教学内容排序的具体说明,可以参见表3至表5。

赖格卢特指出,面向信息时代的教学理论十分关注如何激励学生学习,调动学生学习积极性的方法和突出学习针对性的方法。可以通过设问对教学情境和教学方法作出选择:

(1)学习目标和学习结果的价值是什么?

(2)教学优先要考虑的是什么?

(3)在特定的教学情境下最有价值的教学方法是什么?

(4)在一个教学的互动情境中教学的决策权和学习主动性会有什么样的影响?

(5)教学内容的属性会对教学方法的选择产生什么样的影响?

(6)教学环境的特征会对教学方法的选择产生什么样的影响?

(7)教学开发约束条件会对教学方法的选择产生什么样的影响?

(8)应该使用什么样的教学方式?

(9)在特定的教学方式中采用哪些教学成分是最适宜的?

(10)应该如何对教学内容开展排序?

表3　教学方式简表(赖格卢特,2009,36—37)

锚桩教学(anchored instruction)

组织真实学习环境开展学习的一种方式,全部的学习活动组织均是围绕着学习者试图解决的某个真实问题(同义词:情境学习 situated learning)。

真实学习环境(authentic learning environment)

当有教学设计人员控制时,真实学习环境主要旨在提供某种教学事件的逼真性或者临场感。在这种情况下,真实性就是现实世界的同义词(同义词:建构学习环境 constructivist learning environment,情境学习 situated learning)。

案例学习(case-based learning)

围绕着实际情境来开展教学的一种比较宽泛的教学方法。

续表

认知学徒(cognitive apprenticeship)

新手和专家开展积极互动来组织教学活动的一种方法,很多情况下是师徒一对一进行学习。此时重点就往往放在思考过程(同义词:学徒学习 apprenticeship learning)。

直接教学(direct instruction)

这一教学方式的特点是仔细地安排教学以促进教学的效能,由 Sigfried Engelmann 创立。

发现学习(discovery-based learning)

教学围绕着帮助学习者发现预先设定的某一模型、概念或者命题进行。

操练(drill and practice)

通过重复提示和矫正性反馈帮助学习者记忆和熟练的一种方法。

讲解教学(expository teaching)

主要依赖教师的讲授来开展教学(同义词:授受教学 didactic,教师中心 teacher-centered)。

做中学(hand on learning)

聚焦通过活动和直接经验——做中学来发现原理和掌握技能或者概念的一种方法。

个别教学(individualized instruction)

照顾到不同学习者的个别需要的一种方法。

探究教学(inquiry-based instruction)

围绕着学习者的兴趣来组织教学的一种方法,鼓励学习者提问,寻找问题的答案就成了学习过程的核心。

教学游戏(instructional game)

通过游戏活动来获得知识、技能和能力的教学活动。

教学模拟(instructional simulation)

为了掌握技能和理解概念,选择同现实生活中复杂性相近的关键因素开展模拟。

学习者中心教学(learner-centered instruction)

关注每一个学习者(知识背景、兴趣、能力和需要)和学习者的学习过程(采用哪一种方法能够最大限度地激发起学习动机和不同类型学习者的学习)。

问题学习或问题教学(problem-based learning/instruction)

围绕着帮助学习者找到解决问题的办法来组织教学。

项目学习或项目教学(project-based learning/instruction)

围绕着制作产品、完成任务或者提供服务来组织教学。

角色扮演(role play)

通过让学习者承担一定的角色以及提供知识技能运用的情境来开展讲解或操练。

教师中心教学(teacher-centered instruction)

教师是教学内容传递的主渠道,传递的方式主要是讲授(同义词:讲解教学 expository,授受教学 didactic,传递教学 transmission-oriented)。

辅导(tutorial)

对教学事件进行适当的调整以满足学生的个别需要。

表 4　教学成分简表（赖格卢特，2009，37－38）

先行组织者（advance organizer）

由奥苏贝尔提出的一种教学方法，主要用于教学活动的启动阶段，以帮助学习者在已知和将要学习的知识之间架起理解的桥梁。

类比（analogies）

在熟悉的和不熟悉的知识之间进行比较，以帮助学习者理解。

真实任务（authentic tasks）

强调和现实的生活密切联系，同时旨在激发起学习者的学习兴趣。

辅导（coaching）

提供操练指导，鼓励新手在教学或者学习练习的情境中积极参与（同义词：促进 facilitating，监控 mentoring）。

协作学习（collaborative work）

主要是通过学习者的协同努力解决问题和完成任务，有助于发挥不同学习者的学习优势（同义词：合作学习）。

合作学习（cooperative work）

通过小组成员的分工来完成学习活动，合作学习活动往往涉及的学习任务较为庞大、复杂（同义词：协作学习）。

示证（demonstration）

由教师向学习者示证如何做某一事情，这一方法通常与学生尝试练习相配合使用（同义词：示范 model）。

精细加工（elaboration）

从某一概念或者技能的简单事例扩展至复杂事例，以帮助学习者充分理解学习内容。

正例和反例（examples & nonexamples）

运用某一概念的事例来说明这一概念的主要属性，同时与没有反映这一概念属性的事例进行对照，以帮助学习者理解概念，区分本质。

反馈（feedback）

向学习者提供有关学习表现的质量信息，以及对错与否的学习指导。

指导性练习（guided practice）

必要时在教师的指导和帮助下学习者开展操练的一种方法。

独立练习（independent practice）

没有教师的指导和帮助的情况下学习者开展自我操练。

同伴辅导（peer tutoring）

学习者帮助同伴掌握知识、技能，并在帮助过程密切监督和反馈。

因人施教（personalization）

依据每一个学习者的特定需要开展教学（同义词：因人而异 customization，个别化教学 individualized instruction）。

练习（practice）

学习者与学习内容重复发生互动的一种学习方法。

续表

预习(preview)

通过让学习者概览即将开展的教学活动,来帮助建立教学目标、激发学习兴趣,主要用于教学的启动阶段。

互惠教学(reciprocal teaching)

学生两两配对或者分成小组开展学习,轮流担任教师的职责,帮助同伴掌握学习内容。

反思(reflection)

通过把自己的学习过程和学习要求进行比较或者分析自己的学习进度,以帮助学习者加深对学习活动的理解,并促进学习者作出自我评价。

复习(review)

将某一学习活动中的要点加以整理以强化、把握关键的概念。

自我评估(self-assessment)

指导学习者把自己的学习和学习要求进行比较,并作出反思。

团队学习(team work)

以小组的形式开展学习,集体完成某一项活动(项目或者任务)。

表 5　教学内容排序简表(赖格卢特 2009,38－39)

从具体到抽象排序(concrete-abstract sequencing)

一种微观的排序方法,旨在依据从具体的、有形的经验向抽象的、符号的经验演变来安排和组织教学内容。

演绎排序(deductive sequencing)

一种微观的排序方法,旨在依据从一般到具体来组织教学内容。

由易到难排序(easy-to-difficult sequencing)

一种微观的排序方法,旨在依据从难度最小的事例到难度最大的事例来组织教学内容。

精细加工概念排序(elaboration sequencing;conceptual)

这是一种从一般概念到具体概念开展排序、组织教学内容的方法(同义词:渐进分化排序 progressive differentiation sequence)。

精细加工程序排序(elaboration sequencing:procedural)

从最简单的程序到最复杂的程序依次展开教学(同义词:最短路径排序 shorter path sequence)。

精细加工理论排序(elaboration sequencing:theoretical)

从最宽泛、包容性最大的原理到最狭窄、包容性最小的原理开展教学(同义词:螺旋课程 spiral curriculum)。

层级排序(hierarchical sequencing)

在教高级的、复杂的知识技能之前,先要掌握低级的、简单的知识技能(同义词:学习先决条件排序 learning prerequisite sequence)。

程序排序(procedural sequencing)

按照实际完成任务的步骤先后顺序开展教学(同义词:顺向连锁排序 forward chaining sequence)。

支架作用(scaffolding)

逐渐地减少或拆除各种教学支持,同时逐渐增加业绩表现的要求,两者结合我们将其称之为支架作用(同义词:拆除 fading 和修造 shaping)。

四、技术在个性化学习中的作用

在信息时代,技术的发展让教育范式处在了改革的前沿,它在教育的新范式中将发挥关键作用。比起工业时代的教学范式,技术可以极大地改善学生的学习,并有可能降低培养学生的成本。赖格卢特教授认为技术在信息时代发挥的新作用主要有以下四种:

(一)记录学习进步

动态实时记录每个学生的个人成绩对教师来说可能是一个噩梦。但技术却非常适合扮演这个角色,它可以帮助教师节省大量的时间。新的记录单替代了原有的成绩报告单,它由三部分组成:首先,它有一个"标准清单",其中包含必要的教育标准(国家,州和地方)和可选的教育标准供教师、学生和家长参考。第二个组成部分是"个人达标清单",它记录着学生已经掌握的技能或知识的个人成绩。从本质上讲,它描绘了学生在标准清单中所列的每一项成就(绩)的进步状况(也许有些还尚未列出)。它不仅表明了每一项成就(绩)达到的时间,下一个需要达到的成就(绩)等,并且链接到每个成绩的证据(汇总数据和/或原始作品的形式)。第三,还配有一份"个性特点清单",追踪影响学生学习的个性特质,如学习风格、多元智能分布、学习兴趣和重大生活事件。

(二)规划学习蓝图

对教师来说,给所有学生制订个性化学习计划或合同也是非常困难的。在这里,技术再一次发挥了其作用。技术可以帮助学生、父母和教师:①确定长期目标;②查明学生目前已经达到的各方面水准;③综合考虑学业要求、长期目标、学习兴趣和机遇等因素,从中选择他们现在希望去追求的东西(短期目标);④确定达成短期目标的各项学习方案(或其他手段);⑤确定其他有兴趣参与该学习方案的学生(如果有需要);⑥明确教师、父母以及其他可能支持学生学习该方案的人各自起着什么样的作用;⑦制订一份合同,明确学习目标、学习方案、学习团队、家长和教师的作用以及每个学习方案的时限。

(三)提供学习指导

如果教师必须像工业时代范式中那样亲力而为的话,那么,由一个教师试图"指导"25 位学生按照各自的速度用不同的方式学习不同的东西,这在任何时候都是非常困难的。然而,技术可以为学生个人(或小组)引进学习项目,提供支持项目学习的教学工具(如模拟、个别指导、操练、研究工具、通讯工具和学习对象),提供监测和支持学生进步的工具,甚至帮助教师和其他人开发新的学习项目和教学工具。

(四)评估学习效果

实施形成性和总结性评价可能是教师的又一个难题,因为学生并不总在同一时间接受测试。技术可以再次大显身手。首先,评估与教学相整合。用于培养技能和理解力的丰富的课堂表现也同样可以用于形成性及总结性评价。第二,在学生展示所学知识和理解程度时,面对的是真实的学习任务。第三,无论是在模拟、辅导、操练,均要求评价学生每一次的表现是否达到了标准,并立即给学生提供形成性反馈。当 X 表现达到的成功标准超过了过去的 Y 表现,就完成总结性评估,相应的成绩记录在学生个人成绩清单中。只有在少数情况下,无法采用新技术进行评估时,请一位观察员用带评价量规的手持设备来评估,对学生的表现提供个人即时反馈。手持设备提供的信息上传到计算机系统后,也将被记录在学生的个人成绩清单里。技术为帮助教师开发评价手段提供了便利,并且与课程标准或者学习要求相关联。教学评价理论对于技术在这方面可实现的潜在贡献有至关重要的作用。

值得注意的是,技术的这四项角色天衣无缝地形成相互联系:记录保存工具自动为规划工具提供信息,规划工具确定可用的教学工具,评估工具融入教学工具,评估工具自动给记录保存工具提供信息。与这种全面综合的工具最接近的说法是"学习管理系统"。当然,这样一个学习管理系统还有很多其他的功能,如通信(电子邮件、博客、讨论版、维基百科、白板、即时通讯、播客等)、LMS 管理、学生常用信息、学校人员信息等。可以看出,技术在转变教学方式使之更好地满足信息时代的学习需求方面是不可或缺的。这里描述的 LMS 将使教师的工作更快,更容易,花费更低。但是,要让技术实现其潜在的贡献,必须依靠运用技术的人来实现。

总之,教学设计理论是一个充满生气活力同时又是不断在生长扩展的领域(a vibrant and growing field),它将帮助我们改变教育与培训系统的需求。目前,我们急切需要更多的理论研究者齐心协力攻关,需要更多的实践探索者去尝试应用,需要得到更多的经费支持。形成性研究是促进这一学科进步的一种方法论,因为其注重如何改进现有的设计理论而不是在不同的理论之间进行比较(这是实验研究感兴趣做的事情)或者去描述运用一个理论发生了什么(这是质性研究欣赏的事情)。

参考文献

[1]段敏静,裴新宁,李馨.教育系统的范式转变——对话国际教学设计专家 Charles M. Reigeluth 教授.中国电化教育,2009(5).

[2]盛群力,程景利.教学设计要有新视野——与赖格卢特教授访谈.全球教育展望,2003 (7):3—5.

[3]Charles M，Reigeluth & Yun-Jo. An instructional theory for education in the information age. In Charles M Reigeluth，Alison A Carr-Chellman(Eds.)*Instructional-Design Theories and Models*，*Volume* Ⅲ：*Building a Common Knowledge Base*. Hillsdale, NJ：Lawrence Erlbaum Associates，2009，387—399.

[4]Reigeluth CM. What is instructional design theory and how is it changing? In C. M. Reigeluth(Ed.)*Instructional-Design Theories and Models*，*Volume* Ⅱ：*A New Paradigm of Instructional Theory*. New York，NY：Taylor & Francis，1999，5—29.

[5]Reigeluth CM & Joseph R. Beyond technology integration：the case for technology transformation. *Educational Technology*，2002，9—13.

论倡导学会表现

盛群力　肖龙海　陈玉海　巴春媚

[摘要]　承认儿童青少年的创新潜能，发现他们每一个人所擅长的独特优势，开发并表现有利于生命全程中可持续发展的品质与能力，这三位一体的任务是当前倡导创新教育的重要宗旨。我们提出用"学会表现"来折射"学会创新"，用善于表现的能力与乐于表现的意愿来聚焦中小学生创新人格的发展。倡导"学会表现"有多方面的现实意义，包括推动儿童心理发展，调整学与教的关系，促使内化和外化衔接转化，个体独特性与群体多样性相得益彰，推动教育改革适应市场经济与社会转型的现实需要等。

[关键词]　学会表现　创新教育　素质教育　基础教育改革

当今社会知识经济的成分正在凸现，科技进步日益加速，对新型人才的需求越来越迫切，培养可持续发展的潜力（包括社会的和个人的）已成为突出的问题。鉴于此，"创新教育"与"教育创新"摆到了我国教育改革与发展的主要议题上。党中央、国务院正式颁布的《关于深化教育改革全面推进素质教育的决定》明确指出，实施素质教育要"以培养学生的创新精神和实践能力为重点"。

每一个儿童与青少年都拥有无限发展的潜能，"创造发明"是他们每个人的天性。学校教育的职责是保护、激活、提升他们的创新萌芽、创新意愿、创新热忱、创新能力——创新人格。学会创新是每一个儿童青少年的"义务"，教会创新则是每一位学科教师、每一位班主任和团队辅导员乃至学校中的每一位教育工作者的职责。承认儿童青少年的创新潜能，发现他们每一个人所擅长的独特优势，开发并表现有利于生命全程可持续发展的品质与能力，这三位一体的任务是当前倡导创新教育的重要宗旨。

当然，我们首先要明确，对儿童青少年来说，"创新"（或者创造发明）指的是什么？对中小学生而言，"创新"应重在形成对主体而言有新颖价值的心理意义，而不是社会意义上的小发明、小发现、小制作。创新离不开个人已有的经验积淀，离不开个人亲身体验和主动建构，当然，更离不开主动提出并善于表现自己（或别人）期待的事情并为之创造实现的条件而不是被动适应或消极等待。中小学生的创新体现在他们每一天、每一刻有个人心理或发展意义的学习、生活之中，创新不应该是，也绝不可能是玄乎神秘的另类活动，谁都无法离开中小学生日常的学习与生活来搞创新教育。

"手脑并用、情知一体"(head，hand & heart)这一说法，用来说明培养中小学生的创新人格，我们觉得是比较贴切的。当然，我们还可以引用各种不同的新理念来表达对"学会创新"的诠释。但是，问题的实质在于：在众多的创新教育探索实践中，如何突出自己的个性，如何使得发展中小学生创新人格研究进而推动一所学校改革与发展，提炼每一个参与研究教师的不同创意，营造出一种校园文化或"潜在课程"式的氛围？鉴于此，我们提出用"学会表现"来折射"学会创新"，用善于表现的能力与乐于表现的意愿来推动中小学生创新人格的发展。

"表现"一词有表达、表示、展现、表露出来的意思，在英文中经常可用"show"(秀，这个词在现代媒体中已不完全是娇柔做作的贬义词了，而基本上是一个中性词甚至带有一定的鼓励倾向)、"express"和"performance"。其中 performance 一词经常被理解为"业绩表现"或"行为表现"。很显然，所谓表现，强调的是将内在的东西(比如人格，它是一种个体内在的心理特征总和，亦即精神面貌)表露、外显、展示出来，让别人(也包括表现者本人)能够清晰具体地感受到，直观形象地观察到。

将"创新力"转换为"表现力"，意味着我们要更多地考虑如何将内在的素质转换为外在的行为。没有表现力，创新力将是空中楼阁；同样，没有创新力，表现力则是无本之木。

当今学科教学改革中已经将关注的目光从求知转到表现，包括认知学派强调的"业绩表现"与建构主义强调的"真凭实据评价"。更有甚者，有的学者开始探索在学科层面如何"学以致表"(from knowing to showing)。实际上有许多学者曾经论述过表现力的重要性。苏霍姆林斯基在《怎样培养真正的人》一书中曾说到：人人都要表现自己，而且每一个人都是按照自己的方式来表现自己的，尤其是每个人都想以一定的方式表现自己。此外，还想给他人一个我是怎样表现自己的印象，而且让人们都想到我的"自我"。很显然，苏霍姆林斯基所说的"我的自我"，就是通过表现来展示每一个人内在的素质，这是一个由内而外、以内养外的过程。我国台湾学者贾馥茗曾给"创造"一词作过这样的界定：创造为利用思维的能力，经过探索的过程，借敏锐、流畅与变通的物质，作出新颖与独特的表现。这是对"创造即表现"的一种清晰界定。

鉴于此，我们特别提出倡导"学会表现"的几点现实意义，以期为在课程、教学、班队活动、社区与家庭(校外)教育中探索表现型学习(performance-based learning)提供理论框架，强化对其重要性的认识。

(一)倡导学会表现与儿童的天性有其一致性

我们之所以经常说儿童青少年是天生的发明创造家，这不是指大家都会有小发明小创造，而是说儿童人人都有表现的欲望。所谓"跃跃欲试"、"不知天高地厚"、"初生牛犊不怕虎"等，便是一些形象的说法。儿童的表现，蕴含着他们对自然与社会的无限好奇,对自身力量的一种尝试检验。正是通过表现(例如探究、质疑、摸索、尝试、构造、拼接、涂画、弹奏、口头与书面沟通、操作或摆弄、身体运动,等等),他们的天性才得以充分展露。

(二)倡导学会表现打通了满足高层次心理需要的道路

现代心理学的需要层次理论认为,人既有基本的需要,例如安全、食性等,也有高层次的表现需要,例如情感需要、胜任需要、自我实现需要等。高层次的心理需要之满足实际上经常同是否善于表现有关。一个善于表现的人,往往能从表现中体验到胜任的欢愉,从表现中寻找到情感寄托,从表现中逐渐实现自我。正是在这样的视角下,人本主义心理学家强调这样一个观点:儿童与成人的区别在于前者是等待着实现自我的人;后者则是相对完整地实现自我的人。因此,帮助儿童实现自我,满足高层次心理需要,应该而且必须借助表现这一中介。

(三)倡导学会表现为推动儿童心理发展提供了催化剂

儿童心理发展往往体现为不断提高的外部要求与主体内部胜任力之间是否匹配的矛盾运动,是发展的可能性(潜能)向现实性(显能)转化的过程,是平衡与不平衡交替转换的对立统一,这一切都似乎离不开表现这一催化剂。有了表现,内部胜任力与外部要求的良性匹配就有了保障,因为表现的过程提升了主体的成就感,使得他觉得我能够应对甚至期待着各种外部情境变化;有了表现,发展的可能性加速转化为现实性,使每一个儿童的潜能被不断挖掘与利用。俗话说,工善其事靠利器。其实,学会表现就是掌握利器的过程。

(四)倡导学会表现是落实意愿与能力协调统一的重要途径

我国心理学研究中一直有强调人的心理可以大体分为认知系统和意向系统之科学传统。我们经常说要愿表现、爱表现、敢表现、会表现。除了会表现是属于能力范畴(主要是"能不能"或"有没有"的问题)之外,其余三个方面都涉及意愿(主要是"愿不愿"或"想不想"的问题)。所以,我们讲"学会表现"不只是善于表现的意思,还要包括乐于表现;不只是一般性的重复性、模仿性表现,还要包括变异式、创意性表现。表现中有情感态度因素,有身体动作协调要求,有知识能力成分,表现中还离不开与人交往、协作成大事。因而,开发儿童的表现力实际上涵盖了教育目标分类的广泛领域,是典型的情知一体化整合途径。

(五)倡导学会表现架起了内化和外化衔接转化的桥梁

儿童的心理发展,首先是将外部的要求现实地占为己有的过程,这便是内化。内化通常体现为吸收、摄取。例如思考、观察、注意、想象、记忆、操作等都是内化过程所离不开的。其次,心理发展也离不开外化,这是一个释放、展露的过程。例如写作、述说、表情达意、问题解决、与人交往沟通、动手动身体操作等都是外化过程经常涉及的形式。内化和外化如何才能衔接转化,体现出良性互动型的循环回路,这便需要有"表现"搭桥铺路。不仅外化过程与表现直接有关,内化过程同样离不开表现(因为吸收中必须调用已有的经验)。正是有了表现,才可能激活个体的经验储备,加深对新学习任务的理解,不仅满足吸收本身的需要,同时加速转化为实际的应用迁移。

(六)倡导学会表现可以更好地调整学习过程与学习结果的关系

许多教育理论都曾经为应该聚焦过程还是重视结果而各执一词。实际上,如果我们将"表现力"作为一个中介因素来看,那么,就比较容易协调好两者的关系。学习过程之所以重要,乃是因为离开了过程求结果便是缘木求鱼,这是其一。其次还由于在基础教育中我们无法教给儿童他将来可能需要的各种学习结果,因而必须重在"授人以渔",即方法、策略、程序等。但是,这不等于说我们可以忽略学习结果。维持过程与结果之间的必要张力,出路在于倡导学会表现。这是因为,结果本身就是表现的对象,过程也往往可以成为表现的载体。结果中有表现,过程中也有表现。有了表现,学习结果和学习过程都将成为学生创新人格发展的有力保障。

(七)倡导学会表现能够促成个体独特性与群体多样性相得益彰

素质教育的基本理念是使每一个个体和每一组群体都能够得到优化发展,这便是一般发展与特殊发展协调、共同发展与差异发展整合的辩证关系。所以,表现不仅反映在每一个个体身上,同样对每一组群体也提出了要求。千人一面、整齐划一的表现当然不是我们所希望的,实际上也是违背儿童身心发展规律的。每一个人独特的表现(既能够善待自我,又能够欣赏别人)带来了每一组群体表现的多样性。独特性和多样性共存互惠的局面将大大激励学习者主体表现的欲望及赢得表现的成就感、满意感。

(八)倡导学会表现既要求承担个人责任,也有益于分享他人经验

表现需要有真"本事"。为个体充分展示自己、实现自我提供了机会。所谓"实践出智慧"、"锻炼长才干",就是因为责任落到了自己的身上,表现的过程成了锻炼、检验自身力量的舞台。所以,没有自身责任感的人,缺乏自我调节能力,表现时肯定差强人意,相形见绌。这种表现,除了偶尔能出出风头,娇柔做作之外,实际上并不会给表现者带来多少成功感。我们所倡导的表现,是要求每一个人都扬长避短,自我加力,拿出真才实学展示自己。同时,在表现的过程中,权衡利弊得失,选择最佳方式、吸取经验教训和提高充实自我。另一方面,学习者的表现总是在一定的社会情境中展示自己的才华与品格的,所以,每一个人在表现中给别人带来了愉悦和启迪,同时也从别人的反应态度中得到收益。在群体环境下的表现,不只是表现者的输出过程,同样也是从观察者(欣赏者、效仿者乃至评论者)中汲取养分回馈自身的过程。更何况,自我的表现和他人的表现导致了彼此分享、

相互激励、共同提高。这里的关键是责任到人,协同互助,利益一致,分享经验,争取"双赢"。所以,表现能够培养学习者达到人际交往中知己知彼、维系群体关系、调适自身心理等较高境界。

(九)倡导学会表现有利于转变教师的角色观,理顺学与教的关系

从以往单一的教师表现到更多地让学生表现或师生共同表现,这需要教师转变角色——从知识的权威者、裁判者、供应者转变到学习的促进者、合作者和心理调适者。倡导学会表现将学习过程定位于学习者自主内化和外化的过程,而教学过程则成为支撑架和协同场。教不再代替学,学也不再一味地依赖教,而是形成一种内外条件共同促进学习者的发展。

十、倡导学会表现也是推动教育改革适应市场经济与社会转型的现实需要

我国的文化传统有一点不鼓励人"表现"的味道,像"述而不作"、"讷于言敏于行"(当然"行"也是表现的一种)、"不偏不倚"、"出头椽子先烂",等等便是一些形象的说法。从这个意义上说,现在提倡更多的人"秀"——大胆展露自我,增强自信,树立新的自我概念,这样做是有一定积极意义的。市场经济为每个人发现其自我存在的价值并把握成功的尺度带来了大好机遇,但这是一种机遇与风险并存的挑战环境,如何遵循"游戏"规则(懂法守法且合乎伦理道德),怎样利己利人而不做损人利己的事,这便是对每个人自我生存能力的考验。教育必须适应这种要求,不只是为学习者准备好知识行李,而要重在让他们学会表现。会表现的人,即使有挫折,也能设法驱散阴影、摆脱困境、振作精神、重塑自我,做一个真正的强者,这是"失败乃成功之母"的真谛;会表现的人,一帆风顺时也会保持清醒的头脑,警钟长鸣,不断鞭策自己,永远立于不败之地,这才是"成功乃进步阶梯"的内涵。总之,会表现,为人的可持续发展提供了基石,如此才能游刃有余地应对市场经济大潮的冲击。

参考文献

[1]陈龙安.创造性思维与教学.北京:中国轻工业出版社,1999,33.

[2]苏霍姆林斯基.怎样培养真正的人.蔡汀译.上海:教育科学出版社,1992,168.

[3]Burz HL et al. *Performance-Based Curriculum for Social Studies—from Knowing to Showing*. Thousand Oaks, Calif:Corwin Press,1998.

界定三维教学目标之探讨

盛群力　马兰　褚献华

[摘要]　教学目标反映的是教学活动结束后学习者内部心理结构变化的不同水平的学习结果。准确阐释教学目标是实施"目标为本"的教学设计和保证教学过程有效性的基本前提。参照当代教育目标新分类的研究，可以将"三维教学"目标界定为：学习者的情感（想要学）、认知（学得懂）和动作（能表现）三者经自我调控统整后得到的学习结果。达成三维目标需要同教学策略和教学评价相匹配。

[关键词]　教学目标　学习结果　教育目标分类学

一、探讨三维教学目标的必要性

"三维教学目标"之说，在我国课程与教学改革中几乎可说是无人不晓。然而，这一对教学目标分类的通俗概括却很少有人进行细致界定和阐释。所谓"三维教学目标"，其规范的表述出现在教育部颁布的《基础教育课程改革纲要（试行）》中：国家课程标准"应体现国家对不同阶段的学生在知识与技能、过程与方法、情感态度与价值观等方面的基本要求"。三维教学目标虽然出自教育部的课程改革文件，但该文件并没有说明这种提法的依据。众所周知，教学目标在教学中是具有方向指导地位的，因此，对其进行论证和探讨就有着重要的理论意义和显著的现实意义。《教育研究》杂志 2007 年第 1 期曾发表了一组"教学目标若干问题的探讨（笔谈）"文章。不过，我们以"三维教学目标研究"和"新课程三维教学目标应用"为题名或关键词，检索 1989—2008 年的"维普中国科技期刊全文数据库"，得到的结果为零（当然这里指的是对三维教学目标本身"研究"的文献，不包括与三维教学目标相关的一般性讨论）。显然，由于此轮课程与教学改革的局促性和教学目标分类的复杂性，教育理论界似乎对"三维教学目标"问题尚未进行充分细致的探讨。

课程专家崔允漷先前在解读《基础教育课程改革纲要（试行）》时，曾从教学目标的编写技术层面上对三维教学目标的"行为要求"作了说明，但他并未对提出三维教学目标的依据予以必要的论证。

新近，课程专家余文森为了解答许多教师的疑惑，对三维教学目标作出了一定程度的论证。他在"课堂教学系列专题讲座"中指出：

　　知识与技能、过程与方法、情感态度与价值观是新课程目标的三个维度，而不是三种类型……三维目标具有内在的统一性，统一指向人的发展。知识与技能维度的目标立足于让学生学会，过程与方法维度的目标立足于让学生会学，情感、态度与价值观难度的目标立足于让学生乐学，任何割裂知识、技能、过程、方法，情感、态度、价值观三维目标的教学都不能促进学生的健全发展。

　　在此，余文森把三维教学目标解读为"学会、会学和乐学"，这一解说的确较为通俗。然而，作为一个国家的课程纲要，对教学目标的提法应当有其理论的和现实的依据，尤其在当今全球化时代，三维教学目标中的"过程与方法"是否能够成为一个和知识技能、情感态度价值观并列的独立的维度，"动作技能"是否有必要单列为一个维度，这些都需要我们参照当代国际教育目标领域研究的新成果进行探讨。

　　我们认为，三维教学目标，并不仅仅指教学设计中经常强调的教学行为目标，它更本质地反映的是教学活动结束之后，学习者内部心理结构变化的不同学习结果（learning outcomes）。确定教学目标的维度属于教育目标分类学（taxonomy of educational objectives）的基础研究范围。也就是说，我们对三维教学目标的讨论，其实也就是"教育目标分类学"或者"学习结果分类学"的讨论。我们要关注心理学（包括学习科学、神经心理学、脑科学等）研究的新进展，关注国际教育目标分类研究的新成果，关注重要的国际组织（如 UNSECO、OECD 等）对与此相关问题研究的新动态，这对于我们探讨和澄清三维教学目标的含义将颇有益处。

二、对三维教学目标的新界定

　　如何合理解释或者确定三维教学目标，显然需要我们了解国际教育目标研究的新动向与特点。最近 10～20 年来，国际上对教育目标分类研究影响比较大的是三项研究：第一项是马扎诺等人的"二维三系统"；第二项是安德森团队的"认知目标二维矩阵"；第三项是豪恩斯坦的"行为整合途径"。

　　美国课程与教学设计专家马扎诺（Marzano RJ）在综合了有关"思维维度"和"学习维度"的理论与实践研究成果后，参照"人的行为模式"，在 2000 年出版的《设计一种新的教育目标分类学》一书中，对教育目标尝试提出了新的分类。2007 年，他推出了该书的修订版，标志着该研究的进一步完善。马扎诺的贡献在于细致说明了"二维"（"知识维"和"加工水平维"）和"三个系统"分类（自我系统、元认知系统、认知系统）是如何各司其职，依次发挥作用的。具体来说，任何人面对一个新的学习任务（广义上还可以适用面对一个新的工作任务和生活任务），首先由自我系统决定是否需要介入，然后由元认知系统提出相关的目标与策略，接着再由认知系统处理相关的信息。以上三个系统的运作都有赖于已经储存的知识系统。

从 20 世纪 90 年代初至 2001 年,美国课程专家安德森(Anderson LW)和克拉斯沃(Krathwohl DR,他曾在 60 年代主持研制教育目标分类学中的情感领域)共同主持了长达十年的布卢姆认知目标分类学的修订工作,参与者还有著名教育心理学家梅耶(Mayer RE)和测验评价专家阿来逊(Airasian PW)等人。该研究是在国际上对布卢姆(Bloom BS,1913—1999)教育目标分类学说进行了长期应用之后、结合美国实施课程标准的教改实践所进行的最新探索。新的分类所作的重大改进之一就是将原来的一维分类改为二维分类。在知识维中,除了包括事实性知识、概念性知识和程序性知识外,还特别增添了"元认知知识",强调学生对学习任务、学习策略和自身条件的把握。在认知过程维中,则对原分类中的各项指标作了较多的改进,依据认知水平的高低,分成了由低到高的六个类别——记忆、理解、应用、分析、评价和创造。很显然,新修订的目标分类对意义学习的表现方式作出了较为科学的概括,突出了认知过程的理解与创造,为培养学生问题解决能力奠定了基础。

美国佛罗里达国际大学教授豪恩斯坦(Hauenstein AD)在 20 世纪末对布卢姆等人就认知、情感和心理动作三个领域划分之利弊进行了反思,探讨了教育目标在教学系统的结构-功能机制中的作用,突出了整体统一、简洁明快、协调均衡、聚焦行为的分类特点。豪恩斯坦认为,每个学习者都是作为整体的人参与学习的,理智、情感和行动浑然一体,不可分割。把学习目标分为认知、情感与心理动作三个领域,对于学习的评价来说,的确为其带来了相当的操作便利性。但是,这种人为的目标分类对学习本身而言并不是必要的。换言之,豪恩斯坦认为,教育目标的分类既要考虑细分为认知、情感和心理动作领域,更应该努力反映出学习的完整性质——学习者始终都是根据其自身的知识、能力和对情境的感受来作出行动的。学习过程始终都是个体思考、体验和行动的过程,三者合成之后就是"行为"(acting)或"表现"(performing)。行为是个体对内外部刺激作出反应的方式。行为领域不能脱离具体的认知、情感和心理动作领域而独立存在,它是将其整合成一个完整的人和完整的学习所必须具备的。行为领域分为习得、同化、适应、表现和抱负五种水平,每一种水平分别由认知、情感、心理动作类别的相应成分组成。

从以上简略地说明国际教育目标新分类研究的特点可以看出,研究者对认知领域、情感态度领域和心理动作领域的划分没有太大的分歧,也就是一般均赞同聚焦知识、技能和态度。另外,许多分类都注意到了自我知识、策略性知识、自我调控能力和自主发展能力,这些同我们提出的三维教学目标的"过程与方法"显然有一定关联。

我们认为,"三维教学目标"中的"知识与技能"若改为"认知能力(或认知技能)"或许更为贴切。当代认知心理学一般均主张认知能力就是一种心智能力,是学习者通过运用符号作用于外部世界的能力。认知能力由陈述性知识、程序性知识和策略性知识构成。

"动作技能"主要是指肌肉和躯体协调的运动。许多学者都同意把它看作是一个独立的维度。当然,也有人认为没有必要把动作技能列为专门的目标领域。例如,马扎诺分类中将心理动作程序专门归入知识类别中的一个子类。但是,我们认为,仍然有必要将动作技能作为三维教学目标中独立的一个维度,与认知技能对应。认知技能与心理动作技能的合成就是"能力",即学习者若想要成功地完成某一任务,他需要做到学思结合、知行合一,即"用心想"(minds on)和"动手做"(hands on)的合一。在现实的教学中,许多人误将心理动作发展的任务交给了体育课,但是,几乎在每一个综合性的学习任务中,都会涉及各种各样的心理动作表现。新知内化表征和行为外化表现的统一离不开动作技能。

那么,在学习结果中有没有"过程与方法"的要素呢?回答是肯定的,但它不存在于真空中,也不应该是一个独立的维度,而是体现在认知能力、情感态度和动作技能的相互联系中。每一次联系都界定了三者各自独特的比例。一般来说,"过程"是指试图按若干不同的步骤得到某种合理的结果。也就是说,"过程"包括了一系列的选择,需要权衡利弊。因此,过程强调的是"实施"(与之对应的是,程序重在"执行")。方法一般是指做事情的途径,从一定意义上说,也是同过程或程序联系在一起的。我们不仅要掌握不同的方法(这本身是属于认知能力中的程序性知识),更重要的是要学会在不同的情境下选择合理的方法(这一方面属于认知能力中的策略性知识,同时也和情感态度中的相关成分联系在一起)。

在此,还有一个问题要探讨:我们之所以要强调"过程与方法",是因为我们要经历认知的转换——将外部的知识技能(教师、教材或者其他存储媒介中的知识技能)转换为学习者自己的知识技能,这不是一个简单搬运或者注入的过程,而是学习者心理建构的过程,也是学习者心理结构发生转变的过程。外部的知识对学习者而言至多只能算是"信息"而已。了解信息不等于掌握知识,若这样便离培养能力和开发智慧更远了。除了认知层面转换之外,情感体验也是一种过程经历。在一般情况下,许多人学不好,不是脑子笨或者"硬件"有什么故障,而是"软件"出了问题,往往是学习者不想学或不肯学。当然,还与学习者能否外化为行为表现有关。这些恐怕是三维教学目标中强调"过程和方法"的本意所在。可见,学习者的"想要学"、"学得懂"和"会表现"这三者都同"过程与方法"有联系。那么,用什么样的术语来描述"过程与方法"更为确切呢?

在教学设计专家埃特默(Ertmer PA)等人提出的"专家型学习者"模式中,知己知彼(把握学习任务的性质、判断自我是否拥有足够的学习资源和实时、动态的自我调节能力)是专家型学习者的本质特点。这里就蕴含了"元学习品质"的问题。研究者一般都承认有"元认知能力",即学习者对认知能力的自我调控。此外,显然还应该有"元情感能力",即学习者对情感态度的自我调控和"元动作能力",即学习者对动作表现的自我调控。尽管我们平时不太谈"元情感能力"和"元动作能力",但它们确实是存在的。我们知道,每一个人都会根据学习或工作(甚至生活)中的任务要求,对自己的认知、情感等内部心理结构的变化和外部行为表现作出自我调控。这是最佳状态的学习或工作品质,也就是元学习、元工作和元生活能力,可简称为"行为自我调控能力"。

综上所述,我们认为,可以将三维教学目标界定为"学习者的情感(想要学)、认知(学得懂)和动作(能表现)三者经自我调控统整后得到的学习结果"(如图1所示)。情感、认知和动作领域的学习受制于学习者的自我调控能力。也就是说,自我调控能力决定了学习者在完成情感任务、认知任务和动作任务中是否能权衡利弊关系,表现出合适的行为,这是学习者发挥"主体"能力的标志。但是,我们也不能否认,自我调控能力也是一种学习的"客体",是培育的对象。所以,在这种情形下,需要通过情感、认知和动作领域的活动来提升自我调控能力。

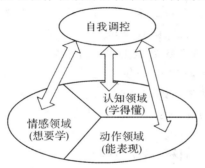

图1 三维教学目标成分与结构

三、达成三维目标需要同教学策略和教学评价相匹配

有了三维教学目标基本的框架,三维目标中的每一个领域究竟应该如何细化出相应的指标呢?这仍然是有待解决的复杂问题,需要每一个教师依据各种已有的研究作出自己的判断和选择,也寄希望于有关理论研究工作的继续深化,尤其是开展整合研究。令人欣喜的是,国内教育心理学专家卢家楣教授在情感领域的分类研究和情感教学模式的探索中已取得了瞩目的成果。

教学目标分类研究是一项基础性的工作,它是有效教学的起点而不是终点。值得一提的是,当代国际教育目标新分类的研究中,人们已经开始关注教学目标、教学策略和教学评价三者的匹配。例如,安德森将新修订的认知目标分类学称之为"面向学习、教学和评估的分类学"。马扎诺在新版《教育目标新分类》之后又推出了《设计与评估教育目标》一书(2008),近十年来,他还系统地总结教学管理、学校领导、有效教学、家庭作业、学科教学、教学评价等研究的成果并力图使之转化为现实的教学生产力。另外,当代国际著名教育技术学专家乔纳森(Jonassen,D. H)对学习结果的分类本身就是研究、理论、实践和经验的综合体,也是力图体现结果分类、监测指标和教学策略一体化的有益尝试,他提出的 8 大类别、33 种具体学习结果与 22 种教学策略、76 种教学方法相匹配的矩阵,非常具有实践操作性。当然,OCED 的关键能力分类目前已经同 PISA 评估(Programme for International Student Assessment,国际学生能力评估项目)联系起来了。

我们要特别强调,以往的教学论研究普遍认为有效教学的三要素——教师、学习者和教材为"教学论三角形"。在当前教学设计研究中,要将三角形关系替换为教学目标、教学策略和教学评估,尤其是要强调这三个要素之间的匹配一致性,决不能三个要素之间彼此割裂,互相游离,也不能满足于两两匹配,而是要努力做到三个要素之间充分到位和完全匹配。

在 2001 年出版的《面向学习、教学和评价的分类学——布卢姆教育目标分类学的修订》,特别谈到了在制订教育目标分类学时,要围绕这样四个问题:①学习问题——学生在有限的学校和课堂时间内,什么是最值得学的?②教学问题——如何规划和传递教学使得大部分学生取得好的学习成绩?③评估问题——如何选择或设计评估手段和程序以提供有关学生学习效果的准确性?④匹配问题——如何确保目标、教学与评估彼此一致?尤其是匹配一致至关重要,它是指目标、教学和评估之间的统一性。目标是什么,教学就应该选择相应的策略加以促进,而评估则也应该与其配套。

教学设计所强调教学目标、教学策略和教学评价的一致性,被称之为有效教学的"秘诀",这实际上也是课程(学习)、教学与评估的一致性,即"课程协同原理"(principle of curriculum alignment)。有效的教学策略和评价策略都离不开教学目标或者学习结果这个根本,这就是探讨教学目标分类的价值所在。尽管"探索无止境",但是,只有通过无止境的探索,我们对学习和教学目标本质的认识才会越来越清晰。

参考文献

[1]安德森等编著.学习、教学和评估的分类学——布卢姆教育目标分类学(修订版).皮连生主译.上海:华东师范大学出版社,2008,5-6.

[2]教育部.基础教育课程改革纲要(试行).中国教育报,2001 年 7 月 27 日第 2 版.

[3]卢家楣.教学领域情感目标的形成性评价研究.教育研究,2007(12):85-89;卢家楣.论情感教学模式.教育研究,2006(12):55-60.

[4]盛群力.依据学习结果选择教学策略——乔纳森的学习结果与教学策略适配观要义.远程教育杂志,2005(5):12-17.

[5]盛群力,马兰.教育目标分类新架构——豪恩斯坦教学系统观与目标分类整合模式述

评. 中国电化教育,2005(7).

[6]盛群力,褚献华. 布卢姆认知目标新分类二维框架. 课程教材教法,2004(9):90—96.

[7]余文森. 如何在教学中落实三维目标. 教育部全国中小学教师继续教育网[EB/OL]ht-tp://www. teacher. com. cn/NationalTrain/coursektjxcourse-ktjx. htm.

[8]钟启泉等主编. 为了中华民族的复兴,为了每位学生的发展——基础教育课程改革纲要(试行)解读. 上海:华东师范大学出版社,2001.

[9]Ertmer PA & Newby TJ. The expert learner:strategic, self-regulated, and Reflec-tive. *Instructional Science*, 1996(24):1—24 .

[10]Marzano RJ and Kendall JS. *The New Taxonomy of Educational Objectives*(2nd ed.). Thousand Oaks, CA:Corwin Press, 2007,11—12.

国际教育目标新分类要览及其创新价值

盛群力　马　兰

[摘要]　教育目标分类,是教育活动的指针,也是学习结果的归依。本文重点概述的是当代国际著名课程与教学研究专家安德森、豪恩斯坦、马扎诺和乔纳森对教育目标新分类所作出的专门贡献,指出其创新价值在于:将教育目标、教学策略与学业表现评估联系起来,走向目标为本的教学设计;致力于塑造综合素养,学会解决复杂问题,为终身可持续发展奠定基础;多学科协同贡献,不同的组织与个人积极介入,体现了一种不断超越和深化的追求。

[关键词]　教育目标分类学　学习结果　教学目标

教育目标分类,既是教育活动的指针,也是学习结果的归依。一般我们所说的教育目标分类,往往是指预期的学习结果,而学习结果,同理也就是已经实现的教育目标。教育目标比较科学的划分,始于布卢姆(Bloom BS, 1913—1999)等人的开拓与贡献。在 20 世纪 50 年代中期到 60 年代中期,布卢姆等人完成了认知领域、情感领域和心理动作领域的分类研究,极大地促进了教育计划、实施和评价的质量,使得教育工作同心理科学的进展更加紧密地联系在一起了。

20 世纪 90 年代以前教育目标分类研究的继续深化,比较集中地表现在加涅(Gagne RM)和罗米索斯基(Romiszowski AJ)等人的贡献。加涅提出了 5 种学习结果,主张学校教育的绝大部分内容都可以按照言语信息、智力技能(细分为辨别、概念、规则和高级规则)、认知策略、态度和动作技能分类。罗米索斯基教育目标细分为认知技能、情感技能、交往技能和动作技能,每一种技能有可以区分出"重复性技能"和"产生性技能(创造性技能)"。面向新世纪憧憬新教育之际,欧洲经济合作与发展组织(OECD)成立了专门的研究机构从 21 世纪初开始,着手研制"关键能力"(key competence),以期在终身学习中发挥其基础性作用的核心素养。联合国教科文组织提出了学会求知、学会做事、学会与人共事和学会生存等。

本文将重点概述 10 余年来当代国际著名课程与教学研究专家安德森(Anderson LW)、豪恩斯坦(Hauenstein AD)、马扎诺(Marzano RJ)和乔纳森(Jonassen DH)对教育目标新分类所作出的专门贡献,并简要探讨其创新价值。

一、安德森分类——突出认知过程的理解与创造

为了使布卢姆认知目标分类学能够更好地指导教育实践,同时也能够随着教育理论的发展与时俱进,由当代著名的课程理论与教育研究专家安德森和曾与布卢姆合作研制教育目标分类学(情感领域)的克拉斯沃(Krathwohl DR)共同主持了长达十年的修订工作,其中包括了著名教育心理学家梅耶(Mayer RE)和测验评价专家阿来逊(Airasian PW)等加盟。这一研究是根据对布卢姆分类的长期应用之后,结合美国实施课程标准的教育改革,于20世纪90年代初开始酝酿,在2001年完成,出版了《面向学习、教学和评价的分类学——布卢姆教育目标分类学的修订》一书。

安德森新修订的分类学一个重大的明显变化是将原来的一维分类改为二维分类。在教学情境中,学习者是依据自身原有的知识、正在进行的认知与元认知活动、情境本身所提供的学习机会及其约束条件等,带着不同的知识基础、不同的目标和不同的动机水准来到课堂的,来"领悟"新信息的。现有的学习观强调学习者积极主动的学习,建构自己独特的意义,他们不是被动的接受者,也不是简单的信息记录器。这种从被动学习观向主动认知与建构学习观转变强调了什么呢?它强调了学习者在有意义学习中"知道什么"(知识)和"如何思考"所知道的东西(认知过程)。具体来说,原来"知识"水平中的三个具体层次包括的成分被单独列为一个维度——知识维,在这一维度中还另外增添了"元认知知识"成分,强调学生能够把握学习任务、学习策略和自身优劣势。因此,知识维中的具体分类是四个水平——事实性知识,概念性知识,程序性知识和元认知知识。而认知过程维,则对原来的分类学各项指标提出了较多的改进,包括了六个类别:记忆、理解、应用、分析、评价和创造,这是依据认知复杂程度由低到高来排列的(参见表1)。

新修订的分类学对建构学习中学生学习活动的表现方式作出了很好的概括,为突出认知过程的理解与创造,培养问题解决能力奠定了基础。修订调整后的认知目标分类,主要面向教师,面向教学实践,将学习、教学和评价紧密联系起来,突出其一致性。

表1　安德森认知目标完善二维分类

知识维	认知过程维					
	记忆 识别/回忆	理解 解释/举例/ 分类/总结/ 推断/比较/ 说明	应用 执行/实施	分析 区分/组织/ 归属	评价 核查/评判	创造 生成/计划/ 贯彻
事实性知识						
概念性知识						
程序性知识						
元认知知识						

二、豪恩斯坦分类——用行为领域统筹培养完整的人

美国佛罗里达国际大学教授豪恩斯坦在其所著的《教育目标的一种概念架构——对传统分类学的整合》一书中,提出了教育目标分类的新概念框架,不仅重新修订了认知、情感和心理动作领域教育目标的分类细则,同时将其整合为第四个领域——行为领域(behavioral domain),突出了作为整体的人、整体的学习过程的完整性。新的分类框架体现了建构主义理念,如:①学习者是依据其自身经验来建构知识的;②个体是作为一个完整的人来学习的;③各学科之间本身是有较强内在联系的;④课程与教学应体现以学生为中心。

豪恩斯坦认为,每个人的学习都是完整的人(whole person)的统整行为,智慧、情感和身体动作在学习过程中缺一不可。比如说,学生进入某一学习情境之前,已经拥有特定的情绪情感,这会影响他们感知信息、领会理解知识、完成必要的肌肉或躯体动作,以上这些也会反过来影响学习者对经验的情绪感受。这样的过程不断地循环往复,学习者始终都是依据其知道什么、能做什么和对情境有什么样的感受来作出行动的。

尽管每个人都是作为一个完整的人来学习的,然而教育目标分类学却被细分为认知、情感和心理动作3个领域。认知领域聚焦于求知过程,培养智能;情感领域聚焦于情感、价值观及信念;心理动作技能则聚焦于完善身体动作,发展体能。至今为止,还很少有人试图去将三个领域整合起来,以适应人的学习整体性质。学习就是意味着思考、体验和行动(thinking, feeling & doing),合成之后就是"付诸实践"(acting)或"表现业绩"(performing)。豪恩斯坦将认知、情感和心理动作领域的目标整合为5个基本类别和15个子类别(参见表2),统整为行为领域之后

由习得、同化、适应、表现和抱负五种水平组成,每一种水平分别与认知、情感、心理动作的相应类别对应。例如:习得水平由认知上能"形成概念"、情感上能"接受"和心理动作上能"知觉"整合而成。具体来说,习得水平(acquisition level)是指能获得新信息/内容;同化水平(assimilation level)是指新知识与旧知识发生互动;适应水平(adaptation level)是指将已经学到的东西应用于与个体的技能和价值观相关的各种情境或问题;表现水平(performance level)是指产生或调整新知识、技能与价值观;抱负水平(aspiration level)是指追求自我超越、精益求精的境界;行为领域的最终结果是培养有知识、有情操和有胜任能力的人。

表 2　豪恩斯坦教育目标分类

领　域	类　　目				
认　知	形成概念	领　会	应　用	评　价	综　合
情　感	接　受	反　应	价值化	信　奉	展露个性
动　作	知　觉	模　仿	生　成	外　化	精　熟
行　为	习　得	同　化	适　应	表　现	抱　负

三、马扎诺分类——依据可控制程度勾勒人的行为模式

马扎诺教育目标分类学是建立在其提出的有关人的行为模式的基础上的。在对思维、学习以及管理等许多方面进行考察之后,马扎诺在 2001 年出版的《设计一种新的教育目标分类学》书中提出了一个有关人的学习行为(广义上还包括了人的工作行为和生活方式)模式(参见图 1)。这一模式在马扎诺 2007 年对该书修订时得到了确认,并在此基础上进一步明确勾勒了教育目标新分类学的二维框架——知识维和加工水平维(参见图 2 和表 3)。

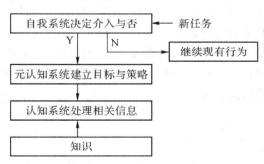

图 1　行为的模式(马扎诺,2007,11)

马扎诺提出的这一行为模式,用于说明人是如何学习或行动的。在这个模式

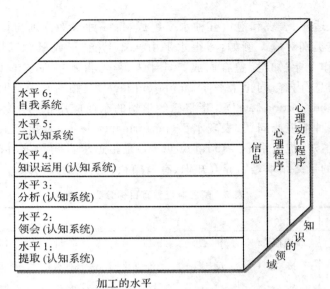

图 2　马扎诺教育目标分类的二维框架（马扎诺，2007，13）

中，我们可以看到 4 个系统——自我系统、元认知系统、认知系统和知识系统是如何各司其职，依次发挥作用的。图中所谓的"新任务"是指改变人在某个具体时间正在做的事情的某个机会。具体来说，面对一个新任务，首先是由自我系统决定是否需要介入，然后由元认知系统提出相关的目标与策略，接着是由认知系统处理相关的信息，以上 3 种系统的运作都需要借助已经贮存的知识系统。

自我系统包括了内在相关的信念和目的，用来判断学习者介入一项新任务的收益。自我系统也是一个人参与学习任务的主要动机激发力量。如果这一任务判断是重要的，如果成功的可能性是大的，如果能够产生积极的效果的，那么，个体就会愿意去参与这个新任务。反之，个体就会采取回避或拒绝的态度。如果个体选择了某项新任务之后，那么就会启动元认知系统。元认知系统的首要职责是提出与完成新任务有关的行动计划或者目标，同时还要对达成学习目标的策略作出选择。认知系统要对有效处理信息以完成学习任务负起责任，涉及提取、领会、分析和知识运用等过程。最后，要想取得学习的成功，很大程度上是取决于个体对某一任务所已掌握的知识量。

表3　马扎诺新分类中的目标层次及其心理运作(马扎诺,2007,62)

水平6:自我系统	
检查重要性	学习者能确定完成学习任务对他本人来说有多重要及其理由
检查效能感	学习者能确定他有完成学习任务的能力及其理由
检查情绪反应	学习者能确定他对学习任务应作出什么样的情绪反应及其理由
检查总体动机	学习者能确定他的总体动机水平及其理由
水平5:元认知系统	
明确目标	学习者能建立与完成学习任务相关的具体目标及其达标计划
监控过程	学习者能监控完成学习具体目标的执行过程
监控清晰度	学习者能确定他对任务理解的清晰程度
监控准确性	学习者能确定他对任务理解的准确程度
水平4:知识运用	
决　策	学习者能运用知识作出决策
问题解决	学习者能运用知识解决问题
实验探究	学习者能运用知识生成与检验假设
调　研	学习者能运用知识实施调研
水平3:分析	
匹　配	学习者能确定知识之间的关键异同
分　类	学习者能确定相关知识之间的上下位关系
错误分析	学习者能确定知识呈现或应用中的错误
概　括	学习者能基于知识建构新的概括或原理
具体应用	学习者能确定知识的具体应用或逻辑后果
水平2:领会	
整　合	学习者能确定知识的基本结构以及关键特征
符号表征	学习者能作出一个准确的符号表征,区分关键的成分
水平1:提取	
再　认	学习者能识别信息的特征,但并不要求理解知识的结构或区分其关键差异
再　现	学习者能生成信息的特征,但并不要求理解知识的结构或区分其关键差异
执　行	学习者能操作某一程序且没有明显错误,但不一定能理解这一程序是如何运作以及为什么这样运作

　　马扎诺教育目标分类学采用了"知识维和加工水平维"。其中,知识维度包括了信息、心理程序和心理动作程序。信息具体是指术语、事实、时间序列、概括和原理等不同的类别,心理程序和心理动作程序都有"技能"和"过程"之别。加工维度从低级到高级分别是提取(再认、再现和执行)、领会(整合和符号表征)、分析(匹配、分类、错误分析、概括、具体应用)、运用知识(决策、问题解决、实验探究和

调研)、元认知(明确目标、监控过程、监控清晰度和监控准确性)和自我系统(检查重要性、检查效能感、检查情绪反应和检查总体动机)。

马扎诺认为,心理过程虽然不能按照难度进行层级排序,但是却可以依据其内在固有的层次结构(即可控制程度)的高低来排序——有些过程的控制或执行是建立在另一些过程的控制或执行上。马扎诺就是根据这一思路来提出人的行为模式并确立教育目标新分类的框架。在马扎诺分类中,自我系统、元认知系统和认知系统有较强的层次性。这一层次性是基于完成任务的过程而言的。例如,自我系统首当其冲,首先决定了学习者是否介入完成某一任务;接着就是元认知系统接过接力棒,它要明确学习的目标、制订学习计划等。其次是认知系统的运作,它主要负责对信息进行加工,从简单的提取到复杂的运用知识。

四、乔纳森分类——摆正两类知识关系,培养两种能力

乔纳森博士现系美国密苏里—哥伦亚比亚大学信息科学和学习技术学院杰出教授。1996年,乔纳森发表了一篇论文《面向教学系统设计的学习结果分类》,文中指出:学习结果分类不仅要有其定义特征,同时也应该具体说明每一种结果评估的标准和教学策略,从而使得分类学能够成为教学开发与研究的依据。对教学开发而言,它应该包括对学习任务分类、选择教学策略和检测结果掌握程度等提出具体建议。

乔纳森认为新的学习结果分类应该在三个方面有别于传统:①概念上能区分(定义);②业绩上有标准(检测指标);③收益上明实效(结果达成度)。同时,新学习结果分类特点也应该力求达到:①不仅确定学习的结果是什么,同时也确定每一个结果所包含的一般智力类别、测量这一结果的方式、结果评价的标准以及相应的事例;②在学习结果的广度上有较大突破,新增加的类别要反映在现实生活中复杂的、综合的和创造性的学习与实践。

具体来说,新的分类在结构化知识、心理模式、情境性问题解决、扩展技能、自我知识、执行监控和情意品质等方面都有自己独特的见解(参见表4)。

表4 乔纳森学习结果分类学

序号	结果	类别	检测	标准	举例
1.1	提示的命题信息	陈述性知识	再认	准确	从列表中选择适当的化油器定义
1.2	命题信息	陈述性知识	回忆	准确	说明化油器的定义
1.3	掌握知识实体	陈述性知识	释义	亲临其境感	说明化油器的主要用途

序号	结果	类别	检测	标准	举例
2.1	信息网络	结构化知识（陈述性）	关系/相似性判断	正确性/一致性/完整性	明确化油器各个部分之间的关系
2.2	语义匹配/语义网络	结构化知识（概念性）	概念匹配	完整性/镶嵌性/整合性	有条理安排好化油器的各个成分
2.3	结构化心理模式	结构化知识	反驳/路径探索	与专家一致	调整化油器雷同的比例和改进燃油政策
3.1	形成概念	认知成分/结构化知识	确定或分类新的事例	概括化区分	确定化油器的事例
3.2	从概念中作出推理	认知成分	得出结论，再认事例	结论的逻辑性/推断	说明点火器阀门对汽车的性能会产生什么影响
3.3	运用程序	认知成分	完成程序	准确性/速度/熟练程度	在化油器中安装碟型阀
3.4	运用规则	认知成分	展示算法或程序	准确性/速度/熟练程度	尽量紧固化油器
3.5	运用原理	认知成分	得出启示（原因/结论/结果）	是否出现错误	运用流量原理调整化油器的入泊量
3.6	综合的程序（求异性问题解决）	认知成分	选择或运用认知成分	解决策略的效能	组装一个化油器
4.1	明确或界定问题	情境性问题解决	说明问题空间	事先不够明确的问题或实际的问题	搞清楚为什么在热天碟型阀的锁孔会关闭
4.2	分解问题或整合过程中的各个成分	情境性问题解决	明确要解决什么如何操作子问题	正确的操作	依据燃料政策对化泊器是否合适作出判断
4.3	对解决办法提出设想	情境性问题解决	形成假设或不同的解决办法	原创性/灵活性/有效性	说明解决化油器问题的办法
4.4	评估解决办法	情境性问题解决	评估假设或不同的解决办法	与问题空间相一致/和谐	确定解决化油器溢出的代价是否合算
5.1	心理建模	知识综合	反驳	与专家相一致	解释燃料政策

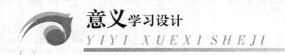

续表

序号	结果	类别	检测	标准	举例
6.1	形成新的解释	扩展技能	阐述/辩护/合理化	过程是否合理	重新设计化油器
6.2	提出或应用论据	扩展技能	阐述/辩护/合理化	引人关注	优化新的化油器设计
6.3	作出类比	扩展技能	类比	正确性/善辩	比较化油器和恒温器
6.4	推断	扩展技能	从已知中推断未知/得出启示	合理性/善辩	说明碟型阀会对燃油政策产生什么影响
7.1	明确内容（原有知识）	自我知识	解释/区分/整合业绩表现	准确性	说明你曾经对化油器做过怎样的修理
7.2	明确社会文化知识	自我知识	解释/区分/整合业绩表现	与社会惯例相一致	说明自己的化油器修理方案
7.3	明确个人的策略（策略性知识）	自我知识（元认知）	解释/出声想	与工作方式相一致	说明自己如何诊断化油器的故障
7.4	明确认知偏见/局限	反思自我知识	解释/区分/整合业绩表现	形成个人和社会交往的反馈	确定你作出错误诊断的情况
8.1	评估任务难度	执行监控	自我报告/出声想	准确性	判断修理化油器所必需作出的努力
8.2	建立目标	执行监控	自我报告/出声想	问题或过程的针对性	从修理手册中确定必要的修理技能
8.3	配置认知资源	执行监控	自我报告/出声想	问题或过程的针对性	调整修理店
8.4	评估原有知识	执行监控	自我报告/出声想	问题或过程的针对性	确定同修理化油器相仿的岗位
8.5	评估进展/检查错误	执行监控	自我报告/出声想	过程的完整性/出声想	做了修理但仍然不能确定是否真的管用
9.1	作出努力	动机（情意）	观察/自我报告	强度	快速安装化油器
9.2	对任务坚持不懈	动机（情意）	观察/自我报告	专心致志的时间	长时间钻研化油器的样子或图纸
9.3	有意参与	动机（情意）	观察/自我报告	用心思考	自己钻研修理手册
10.1	作出选择	态度	选择行为/态度量表	个人因素	选择尽早在修理店搞清故障所在

结构化知识(structural knowledge)代表了掌握多样化但同时又是相互联系的命题或概念网络。其中包括了两种网络:一种是信息网络,另一种是语义网络。信息网络同言语信息或陈述性知识的差别在于,后者只是单一的命题或概念,前者则是相互联系的命题或概念,也就是图式。语义网络是一组内在相关的概念以及相应的技能。它是一种更为丰富的图式。结构化不仅有利于学习者回忆和应用陈述性知识,也有利于程序性知识的应用。

心理模式(mental models)是依据结构化知识的基础构建的。结构化知识主要是关注有内在联系的言语信息和图示信息;心理模式则包括了技能作为信息的一部分。最重要的是,它还包括了基本原理和程序。从总体上说,心理模式包括了知道是什么(陈述性知识)、知道如何做(技能),知道为什么(因果关系),当然,也可以包括条件性知识(知道在何时运用)。心理模式是一种知识综合体。掌握了心理模式,可以更加方便地将问题解决技能迁移到相关问题领域。

情境性问题解决(situated problem solving)是一种依赖于具体生活或应用情境的解决问题本领。大多数的学习结果分类没有将问题解决作为一种单独的学习结果。虽然高级规则的学习对问题解决来说是非常有效的,但往往只限于解决良构问题,通常像教科书最后的习题或练习。现实生活中的问题往往是非良构的问题或创造性问题,其特点是:合理的解决答案不止一个;找到合理解决答案的路径也不止一个。

教会学生掌握非良构性的、情境性的问题解决策略同良构性问题解决策略是有明显差异的。许多当前教育理论或实践倡导的建构主义学习方式,都要求学生有新的学习体验。解决情境性问题,要求学生能:①界定问题;②分解问题;③假设不同的解决方案;④评估解决方案的可靠性。上述每一个步骤都包括了运用各种概念、原理和程序。

情境性问题解决的评估较为复杂、难以预测,实施起来也颇为困难,但却是值得去做的。因为正是通过情境性教学,学生才学会了迁移和灵活运用。

扩展技能(ampliative skills)是对已经给予的信息作出合理推断的能力。包括形成类比、生成解释、作出推断和提出论证等。这是创造性思维和批判性思维的基础,也是区分专家与新手的重要标志。在培养学生成为批判性思维者、独立的问题解决者、多媒体知识探究者和知识建构者的今天,扩展技能显得日益重要。

自我知识(self knowledge)是一种特殊的程序性知识,即了解自我,完善自我。包括了解自我的学习风格、学习优势和局限,以及学习的水准。自我知识是对内的,不像其他客体知识那样是对外的。研究表明,自我知识同学生了解学习任务、了解学习环境和文化,学会反思、坚持不懈、努力追求等都有关系。自我知识也同学习过程的交往性有关,所谓知己知彼,善待别人,协同努力,互动沟通等。在这样一个学习共同体中,学生之间心息相通,彼此关照,这是十分重要的学习结果。

执行监控(executive control)通常也指元认知策略,由学习的计划活动所组成,例如包括对评估任务难度、明确学习目标、选择任务达成策略、分配认知资源、评估原有知识、评估达标进度、核查业绩表现等活动作出原先安排。执行监控的策略还包括了学习过程中的核查,还同自我知识、心理模式发展水平和问题解决能力等息息相关。

情意品质(conation or motivation)不是一种外部唤起的状态,主要还是同自我激励水平有关。包括学习的意愿、所付出的努力和学习的毅力等。学习的动机是通过学习来维持的,不是通过外界引起的。

乔纳森理论强调的是学习者自身知识和外部知识的统一协调。他认为,学习者自身的知识不是零散和孤立的,而是一种学习者与学习环境互动的心理模式,即是一种由知识网络和结构化知识、可运行的程序、以及执行和监控运行的知识等构成的复杂、综合的心理表征。同时,知识还分布在不同环境和学习工具中,生成于学习者共同体的对话和交流中。

乔纳森的学习结果分类方式实质上还强调了客体定向能力和主体定向能力的统一。"客体定向能力"是学习者处理信息的能力,即改造客观世界的本领。它不仅包括了传统的学习结果分类中的言语信息、概念、规则、原理和解决问题等,同时也涵盖了结构化知识和扩展技能;"主体定向能力"则是学习者认识自我、完善自我的能力,即改造主观世界的本领。乔纳森特别强调了意愿、努力和毅力等意向类学习结果,也就是学习者自我激励的能力,体现为学习者的学习热情、努力和意志。

五、国际教育目标新分类的创新价值

(一)将教育目标、教学策略与学业表现评估联系起来,走向目标为本的教学设计

始于布卢姆时期的教育目标分类,主要是为了改革考试和评价的需要,着眼点放在如何才能够甄别出合格的学习者,因此从总体上说,当时提出教育目标分类学确实有便于选拔"人才"。然而,国际教育目标新分类却在教育目标(学习目的)、教学策略与学业表现评估的一致性上给予充分的关注。例如,在安德森认知目标分类时候,就考虑了四个重要的问题,以增强教育目标的效力,它们分别是:学习、教学、评估以及三者之间的匹配。透过匹配一致,保证学习的目标是什么,就选择相应的教学策略加以促进,同时用评估加以检验。

马扎诺在新版《教育目标新分类》之后又推出了《设计与评估教育目标》一书(2008),近10年来,他还系统地总结教学管理、学校领导、有效教学、家庭作业、学

科教学、教学评价等研究的成果并力图使之转化为现实的教学生产力。

乔纳森对学习结果的分类本身就是研究、理论、实践和经验的综合体，也是力图体现结果分类、监测指标和教学策略一体化的有益尝试，他提出的8大类别、33种具体学习结果与22种教学策略、76种教学方法相匹配的矩阵，非常具有实践操作性。乔纳森最初主要关注的是教学策略和方法。他曾在由"国际业绩改进学会"主办的《业绩改进季刊》1991年第2期发表了题为《分析和选择教学策略及方法》的论文。该文整理了近百种教学策略与方法，同时将它们纳入"创设教学情境、呈现教学内容、激活学习过程、评估学习效果和安排教学事件"5个类别中，并依据一套"类算法或半启发式"来作出选择。当时，乔纳森主要是从宏观——微观两大类的区分中来加以讨论的。其中，主要的篇幅谈了依据教学结构或教学过程（教学事件）来作出选择，与其平行的是还有学习结果、符号系统、呈现策略、学习策略和测试要求等因素需要考虑。但是，乔纳森并没有满足于已有的研究发现，他继续深化这方面的认识，在1996年的《培训研究杂志》上又发表了长篇论文《面向教学系统设计的学习结果分类》。该研究旨在开发一种评价教学系统有效性的方法，包括了2个方面：①澄清通过教学活动能够支持哪些学习结果；②明确对每一种学习结果而言，有哪些规定的和补充的教学策略与方法。此文可能是我们见到的关于学习结果（教学目标）分类、教学策略分类以及两者适配之最精彩的一个研究。

豪恩斯坦教育目标新分类将教育目标置于完整的教学系统中予以考虑。他强调任何教学系统都是由四个要素构成的，即：①输入——信息或内容，这是他人的或外在的知识，具体分为符号性、描述性、处方性与技术性信息；②过程——这是学习者经历的学习体验，体现为落实认知、情感、心理动作的目标及其整合为行为，反映了面向学习者为中心的完整学习活动；③输出——学习的结果，这是体现为培养有知识、有情操、有胜任力的人；④评价性反馈——这是依据学习监控和评估的反馈信息对系统运作作出调整。

我们都认识到，教育目标分类是系统设计教学的前提，但不是全部。教育目标之所以能够在教学活动中发挥出独特的魅力，乃是因为目标为整个教育教学活动起到了指引作用，所有的教学策略和教学评价都是围绕着目标实现的，与目标相一致的。即使目标制定得再好，如果教学策略和教学评估与其背离，也难免束之高阁或者南辕北辙。

（二）致力于塑造综合素养，学会解决复杂问题，为终身可持续发展奠定基础

在4个教育目标新分类中，除了安德森的认知目标分类之外，其他都是属于综合性的教育目标分类。豪恩斯坦的分类涉及了认知、情感、心理动作和行为统

筹;马扎诺的分类在强调只是系统提供"原料"的基础上,体现了自我系统、元认知系统和认知系统的控制流;乔纳森的分类虽然没有涉及心理动作技能,但是却将认知、元认知、情感态度意志等融为一体。这些都大大超越了传统的教育目标分类只是单一领域的缺陷。即使是安德森的认知目标分类,它也部分地涉及了策略知识和自我知识。

学会解决复杂的问题,培养智慧型人才,这是新分类的又一个创新的亮点。例如,安德森的认知目标分类中,将认知过程的最高水平从原来的"评价"改为"创造",撤销了原来的"综合"这一级指标。在安德森看来,创造的过程可以分解为三个阶段:第一是问题表征阶段,此时学习者试图理解任务并形成可能的解决方案;第二是解决方案的计划阶段,此时要求学习者考察各种可能性及提出可操作的计划;第三是解决方案的执行阶段。所以,创造过程始于提出多种解决方案的"生成",这是指学习者能够表征问题和得出符合某些标准的不同选择路径或假设;然后是学习者能够策划一种解决方案以符合某个问题的标准,也就是说,形成一种解决问题的计划;最后是计划的"贯彻",这是指学习者执行计划以解决既定的问题。贯彻要求协调四种类型的知识,同时也不是非得要强调原创性和独特性。

又例如,乔纳森对学习结果的分类实际上反映了当前心理学研究的进展,强调复杂的、非良构的解决问题。另外,这一分类还有一个特点,即不仅是适应于复杂的认知任务,同时也是将认知、元认知、情意等学习结果加以综合考虑,在一张列表中兼顾了各个方面。乔纳森认为,以往采用的学习结果大多是以布卢姆的分类和加涅的分类为依据的。但是,在乔纳森看来,这些分类主要关注孤立片断的回忆或应用,即使有所综合也不甚恰当,不能很好地回答建构主义学习环境所提出的要求,另外,学习理论发展与技术进步对传统的分类也提出了挑战。所以,新的分类聚焦于高层次的认知、元认知和情感性学习结果,同时将学习的类型、评价的标准和教学策略联系起来统筹考虑。同时也要将学习者看成是一个主动积极的、探究的、有目的的、善于对话的、反思的和有扩展能力的人。这样的学习者是知己知彼的、有自我调节能力的人。

另外,在马扎诺的分类中,其对认知系统的细致考量贯穿了一条培养高层次思维的主线。领会水平重在信息整合和符号表征;分析水平突出了对知识作出合理的扩展,其中,又分为五个子类别——匹配:分辨知识要素间异同性;分类:将知识组织成有意义的类别;错误分析:回答知识的逻辑性和合理性;概括:从已知的信息中推断出新的概括或者新的原理;具体应用:依据已知的概括与原理形成新的应用。知识运用水平致力于完成具体的任务。其中又分为四个子类别——决策:在似乎同样重要的解决方案中作出选择;问题解决:突破现有条件限制或者克服障碍去达标;实验探究:了解自然现象或心理现象;调研:考察过去、现在和未来的情况。

（三）多学科协同贡献，不同的组织与个人积极介入，体现了一种不断超越和深化的追求

教育目标分类的研究并不是一蹴而就的，其成果都是经历了 5 年、10 年的打磨才逐渐完善的，这里反映了认知心理学、脑科学研究、学习理论、评价理论、教学理论、教育技术等学科的贡献，体现了核心的价值观和基本共识。

许多国际性组织如联合国教科文组织提出了"四个学会"，世界银行对脑科学研究的关注，欧洲经济合作与发展组织对"关键能力"进行专门研究等都对教育目标分类作出过贡献。这些都说明了教育目标新分类有着坚实的多学科基础，有着坚持不懈的努力。

如果我们回忆布卢姆教育目标在认知、情感和心理动作领域完成第一轮分类框架时，就历时 10 年，耗费了大量的心血。随着时间的推移对布卢姆教育目标分类进行修订和改造的呼声越来越高。1984 年 5 月，美国视导和课程开发协会（ASCD）召开过一个研讨会，讨论如何培养学生的高层次思维能力以改进解决复杂学习任务。会议强调应该根据新的认知研究理论对布卢姆认知目标分类学进行更新。会后成立了"思维教学协作体"，像"美国教育研究学会"（AERA）等 28 个学术团体均是这一协作体的成员单位。但是，这一组织后来并没有完成对布卢姆教育目标分类学进行修订的任务。从 20 世纪 90 年代初开始，又经过了 10 年时间，安德森团队才完成了认知目标修订工作。马扎诺的分类也至少有 10 年以上的积累和修正时间。我们可以看到，学科协同贡献，不同的组织与个人积极介入，体现了一种不断超越和深化的追求，这也是国际教育目标新分类研究的一个创新价值。

参考文献

[1]马兰.实现掌握知识和发展智能的统一——豪恩斯坦认知领域目标新架构及其启示.
全球教育展望,2005,4.

[2]马兰,盛群力.教育目标分类新架构——豪恩斯坦教学系统观与目标分类整合模式述评.中国电化教育,2005,7.

[3]盛群力.依据学习结果选择教学策略——乔纳森的学习结果与教学策略适配观要义.远程教育杂志,2005,5.

[4]盛群力.旨在培养解决问题的高层次能力——马扎诺认知目标分类学详解.开放教育研究,2008,2.

[5]盛群力等编著.21世纪教育目标新分类.杭州:浙江教育出版社,2008.

[6]盛群力,褚献华.布卢姆认知目标分类修订的二维框架.课程教材教法,2004,9.

[7]盛群力,褚献华.重在认知过程的理解与创造——布卢姆认知目标分类学修订的特色.全球教育展望,2004,11.

[8]Anderson LW & Krathwohl DR. *Taxonomy for Learning, Teaching, and Assessing: A Revision of Bloom's Taxonomy of Educational Objectives*(Complete Edition). New York:Longman,2001.

[9]Hauenstein AD. *A Conceptual Framework for Educational Objectives: A Holistic Approach to Traditional Taxonomies*. Lanham, MD: University Press of America,1998.

[10]Jonassen DH & Tessmer M. An outcomes-based taxonomy for instructional systems design,evaluation and research. *Training Research Journal*, 1996(2):11—46.

[11]Robert JM and John SK. *The New Taxonomy of Educational Objectives*(2nd ed.). Thousand Oaks, CA:Corwin Press,2007.

第二编

教师专业成长，基本的着力点在哪里？

盛群力

[摘要] 教师专业发展的基本着力点在于：认知学徒制比行为学徒制更胜一筹；面向完整任务比聚焦片段技能更为要紧；分析应用情境比单纯追求正确答案更为合理；积极利用网络比遍寻名师亲临指教更为便捷；通晓理论比学会叙事更有后劲。因而，要倡导教师既会做中学，又能用心想；鼓励教师磨炼自己综合协调的教学能力；砥砺教师依据具体情况来选择解决问题的办法；吸引教师将网络作为最重要的成长平台；推动教师努力实现由外入内和由内向外的良性循环。

[关键词] 教师专业发展　教师成长　教师学习

教师专业成长是一项涉及终身学习和毕生发展的事业，这一观念已渐入人心。目前，大家正在积极探索促进教师专业成长的各种新途径，其中包括创建教师发展学校，创办名师工作室，推行教师同伴研修制度，营建网络或者博客联盟·等等，还有从"师范教育"到"教师教育"或者"教师学习"，从"教师培养"到"教师发展"等名称上的变化，真有点让人感到这年头计划多不如变化快，点子多不如亮眼球。教师专业成长，基本的着力点在哪里呢？问题恐怕不在于比较谁比谁做得更强或者哪一种形式更吸引人、哪一种说法更时尚响亮，而是要考虑各种新的形式中有什么基本的特质值得我们去关注，在促进教师成长中有哪些重要的观念需要我们进一步加以澄清。

一、认知学徒制比行为学徒制更胜一筹，要倡导教师既会做中学，又能用心想

传统的教师成长方式是师徒结对。师徒结对又可以分为两种。一种是普及性的"以师带徒"做法——当一个新教师完成职前培养进入实际工作岗位后，学校会安排一位有经验的教师给予岗位适应期或者胜任力指导。另一种是提高性的"名师高徒"做法——当一位青年教师已经开始崭露头角，在一位名师的打造下如何使其能够进一步脱颖而出，乃至形成自己的风格。不管是不是采用纯粹的师徒

结对(一对一、一对几),传统的做法一般重在"行为模仿"和"风格传承",可以说这种"行为取向的学徒制"其实质就是模仿、传承师傅的"手艺",从做中学。以至于许多名师在挑学徒的时候会有一系列的限制——意气是否相投,风格是否相近,材质是否可造,长相是否可亲,等等,近乎于挑演员或者选秀。总之,行为学徒法是相对不重视认知原理的,这是因为有些师傅也是靠日积月累修炼而成的,自己也说不出道道来;还有一种原因是师傅自己留一手,不太愿意将窍门和道理说给别人听,省得将来徒弟来抢师傅的饭碗。同"行为学徒"相对立的是近年来开始受到重视的"认知学徒"。与认知学徒相仿的还有"抛锚法"、"支架法"等,其实质是学习者不仅要有行为上的主动表现,更重要的是同时还要有心理上的积极变化。把"用心想"和"做中学"结合起来,不仅知道做什么,怎么做,更要知道为什么要这样做,这样才可以将教师的素质提升从"时间历练取向"转向"心理结构变化取向"。

二、面向完整任务比聚焦片段技能更为要紧,要鼓励教师磨炼自己综合协调的教学能力

　　教师专业成长,尤其是新教师的培养和成长,以往非常重视片段技能的训练,发挥到极致的便是流行一时的"微格教学"。微格教学将教师基本技能分割为一二十种,每一种技能分别予以针对性训练,甚至借助调出拍摄的视频画面一点一点来打磨。但是,微格教学的一大缺陷是陷入原子论的泥潭难以自拔,没有从整体的视野来看影响教师专业教学技能的各种因素,而是寄希望于能够娴熟运用各种教学基本技能。实际上,教学技能是难以一一还原的。细节固然决定成败,但是别忘了,整体大于部分之和。面向完整任务并不要求在孤立的情境中掌握零散片段的技能,而是强调将各个单一的技能整合协调起来,去达到融会贯通,熟练运用的地步,从而去解决现实生活中的问题。很显然,整体应该大于部分之和,因为在整体中包括了将各个单一的知识技能整合协调的能力。

　　所谓在教师专业发展中面向完整任务有这样几层含义:首先,要在真实的情境运用本领,所有的新理念、新方法都应该在课堂中能够加以落实而不是纸上谈兵。其次,要将具体的技能放在完整的教学情境中来加以评判。某一种教学技能运用的好坏,主要不在于技能本身的长短利弊之别,而是受到了运用这一技能的情境和条件制约。第三,不是简单地以公开课、示范课中的一个课时来作为分析比较的取舍单位,而是将一个相对完整的教学任务时空序列作为衡量基准,看教师所运用的新理念与新方法,各种教学设计是不是有常态的扎根可能。第四,面向完整任务,往往还指的是不限于一个任务,而是要将任务形成序列,看教师是不是能够像滚雪球一样,越来越能靠自己悟出其中的奥秘,得到举一反三的效果。

第五，面向完整任务还要求在一系列任务中实现从扶到放，将基于解决问题和基本技能训练结合起来，将直导教学和探究发现结合起来，将启发式和算法结合起来，将再生性任务和创生性任务结合起来，将授受主义和建构主义的理念结合起来。

三、分析应用情境比单纯追求正确答案更为合理，要砥砺教师依据具体情况来选择解决问题的办法

教育领域是最复杂的领域，教育问题是最难以解答的问题。教师专业成长的道路艰巨性一点都不可以低估。百年树人，培养一个名师绝非轻而易举之事。所以，教师的专业知识是一种情境性知识和条件性知识，是一种需要灵活运用的专长。所谓分析应用情境，是指教师要学会如何诊断和解决两类教学问题。一般来说，学习与教学中的问题按照心理学的分类，可以大体分为两类，一类是良构问题，另一类是非良构问题。前者是只有一个答案，只有一条找到这个答案的路径；后者则存在多种合理的答案，能找到某一合理答案的路径也不止一条。解决良构问题的程序是激活图式表征问题，搜寻解决方案和执行解决方案。结构性知识与具体领域的知识是解决良构问题的主要成分。解决非良构问题的过程包括了解问题的陈述，确定问题是否存在，确定问题的本质，澄清问题产生的原因，识别与澄清不同的看法，生成与选择最优问题解决方案，评估与实施解决方案。从根本上说，学会诊断问题和解决教学问题，不是试图寻找权威的说法，不是遴选一劳永逸的现成答案，而是要养成独立思考的习惯，善于欣赏别人的视角，敢于坚持自己的观点，同时也愿意随时放弃任何偏见。我们希望，每一位教师都能够将生活的智慧运用于教学中，将掌握解决问题的本领作为职业的追求，改进教学的效能，提升生活的愉悦幸福指数。

四、积极利用网络比遍寻名师亲临指教更为便捷，要吸引教师将网络作为最重要的成长平台

网络技术作为一种面向 21 世纪人类生活最重要的技术，已经并将继续彻底改变教师专业成长的方式。中国的网民是世界上最庞大的，但是将网络甚至移动工具作为娱乐和信息手段的人远远超过了作为学习与发展工具的人。在教师专业成长中，谁能够将网络主要作为学习与研究的工具，谁就能更快地脱颖而出。认知学徒情境下"师傅"并不好做，这是因为原来只有师傅才拥有或者垄断的学习资源现在完全开放了，师傅不知道的，师傅没有见过的，师傅没有精力去关注的学习资源，徒弟完全有可能先入为主或者有先见之明。所以，有了网络，师傅无法再

将自己打扮成学术权威居高临下吓唬人了,无法再为自己是行家里手拥有独门一技而津津乐道了,学习者之间是否能够彼此分享交流、质疑辩护、对话沟通、求同存异、扩展视野和反思实践等将成为最重要的成长标识。更重要的是,有了网络,彻底打破了时空界限,使得名师名家的资源有可能唾手可得,亲近无限。网络——像 RSS 内容聚合、推送技术,维基百科,博客、谷歌协作分享平台等零技术障碍和费用障碍的资源,将是全体教师专业成长的福音,恐怕也是一切处于资源相对缺乏和地域相对不便的教师加快成长的捷径。

五、通晓理论比学会叙事更有后劲,要推动教师努力实现由外入内和由内向外的良性循环

教师专业成长的过程就是一个学习的过程。学习就是发展,其本质是保证内部心理结构的完善和外部行为表现的绩效相统一。内部心理结构的完善是一个由外到内的过程,也就是将外部的东西转化为自己内部的感受与体验;外部行为表现的绩效是一个由内到外的过程,也就是将内部的感受与体验转化为外部的动作或者行为。只有完成了由外入内和由内向外的循环,心理结构或者心理模式的演进发展才成为可能。

以内养外,以外表内,这就是教师专业成长的一个秘诀。具体落实到实践中我们怎么来理解呢?不妨来简要分析一下现在很流行的"默会知识说"。据说,默会的知识是难以言传的,一线教师的经验是默会的知识,只可意会却难以言传。怎么意会呢?办法之一是学会叙事,从案例中学习。所以,许多教师愿意采用生动的事例或者故事来说明自己的观点,希望别人从他的叙述中来体会其中所蕴含的理念。谁的口才好,故事包装能力强,自然是运气。但是我们认为这样是不够的。促进教师专业成长,指望单从或者主要从叙事中获益,这恐怕是眼下的一种误区。从一定的意义上说,一线中小学教师人人都会叙事,个个都有生动丰富的实践经验,但是为什么有的人的经验走得远,有的人的经验却难以言说,这恐怕不是什么"默会的知识"在起作用,而是理论概括能力欠缺,说不出道道来罢了。不是说没有默会的知识或者实践性知识,而是说即使是默会的知识在适当的条件下完全应该是可以言传的。当一个有经验的教师甚至师傅对教育理论的吸收还没有完全能够到位,还无法将从别人那里吸收的东西内化为自己的说法,还不能将内化的东西再外化出来时,那么,这样的师傅一旦很快被徒弟超越,就不是用简单的"长江后浪推前浪"能够自嘲的了。

培养专家型教师的基本路向

——马扎诺论"教学活动要素"

唐玉霞　马　兰

[摘要]　教学专长绝不是天赋神赐或者是智力超常者的专利。通晓影响教学业绩的因素和不断通过实践来完善自己的能力,是每一个人成为专家型教师的关键所在。其中,九个教学活动要素包括了建立教学常规、掌握学习内容和保证教学实施三大模块,这也是有效教学实践的通用框架。

[关键词]　专家型教师　教师专业发展　教学活动要素

培养专家型教师是提高课堂教学质量,打造优质教学的主要途径。当代国际著名课程与教学研究专家马扎诺(Marzano RJ)博士最近撰文论述了如何利用教学专长库和刻意安排的实践,来实现系统培养专家型教师的理想。马扎诺致力于将研究和理论转化为实践项目和操作工具,供中小学教师和管理人员直接应用于课堂教学和管理中。在四十年的教育生涯中,马扎诺博士与美国各个州以及欧洲和亚洲多个国家的教育工作者一起合作过,著述等身,贡献卓著。本文就从教学设计研究经常关注的视角来介绍马扎诺的专家型教师培养观。

一、专家型教师是"天赋神赐"的吗?

现在人们普遍认为,对学生学习成绩而言,教师可能是最有影响力的人。大量的研究者从不同的侧面得出了具有影响力的研究结果,来证明这个事实。例如,Wright 等人(1997)基于对 60000 名 3 年级和 5 年级学生在 5 个学科领域内的成绩进行分析后指出:

这一研究结果产生了一个直接而明确的结论,即提高教师的有效性相对于其他任何单个因素而言,能更好地提高教育质量。不管一个班级存在怎样的层次差异,有效的教师对提高所有学生的成绩都会有办法的。

最近,Nye 等人(2004)对 42 个学区内的 79 所学校进行了一项随机控制研究,研究结果将不同教师的教学成效定量化。根据这一研究结果可以得出教师能力与学生成绩之间的关系(参见表 1)。

表 1 描述的是一个学习成绩处于第 50 个百分点的学生,在接触不同能力水平的教师之后,预期学业成绩的百分点增量。第一行表示教师的教学能力处于第

50 个百分点时,跟着这位教师学习,学生的成绩相对其他同学没有变化,保持第 50 个百分点的水平。当然,学生的知识量还是在增加的,只是在班级中的排名仍然和以前一样。在第二行中,教师的教学能力提升到第 70 个百分点,相应的学生成绩提高了 8 个百分点,排名提高到第 58 个百分点。如果一个教师的教学能力位于第 90 个百分点,那么起始成绩处于第 50 个百分点的学生其成绩将上升到第 68 个百分点。因此,从表 1 可以推断出:如果一个学校或学区的教师能力得到显著提高,那么学生的成绩也会相应地显著提高。

表 1　教师能力与学生成绩之间的关系

教师能力所处的百分点	一个起始成绩处于第 50 个百分点的学生,其成绩预期的百分点增量	一个起始成绩处于第 50 个百分点的学生,预计其成绩所处的百分点
第 50 个百分点	0	第 50 个百分点
第 70 个百分点	8	第 58 个百分点
第 90 个百分点	18	第 68 个百分点
第 98 个百分点	27	第 77 个百分点

然而,学校或学区怎样才能达到这样的成就呢?学校或学区要采取什么措施来确保课堂中有高水平教师呢?毫无疑问,吸纳和留住优秀教师是每一个学校或学区都应该采取的一条策略,除此之外,还有一条同等重要的策略是积极地培养专家型教师。也就是说,除了吸纳和留住优秀教师,学校和学区应该提供培养专家型教师的直接经验。所幸的是,Ericcson 等人(1993,1994)对这一策略的实现作出了相关研究。

当然,对"专长"(expertise)下一个定义需要一些可操作性的度量标准。Ericcson 等人(1994)解释说,传统上将"专长"定义为一种"教学业绩"(performance),可以用通过特定领域内学业成绩平均数的两个标准差来加以反映。当"教学业绩"意味着教师的教学能力达到了第 98 个百分点时,那么对应表 1 可知,一个起始成绩处于第 50 个百分点的学生其成绩将提升 27 个百分点。简而言之,在专家型教师的课堂中,学生的学习状况一般都远远超出了预期的成绩。

相对而言,不久前大家还认为这样的专长是难以培养的。例如,Murray(1989)曾经从历史演变的视角对"专长"作出了梳理,并得出结论说:人们普遍认为这样的才能是"天赋神赐"。对此观点,Ericcson 等人(1994)说:造成这种偏见的一个重要原因……在于将各种与天赋相关联的活动直接正当化。如果上帝赐予一个孩子某个方面的特殊天赋,那么没有人敢违背这种天赋的发展,没有人会阻碍这种天赋的表达,从而使每个人都能享受到天赋带来的美妙创造。这个主张在现在看起来可能很可笑,但是在法国革命以前,国王和贵族的特权地位以及他们孩子生来就有的权利都是基于这一主张的。

人们曾经认为,天赋神赐是"专长"最好的限定词。随着时间的推移,这种观点的荒谬之处不断显现出来。Ericcson 和 Charness 阐释说,令人惊奇的是,很少有实证经验支持专长的"天赋神赐观"。他们还说,一旦人们找到证据表明"只要个人有必要的驱动力和动机,其工作业绩是可以通过教育和培训得到显著提高的",那么几百年之前的天赋神赐观毫无疑问地会受到挑战。

还有一种"智力假设理论",它同天赋假设理论十分相似。即声称高智力的人能学得更多、更快。日积月累,正是这种学习轨迹逐渐形成了人的专长。对此,Ericcson 等人(1993)指出这个假设同样缺少证据:"在众多领域中,智商与教学业绩之间的关系是很微弱的"。

如果专长不是天赋神赐或智力超常之故,那么是什么起着决定作用呢?相关研究指向了两个关键性因素:通晓影响教学业绩的要素和不断通过实践来完善自己的能力。

二、教学活动要素的分类

通晓影响教学业绩的要素对于系统培养任何领域的专长而言,都是先备条件。Ericcson 等人(1993)指出各个领域内的专门知识不断增长并且势头不减。随着领域内的业绩水平在技能和复杂性上不断提高,因此对个人进行直接指导和培训的方法也得到了进步。在各个主要领域内都有一个稳定的知识积累问题,只有这样才能形成获得高水平业绩的最佳方法和相应的实践活动。

在大多数的研究领域中,教育领域中的专门知识(尤其是与有效教学相关的专门知识)呈现出指数增长。Hattie 等人(1996)曾试图对这些专门知识进行梳理。研究者已经总结出在课堂上成功实施的各种策略,但是他们并没有说明使用这些策略的具体情境。Ericcson 和 Smith(1994)确定了专家型业绩的必要特征——不仅要知道特定领域内所要采取的行动,还要知道在特定情境下如何做好这些事情。为使这些专门知识在培养专家教师的过程中发挥其应有作用,就要特别考虑如何确定应用具体策略的背景或情境。

Leinhardt(1990)提议将"教学活动要素"(lesson segment)作为一种基点,对教师所采取的各种教学策略和活动进行分类:教师可以依据各个部分或课时对课程内容进行组织,每一个部分或课时都有其重要的特征。每一个课时包含了不同的师生角色,包含了多种学习目标,学生可以通过各种行动或多或少地实现这些目标。此外,流畅的、经过良好练习的常规能力对实施课时起到支持作用。

马扎诺吸收了 Leinhardt 等人的研究发现,采用他曾经在《教学的科学与艺术》(2007)一书中提出的框架,把教学策略纳入不同的教学活动要素中。该框架提出了九种类型的教学活动要素：

(1)交流学习目标、追踪学习进步并鼓励学有所得；

(2)制定或维持课堂教学规则和程序；

(3)弄懂新课要点；

(4)练习和加深理解；

(5)善于生成和检验假设（即知识运用）；

(6)提高学生的主动参与度；

(7)保证课堂教学规则和程序能够得到一致贯彻执行；

(8)建立和维持有效的师生关系；

(9)明确期望，不让一个学生掉队。

马扎诺将这九个教学活动要素组织成三个类别：建立教学常规的要素、掌握学习内容的要素和保证教学实施的要素。图1直观展示了三个类别之间的关系。

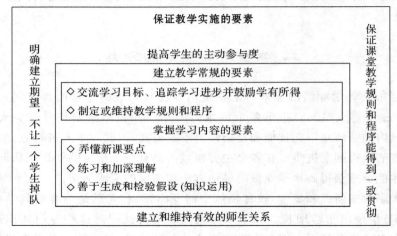

图1　教学活动要素的分类(马扎诺,2010,219)

三、教学活动要素详解

由图1可知，九个教学活动要素中的前两个属于"建立教学常规"，中间的三个要素属于"掌握学习内容"，最后四个要素属于"保证教学实施"。马扎诺不仅列出支撑每一个教学活动要素的相关研究，还简要说明了教师如何在课堂中表现与这些要素相关联的具体行为。

(一)建立教学常规的教学要素

不管教学内容是什么或者学生的年龄有多大，每一个课堂中的师生每天都将经历一般的教学常规。如图1所示，常规事件中包括两个教学要素：①交流学习目标、追踪学习进步并鼓励学有所得;②建立或维持教学规则和程序。

1. 交流学习目标、追踪学习进步并鼓励学有所得

九个要素中每一项都融合了大量的教学策略和行为。有些研究证实了这一教学要素所起到的作用,包括明确目标、反馈、强化努力、善用表扬以及奖赏。依据马扎诺(2008)的研究,把握这一要素相关联的具体行为如下:

(1)教师提示与强化学习目标。

(2)教师提供形成性评价(通过测验、测试和非正式的评价形式),帮助学生了解自己的学习进步状况。

(3)教师对学生所取得的进步给予肯定。

为了说明这些行为之间是怎样相互作用的,我们不妨以一位中学物理教师做例子。这位教师每天提醒学生单元的学习目标,使用形成性评价帮助学生每天或者定期了解自己学习达标的进展状况。当然,教师把握各种机会积极鼓励学生所取得的点滴进步。

2. 制定或维持课堂规则和程序

从相关的研究中我们可知,这个教学要素要求在学年初就制定好规则和程序,并将这些规则和程序以合理有序的方式贯穿于整个学年。依据马扎诺(2008)的研究,把握这一要素相关联的具体行为如下:

(1)教师通过制定十分明确的常规和程序,保证教学的有效展开。

(2)教师通过合适的活动类型并想方设法展示学生活动,组织有效的课堂学习。

不妨以一位小学语文教师为例来说明这些行为在课堂上怎样相互影响的。这位教师在学年开始时,就花力气建立明确的课堂学习程序与规则,说明期望表现什么样的课堂行为。另外,教师要定期检查这些规则和程序的落实情况,并在必要的时候作出调整。最后,通过有利于促进学习的方式将教材内容、课堂学习表现和形成性评估方式整合起来,帮助学生建立常规和秩序。

(二)掌握学习内容的教学要素

掌握学习内容的教学要素涉及三个方面:①弄懂新课要点;②练习和加深理解;③善于生成和检验假设(知识运用)。每一个教学要素都能通过不同的课时得以表现,尽管有时候一个课时所涉及的教学要素可能不止一个——尤其是当某些课时由于模块排课而需要延长时间时更是如此。

1. 弄懂新课要点

有些课时是用来讲解新课内容的。马扎诺(2007)将这些课时称为"弄懂新课要点"(critical input)——教师向学生讲解这些新内容对于掌握学习目标而言是至关重要的。相关的研究已经证明了一些具体的做法是十分有效的,包括促进记忆、善于预习、合理组织信息、擅长小结、用多样化的方式表征、教师设问以及学生

自我反思。依据马扎诺(2008)的研究,把握这一要素相关联的具体行为如下:

(1)教师激发学生参与活动,以帮助他们预习新内容(例如凸显知识之间的联系、预览问题、简要的教师总结、浏览教师的备课笔记和提问"你认为你知道什么?")

(2)教师恰当地通过多种方法(如讲座、示范和视频)来展示新内容。

(3)教师恰当地用故事和轶事来扩充新内容。

(4)教师恰当地用小而易吸收的"组块"来展示新内容。

(5)每一个组块后,要求学生通过提出小结并作出预测加深理解,或者教师使用一些正式的小组互动技巧(如"互惠教学"、"切块学习"或"概念获得")。

(6)在展示新内容之后,教师要求学生提出推断性问题并作出回答,从而对学习内容进行精细加工。

(7)在展示新内容之后,教师要求学生记录并陈述他们对新内容的理解(例如,通过总结自己的理解、形成新知识的图形表征、生成关于新知识的笔记或者通过画图来表征新知识)。

(8)教师恰当地激发学生主动利用角色扮演或记忆术,对新知识进行记忆和加深理解。

(9)在一个课时(或模块)结束的时候,教师要求学生反思自己的理解和学习过程(例如,"你搞清楚了什么?","你还不清楚的是什么?")。

(10)教师有效地使用小组教学,来帮助学生领会新内容(例如,在学生领会新内容的过程中,将他们分成多个小组)。

以一个高中数学教师为例,来说明这些行为之间的相互作用。这位教师设计了一堂课来介绍函数的概念。刚开始的时候,她简要地对函数的概念进行了介绍,然后再提问学生对函数有什么了解。当学生作答时,她将答案写在白板上。接下来,教师播放一段视频,用来说明各种函数的关键特征。播放之前,她将学生分成若干三人小组,以便他们能针对视频内容进行互动。播放两分钟后停下来,要求每一个小组中的某个成员总结所看到的内容。其他两个成员提出一些问题,可以由小组自行解决,也可以由教师回答。接着再播放两分钟,重复前面的步骤,即让小组某一个成员总结所看到的内容。整个视频播放完之后,为了给学生提供不同的角度来思考新内容,教师可以向学生提出一些推断性问题。接下来,每一个小组必须对视频内容进行总结,并提供相应的图形或图表组织。课时结束时,学生要反思自己对所学内容的理解,可以通过在笔记本上提出并回答"我还对什么存在困惑"来进行。

2. 练习和加深理解

一旦教师已经讲解了新知识,那就应该花一个或者几个课时,来帮助学生练习或加深理解。有些研究得出了相关的教学具体行为,包括练习、订正和分析错误、检查异同点以及布置家庭作业。在进行这一内容模块教学时,区分陈述性知识和程序性知识是很重要的。程序性知识包括技能、策略和过程,而陈述性知识包括细节、时间序列、概括和原理。依据马扎诺(2008)的研究,把握这一要素相关联的具体行为如下:

(1)教师鼓励学生简要回顾学习内容。

(2)教师要求学生温习和修正课堂笔记。

(3)教师使用小组学习,帮助学生加深理解(针对陈述性知识)或提高熟练程度(针对程序性知识)。如果学习内容是以陈述性知识为主的话,教师应强化鼓励学生参与检查知识异同点活动(例如比较、分类、暗喻和类比)和检查是否能够理解新知识本身的逻辑或者表征的合理性;如果学习内容是以技能或过程为主的程序性知识的话,教师则应鼓励学生进行练习活动,以提高技能或过程的熟练性。

(4)教师布置相应的家庭作业,以帮助学生巩固对新知识的理解程度或增强对程序性知识的熟练程度。

不妨列举两位教师的做法来说明这些行为。第一位是小学语文教师,她已经在上一节课中讲授了一篇好作文应该在导入、展开和结束等环节做到清晰可辨(程序性知识)。第二位教师是中学的历史教师,她已经教给学生一些关于"共和政体"的信息(陈述性知识)。此时,两位教师开展练习新知识和加深理解时,都需要对早先学过的内容进行简要的回顾,需要采用小组学习来促进信息加工过程。由于这位小学语文教师的教学目标主要是程序性知识,所以她需要鼓励学生开展一定的练习活动。首先,她向学生出示了一组没有清晰的导入、展开和结束的例文;接着,学生以个人或者小组为单位,将这些例文改写成有导入、展开和结束的文章,以此掌握如何修改作文的策略。由于中学历史教师的教学目标是陈述性知识,所以她会鼓励学生参与一个"比较共和政体和其他政体"的活动。例如,让学生将"共和政体"、"民主政体"和"独裁政体"进行比较。最后,两位教师都要确定课堂中的活动是否需要布置适当的家庭作业。

3.生成和检验假设(运用知识)

知识必须运用于有意义的情境中。课堂上,这些情境以项目(project)的形式体现。马扎诺(2007)指出,学生必须生成和检验假设,才能将课堂教学的效果最大化。有些研究得出了知识运用的课堂教学策略,包括在"问题为本的学习"中如何生成和检验假设。依据马扎诺(2008)的研究,把握这一要素相关联的具体行为如下:

(1)教师鼓励学生简要回顾学习内容。

(2)教师要求学生以个人或者小组的形式生成和检验假设。

(3)教师承担资源提供者和促进者的角色。

不妨以一个体育教师的做法为例来说明这些策略之间的相互作用。该教师在课上已经介绍了多种伸展运动的技巧,每一种技巧都有各自的针对性要求,并让学生开展了练习。要在具体的任务中运用这种程序性知识,学生必须进行三种类型的体育活动——举重、远程慢跑和短程快跑。教师应该让学生利用已经学过的技巧,为每一种伸展运动类型创设一些热身和舒缓的伸展动作。在开展这些动作之前,学生应该对动作的效果提出假设,然后在实施动作后对照假设检查效果如何。

(三)保证教学实施的要素

特定的教学情境离不开教师的相关行为。当然,情境中所包含的教学因素并不一定会全部出现在每节课中。但是,一旦出现了这种需要,教师就应该敏感把握,否则教学环境就会迅速发生变化。正如图 1 所示,这个类别包括四个教学要素:①提高学生的主动参与度;②把握教学规则和程序是否能够得到一致贯彻执行;③建立并维持有效的师生关系;④明确期望,不让任何一个学生掉队。

1. 提高学生的主动参与度

在一节课中,需要随时提高学生的主动参与度。学生如果没有参与课堂活动,他们也就丧失了掌握学习内容的机会。因此,有效的教师能反复环顾课堂,以确定学生是否主动参与。一些研究为这一教学要素提供支撑,包括参与的性质和参与的方式研究。依据马扎诺的研究(2008),把握这一要素相关联的具体行为如下:

(1)教师应恰当地让学生参与学习竞赛,包括适度竞争。

(2)教师应恰当地利用等待时间、回答卡片、齐声回答或回答链对学生课堂回答的参与度进行调节。

(3)教师应恰当地鼓励学生主动参与那些需要身体运动的活动。

(4)教师应在整堂课中保持张弛有序的节奏。

(5)教师应恰当地表现出自己对学习内容上的全心投入程度。

(6)教师应恰当地鼓励学生参与友好的争论。

(7)教师应恰当地给学生自我反思的机会。

(8)教师应恰当地为学生提供一些与内容相关的新奇信息。

不妨以一位技术教师为例来说明怎样使用这些行为。这位教师发现,学生没有注意教师是如何确定网站上信息是否正确的。为此,教师会选择一些准备好的活动重新激励学生主动参与。例如,教师会提问学生一些需要利用回答卡片的问题,以保证所有的学生都参与到每一个问题的回答过程中。教师还可以通过让学生活动一下身体,来调节学生的短时精力,从而提高参与度。

2. 把握课堂教学规则和程序是否得到一致贯彻

这个教学要素贯穿于整节课或整个教学日。有些研究对这一要素起到支持作用,包括课堂管理研究和维持纪律研究。依据马扎诺(2008)的研究,把握这一要素相关联的具体行为如下：

(1)教师应恰当地对遵循课堂教学规则和程序的行为给予认可(如口头表扬和物质奖励、反馈给家长等)。

(2)适当的时候，教师应对不遵守规则和程序的行为给予惩罚(如预见可能的课堂捣乱行为、及时制止潜在的问题、逐步采取措施、使用直接代价、使用矫枉过正、使用家庭后效措施和团体后效措施等)。

不妨以一个小学教师为例对这些行为进行说明。这位教师发现，学生在科学课后没有遵守整理学习材料的程序。教师先向学生指出这个问题，然后花一些时间简要回顾相关程序。还有，教师发现学生在先举手后回答问题这个程序上做得很好，于是他告诉学生他们的良好行为保证了课堂的顺利进行，并对他们的努力表示感谢。

3. 建立并维持有效的师生关系

有效的师生关系是有效教学的一个必要但不充分的条件，它能使课堂活动进展得更加顺利。一个研究对这个教学要素起到支持作用，主要是教师作为课堂的控制者和作为学生的支持者这两个角色，必须在学生眼中得到平衡。依据马扎诺(2008)的研究，把握这一要素相关联的具体行为如下：

(1)教师应恰当地展示学生感兴趣的和已知的知识。

(2)教师应恰当地通过言语行为表达对学生的感情(如称赞、幽默和聊天)。

(3)教师应恰当地通过身体动作表达对学生的感情(如微笑、适当的身体亲近和接触)。

(4)教师应恰当地将学生的兴趣纳入学习内容中。

(5)教师应恰当地表现出客观冷静的情感。

不妨以一个中学教师为例来说明这些行为的使用。这位教师注意到，当自己能很好地控制自己的行为时，课堂就能保持相对稳定。另外，学生就算对学习内容有疑问，也不情愿向教师求助。因此，这位教师决定调整自己的角色定位，重在帮助学生学习而不仅仅是维持纪律，他还有意通过幽默和与学生开善意的玩笑，来放松课堂气氛。

4. 明确期望，不让一个学生掉队

教师对学生的学习期望有高有低，学生直接或间接地受到这些期望所传递信息的影响，并表现出与之相应的行为。一些研究总结了这个教学要素，包括对所有学生使用适当的情感基调和提供平等的机会来进行复杂的学习互动。依据马扎诺(2008)的研究，把握这一要素相关联的具体行为如下：

(1)教师通过口头或者其他形式，表明尊重和信任每一位学生的态度(例如眼神交流、微笑、适当的身体接触、保持适当的亲近、适当开开玩笑)。

(2)教师请"学困生"也来参与回答提问。

（3）"学困生"不能正确地或完整地回答问题时，教师应该启发帮助。

不妨以一位高中数学教师为例来说明这些行为是怎样表现出来的。这位教师意识到自己提问的学生绝大多数是那些愿意积极参与课堂活动并在学习内容上表现良好的学生。相反，她将其他学生丢在了一边，不想让他们处于尴尬的境地，不愿意强迫他们回答那些与他们学习水平不相符的问题。注意到自己的行为对一部分人传递出高期望，而对另一部分人则传递出低期望时，该教师便着手提问每一个学生有难度的问题。刚开始的时候，教师行为的巨大变化，会使一部分学生不能适应。但是，时间久了，学生也就接受现实了，即教师期望所有的学生都能展示复杂的学习内容，并且即使学习思维有一些错误，也能受到尊重。

四、帮助教师确定最大的专业发展需求区域

图1所展示的三个类别、九个模块提供了一个组织图，使教师能够找出自己的优势和弱势，从而寻求如何提高教学专长的路径。例如，根据教学指导教师的意见反馈和自我反思，一位新教师可以确定自己最大的专业发展需求区域到底具体落在哪里。另外，三分之一的教师可能会将学生的参与度作为个人能力提高的关键点。

（一）提供刻意安排的实践

培养专家型教师，除了必须拥有一个清晰的知识库，还必须提供刻意安排的实践机会。一套完整的教学知识对于专家型教师的培养很重要，而提供刻意安排的实践则是将这些知识转化为行为的媒介，是形成专长的必要条件。提供刻意安排的实践至少包括三个关键特征：①清晰而聚焦的任务；②清晰的成功标准；③参与刻意安排实践的动机。由于实现这三个特征需要得到各种必要资源予以支持，包括一个经认定的专家教师骨干、足够的时间让专家教师与培养对象（aspiring teachers）就有效教学进行互动、足够的时间让专家教师与培养对象观察各自的教学情况，所以培养专家型教师很大程度上应该是学区的举措，因为在学区范围内比在学校范围内更容易获得这些必要资源。

1. 清晰而聚焦的任务

提供刻意安排的实践的首要特征是包括一些与培养对象现行的技能和知识水平相一致的任务。Ericcson等人（1993）阐释说："任务的设计必须考虑学习者的先前知识，从而使学习者通过短暂的教学之后，能正确理解任务"。这就意味着培养对象已经明确了自己的优势和弱势所在。为了更好地实现这个目的，马扎诺（2007）建议使用如表2所示的量标。

表 2　讲解新课内容的量标

4.0 分：在 3.0 分所要求的行为基础上，能够根据具体情况灵活变通促进学生学习

3.5 分：在 3.0 分所要求的行为基础上，能够部分成功根据具体情况灵活变通促进学生学习

3.0 分：在指导学生与新知识进行互动的课堂活动中，以下教师行为没有一项发生主要错误或疏忽：
　　◇确定关键的新课内容
　　◇通过预览活动，将新知识与旧知识联系起来
　　◇将学生分成各个小组，来促进领会新知识
　　◇将新课内容分成便于学生理解的不同组块
　　◇在教师讲解了一个组块的新课内容之后要停一下，鼓励学生开展阐释、讨论和预测以帮助学生理解新知识
　　◇鼓励学生参与对知识进行精细加工的活动
　　◇在理解新课内容之后，教师应鼓励学生参与书写并表达结论的活动
　　◇鼓励学生参与反思自身学习的总结活动

2.5 分：在相对简单的行为上没有主要错误或疏忽（2.0 分的行为表现），并且能部分成功地表现出相对复杂的行为（3.0 分的行为表现）

2.0 分：在以下行为上没有主要错误或疏忽：
　　◇在讲解新课内容时，能够搞清楚要讲什么，但是难以做到区分出重点和非重点
　　◇能够开展预览活动，但没有将新知识的学习与旧知识相联系
　　◇能够开展小组学习，但是小组活动对领会新知识帮助不大
　　◇能够将新课内容分解成恰当的组块，但这些组块本身与学生的先备知识水平之间不匹配
　　◇在讲解了一个组块的新课内容之后能够作出停顿以便鼓励学生参与活动，但是活动本身并没有对促进理解新知识产生帮助
　　◇能够鼓励学生参与推断性活动，但推断的主题并不是需要精细加工的学习内容
　　◇在新课内容的初步理解之后，能够鼓励学生开展复习活动，但这些活动没有要求学生书写并表达结论
　　◇能够鼓励学生参与总结活动，但这些活动并不要求学生对学习过程开展反思
　　教师在相对复杂的行为上（3.0 分的行为表现）出现主要错误或疏忽

1.5 分：部分成功地表现出相对简单的行为（2.0 分的行为表现），但是在相对复杂的行为上出现主要错误或疏忽（3.0 分的行为表现）

1.0 分：在别人的帮助下，能部分成功地表现出一些相对简单的行为（2.0 分的行为表现）和一些相对复杂的行为（3.0 分的行为表现）

0.5 分：在别人的帮助下，能部分成功地表现出一些相对简单的行为（2.0 分的行为表现），不能表现出相对复杂的行为（3.0 分的行为表现）

0 分：即使是在别人的帮助下，也不能表现出 2.0 分和 3.0 分所要求的行为

以上量标为评价教师讲解新课内容的教学行为提供了一个尺度。这样的量标也可用于设计其他八个教学要素的具体要求。为教师的最大专业发展需求区域设立基本规范,需要将教师的自我评价、专家教师的评价以及指导教师的评价结合起来。

在确定自己需要提高的专长模块之后,培养对象将受到学区内某个专家型教师有针对性的指导。例如,一个培养对象可能得到教学专家的指导。Ericcson 等人(1993)将这种最初的互动称为"短暂的指导"(a brief period of instruction)。接着,培养对象将使用具体的策略来观察指导专家是如何有效使用各个"教学要素"的。这样做的目的在于使教师观察到能体现专长特征的行为,也就是 Ambaby 等人(1992)所说的"层层扫描"行为。他们解释说,专家行为是由相对简短的情境决定的,并且只有在相对简短的情境中才能被识别出来。也就是说,当教师能随时随地使用特定策略时,也就说其拥有了某种专长。因此,是不是使用了特定的教学策略,对界定"教学专长"本身没有多大的意义。专家和非专家的区别并不在于是否使用了教学常规,而在于如何将教学常规运用到具体的课堂和环境中。只有观察专家型教师的行为,才能帮助专家型教师的培养对象辨别出决定专长特征的具体行为。

一旦培养对象明确了专家型教师是如何使用具体策略的,他就应该在自己的课堂里练习这种策略。从 Ericcson 及其同事的研究总结中可以推断出,要掌握一个特定的教学活动要素所需要的技能,必须在一段时期内每天进行大约 2～4 小时的练习。

值得一提的是,在练习期间,培养对象仅仅重复专家教师曾经采用的策略是远远不够的。专家还应该给出必要的反馈。正如 Ericcson 等人(1993)所阐释的:"缺少了反馈,就不可能产生充分的学习,即使学习动机再高,也只能获得很小的进步。因此,仅仅重复一种活动并不能带来自动改善学习效果的目的"。这个说法与 Hattie 等人(2007)的研究结果相当一致,他们查明了 196 项研究和 6972 个研究效果量的元分析结果,得出提供反馈所产生的平均效果量为 0.79,是绝大多数教育革新项目所产生的平均效果量(0.40)的 2 倍左右。

专家型教师必须对培养对象进行观察之后,才能提供有效的反馈。一种观察方法是专家型教师花费大量的时间,亲自进入培养对象的课堂进行观察;另一种更有效的方法是,专家型教师观看培养对象练习特定策略的视频。依据对"层层扫描"行为的价值判断,专家型教师不需要看完整个视频,就能对培养对象在某个特定教学模块中使用具体教学策略的情况进行反馈。

2. 清晰的成功标准

刻意安排的实践必须拥有一个清晰的成功标准。这就意味着,不能仅仅因为个人表现出了与专长相关的行为,就断定其掌握了该专长。有的人从事某个领域几十年,也能获得大量与这个领域相关的知识,却难以表现出优异的教学业绩。问题出在哪里呢? 对此,Ericcson 等人(1994)解释说,专长不是由领域知识来决定的,而是由优异教学业绩决定的。由此就产生了一个逻辑问题,即确定课堂教学中优异教学业绩的标准应该是什么呢? 对于这个问题,人们往往会认定,合理使用具体的教学策略应该是教学业绩优劣的衡量手段。然而,这只是一个似是而非的错误观念。合理使用具体的教学策略自然是"专长"的一个必要组成部分,但教学业绩优异与否的最终标准应该是学生的成绩。我们可以拿国际象棋做类比。一个象棋选手可能掌握了大量的下棋步骤知识以及如何下好棋的知识,但是如果他不能使用这些知识赢得象棋比赛,他就不是专家。这种逻辑也适用于课堂教师,衡量教师教学优异与否的最终标准必定是学生的学习成绩。Tucker 等人(2005)在教师评价项目的综述中指出,将学生的知识增量作为衡量教学成功与否的最终标准产生了很大的影响力。

专家型教师培养对象可以利用知识增量数据来确定教学工作的有效性。马扎诺(2008)对于教师应该如何搜集与学生知识增量相关的数据提供了一些具体的建议。主要建议搜集两种数据:①以学生的前测和后测为基础的知识增量;②学生自我报告的学习效能水准(perceived level of learning)。要获得第一种数据,教师应该选择一个教学单元,就单元内容对学生进行前测和后测。后测分数与前测分数之间的差异就可以用来衡量知识增量。除了通过前后测来测量知识增量,还可以通过学生自我报告学习情况的方式,搜集关于知识增量的数据,也就是说教师可以在单元结束的时候,要求学生完成一个或者多个"李克特式"量表题目,以表明学生自认为已经学到的内容。

(二)参与刻意安排实践的动机

刻意安排的实践的最后一个特征是,专家型教师培养对象应该持续地且全身心地投入实践。前面已经提到过,培养对象每天需要 2 到 4 小时的集中练习,而且这种练习水平必须持续大约 10 年——"十年规则"。Ericcson 等人(1993)指出"十年规则"普遍存在。因此,不管学习领域是什么,要达到专家的水准就必须坚持大约 10 年的刻意训练。

鉴于"十年规则"的重要性,不难得出结论:专家型教学培养对象要成为教学专家,必须拥有高水平的动机。Ericcson 等人(1993)对此作出解释:几千年的教育发展和最近对学习和技能获得所做的实验研究,使得最佳学习和效能提高的条件都显现出来……其中被援引次数最多的条件,关注的是被试参与任务以及努力提高自身绩效的动机。

期望所有的教师或者大多数教师,都来追求崇高的教学专家地位,是不合理的。一般人往往是见好就收,适可而止。Ericcson 等人(1994)解释说:"绝大多数的业余运动员和雇员在绩效上一旦达到可接受的水平,就会很少有人再刻意花时间练习来继续提高。"

那么,什么才是对学校和学区教师的合理期望呢?其中的一个期望应该是,学校或学区中的所有教师都要"迈小步,不停步"。即使教师在专长上只有很小的进步,也可以看作是重大的收获。例如,假设我们期望一个学区的教师每年能在教学的有效性上提高2个百分点。那么,对于那些起始教学技能排在第50个百分点的教师,我们期望他们学生的成绩在10年之后能提高8个百分点。

另一个合理的期望就是,那些热切期望达到专家地位的教师和那些愿意花费必要的时间(10年)来磨炼自己工作的教师,都应该得到相应的支持。这种支持包括与专家教师进行个别指导式的和咨询式的对话、观察专家教师的机会、对特定课程模块中特定教学策略的使用情况进行反馈。

参考文献

[1]Ambady N & Rosenthal R. Thin slices of behavior as predictors of interpersonal consequences: a meta-analysis. *Psychological Bulletin*,1992,(111):256—274.

[2]Ericsson KA & Charness N. Expert performance: its structure and acquisition. *American Psychologist*,1994,49(8):725—747.

[3]Ericsson KA,Krampe RTh & Tesch-Römer C. The role of deliberate practice in the acquisition of expert performance. *Psychological Review*,1993,100(3):363—406.

[4]Hattie Biggs,Purdie. Effects of learning skills interventions on student learning: a meta analysis. *Review of Educational Research*,1996(2):99—136.

[5]Hattie J & Timperley H. The power of feedback. *Review of Educational Research*,2007,(77):81—112.

[6]Leinhardt G. Capturing craft knowledge in teaching. *Educational Researcher*,1990,19(2):18—25.

[7]Marzano RJ. *A Handbook for the Art and Science of Teaching*. Alexandria,VA: Association for Supervision & Curriculum Development,2009.

[8]Marzano RJ. Develop expert teachers. In Robert Marzano *On Excellence in Teaching*. Bloomington,IN: Solution Tree Press,2010,212—245.

[9]Marzano RJ. Getting serious about school reform: three critical commitments. *Marzano & Associates*,2008. http://www.marzanoresearch.com/about/gsasr_intro.aspx.

[10]Marzano RJ. *The Art and Science of Teaching: a Comprehensive Framework for Effective Instruction*. Alexandria,VA: Association for Supervision & Curriculum Development,2007.

[11]Nye B,Konstantopoulos S & Hedges LV. How large are teacher effects? *Educational Evaluation and Policy Analysis*,2004(26):237—257.

[12]Tucker PD & Stronge JH. *Linking Teacher Evaluation and Student Learning*. Alexandria,VA: Association for Supervision & Curriculum Development,2005.

如何成为一名专家型教师
——斯滕伯格论专家型教师的基本特征

郑　颖　盛群力

[摘要]　教学设计旨在通过批量化造就专家型教师,使得本来只有天才才能胜任的工作让一般人也能够有所期待甚至梦想成真。不过,教师的专长不是"天赋神赐"或"智力超常"之故,而需要通晓影响教学业绩的因素和不断通过实践来完善自己的能力。专家型教师的基本特征是拥有专业知识,擅长高效能工作和富有洞察力,正是借助研究所发现的特征,通过扬长避短和扬长补短,人人皆可成功,人人皆有获得成功的不同路径。

[关键词]　专家型教师　教师专业发展　成功智力

　　教学设计的主要目的是帮助学习者意义学习,促进学习迁移;教学设计的结果之一同样表现在通过批量化造就专家型教师,使得本来只有天才才能胜任的工作让一般人也能够有所期待甚至梦想成真。问题是专家型教师是怎么打造的呢?专家型教师有什么过人之招?靠智商高,靠知识多,还是靠"素质"好?当代国际著名课程与教学专家马扎诺(Marzano RJ)在其最新主编的《打造优质教学》一书中,依据其几十年对有效教学的研究成果,专门撰文讨论了如何培养专家型教师。马扎诺指出:专长不是"天赋神赐"或"智力超常"之故,而是依赖于教师通晓影响教学业绩的因素和不断通过实践打磨来完善自己的能力。专家型教师培养对象应该持续地且全身心地投入实践,每天需要 2～4 小时的集中练习,而且这种练习水平必须持续大约 10 年。Ericcson 等人(1993)指出"十年规则"的普遍性,也就是说,不管成为哪一个领域的专家,必须坚持大约 10 年的刻意磨炼。

　　无独有偶,作为一名当代国际著名的教育心理学家,斯滕伯格(Sternberg RJ)对专家型教师的特征同样进行了专门的研究与论述。斯滕伯格现为美国塔夫斯(Tufts)大学心理学教授、人文与科学学院院长。他曾是耶鲁大学心理学 IBM 教授和管理学教授,担任耶鲁大学和塔夫斯大学"能力、胜任力和专长心理学研究中心"主任,曾获得教育心理学"桑代克杰出贡献奖",出版(发表)了 1200 本/篇著作、论文或者书的章节,在智力、创造力及其投资、思维风格、智慧和天才等领域研究贡献卓著,成就非凡,被誉为"产能和质量"双佳的学者。他编著的《教育心理学》(2002 年第 1 版),渗透了其提出的"成功智力"的 3 个成分——创造、实践与分析,专门设章讨论了专家型教师和专家型学习者的特征,受到业界重视。国内著名教育心理学家,北京师范大学张厚粲教授曾在第一时间就主持翻译并提交出版了该书(中国轻工出版社,2003)。2010年斯滕伯格修订出版了该书,对专家型教师的特征进行了更加完备的阐述。本文以下据此所作出的介绍,希望能够使广大的教师对如何加速自身专业发展有所启示。我们认为,虽然斯滕伯格并不是一位专业教学设计理论家,但是其研究的理论对提高教学效能、培养专家型教师是极富启示的。

一、什么是专家型教师?

专家型教师是成功的教育系统的动力和教育型社会的支柱。了解如何使更多的人成为专家型教师对社会进步来说是必不可少的。许多投身于教育事业的人,都想成为专家型教师。

不过,著名教育心理学家柏林纳(Berliner,2004)提出,教师经验发展需要长期努力,教师需要将知识和个人生活中所遇到的问题以及相关主题,特别是和教学环境相关的主题结合起来。但是,作为教育者,我们是否知道应该把教师培养成什么样人呢? 要想对此有个明确的方向,我们必须了解专家型教师应具备的特点以及专家型教师与普通教师的区别,这样才能帮助新教师尽可能迅速和顺利地掌握从事教师职业所需的技能。

斯滕伯格认为,可以从两个重要方面来思考专家型教师需要什么样的技能。首先,从专家型教师与一般教师的差异角度来思考,例如,自己以前遇到的三位最好的教师在哪些方面不同于其他教师? 这几位教师有什么共同特点? 第二,从人们如何看待专家型教师的角度来思考。例如,专家型教师如何保持学生的积极性? 专家型教师如何在同一班级内如何对聪明学生、一般学生和有学习障碍的学生做到区别对待?

在日常实际教学中,我们也可以从这两方面来思考教学技能以提高自己的水平。首先,思考自己在教学上有哪些进步,试着去体会自己在哪些方面做得对,哪些不对,为什么? 有证据表明,这种反省式思考对提高教学技能有很大帮助。第二,设计一份个性化的表格,写下专家型教师和普通教师之间的区别,例如,当一名专家型教师讲到一些重点需要让学生记录下来的时候,她总是竖起一个指头提醒学生;而一名普通教师则总是把重要的概念和不重要的信息混淆在一起,这样便导致了学生总是搞不清哪些是重点应该记下来。

这两种思考专家技能的方式——反省式思考和在实践中理清成功教师行为的样式——对教师专业发展而言是很有帮助的,仅靠其中单独一方面无法精通教学技能精髓。显然,教学技能不仅仅靠"反省成功方法",也不仅仅靠把课堂上的成功行为列成一张表。教师不可能通过在每天的教学工作结束后坐下来思考什么是专家型教师,就能轻而易举地脱颖而出。思考怎样成为专家型教师是非常重要的,但这不是全部。教师需要掌握实际的教学策略,拥有精确的、综合的所教学科的内容知识,这样才能令学生信服。照搬照抄专家型教师的行为是没有多大用处的,每一位教师必须理解并思考什么行为有效,什么行为无效。把别人的教学技巧融入到自己的教学手段中,并要切记对别人有用的一些方法可能在你身上并不管用。每一位教师都有自己独特的风格,而利用自己的风格就意味着要明确什么东西适合自己,什么东西不可以采用,在你的课堂教学中要发挥出你自己的优势。

不妨举个例子,如果进行详细讲解不是某一位教师的长项,那么他可以用以下的方法来弥补这一缺陷:为了把握住脉络,教师可以按照他在黑板上写下的主要概括点来逐一讲解。当这位教师讲解时仍然会走题,则他可以着重于举例说明,或者组织一些需要学生参加的活动来保持课堂的积极性。再如,有时教师在讲课时会因为学生私下聊天或者传纸条而感到不快和束手无策,则要思考学生的行为怎样使自己感到不快,并采取两三种使学生保持安静的措施。例如,在学生有捣乱行为时马上指出并要求他们改正;对班上守纪律的学生报以微笑,对他们的正确行为加以表扬。

斯滕伯格讲了一个自己的小故事说明怎样才算是获得成功。有一次他对一位教师能在教学中驾轻就熟地与学习者沟通交流大为钦佩,赞赏不已。但是对方盯了一会儿却说:"我有我的法宝,你有你的套路。"这话真是一语中的,斯滕伯格顿时"醒悟"了过来。他语重心长地指出:确实,每一个人都有自己的一片天地,没有一种方法是适合全部人的,重要的是要扬长避短,扬长补短。所谓成功,就是不要指望出现一个无所不能的天才;所谓成功,也不是总是非要淘汰、抛弃一些人。人人皆可成功,人人皆有获得成功的路径。

二、专家型教师的特征

成为一名专家型教师是一个过程而不能顿悟或者像拍一拍脑袋那么简单。斯滕伯格认为,专家型教师有三个共同点。第一,专家水平的知识。专家型教师在教学中采用更多的策略和技巧,他们比新教师能更有效地运用自己的知识来解决问题。第二,高效能工作方式。专家型教师比新教师用更少的时间来完成更多的工作。第三,富有洞察力。专家型教师比新教师更能够创造解决问题的新颖、恰当的方法。接下来我们分别详细介绍斯滕伯格对专家型教师特征的说明。

(一)拥有专业知识

与新教师相比,专家型教师在解决问题方面能掌握并运用更多的方法,效率也更高。也许两者的差异看起来很明显,但是仍然有必要深入探讨一下"专家水平的知识"具体包含哪些内容,以及专家型教师是如何在他们的工作当中成功运用这些知识的。

如果一位新手教师有幸与专家型教师一同工作过,或者受过他们的教导,他可能会有这样的想法:"别人比我聪明多了,怎么什么都知道,他的记忆力一定比我强,我不可能把所有东西都记住。"这种想法是正确的吗?专家型教师的成功是由于他们的记忆力更强或者智力水平更高吗?那么,对于那些记忆力并不高超的人来说,就没有希望成为专家型教师了吗?

1.专家型教师在知识储备上占有优势

有一个经典的心理学实验可以回答这个问题。这一实验考察了专家与新手对国际象棋棋局的记忆是否有差别。研究者向专家和新手呈现各种不同的棋局,然后评估两组被试的记忆成绩。结果和预期的一样,专家棋手对棋局的记忆成绩更好,但是这种情况仅仅出现在当棋局本身是有意义的时候(即棋局合乎实战时的真实情境)。当棋局棋子是随机组合时,则专家和新手的成绩没有区别。

这个发现意味着什么?它表明专家与新手相比,他们对棋局的记忆优势在于拥有更多的知识,他们的头脑中存储了上千个有意义的棋局,这种已有知识使得他们更容易回忆起棋子的组合,与新手相比时表现出优势。因此,专家棋手的真正优势在于有关国际象棋的知识而不是记忆和思维能力。有关专家进行的研究还涉及到其他领域,这些研究得到了与国际象棋实验相同的结果——即专家与新手相比,主要优势在于他们掌握更多特定领域中的知识和技巧。

2.专家型教师拥有三种类型知识

具体来讲,专家型教师需要掌握什么样类型的知识呢?

第一,专家型教师必须掌握"内容知识"(content knowledge),即所授学科的相关知识。教师可以通过以内容为基础的课程和校外经验来提高自己的学科知识水平。例如,一位教师执教数学,那么这些内容知识可以来自于他学过的数学课程,也可以来自课外运用数学的各种机会,阅读和讨论有关数学问题的经验。

第二,专家型教师需要"教学法知识"(pedagogical knowledge),即怎样进行教学的知识。教育学知识一般包括如何提高学生的动机,如何在课堂上管理不同水平的学生,以及如何设计和实施测验。

第三,专家型教师需要有关"特定内容的教学法知识"(pedagogical-content knowledge),即怎样对所教的具体内容进行教学的知识,怎样解释一个具体概念(比如"负数"),怎样说明和解释某个过程和方法,怎样纠正学生在学科知识上一些错误的理论和概念。当教师将学到的教育知识运用到所教的特定学科内容中时,他就会逐渐获得这些内容的教育学知识。

那么,究竟是深厚的内容知识还是具体的有关教学法与激励策略的知识更重要?实际上这还是有一定争议的,大体上可以概括为三种观点:

第一种观点认为内容知识对专家型教师更重要。此观点认为,一位教师要成为专家型教师必须全面详细地掌握所教学科领域。这些具体学科知识可以帮助教师作出更有创意的课时计划以促进学科教学。而拥有全面的学科知识后,教师可以更准确地回答学生提出的任何问题,明确把话题聚焦于所授科目上。对教师来说,掌握全面的内容知识可以使自己在学生眼中树立起专家的形象,有助于创造和维持教师处于领导地位的氛围,教师的知识和权威也将得到学生的尊重。

第二种观点认为教育学知识对专家型教师更重要。此观点认为,如果教师缺乏相关的教育学知识,不知道如何组织教学,无论他对所教学科的知识了解有多深也只是徒劳。成功的教学必须有能力抓住学生的注意力,激励学生学习,并向学生指明该学科的主要观点与主题。成功的教学还需要知道如何布置既有挑战性又不让人望而生畏的任务,知道如何公正评价学生的进步。内容知识不会给教师提供这方面的帮助。

第三种观点则强调了两者结合。该观点认为,内容知识和教育学知识对专家型教师来说都很重要。如果没有完备的知识,任何教师都难以成为专家型教师。同样,如果缺乏教学策略和方法,任何教师都很难引导和控制课堂。相关研究表明,不仅两者对有效教学来说非常重要,而且两者的结合——针对特定内容知识的教学法知识也很重要。例如,一个数学教师需要了解一些用于教数学的特殊策略,但是这些策略对英语教学来说未必管用。英语教师需要另一套跟英语相关的教学策略。

3. 专家型教师善于组织深层知识结构

专家型教师与新教师在组织和存储知识方面有差别吗?乍看这个问题无法回答,因为知识是在头脑中的,因此知识的组织很难被直接观察得到。不过,心理学家通过研究专家与新手在问题解决方面如何运用知识,就可以发现潜在的差异。

一项研究表明,专家和新手对物理问题进行分类的方式不同。总的来说,专家对问题的深层结构很敏感,他们按照问题答案所涉及的物理原理(如动量守恒)来对问题进行分类。相反,新手则对问题的表层结构很敏感,他们按照题目当中涉及的事物(如斜面)来对问题进行分类。这些结果表明,专家和新手的差别不仅在于他们拥有的知识量,还在于他们组织知识的方式。

对深层知识敏感的教师能够认识到,有语言障碍的学困生和语速快、话特别多但不合时宜的学困生在自我价值感方面都有缺乏自信的表现,因而导致在教室中出现不同类型的问题行为;而教师如果只从表面结构来分析,就可能把儿童的问题完全归结于明显的原因(如语言障碍、不遵守纪律等),很显然,这位教师可能就无法成功地解决这些问题。

4. 专家型教师通过课时计划实现知识整合

一些有关专家型教师的研究得出这样的结论：专家与新手的区别在于他们对教学法知识的组织。这些研究认为专家型教师能够比新教师对知识进行更充分的整合（各个知识点更加密切地联系在一起）。怎样才能探明专家型教师具有更充分整合知识的本领呢？为了回答这个问题，心理学家研究了教师的教学计划，因为教学计划可以将所教学科的内容知识和教学法的知识整合在一起。

教学计划包括整体计划、局部计划和决策元素。整体计划是与具体课程内容、学科知识无关的计划（例如，"开始先讲一个例子，来说明课堂内容对学生校外生活的重要作用"）。局部计划与课程内容、学科知识有关（例如，当学生的兴奋点跟不上教学节奏时，那就读一段日记来帮助学生收拢心思；当学生对日记不感兴趣时，就启发他们想象一下战士的生活）。"整体计划"包括检查家庭作业、呈现新材料、监督指导练习等常规工作，应用时同具体教学内容关系不很紧密。"局部计划"包括呈现特定概念、评估学生对概念的理解程度等常规工作。这部分是为具体教学内容特意设计的。"决策元素"告诉教师当学生提出一些比较典型的问题时该如何回答。这部分考虑到了可能没有预料到的情况，例如学生对材料的理解没有预计的那么快。

一个好的课时计划使专家型教师能够高效率地进行教学。一般的教育学知识，如课堂管理程序的知识，会加大学生花在学习（而不是花在找材料或衔接转换活动）上的时间。而与教学内容有关的知识，如对学生的特定问题进行解释，会使专家型教师得以将学生的反馈和课程目标联系起来，从而使教学顺利进行。

与专家型教师相比，新教师的课时计划在复杂性和内部关联性上显得不足，因为他们缺乏一般教学方法的知识，因此要花更多的时间来维持课堂秩序、导入新课内容、维持课堂纪律和聚焦学生注意力等方面。新教师与专家型教师相比，在与教学内容有关的知识方面也存在差距。因此，如果没有事先准备，新教师很难想出一些例子和解释。另外，由于新教师的课时计划没有很好地预见到学生可能产生的误解，他们也很难将学生的问题和课程目标联系起来。新教师的教学计划中也较少包含有效教学所必需的例子和解释。

例如，在讲"光合作用"时，如果学生提问为什么植物需要泥土才能生存？专家型教师的回答会是泥土本身只提供水和矿物质，而植物需要的营养实际上是由植物细胞将泥土中的光能转化成化学能而产生的。可见专家型教师的回答针对着学生有关植物究竟是不是从泥土中获得营养的困惑。而新教师对同一问题的回答可能是很简单的，只是说明了植物需要从泥土中获取必要的矿物质，这样的回答就不能很好地将问题聚焦到光合作用这个重要主题上来。

5. 专家型教师具有各种教学情境知识

专家型教师除了具备结构良好内部紧密关联的学科内容知识和教学法知识

外,还应该了解有关教学所处的社会政治背景知识。实际上,懂得如何有效地与他人一起工作是成为专家型教师的重要技能,这一点和教学法知识同样重要。

例如,专家型教师为了使其他教师、家长和上级领导相信课程改革的价值,就必须懂得如何组织课程改革。专家型教师还要懂得怎样争取有限的学校资源来为自己的学生提供所需的材料、设施器材和其他工具。比如,专家型教师可能通过在教育委员会中任职或主动提供一些帮助,从而与其他教师和上级领导友好相处,这样可以期待在今后得到回报。这种实践性的能力或者称之为智慧是教学技能的重要部分。

总而言之,专家型教师拥有广泛的、组织良好的知识,并在教学中可以随时提取。除了有关学科内容知识和教学法知识外,专家型教师还应具备与教学发生联系的社会和政治背景知识,这种知识使得专家型教师能够对所在领域的实际限制因素做到随机应变。

(二)擅长高效能工作

专家型教师和新教师的第二个重要的区别在于:专家型教师比新教师能够更有效地解决问题,专家型教师比新教师用更少的时间做更多的事情(这就是为什么一个新教师工作了一天后会觉得筋疲力尽,而专家型教师则不会)。专家型教师是怎样做到这一点呢? 第一,专家型教师把熟练掌握的技巧自动化了。通过自动化,专家型教师不用思考太多便能完成重要的任务,就像有经验的司机能熟练开车那样,专家型教师知道怎样让后排讲话的学生保持安静而同时又不影响其他同学听讲。第二,专家型教师高效地设计、监督和调整解决问题的方法。

1. 专家型教师熟练掌握技能使其达到自动化

专家型教师与新教师相比,是如何做到能花费更少的努力却表现更好的工作业绩呢? 对这种差异有一种已被认可的解释是同心理过程有关。心理过程可以分为两种:一种要花费大量的思考和能量,另一种是相对容易的、自动化的。自动化的心理过程是熟练掌握了什么东西,因此几乎不需要多少努力就可以运作。有些心理技能经过广泛的练习逐渐自动化,最初存在的困难随着练习逐渐消失,变得毫不费力、相对不需要耗费多少资源。所以,专家型教师可以凭借他们所拥有丰富经验的优势,不费什么力气便可以表现得很出色,而新教师则要花费巨大的努力来完成工作。

专家型教师通常是在纪律问题真正发生之前就予以妥善处理。当教师觉察到某个学生注意力不集中时,就会提到该学生的名字,这样他的注意力又会回到课堂,而这个过程几乎没有让其他人察觉到。相反,新教师一直到捣乱行为出现,才会觉察到问题的存在,这时,教师只能在课堂中花费时间和精力来解决这些麻烦。注意力不集中的学生感到自己暴露在全班同学面前,很没面子,同时也干扰了其他同学。

在考虑自动化的技能对专家型教师的重要性时,斯滕伯格认为必须牢记这样一点:将熟练掌握的教学技能进行自动化的能力不会脱离良好的教学知识而独立存在。一项研究考察了专家型教师和新手教师对课堂中发生的事件是如何进行监控的。专家型教师比新手教师更善于对课堂事件进行监控。与新手教师相比,专家型教师可以运用更丰富,更具洞察力和更有意义的语言,来解释课堂内发生的事情。专家型教师对所看到的事件进行更多的解释和评价,并且这种解释和评价更连贯一致。例如,一位专家型教师对记录下来的一次课堂情况这样解释:"我没有听到铃声,但学生已经在课桌前坐好,等待上课了。从中可以看出他们是一个积极向上的集体,他们课后一进教室就开始做好上课的准备,而不是坐在那儿互相聊天说笑。"相反,新手教师的解释是:"我不知道他们在做什么。好像准备要上课了,但我不知道他们正在做什么。"

为什么专家型教师表现得更出色呢? 一方面,要强调自动化了的技能,在专家型教师的出色表现中起到的重要作用。专家型教师的经验使他们能够:①比新教师在单位时间内能处理更多的信息;②花更少的努力处理这些信息;③两者皆有。心理资源的自由运用时间可以解释为什么专家具有从事件中获取有意义模式的能力。另一方面,我们要强调知识结构所发挥的作用。专家的经验为他们提供了一个存储课堂情境中有意义模式的仓库。由于头脑中存储着这些模式,专家就能够很容易地对课堂情境中相似模式进行识别。显然,同时拥有组织良好的知识和熟练的自动化教学技能,对一名管理 25 名以上学生的教师是非常重要的。

2. 专家型教师重在作出计划、监督和评价

专家与新手的区别还体现在专家作出计划、监督自己的进步、评价自己的表现的方式和能力上。这种思维过程也被视作"元认知过程",也就是"元思维"。专家型教师在遇到问题时,不急于立刻着手解决问题,而先要对思考本身进行权衡:他们可能考虑选用哪一种计划或行动更有效,或者把头脑中酝酿的计划与以往失败的计划进行分析比较。一位专家型教师在选择主题和布置一项书面作业时,可能会回顾一下过去几年所选的题目,并对这些题目进行评价。他会问一些这样的问题:学生对哪些题目更感兴趣? 哪些题目能帮助学生写出更好的课题报告,为什么? 我怎样使学生今年的报告写得比以前好? 这位专家型教师可能还会征询其他教师的意见,阅读教学杂志以便获得一些思路和建议,使书面作业更富趣味性。

研究表明,专家型教师和新手教师在思维的元认知控制上存在差别,也就是说,专家型教师和新手教师在解决工作中的问题时,在元思维方面存在差异。专家型教师花更多的时间去理解需要解决的问题,而新手教师花很少的时间考虑问题本身,更多的时间则用来尝试各种解决问题的办法。专家型教师还会监督自己解决问题的过程,确保其正确性("我是不是已经比较接近正确答案了?")。当出现新情况时,专家型教师更可能更新和仔细思考问题的表征("我不清楚发生了什么问题——有些地方不对劲……")。

一项研究表明,在针对班级纪律问题制定解决计划时,专家型教师比新手教师所采用的方法更深入。专家型教师更倾向于重视纪律问题的界定和对这些问题的其他解释的评价,而新手教师更倾向于结果导向,不太关注对纪律问题的理解。

Borko 等人研究了专家型教师和新教师怎样制定数学教学计划的对比。研究发现,专家型教师比新教师制定更多的长远性计划,而且专家型教师的计划将当天的教学与所在章节和课程的整体目标、机构组织相配合。专家型教师的计划更灵活,可以随时根据课堂讨论的不同方向进行调整。相比之下,新手教师的教学计划显得僵硬,以至于当课堂内的事件偏离计划时,新教师就开始慌乱起来。

研究者对"反思性教学实践"及其成为专家型教师的重要性产生了浓厚的兴趣。重视反思性教学实践,实际上就是重视元思维。研究者认为专家型教师具有反思性思维的能力,将新问题看作是扩展自身知识和能力的机会。大量研究表明了促进教师的反思性思维具有积极作用。

3. 专家型教师能够把握技能自动化与元思维之间的关系

专家将技能自动化的能力与他们在解决问题中元思维的能力密切相关。技能变成自动化而节省下来的心理资源,不会简单地使专家更容易解决问题。相反,节省下来的资源并没有浪费,用在了超出新手能力范围的更高水平思维。Scardamalia 等人认为这种能量和心理资源的"再投资"是成为专家的关键。他们指出,真正的专家与有经验的非专家人员之间存在差别,原因就在于真正的专家能够对资源进行再投资以便更好的理解问题。而新手和有经验的非专家人员则是将问题化简以符合他们掌握的知识。真正的专家会勇敢地面对复杂问题,将这些问题视作对他们的知识和技能的挑战。

来看一个例子。四年级的一位专家型教师和一位新手教师在 9 月份开学后都遇到了问题,学生似乎都在很不情愿上数学课。新手教师分析问题后可能把问题归结为原来的科任教师工作没有责任心,布置练习少,压制了学生发现数学的乐趣。新手教师对问题的分析就此为止了,然后就开始努力备好课,试图强迫学生在数学课上更加用功刻苦。而专家型教师对问题的分析就深入多了,他运用自己的能力尽可能迅速、简易的解决那些很突出的问题(比如有的孩子讨厌数学),同时对心理能量进行再投资,深入思考问题产生的原因。

专家型教师会着重分析一下二年级和三年级的课,以便了解学生成绩的落后情况。同时还会评估每个学生的情况,以便了解是所有学生的成绩都落后了,还是只限于那些上课爱说话的学生。专家型教师发现除了 3 个孩子在数学学习上有明显的学习障碍之外,其他学生的数学技能实际上都超越了其年龄所在的水平,只不过因为他们担心自己被冠以"数学虫"的称呼,所以不敢展现自己的数学才能。此外,专家型教师还注意到,这些有数学天赋的学生以前从未因自己拥有的数学才能而受到赞扬,究其原因,也许是低年级的教师对数学的重视程度不够。专家型教师之所以能够进行如此全面而且深刻的分析,正是因为专家型教师无须花较多努力就可以熟练地开展教学,多余的心理资源就可以用来全面地勾勒问题的面貌,打开思路,得到一个更有效的答案。

总之,专家型教师能够有效地处理问题,具体表现出这样的特点:①专家型教师善于计划,行动之前先要想一想。②专家型教师精于监督,他们时刻反思:"我在做什么?"③专家型教师认真评价,确定什么有效,什么无效。④专家型教师做事情娴熟于心,不假思索。由于具有丰富的经验,专家型教师能够迅速有效的、花费较少的认知努力来完成各种教学任务。这些自动化了的技能使他们能把注意力投入到更高水平的推理与问题解决中。特别是专家在面对问题时有计划性和自我察觉,因此他们不会贸然的陷入解决问题的尝试中。所有这些都是新手教师必须从实践中学习和积累的。

(三)富有洞察力

无论是专家型教师还是新教师,都需要运用知识,通过分析来解决问题。然而专家型教师更可能找到创造性的问题解决办法,而且这些办法既新颖又恰当。

1. 专家型教师善于重新定义问题

专家型教师并非简单地处理手头的问题,他们通常会对问题进行再定义,换言之,他们并不从表面现象来看待问题,而是从新的角度或方面去审视问题。通过重新定义问题,会找到巧妙的、富有洞察力的解决办法。而普通教师则很难想出类似的好办法。之所以称这些办法"富有洞察力",是因为它们对问题剖析得非常深刻。

例如有一位专家型教师不止一次发现班里有个别学生考试作弊这个问题。绝大多数教师可能都会考虑采用考试纪律教育,或者加强对考试作弊的防范措施。但是这位专家型教师对这个问题做了再定义,他向学生和自己提出了一个问题:为什么大家会选择作弊?结果令他大吃一惊。原来是随着考大学的需要越来越突出,家长的压力和学生之间的较劲在不断增加。家长时常给孩子施加不合理的巨大压力,使得孩子们在"全班只有前20%的学生在数学上能得 A"的比赛中相互竞争。

这位专家型教师该怎么做呢?他改变了原来的评价体系。他给自己所教的课程规定了一个得 A 的标准,并对校长和其他数学教师说明了该标准。他宣布将不看重是否每个学生都得 A,而将重视是否每个学生都达到了他所规定的知识内容的掌握水平。换言之,以往的评分等级曲线将不复存在。这样一来,尽管学生们仍然必须学习数学,但是教师的措施减弱了竞争,增强了学生为考试而共同探讨、合作学习的倾向。新的评价体系也激励学生在课堂上更多的提问,因为他们不再担心向其他同学"泄露自己的答案和思路"。作弊也不再是课堂上司空见惯的现象了。

可见,借助对问题的再定义,这位专家型教师扭转了班级的重心,由打击作弊者转为通过合作获得整个班级的进步,达到既定的成就目标。与以往的学年比较,期末获得 A 的学生比例明显增加,并且平均成绩也有所提高。因此可以说,专家型教师通过重新定义问题对班里的每一个学生都产生了积极影响。

2. 专家型教师从独特的视角思考问题与观察现象

专家型教师对问题给出的答案比新手更富有洞察力,那么他们是如何对问题进行思考的呢?研究者发现有三方面的原因使得专家型教师在问题解决上优于新手。

首先,专家型教师会将与问题解决有关信息和无关信息区分开来。例如,别人认为无关紧要的细小环节,专家型教师会发现它事实上非常重要;反过来,对于人人紧抓不放的某些细节,专家型教师会发现它其实并不重要。例如,一位专家型教师在讲授光合作用时会把"为什么植物需要土壤"这个问题视作让学生理解"植物是从叶而非土壤获得营养"的机会,而把"植物为什么开花和结果"这个问题视作与本节课无关的教学内容。这种对信息与问题解决有关还是无关的判断能力,就是专家型教师能够比新手发现更具洞察力办法的原因。

第二,专家型教师按照有利于问题解决的方式对信息进行结合,他们能够发现单独看来与问题解决无关的两个信息结合在一起可能就是相关的。例如,专家型教师认识到将"穿名牌衣服"与"成绩下降"看似无关的现象结合起来,就可能说明该学生花了很多时间在校外上。这种从综合信息中抽取新意义的能力是专家型教师能够比新手发现更具洞察力的办法的另一原因。

第三,专家型教师将其他情境中获得的知识应用在教学领域。显然,要应用所学的知识,首先必须掌握这些知识。因此,专家型教师的这个特点表明,拥有更多、结构更好的知识对成为专家型教师至关重要。例如,专家型教师常常在学生比较熟悉的事物(如一群人正排队通过转门)和比较陌生的事物(如电路中的电阻)之间运用类比,这种能力使得他们总能够发现有洞察力的解决办法,而这正是新手做不到的。

三、结　语

正如可以通过多种方式成为专家型教师一样,专家型教师本身也各不相同,有着不同的个性与禀赋。但不管怎样,与新手比较起来,所有的专家型教师都拥有更多的知识、更高的工作效率并且更富洞察力。要想成为一名专家型教师,就必须拓展知识面,提高工作效率和善于洞察问题。培养这三方面的技能有多种途径,既可以通过学习教育心理学课程,也可以通过学习其他课程,还可以通过日常教学实践,特别是同有经验的专家型教师一同共事。

随着上述三种专家型智慧或者技能的逐渐完善,教师将发现自己在课堂中能更好地展现和利用个性优势。根据所教学生年级的不同,实际需要培养的技能也有所区别:小学专家型教师和初中专家型教师或高中专家型教师是不同的。同样,对于高年级或大学的教师而言,其职责也不只是限于课堂教学。社会学课程、艺术课程和数学课程的教师可能采用不同的专家策略。但所有的教师,无论负责哪个年级或课程,都需要上述讨论的几种专家特质。

最后,斯滕伯格对专家型的品质作出了如下概括,并认为每一人只要他愿意在实践中磨炼,就能够心想事成:

(1)成为专家型教师,需要从所教的学科内容、一般的教学方法和讲授所教课程的特定教学方法中不断学习。没有成为专家型教师的灵丹妙药,相反,奇迹是由每个希望成为专家型教师的人一步一步努力积累出来的。

(2)成为专家型教师,需要进行"元思维",并使日常生活和事务的完成逐渐自动化。大部分重要的技能在形成之初都是难以驾驭的,日后则会慢慢变得易懂。成为专家需要时间。

(3)成为专家型教师,需要培养洞察力和解决问题的能力,如理解问题的重要方面,领会以往采取的措施如何用来解决当前的问题,知道如何重新界定问题使问题变得容易解决。

参考文献

[1]Marzano RJ. Develop expert teachers. In Robert Marzano(ed) *On Excellence in Teaching*. Bloomington,IN:Solution Tree Press,2010,212—245.

[2]Sternberg RJ. *Teaching for Successful Intelligence:To Increase Student Learning and Achievement*(2nd ed.). California:Corwin Press,2007.

[3]Sternberg RJ & Wendy MW. *Educational Psychology*(*2nd ed.*). Boston:Allyn & Bacon,2010,3—33.

如何成为一名专家型学习者

——斯滕伯格论专家型学习者的基本特征

盛群力　郑　颖

[摘要]　同探讨专家型教师的基本特征相仿,专家型学习者也需要从成功智力的视角予以考察。专家型学习者善于运用有效的学习策略,相信每一个人的智力是可以改变的,对待学习、事业和生活有一种高昂的成就动机,合理地看待完成任务的自我效能感,有毅力、不放弃地去实现目标并且不急于求成,有成大事的延迟满足能力。

[关键词]　专家型学习者　学习能力　成功智力

一、成功智力释义

探讨如何成为专家型教师的同时还需要考虑另一个同等重要的话题:如何成为一名专家型学习者? 教育心理学研究认为专家型学习者应具备哪些特点呢? 斯滕伯格归纳出了七个特点。在具体说明斯滕伯格对专家型学习者七个特征所作出的描述以前,我们先简要地说明一下其关于"成功智力"的核心观点。这是因为从根本上说,专家型学习者是一个具有成功智力的人。

斯滕伯格认为,成功智力是面向每一个人的,是每一个人在生活中取得成功所需。成功是在社会文化情境下而言的,并不能抽象地加以界定,需要考虑个体和群体的具体标准与期望。成功智力特别强调了发挥优势,扬长补短,扬长避短。每一个人都有其所长和所短,重要的是要适应、塑造和选择环境,以调节自己的思维和行为。成功智力实际上就是培养人的解决问题能力,它涉及分析性智力——反思、创造性智力——创意和实践性智力——执行三个层面。

斯滕伯格用一组含义来说明成功智力是什么。他认为,成功智力是指:

(1)不管每一个人对成功如何下定义,成功智力就是一组个体在生活中取得成功的"能力综合体"。

(2)成功需要依据社会情境来作出界定。成功绝不是发生在真空中或者抽象意义上的,成功要考虑个人自身和他人的标准究竟是什么。

(3)成功就是认识并且最大限度地发挥自身的优势,每一个人均有自己的长处。

(4)成功同样依赖于把握并且弥补或者纠正自身的劣势,没有一个人是无所不通的。

（5）成功是调整自身的思考与行动以适应、改造和选择环境的能力。

成功智力由创造性智力、实践性智力和分析性智力构成。创造性智力是人进行创造、发明和发现时所需要的能力；实践性智力是人在实践、应用或者学以致用时所表现的能力；分析性智力则是分析、评价、比较或者对照时所需要的能力。在学校中，大家期望学生应具有分析性智力；而在生活现实中，则是创造性智力，尤其是实践性智力大有用武之地。

每一个人都有自己的一片天地，没有一种方法是适合所有人的，重要的是要扬长避短。当然，除了"扬长避短"，成功还同"扬长补短"联系在一起。没有人无所不能固然不错，但是还需要认知到自己的不足，并努力去弥补或者克服。在生活中的成功并不是没有缺陷，而是知道自己的缺陷在哪里，知道如何去弥补和克服，即所谓的"自觉无知乃圣人"。

传统的智力是强调适应环境，成功智力除了适应环境外，还可以去改造环境。该适应就适应，该改造就改造，两者之间能够做到权衡利弊之后游刃有余，才是理想的境界。当然，如果适应或者改造都不能达到理想的效果，那么，就需要采取回避的措施，选择一个新的环境。

斯滕伯格指出，为什么在当今社会中需要培养成功智力，这是因为现在的社会各方面发展十分迅速，在一个地方"待不长"，在一个岗位"做不长"的情况并不鲜见，因此，光靠一种能力难以适应新的工作环境和生活环境。如果我们承认，创意、执行和反思的能力是现代人立足谋生所不可缺的话，那么，教育就必须对此作出反应，为之奠定基础。在学校教育中培养成功智力，就是给予每一个人平等的机会。这是因为，在学校教育中学习者度过了生命中最重要的光阴，影响持久，期间的成功与失败会让绝大多数人铭记一生。教师想要增加学习者成功的可能性，就应该设计不同类型的活动，让学习者尝试使用不同的能力，从中发现自己的强项与擅长。

困难之处在于，学习者的能力优势绝不是千篇一律的，教师应该设计哪些活动才能让每一个人都得到锻炼呢？斯滕伯格坚信：成功智力是可教的。成功智力不是一句笼统的空话，而是可以分解为一些具体的技能与品质。为此，斯滕伯格对成功智力的成分进行了分解，列出了一共37种具体的技能，参见表1。

斯滕伯格指出：以往的学校，比较重视的是分析性智力，对创造性智力和实践性智力关注不多，甚至还有排斥的现象。斯滕伯格认为，成功智力在学习与生活中是必不可少的，只是专注于某一种智力，哪怕是创造性智力或者实践性智力，也是难以保证在生活或者学习中脱颖而出的。

在简要了解了斯滕伯格的成功智力含义及其技能成分之后，我们再来看他论证的专家型学习者七个特征，就会豁然开朗。

表1　成功智力技能成分一览（据斯滕伯格，2007 综合）

分析性智力——反思

（1）确定问题	（5）监控问题解决的策略
（2）配置资源	（6）评估解决方案
（3）表征与组织信息	（7）综合训练
（4）提出问题解决的策略	

创造性智力——创意

（8）重新界定问题	（15）容忍模糊性
（9）对假设提出质疑和分析	（16）强化自我效能感
（10）善于向别人兜售创意	（17）发现真正的兴趣所在
（11）萌发创意	（18）延迟满足
（12）不落俗套，跳出框架看问题	（19）为发挥创造力提供各种示范与便利
（13）确定并克服障碍	（20）综合训练
（14）承担合理的风险	

实践性智力——执行

（21）保持高昂动机	（31）分清责任
（22）控制冲动	（32）不过度自怨自艾
（23）有毅力但不固执	（33）自强自立
（24）适当的事情采用适当的办法	（34）善于应对个人困难
（25）将计划付诸实施	（35）专心致志
（26）具有产品或者结果的意识	（36）做事合理安排
（27）有始有终，该断则断	（37）勿忘大局
（28）履行承诺	（38）平衡三种智力品质
（29）承担风险	（39）增强自信
（30）做事不拖拉耽搁	（40）综合训练

二、运用有效的学习策略

　　专家型学习者的一个重要特质就是在学习、记忆和利用信息时采取一定的策略。这些策略可能来自于教师的直接教导，也可能来自于学习小组中的其他同伴或朋友。此外，家长和其他成年人，如图书管理员、家庭教师甚至专业儿童保育员，也能提供帮助。并且，这类学生也常常自己总结出策略。有研究显示，一个人的经验水平在很大程度上影响他的学习策略。专家应用策略来深度理解学习内容，相反，普通学生应用的策略只能在表面上理解学习内容。

（一）记忆策略

　　研究表明，记忆策略和其他学习策略是首先需要掌握的，这样才能进一步学习更多的适应成人生活所需的其他有效策略。如果你对自己的记忆能力不满意,不妨考虑参加一次技能学习课程,许多大学都有这样的培训。或者你可以参阅诸如《培养学习技能:教师指南》之类的书籍,其中介绍了许多有效的学习技能。

当你学习一种新的学习策略时,无论通过什么方式,务必努力坚持该策略。换言之,你必须把书本上的策略付诸实践,这样才能牢牢记住。如果你正在准备历史考试,可以试一试各种记忆策略。

专家型学习者还会寻找机会将这些策略迁移到新的学习环境或学习材料中。这样,用于记忆历史事件的记忆策略同样可以帮助你记忆外语单词。记忆策略还能帮你记住参加聚会的人的名字,或者帮你记住去杂货店购买的东西,而不用借助清单。

(二)评价策略

对专家型学习者来说,很重要的一点是,一旦他们发现策略起了作用,就会更有效、更频繁地使用这些策略。为了检查所使用的学习策略的有效性,他们不断进行试验,观察这些策略是否能够提高学习成绩。例如,一项研究对比了成人与儿童使用两种不同策略学习外语单词的成绩。只有在测试其单词记忆能力,并将其记忆成绩反馈回来之后,成人和儿童才切实认识到哪一种策略更好。一旦他们知道某种策略有效,他们就会坚持使用下去。因此,出色的学生必须密切注意不同策略对学习成绩的提高程度。一般而言,善于学习的学生会不断地问自己这样的问题:"我现在采用的学习方法有多少效果? 怎样使之更加完善?"

采用学习策略的一大好处是有时它能弥补知识的不足。例如,由于缺乏字词贮备,低年级的学生在阅读时就必须比高年级的学生更多地依赖猜词策略。对于正在扩大自身知识库的大学生而言,有效的学习技能和策略仍然有助于他们克服暂时的知识欠缺,获取必要的新知识。

如何知道自己正在使用哪种策略呢? 可以利用"出声想"技术。顾名思义,出声想就是出声的思考并且系统的将解决问题或完成任务时的各个步骤讲述出来。通过把思维口述出来以及描述自己的解题步骤和推理过程,你将会发现推理中存在的不合理之处或策略中需要改进的地方。Princhard 采用出声想技术发现,学生在阅读不熟悉的课文时要比阅读熟悉的课文有更多的重复阅读和解释。

或许,这些策略(复述和解释)有助于学生掌握和理解不熟悉的知识。即便是学生对某项任务已具备相关的知识,运用适当的策略也能提高其成绩。先前知识的确可以促进相关知识的学习,而运用策略对学习的促进作用更大。表 2 中列举了一些常用的有效学习策略。

表2　促进学习和提高成绩的常用策略

1. 了解原因

学校为什么而存在？学生为什么要学会阅读、写作，为什么要做作业或考试？要想取得学业上的成功，学生必须明白各种学校任务的目的，了解学习与当前的生活有什么联系，以及如何利用所受的教育来提高今后的生活水平。学生和教师需要问一问：

◇在校内外进行阅读的目的是什么？

◇与其他获得信息的手段相比，阅读的有效性如何？

◇在校内外进行写作的目的是什么？

◇书面信息与其他形式的信息有哪些区别？

◇做家庭作业的目的是什么？

◇在以前以及将来，家庭作业与其他校内外任务之间有什么联系？

◇校内外各种测验的目的是什么？

◇测验与其他学习任务之间有什么联系？

2. 了解自己

每个学生的特长、缺点、习惯和兴趣都是什么？自我评价技能可以帮助学生了解自己的工作习惯和智力情况，并强调如何扬长补短。学生应该：

◇认识你目前的阅读模式与偏好；

◇辨别自己在阅读方面的优势与劣势；

◇了解当前自己的阅读习惯；

◇了解当前的写作习惯；

◇辨别自己在写作方面的优势与劣势；

◇知道如何把个人兴趣、专长与写作任务结合起来；

◇了解当前的家庭作业习惯；

◇辨别自己在家庭作业方面的优势与劣势；

◇了解当前的学习策略和考试练习；

◇辨别自己在考试方面的优势与劣势。

3. 了解差异

不同学科在内容、学习过程以及典型的测验形式上有哪些区别？例如，数学测验的备考与社会课程测验的备考之间有何不同？学校的规章要求与校外相比有何异同？一旦学生认识到不同学习任务之间的联系和区别，就能够适当变换学习策略与工作模式。学生应该：

◇理解不同书面材料及其不同目的，并懂得针对不同内容采用不同的阅读方式；

◇知道如何针对不同的任务与读者采用不同的写作体裁；

◇知道各种写作体裁和方法；

◇知道不同班级需要的作业类型；

◇知道不同家庭作业以及相应的完成方法；

◇了解不同学科的测验及题目；

◇知道每种测验能判断和不能判断考生的哪些方面；

◇知道针对不同测验有不同的应试策略。

续表

4.了解过程

学生遇到困难应该怎么办？完成学习任务包括哪些步骤（例如做计划、运用资源）？一旦学生能关注解决过程，识别和界定问题，就能够规划出有效的策略，寻找和分配资源，利用已知信息完成任务。学生应该：

◇了解主动阅读的策略；

◇知道如何摆脱困境；

◇知道写作中如何进行构思和组织；

◇了解克服写作困难的策略和资源；

◇知道并利用有效资源；

◇把个人兴趣、天赋与以往经验融入到工作中；

◇明白备考需要长期积累；

◇了解复习备考的长期策略和短期策略，以及实际考试中的应答策略。

5.善于调整

尽管有时候花时间调整看似无效，但成功的学生认识到自我管理与反省的重要性。调整总有回报。学生应该：

◇了解重复阅读的意义；

◇培养有效的重读策略；

◇了解修改的重要性；

◇知道如何修改；

◇明白重新做作业的意义；

◇形成检查家庭作业和改正错误的学习策略；

◇把测验结果作为自我反省的机会以及进行更有意义的学习和考试的基石。

三、智力的增长观

许多学生认为智力是天生的，有的人天生就比别人聪明，没有什么手段可以改善自己的智力。幸运的是，研究表明智力是可增长的。不难发现，如果某个人相信智力能够通过培训和努力得到提高，那么他成为专家型学习者就容易多了。实际上，有些研究者已经指出成就动机与认为智力能够增长的信念有关，这种信念就是智力增长观（incremental view）。而智力实体观（entity view）则认为智力是固定不变的。

Carol Dweck 认为教师给予学生的反馈可以改变他们对智力的态度，进而影响他们的动机和收益。Dweck 关注学生对于智力的看法，她对比了两种理论：相对于认为智商是可锻炼的、有发展潜力者，把智商是先天决定论者的发展明显受限。Dweck 认为改变这种关于智力的理论有利于提升动机和收益。

为什么智力实体观对学生无益？认为智力固定不变的学生倾向于消极的评

价自己的能力和表现,将自己不够聪明作为无法成功的借口。此外,这些学生还倾向于避免得到消极的反馈,因此就躲避挑战。失败往往使他们不堪一击。他们只会想:"为什么自寻烦恼?我不就是不够聪明罢了,所以什么事也做不好"。

相反,如果学生对智力持增长的观点,就会把批评性反馈看作自己要更加努力改善缺陷的信号。这类学生失败之后会更加勤奋,他们寻求挑战,以便增加经验。类似的有关这两种智力观的研究不胜枚举。

在关于学生的智力观对成绩的作用的研究中,一个特别有趣的研究是 Ames 和 Archer 两人做的。他们把增长观称为"掌握取向信念(mastery-oriented belief)",因为持此观点的学生更注重对知识的掌握;把实体观称为"表现取向信念(performance-oriented belief)",因此持此观点的学生更注重取得好成绩。两相对比,前者在学习中使用的策略更多,有效策略也更多,更愿意迎接挑战,态度也更加积极,并且更加相信提高学习成绩的关键是勤奋。可见,掌握取向信念要优于表现取向信念。

具有掌握取向信念的学生都同意以下说法:"犯错误是学习的一部分","我努力学习是为了获取知识","学习有机会改正错误"。而具有表现取向信念的学生则更同意以下说法:"只有少数人能得到高分","我真的不喜欢犯错误","我努力学习是为了得到好成绩"。由此看来,学生所持有的观点会影响到他们的学业收获,智力增长观的学生随着时间的推移不断收获,而智力实体观的学生则没有收获或没有明显变化也是不足为奇的。

幸运的是,研究发现持有智力实体观的学生其掌握目标的绩效也有一定的提升。为了掌握知识而勤奋学习是出色学生的一大特点。在教师看来,只有将掌握知识作为学习的重点时,才有可能使所有学生获得成功。

四、高成就动机

Markus 和 Nurius 曾指出,对自己的人生道路而言,信念是非常重要的,这和成就动机将激励个体努力获得将来的成功;相反,缺乏这种成就动机也会限制个人的努力以及获得成功的可能性。出色学生一般都具有高的成就动机,他们相信自己的人生能获得高成就,并且竭尽全力去实现。他们相信只要自己努力,就会获得成功。当然,理想必须是符合现实的,因为并非每个人都能成为宇航员或职业体育明星,但事实证明,高成就动机对学生的生活确实有积极影响。

即使歧视、贫穷或移民身份可能会限制学生受教育的机会,但只要鼓励他们培养符合现实的高成就动机,依然能够增加其获得成功的可能性。在这个研究中,研究者向墨西哥裔美国学生强调完成学业的步骤,以及完成学业可获得的奖励,如好的工作、稳定收入和圆满结业。研究者教导这些学生,成功之路有重重障碍,必须克服障碍勇往直前。结果发现,参加实验的学生和没有参加实验的学生比起来,前者的成绩更好,并且对未来的成功抱有更多的期望。因此,教师必须向自己的学生强调完成学业的诸多步骤,特别是要让学生知道迈向成功需要克服许多困难。此外,还要让学生了解完成学业之后会获得的奖励,如好的工作和收入。

五、高自我效能感

专家型学习者具有高自我效能感,相信自己能够在学业上取得成功,相信自己能够胜任的自我效能感非常重要。班杜拉和他的同事发现积极的或者消极的自我效能感影响着一个人的专业发展,影响着是否能缓解社会压力以及是否借鉴他人的经验。

Schunk 认为,自我效能感——学生对自己能否完成一定层级的相对应任务的推测与判断——在他们的学习和动机激发中起重要作用。自我效能感会影响到任务选择、努力程度、坚持毅力和最终收获。学生的自我效能感主要受四方面的影响:个体行为的结果(成与败);观察别人所得到的替代性经验;他人的评价、劝说及自我规劝以及情绪和生理状态。当开始学习一项新内容时,学生的目标和自我效能感会共同支持他的学习。随着时间的推移,学生关于学习过程的自我评价会影响他的自我效能感和动机。总体来说,相信自己能够在学业上取得成功的学生更愿意尝试有挑战性的活动。高自我效能感的学生活动更加积极、工作更加努力、遇到困难时更能坚持、善于应用学习策略、有较高的学习期望。幸运的是,自我效能感可以通过适当的途径向积极方向发展。不难想象,在一项活动上取得的成功会增加自我效能感——没有比成功更令人振奋的了。此外,积极的社会榜样对自我效能感也有影响,特别是让那些榜样讲述自己在某方面取得成功经验的时候。

但是,自我效能感可能只限于某些领域。因为一个人不可能在他从事的任何方面都有高自我效能感。例如,学生可能会在一门课程上的自我效能感较高(如数学),而在另外一门课程上的自我效能感偏低(如英语),而这些自我认识恰恰比较准确地反映了该生的优势领域和弱势领域。对于那些希望在某个领域获得成功的学生,一个实际的建议是从自己已经很擅长的学科领域中找到自信,然后在面对那些比较薄弱的课程时付出更多的努力。

关于自我效能感的另一个重要发现是:当在某领域有过成功的经历之后,人们更容易承受失败,而如果一开始就遇到失败,就会破坏自我效能感。这些发现很有意义。学生在进行一次新的尝试时,如果是属于锦上添花的性质,那么,对于失败和批评会更加敏感、脆弱。因此,要想在某一领域获得成功,应注意循序渐进,积累成功。过早承担过重的任务势必导致早期的失败,并因此形成“我不能成功"的错误想法。而实际情况则是,只要步步为营,脚踏实地地去做,你就能获得成功。

自我效能感的长期效应是什么?一项针对12到15岁的在校学生的自我效能感和21岁的职业人士的职业满意度的调查研究表明,高自我效能感的人的失业可能性较低,而对职业的满意度较高。提高学生的自我效能感是专家型教师的首要任务。

六、坚持完成任务

我们已经解释了为什么出色学生具有高自我效能感。原因之一是他们把任务看作一个整体,坚持完成,而从不半途而废。通常,学生都知道怎样着手完成一项任务,但在中途却会因为挫折感、找不到必需的资料、进展缓慢或其他原因而失去动力。专家型学习者会利用各种方法帮助自己渡过难关,直至任务完成。这些方法有哪些呢?

Lyn Corno 研究了学生的"意志力",也就是学生一旦着眼于某个目标后,是否会坚持不懈地力争实现它的倾向。她研究了学生如何通过提高完成任务的速度以确保实现目标。她指出,为了增强意志,学生必须知道如何控制和管理自己对任务的关注以及减少干扰。对策之一就是口头提醒自己坚持完成任务。例如,一发现干扰物的出现,学生就告诉自己不要去关注。专家型学习者还必须知道如何管理学习时间,具体来说就是知道什么时候休息,什么时候抓紧学习。随着经验的增加,学生就会知道为了提高学习效率应该什么时候休息。不过,有一点很重要,学生不应将休息与偷懒相混淆。

为了完成任务,专家型学习者还必须知道如何控制焦虑。控制焦虑的办法有:提醒自己保持平静并把注意力放在任务上。专家型学习者需要具备的另一种技能是知道如何激励自己。当学生想象自己成功地完成任务并得到奖励时,就会有效地激励自己。学生也可以复述一些积极地、肯定性的句子,如"我知道这些,下次我会取得成功","我能把这件事做好","只要我努力,就能和别人做的一样好",等等。

总之,要成为专家型学习者,必须发展一些提高成绩的策略,并努力运用这些策略。如果询问专家型学习者使用了哪些学习策略,我们会发现他们有许多共同点,如了解自己,特别是了解自己偏好的学习环境,知道如何激励自己,如何克服困难并在必要时获得他人的帮助,如何查询资料和信息,如何估量任务完成的时间。此外,专家型学习者还必须学会尽可能地控制自己所处的环境,消除或减少干扰,有时甚至还要创建某种特定的环境以促进学习和策略的运用。总之,专家型学习者能学会有助于成功的策略,并通过运用这些策略,提高自己完成任务的能力。

七、对自己及行为负责

　　成为专家型学习者,在一定程度上意味着无论是成功还是失败,都要对自己负责。专家型学习者乐于掌控任务,开展自我批评,同时也为自己的优良表现而自豪。不幸的是,许多学生往往为失败寻找外部原因(如教师、其他同学的过错或自己生病了),因而就不能成为专家型学习者。

　　人们在对自身行为的原因和结果的归因方面有很大的差别。心理学家 Rotter 区分了两种人格类型:内控型和外控型。内控的人倾向于对自己的生活负责。当任务进展顺利时,他们归结为自己的努力;而当任务进展不顺利时,他们会承担责任并努力使情况好转。与此相反,外控的人倾向于把责任推卸给别人,尤其当事情发展不尽如人意时,会立刻抱怨周围的环境(同样,也倾向于把成功归因于外部因素)。专家型学习者在人格特质上更接近"内控型"。

　　当然,没有人是纯粹的内控或外控。而且大家知道,有的人把成功归因于自己而把失败归因于他人,还有的人把失败归因于自己而把成功归因于他人。最理性的人能够认识到无论成功还是失败,都是自己与他人交互作用的结果。

八、延迟满足的能力

　　成为专家型学习者还需要能在没有即时回报的情况下,坚持为一项任务做长期努力。学生必须知道有时奖励不会倚马可待,要成为专家型学习者,就必须学会延迟满足,因为这样做有很多益处。许多学生认为自己的优良表现应该迅速得到回报。然而,生活中,最好的奖励往往来得最迟,而专家型学习者深明此理。

　　经过多年来的一系列研究,Mischel 发现那些能够较好地延迟满足的学生,在生活的各个方面更为成功,包括学业成绩。Mischel 和他的同事做了一个研究来解释长期效应中的延迟满足的心理机制——时间延长的同时价值增加。同样也研究到了儿童的意志力——延迟满足的另一种方式。在一项研究中,Mischel 把年幼的学生带到一个房间,提出两种奖励方式,一是即刻的小奖励,一是延迟的大奖励,然后让学生从中选择。在此过程中,Mischel 设置了各种诱惑物,如巧克力、糖果,等等。就在眼前的唾手可得的奖励比看不见的奖励更加令人难以抗拒。延迟满足的能力甚至可以用来测量学生日后的大学入学测验分数。总之,专家型学习者的经验就是:在没有即时奖励的情况下仍坚持完成任务。

九、结语

专家型教师努力帮助学生成为优秀的学习者。专家型学习者认识到：

(1)培养任何一种技能都需要时间、耐心和努力。

(2)专家型学习者运用各种策略进行学习,认识到智力是可以增长的,具有高的成就动机,并相信自己有能力实现预定的目标。

(3)坚持完成任务,对自己及行为负责,同时也懂得延迟满足的价值。

以上这些就是专家型学习者区别于一般学生的特点,这些特点使他们的学习效率更高。

参考文献

[1]Sternberg RJ. *Teaching for Successful Intelligence：To Increase Student Learning and Achievement*(2nd ed.). California：Corwin Press,2007.

[2]Sternberg RJ & Wendy MW. *Educational Psychology（2nd ed.）*. Boston：Allyn & Bacon,2010，3—33.

第三编

论走向新班级教学的五大途径*

杜　娟　盛群力

[摘要]　新班级教学的口号是"舒心课堂,魅力教学"。走向新班级教学的五大途径是:打造友好课堂环境,形成和谐班级生态;面向复杂学习任务,整体有序设计教学;贯通所学知识技能,联系生活实际应用;强化创新表现意愿,奠定持续进步后劲;鼓励个体差异发展,倡导群体共同进步。新班级教学将致力于提高教学效能,探索培养新世纪所需要人才的新路。

[关键词]　新班级教学　课堂教学改革　教学设计

新班级教学是小班化教学改革的自然结果。新班级教学是对传统班级教学的一种更新改造。传统的班级教学是工业革命的产物,它比较适合于在相同的地点以及相同的年龄特征学生面前教大体相同的内容,进而试图达到统一的人才培养要求。所以,一言以蔽之,传统的班级教学是"时间固定,结果不定"。新班级教学不可能是对传统班级教学的根本否定,而是试图在相同的地点、相同的年龄特征学生面前教大体相同的内容时,通过创造更加宽松的课堂心理氛围,组建小组互助合作团队或者学习共同体,鼓励群体共同进步和个体差异发展,整体有序设计教学,意义学习理解为先迁移为本,强化创新表现意愿,贯通所学知识技能。新班级教学是"时间灵活,结果可靠"。

新班级教学的口号是"舒心课堂,魅力教学"。所谓"舒心课堂",不是阿谀奉承,不是轻快松散的代名词,而是致力于让孩子对学校环境和班级课堂环境感到愉悦快乐、称心如意,心理自由,心理安全,没有冷漠、隔阂、抵制、嘲笑、挖苦、讽刺与贬低等心理鸿沟,让班级充满着坦诚相见、自信互信、彼此欣赏、友好竞赛和互

*　"新班级教学探索研究"曾经列入浙江大学教育学院与杭州市下城区教育局战略合作规划项目,浙江大学教育学院盛群力教授主持设计了这一课题研究方案,杭州市下城区教育研究中心教研员施阳担任了项目协调工作,杭州市长江小学、长寿桥小学和刀茅巷小学参与了课题研究的前期调研与准备工作。本文中所引用的实例主要采自上述三所学校先期开展的小班化教学研究经验总结材料,特此说明与致谢!

助互补等气息。所谓"魅力教学"不是指望教师有过人的特质或者绝招。教态亲切和蔼,形象舒服养眼,这自然是锦上添花,但是我们更希望通过教师的教学为每一个学习者发挥自己的潜能,推动持续的进步,有一片得到自己和别人欣赏的天空创造前提。有魅力就是学生期待着和教师一起打开认识世界,认识自己和别人的天地;有魅力就是教师的教学和学生的学习都不再是枯燥乏味的应付,而是智慧和创造之旅。

本文尝试初步阐述走向新班级教学的五大途径,这就是:①打造友好课堂环境,形成和谐班级生态;②面向复杂学习任务,整体有序设计教学;③贯通所学知识技能,联系生活实际应用;④强化创新表现意愿,奠定持续进步后劲;⑤鼓励个体差异发展,倡导群体共同进步。

一、打造友好课堂环境,形成和谐班级生态

"打造友好课堂环境,形成和谐班级生态"是新班级教学的基础之一,主要指新班级教学侧重于营造舒适、安全、自由的课堂心理环境,使学生在课堂上不怕出错,畅所欲言,教师与学生之间的关系融洽,师生之间可以相互理解,形成和谐互动的师生关系。

课堂环境是提高教育教学质量的一个不可忽视的重要因素,是师生对所处班级或是课堂的身心体验。新班级侧重研究课堂的心理环境,为学生营造舒适、安全、自由、愉悦的心理氛围,促进学生全面、和谐、主动地发展。国外对课堂环境的研究表明,学生的学习环境与学生的认知和情感的发展有着非常密切的关系,当课堂有凝聚力、令人满意、有目标、有组织、少冲突时,学生在认知和情感指标上的得分会比较高。也就是说,为学生营造一个和谐友好的课堂环境会促进其认知能力的发展,提高学生的学业表现成绩;同时有利于学生社会性发展,形成良好的同伴互助关系,能够进行有效合作与交流。

什么样的课堂才是和谐的课堂?课堂是一个有时空限制的特定场域,包括众多的冲突与不和谐,如何找到各种冲突之间的契合点是构建和谐课堂的关键。一般而言,和谐课堂具有以下几个基本特征:能够为学生提供安全、自由、愉悦的心理环境;师生之间能够平等、真诚地对话、交流;学生之间能够形成友好的同伴互助关系,能够有效进行合作;充满生命活力、积极向上的课堂氛围。和谐的课堂是激发创造力、培养智慧的课堂,是充满号召力、迸发生命激情的课堂。构建和谐的班级生态环境是实现学生全面、和谐、主动发展的重要手段,是新班级教学努力追求的一个目标。

新班级致力于从以下几个方面努力为学生营造和谐友好的课堂环境:

（一）营造舒适、安全、自由的积极课堂心理氛围

"舒适"是指新班级课堂为每一个学生的个性发展提供适合自身的发展环境，关注所有的学生，使每一个学生在参与课堂教学的过程中感到舒适。例如，对于班里一些难于集中注意力的学生，可以适当地为这类学生提供简约的、结构清晰的班级环境，尽量避免结构混乱或是需要高度集中注意力的高压环境。"安全"是指新班级课堂要让每一个学生都有心理安全感，在课堂上敢于开口讲出自己心中的想法，不怕出错，让学生知道教室、课堂就是让学生出错的地方。人本主义心理学家罗杰斯认为学生只有感到心理安全时学习效率才最高，才最容易产生创造力的欲望。"自由"是以"安全"为前提的，学生只有处于安全的心理状态下，才可以感到自由，才可以无拘无束，在轻松愉快的氛围中才可以更好地发挥主动性与积极性。只有在具有安全感的课堂环境中，学生才不会担心自己因说错话受到教师批评，同学嘲笑，学生才可以自由充分的展露自己，在课堂教学活动中表现积极，充满生命活力。学生只有在这样的环境中，才可以迸发创造的激情，智慧的火花。

案例 杭州市刀茅巷小学的教师吴德霞设计的教案《会动的筷子》以学生的发展为本设计，通过探讨、尝试、体验等教学方法，激发学生的兴趣，调动学生的积极性，充分体现了课堂教学中的互动。教师以掷骰子的游戏调动学生的兴趣后，出示谜语："姐妹一样长，出入都成双，酸甜苦辣味，它们总是尝。"教师让学生积极猜谜，不要怕猜错，给学生创设了和谐、民主的氛围，课堂气氛非常热烈。学生踊跃猜谜。然后教师引导学生说出筷子的作用，越多越好。通过教师的引导，学生们明白，只要细心的观察就可以发现身边的许多东西都可以帮助我们进行锻炼。

（二）构建和谐互动的课堂人际关系

从社会学的视角而言，教师与学生都是独立的社会个体，两者之间是民主、平等的关系；从教育学视角而言，教师与学生之间还有特殊的教与学的关系，教与学不可能完全平等。鉴于此，我们认为应该换一个角度重新认识师生关系，提倡互动型的师生关系。在教学过程中教师与学生之间是一种互动关系，教师与学生在互动的教学过程中相互尊重、相互理解、地位平等、真诚交流、有效对话，在互动的教学过程中共同促进教学生成。互动型的师生关系首先要求教师能够树立正确的学生观，认识到学习者所具有的双重性，既是一个独立的社会个体，应该受到尊重、拥有平等的社会地位，但同时学生又是不成熟的个体，心理结构的发展还具有特殊性，阶段性。所以，作为教师，不仅要尊重、理解学生，还要积极地用和蔼的态度和亲切的语言来启发、引导、点拨学生，使学生向着健康的方向发展；认识到学生是一个主动的学习者和建构者，是一个不断发展的独立的生命存在，是一个具有很强创造力、有极强的表现意愿且具有无限发展潜力的人，能够真诚地对待、尊重、接纳每一个学生。同时教师还能够正确地看待、分析自己，承认自己不是无所

不能,在学生面前也要勇于承认错误,自我批评;除此之外,学生也应该正确地看待教师,树立正确的教师观,认为教师不是万能的,敢于质疑教师的观点,勇于向权威发出挑战,但同时也要理解教师,尊重教师。教师的心理压力越来越大,学生要理解教师的用心良苦。学生还应该能够正确地分析、看待自己。

案例 杭州市长江实验小学的语文教师谢青,通过对小班语文课堂中的师生交互的研究,提出了运用情感教学来优化交互氛围。在《祖国到处有欢乐》的教学中,这篇课文是一首通俗易懂的诗歌,描写小白鹅、小山羊、小蜜蜂、小燕子的快乐生活。教师在范读时,眉眼舒展,始终带着微笑。学生被教师所影响,脸上也露出喜悦的笑容。教师读完后,学生就迫不及待地捧起课本,模仿教师笑眯眯地开始了朗读:有的离开座位做起了动作,有的找小伙伴分角色朗读、表演,还有的要求教师和他们一起朗读。课堂融洽、和谐,师生交互不断,使教学活动处于最佳状态。

(三)课堂控制调节有收有放,有张有弛

"放"是指在一定程度上,教师应该下放自己的权利,把课堂还给学生。陶行知先生在 20 世纪三四十年代就提到儿童教学的"六大解放",提倡将课堂还给学生。"还给学生课堂"就意味着:还给学生参与教学的机会,还给学生想象、思考空间,还给学生主动学习的时间,还给学生的话语权。换句话说,也就是教师应该赋予学生三种权利,一是参与权,就是在课堂教学中让所有学生参与一切学习活动的权利,让所有的学生都动起来,从自主参与学习活动的过程中激发他们学习的热情。关于大脑研究的实验证明,大脑对意义的探求是天生的。这也就是说,教师应该努力调动学生学习的热情,让学生积极地参与教学过程,与教师合作完成对知识的意义建构。二是选择权,就是在课堂教学中给予所有学生自主选择练习、自主选择阅读等权利,在一定程度上学生可以根据自己不同的学习进度选择适合自己的学习内容。三是评价权,就是在课堂教学中给予学生自我评价和互相评价的权利。这里强调学生要敢于表达自己的想法,尊重学生的话语权。学生可以对别人的学习结果进行评价,同时也要对自己的参与过程进行监控与评价,可以使他们更好地监控自己的学习过程,认识自己。

"收"是相对于教师"放"而言的,有的教师认为强调将课堂还给学生就意味着学生可以自主的学习,教师就可以高枕无忧了,这种认识是极其危险的,很容易走向另一个极端。因此,还给学生参与教学的机会,还给学生话语权并不是意味着要学生盲目参与,导致课堂秩序混乱,而是在教师有效控制、调节之下,学生积极参与。只有这样,课堂控制才能有收有放,有张有弛,在教学的过程中教师才能根据突发状况随机应变,使教学内容富于挑战性与创造性,教学进度适合于每一个学生,教学才能激起每一个学生强烈的兴趣和好奇心,无意间就使学生将注意力集中在课堂教学上,保证了课堂教学的高效,激发师生的生命活力,点燃师生创造热情。

　　案例　某学校在小班化教学中一语文教师在《三味书屋》一课的课堂教学中,分三次与十余位孩子进行了个体间的双向交互。课文第一段的写法在课本中已经是第二次出现,因此教师把它作为一个语言训练点,让学生练习旧知,进行知识组块,用"浙江、绍兴、鲁迅、三味书屋"这四个词仿照第一段的写法说一说,写一写。此时,教师对思维、表述有困难的三位同学进行个别指导。当要求学生在课堂上交流事先收集的有关三味书屋及鲁迅的资料时,教师则把关注的目光更多的投向了平时知识面较广的几个孩子;当孩子开始按要求自学第2、3段时,教师又给予几个自学习惯差、能力较弱的几个孩子比较多的帮助。由于教师在课前对孩子的起点行为进行了细致的分析,课内进行针对性的指导,对课堂的控制有收有放,有张有弛,使得课堂内每一个孩子都能得到适合自己的教学,让每一个孩子都"吃得了,吃得饱"。

　　虽然新班级侧重于研究课堂的心理环境,但是良好的物质环境对教学也起着非常重要的作用。物质环境是班级教学赖以开展的物质基础,一般从自然环境(光线、温度、通风、照明度等)、设施环境(课桌椅、各种教学设备等)、时空环境(班级规模、座位编排等)三大角度来优化班级物质环境。新班级教学改革在物质环境方面也做了很多改善,变得非常"讲究",从教室前后空间的利用到学生课桌椅的设计和组合,都变得灵活丰富,课堂上出现了各种各样的课桌摆放方式,课桌的排列方式已经不再是传统的整齐划一的秧田式,而是采用马鞍形、品字形、圆边形等多种新的组织方式,而同一班级在不同时间、不同课堂上也出现了不同的座次设计。在教室中还配置了图书架、生物台、娱乐角、竞赛区等,注重培养学生学习兴趣和学习情趣,真正体现了"让每堵墙每扇窗都会说话"的班级布置目标,打破了千篇一律、千人一面的班级环境布置。

　　案例　杭州市小班化教学试点学校教师沈婷婷对新班级的生态环境进行了研究。她认为新班级的生态环境主要指主客观环境,客观环境指的是教室里的环境布置,主观环境指的是学生心理社会环境,指班级的情感氛围或是情感基调,也就是作为班主任是否让学生快乐地生活在班级中。客观环境建设的一个基本的原则就是让"每一堵墙都会说话",主要建设学习中心(展示学习成果的乐园,提升学生的文学素养)、艺术中心(展示个人才华,提升学生个人品味)、交流中心(沟通彼此内心世界,教会学生善于倾听)。主观环境建设的一个基本的原则就是关注孩子的内心世界,让每一个学生都有机会体验成功,主要包括以下两个方面,不仅要帮助学生成功,而且要宣传学生的成功;教师要树立服务意识,不仅服务于学生,而且要服务于家长。

二、面向复杂学习任务，整体有序设计教学

"面向复杂学习任务，整体有序设计教学"是新班级教学的另一个重要基础，主要指教学应该聚焦完整任务，关注学生解决问题的能力，而不是泛泛地完成教学目标；关注教师教学设计的能力，侧重研究教师面对新班级的有效教学行为，能够形成弹性化的教学设计方案，灵活施教。在教学过程中教师应拥有很大的自主权，根据学生的实际情况选择合理的教学内容、教学策略以及与之相匹配的教学评估方式，知晓自己应该教什么，怎么教，以及如何评估，提供高质量的教学活动，以教师的教促进学生的学。高质量的教学是学校赖以生存的生命线。任何教学改革的最终目的都是促进学生发展，提高学生的学习质量，只是随着时代的发展变化内涵不同而已。因此，课堂始终是各种教学改革不可忽视的主要阵地。目前，我国的课堂教学改革极力反对、批判传统的教学过程，倡导教学过程的"生成"，反对、批判对教学过程的预设，有的甚至将矛头直接指向了"教学设计"，认为是教学设计是对课堂的预设，束缚了教师的灵活发挥，阻碍了课堂的灵活生成。

事实上，没有预设也就不会有生成。两者是相互统一的，预设越是充分，生成就越是灵活。当然，这里的"预设"不是指死板的、按部就班并不容许"节外生枝"的传统教案，而是指教师要有明确的课堂结构意识，形成弹性化的教学设计方案，能够灵活、合理的调整教学目标，重新整合教学资源。很明显，弹性化的教学设计方案并不是忽略对课堂的预设，反而对教师的教学设计能力有更高的要求，不仅不能忽视教学设计的重要性，反而应该加大教师教学设计的研究力度。因此，新班级教学认为，"预则立，不预则废"，生成不是随意的生成，当然设计也不是死板的套路，一项完整的教学活动（如一个单元的教学）包含三个要素，课程、教学与评估，即在教学活动中，教师要"教什么"，"怎样教"，"如何评估"。

（一）选择适当知识内容，以单元为单位整体设计教学

课程一直是历年来教学改革的主要阵地，从国家课程到地方课程、校本课程，课程改革也开始逐步关注儿童的需要，注重儿童的个性发展。新班级教学的课程范围要相对狭小，主要指教师要教什么，即教学内容。上文中我们提过，一项完整的教学活动包括课程、教学与评估。这里的"课程"相比较课程改革的"课程"，范围相对狭小，特指教学内容，也就是在一项相对完整的教学活动中，可能是一个课时，也可能是整个教学单元，教师要"教什么"。在新班级的教学活动中，教师应拥有极大的自主权，在整体把握教学大纲的前提下，为达到教学目标选择合适的教学内容，加强教学内容与学生生活实践的联系，注重学生在学习过程中的认知、情感体验，不仅使学生学会必要的知识与技能，而且有利于学生整体把握和感知教材、形成对知识的完整体验、整体感知生活。可见，这里的课程并不仅仅是指学校

为师生提供的教材,而是指教师应根据学生以及教学情境的具体性重新组织教学内容,打破教材设定的课时单元,设置教学单元。在大纲所要求的范围内给学生选择合适的学习材料,加强教材内容与学生生活实践的联系,或是对已有教材内容进行整合,适当打乱教材的顺序对教材进行重新安排,以单元为基本单位整体设计教学。

1. 教师选择知识内容时应以"完整任务"为核心

"完整任务"的核心观念是教学应当聚焦问题解决,教学目标不应该以零散的知识片段呈现,而应当以一个完整的任务呈现。面向完整任务不仅要求教师要明白自己教什么,更要求学生知晓自己学了知识之后能够解决现实生活中的哪些问题。因此,教师选择知识内容时应以"完整任务"即学生能够解决现实生活中的问题为核心组织知识内容,学生要解决这个问题需要以哪些先前的知识、技能作为基础,注重这些知识、技能之间的相互联系,以及学生是否已经掌握了这些知识、技能等都应该纳入考虑的范畴。

2. 教师选择知识内容时应注重知识结构的完整性

在新课改推动下,现行各种版本的教科书也侧重知识内容之间的整合,以某个主题为单位,注重知识之间的相互渗透、相互融合,以期学生能够对知识形成完整的理解,为教师创造性地使用教材提供了空间。但是,在现实的教学中,教师依旧是按照课时进行备课,仍不习惯对单元做整体的理解,忽略了知识结构的完整性,习惯性地将知识掰开、揉碎,一点一点地教给学生,生怕学生不理解、学不会,以至于学生学到的只是一些零零碎碎的知识,只能用知识解决一些课堂中的简单的良构问题,难以将学到的知识迁移到现实生活之中。鉴于此,新班级教学强调教师应该对教学单元进行整体备课,在备课之前,教师就应该对所教的内容有一个整体的把握,能够全面的、发展的看待问题,这个单元要学会什么?这一学期呢?它们之间有什么联系吗?教师在选择教学内容时要注重知识结构的完整性,加强知识之间的相互联系,提高学生整体把握教材和整体感知的能力,侧重学生对知识的完整体验。

3. 教师选择知识内容时应以学生的实际情况为依据

确定单元范围时,教师有着很大的自主权。教师根据教学大纲的要求,整体安排教学内容,注重知识之间的联系、整合,在教材的基础上,统筹安排,合理选择教学内容。但是,教师在选择教学内容时还必须考虑的一个关键因素就是要事先了解学生的学习情况,征求学生的意见,尽可能地依据每一个学生的学习情况,请学生对教学内容的次序以及是否延伸或补充提出建议,这有利于学生掌握教学内容,形成完整的知识,提高学生的自主学习能力。

案例 在小学数学第五单元《长方形和正方形面积》的单元设计时,实施教学前教师先在全班范围内进行一次前侧,从多元化智能的角度对学生进行异质分组,设置分层教学目标。在教学过程中,身体运动智能好的学生完成勾勒任务,空间智能好的学生完成思考任务,数理逻辑智能好的学生完成计算任务,自然观察智能好的学生完成发现任务。在独立作业时提醒不抓紧的学生,在教师巡回时关注出错率高的学生,让学会的同学带动暂时没有学会的同学,做拓展题时请学会的同学讲解自己的解题方法。进行测验之后,发现仍有少部分同学没有掌握,对这些同学矫正辅导后对他们进行二次测验。

(二)选取合理教学模式,以教师的教促进学生的学

在教学活动中,除了"教什么",还存在"怎么教"的问题。梅里尔倡导的"五星教学模式"对新班级教学改革无疑是一个启发。"五星教学模式"又称"首要教学原理",这是梅里尔考察了各种教学设计理论之后,得出的关于教学的五项基本原理:①当学习者介入解决实际问题时,才能够促进学习;②当激活已有知识并将它作为新知识的基础时,才能够促进学习;③当新知识展示给学习者时,才能够促进学习;④当学习者应用新知识时,才能够促进学习;⑤当新知识与学习者的生活世界融为一体时,才能够促进学习。据此,为了提高学生学习的主动性、教师教学的有效性,梅里尔提出面向完整任务,激活旧知,示证新知,应用新知和融会贯通五个教学环节。根据首要教学原理,新班级的课堂教学过程应具备以下三个特征:

1. 以教促学的核心:聚焦完整任务

许多教师已经习惯于在上课之前从认知、动作技能以及情感等角度对教学目标作出限定。事实上,这样的教学目标太过空泛,脱离学生的生活实际,学生往往在上课之后依旧不知道所学知识到底有什么用,能够解决现实生活中的哪些问题。教学目标不应该以零散的知识片段呈现,而应当以一个完整的任务呈现,即将具体的教学任务置于实际的问题情境之中,也就是要学生知道我们学习的这些知识技能是为了解决现实生活中的问题。因此,教学应当先向学习者呈现问题,在问题情境下设置各种具体的任务展开教学,呈现知识内容,之后展示给学生如何将学到的知识运用到解决实践问题或是完整任务中去。当然,给学生呈现一项完整的任务之后,学生还必须具有以下能力:第一,根据要完成的任务,能够自己提出问题;第二,要解决提出的问题需要完成哪些相应的子任务?第三,具有一定的知识技能能够熟练地完成这些任务。可见,完成一项复杂完整的任务是需要解决多个子问题的,学习者应当从最简单的问题着手,逐步深入,循序渐进,直到解决整个问题序列,圆满完成任务。聚焦完整任务的优势在于学生可以运用课堂中所学的知识内容来解决现实生活中的问题,有利于学生的知识技能的迁移,同时在解决问题的过程中,学生可以体验到自己所具备的能力与解决问题所需要的能力之间的差距,发现自己优势与不足,明确自己努力方向,表现出主动学习的欲望。可见,教学聚焦完整任务是以教促学的关键所在。

案例 依据新班级的操作要领,一位语文教师在对《詹天佑》进行教学设计时

从"人字形"切入,学生能够根据自己惯用的学习方式展示出自己理解的"人字形"作为本课时的完整任务。因为让学生理解"人字形"路线到底是怎么运行的,是语文课思维训练的一个重点内容。其中的一个片段是这样设计的:针对班级内学生的不同特质,请学生自由读这一段课文,可以画画"人字形"线路图、写写火车行进的过程;也可以边读边说自己读懂的"人字形"行进路线,然后向同学做介绍。学生的各种不同的学习习惯也是学生个体差异的表现形式。无论是让学生采取"画画写写"还是"读读说说",都是学生不同学习习惯的表现形式。为了最大程度的促进学生的发展,让学生选择更适合自己的学习方式,教师呈现给学生不同的学习方式,让学生自主选择,有利于学生深入的学习。

2. 以教促学的基础:关注学习者的学习过程

五星教学模式包括五个教学环节,面向完整任务、激活旧知、示证新知、尝试应用和融会贯通,其中的激活旧知、展示新知与应用新知这三个阶段似乎与传统的凯洛夫的教学过程中复习旧课、讲授新课、巩固新课有些类似,也更容易被中小学的教师们接受。但是其基本的内涵是大相径庭的。

其一,新班级的教学过程是以学习者为中心的。激活旧知、展示新知、应用新知似乎是教师在唱独角戏,事实上这三个环节顺利实施的关键在于学习者是否在努力确保自己掌握学习内容。而传统教学的最大弊端在于管教不管学,只管教师是否完成预定的教学内容,而不管学生是否真正掌握了所学的知识内容。鉴于此,关注学习者掌握知识的程度才是新班级教学的真正要求。

其二,只有当学习者原有的相关经验被激活,并且能够作为新知识的基础对知识信息进行各种处理时,才会真正地促进学习者的学习。因此,教师在教学前,首先应该确定学生的原有相关知识经验是否被激活,学生是否具备了掌握新知识的基础,如果有必要,教师应该采取适当的教学策略为学生提供相关的知识经验,为新知识的学习奠定基础。在"激活旧知"方面,新班级教学并不是简单引导学生回忆以前知识、技能,关键在于调整、改变学生以前的知识结构,以确保新知识能够合理、高效的整合到旧知识结构中。除此之外,新班级教学还要求教师给学生提供展示已有旧知的机会,为学习者有效掌握新知识奠定基础。

其三,"展示新知"关键在于向学习者说明要学习的内容(举例)而不仅仅是像传统课堂教学一样告知学生相关信息。教师向学生呈现新知识时要遵循以下三个标准:紧扣目标施教,提供学习指导,善用媒体促进。即教师向学生展示的新知识必须与教学的目标相一致,根据不同的内容采取不同的方式充分展示新知识,并且教师应该为学生提供相应的学习指导,善于利用多种教学媒体促进学生的学习。

其四,"应用知识"不是像传统教学那样强调教师布置课后作业,而是要给学生机会练习和应用刚学会的知识、技能,必须要注意的一点是测验的题目一定要与学生所学的内容一致,检测只有在"学生学了什么"的基础上展开才会有效,而不是"教师教了什么"。只有在学生学了的基础上教师才可以检测学生到底学会没有,才能检测到学生掌握知识的真正情况。而传统教学的一大弊病是教师教了什么考试就考什么,很难真正把握学生掌握知识的情况。除此之外,教师还应该给学生提供一系列的变式练习,练习过程中教师还应该给学生提供必要的学习指导。

案例 杭州市下城区教研室数学教研员施阳教师,结合小班优势,在数学教学设计上充分体现"以学生为本"的教学理念,为学生营造良好的教学环境,促进自主、合作、探究。在《圆柱和球的认识》的教学过程中,施教师的教学设计如下所示:抛出问题,圆柱和球各有什么样的特点?引起学生的注意,激发学生的兴趣,引导学生回忆相关的旧知识。纠正部分同学原有知识的缺陷,调整其相应的知识结构使其能够有效整合新知识。教师根据教学过程的具体情况对学生的学习活动进行相应的指导,提出学习建议(学生既有自主选择探究,又能有步骤的进行活动);充分利用多媒体向学生从各个角度展示圆柱和球,提供新的学习材料,并提供相应的学习指导,安排调整好学生的学习活动,对学习有困难的学生根据其具体情况进行个别指导;鼓励学生说出圆柱和球的不同,向其他学生展现自己这节课学到的知识,并列举生活中的各种例子,鼓励学生将所学积极运用到实践生活之中。

3. 以教促学的关键:给学生创造展现的机会

新班级教学强调教师要鼓励学习者将学到的知识技能应用到实际生活中,善于反思、辨析所学知识技能,达到融会贯通。"学习者如果在日常生活中表现出能够改进技能、辨析知识和修正完善新知识,那就意味着他能够将学到的东西融会贯通到生活中。"同时,教师应该给学生提供表现的机会,让学生可以充分展示自己所掌握的新知识、技能。因此,在这一教学环节中,教师应该注意以下三点:其一,教师应给学生提供机会让学生展示新学到的知识与技能;其二,教师应给学生提供机会让学生对新知识技能进行质疑与反思,积极思考,修正完善新知识;其三,教师应鼓励学生创新、发明,激发学生探索新事物的热情。

案例 依据新班级的操作要领,教师应该给学生提供展现新知识与技能的机会,激发学生学习的内在动机。语文教师执教《普罗米修斯》一课时,教学设计的许多环节都考虑到了调动学生的积极性,使学生能够有机会向教师、同学展示他们发现和获得的信息。比如,教师让一学生读"普罗米修斯……决不会承认错误,更不会归还火种"这一句话,然后让另外的学生注意听他哪里读得好,并且指出读得好的地方,学生的回答是"我觉得他'决不会'和'更不会'读得非常好"。在这里,教师不仅让学生有机会向教师和同学展示他朗读的技能,同时,又从其他同学的点评中得到肯定、看到自己的成就。又如,让学生用简洁的语言将普罗米修斯与众神的关系连起来。对于小学中段学生,尤其是四年级下册的学生来说,学习把握主要内容是阅读中非常重要的一项能力。让学生在课堂上概括出普罗米修斯与众神之间的关系就是展现学生概括课文能力的一种体现。再比如"面对……面对……"这一练习的设计,它在让学生回顾普罗米修斯所遭受的磨难的同时,让学生运用所学的知识进行二度创作,学以致用,并在课堂上有感情地朗读出来。这一练习的安排充分展示了学生所学的课文知识及概括、造句能力。

(三)选择适当评价方式,侧重评价学生解决实际问题的能力

评价是教学的一个重要环节。各种评价手段层出不穷,评价的方式也令人眼花缭乱。评价关键在于要对症下药,没有一种评价方式是万能的,适合各种教育状况。同时,评价在教学活动中却又是无所不在的,教师的一个眼神、一句话对于学生来说就是一种评价、鼓励。因此,相对于评价的各种方式手段,评价的理念就显得尤其重要。"国际学生评价项目"(PISA)给了我们很好的启示。PISA认为,对学生进行测评主要不是为了检测学生是否掌握了相关的基础知识与基本技能,而是为了使学生意识到知识的实用价值,能够运用所学知识解决现实生活中的问题。PISA除了考察学生认知方面的能力外,还设计了辅助问卷对学生的情感、态度、价值观进行考察。

1.评价应着眼于学生的发展

新班级教学不仅关注学生对基本知识与技能的掌握情况,而且要侧重考查学生多方面的能力,譬如要考查学生的现实知识水平、学习的潜力、是否具备进一步学习的能力、未来发展性。因此,新班级教学对学生进行评价时,不仅要考查学生是否掌握了课堂上所教授的相关学科知识、技能,而且要考查学生对这门学科知识的情感、态度,还要考查学生的自我反思能力,了解学生是否能够把课堂所学与未来生活联系起来。

2.评价应关注知识之间的整合

新班级教学关注学习者运用课堂所学解决生活中实际问题的能力,侧重于学生对知识的融会贯通。然而,学生在解决生活实践中的具体问题时,不可能仅涉及到某一学科领域的具体知识,而是会涉及多种学科知识,需要对各种知识进行综合运用。因此,对学生进行评价时,应该注重知识之间的整合,加强各种学科知识之间的内部联系。

3.评价应鼓励学生实际运用

学会知识的关键在于能够运用。新班级教学关注教师的教,更关注学生积极、主动地学,最终目标在于学生能够解决现实生活的问题。因此,学校对学生进行评价时,应侧重于从贴近学生经验的日常生活中取材。例如学校在组织考试时,设计题目应该跳出传统的课程内容,打破传统的学科限制,将问题置身于学生的现实生活情境之中,使考试的内容与形式贴近学生的现实生活,更加人性化、现实化,这将有利于学生将所学知识运用到现实生活之中。

案例 杭州市小班化教学试点学校的美术教师宋杭晨根据新班级教学评价理念对小学美术评价系统进行了探究。她将美术评价作为一个教学环节渗透在每节美术课的课堂教学中,包括随堂评价、过程性评价、终结性评价。且在期末的终结性评价中又结合了随堂评价和过程性评价。"难忘的艺术足迹"(过程性评价)根据美术课程四个不同的领域将评价内容分为四个部分,分别是"造型表现"、"设计应用"、"欣赏评价"、"综合探索",每个部分又分别设立三栏作为评价方式,"数一数"、"和自己比一比"、"和大家比一比"。"艺术小站"(随堂评价)是一学期对学生进行一次的游戏式测评。例如,"你想用哪种艺术方式表现《奥运 2008》?"学生可以自由选择各种造型形式来表现主题。结合每位学生的成长档案袋进行学期性小节(终结性评价),依据学生成长记录的全过程,使得评价具有个性和针对性。最后,教师将这三个部分结合起来对学生一个学期的美术课程学习活动进行发展性评价,包括自评、他评、教师和家长的评价。

三、贯通所学知识技能,联系生活实际应用

"贯通所学知识技能,联系生活实际应用"是新班级教学的亮点之一,强调教学要贴近学生的现实生活,侧重于培养学生的知识迁移能力,加强学习与运用之间的联系,学生可以灵活运用知识解决生活实践中的问题,使学生学会学习,学会做事,学会生活,具备在社会上生存的能力,也就是学会生存。假如我们从教育学、心理学的视野审视班级教学思想演变的历程就会发现,在社会变迁的外在影响下,主宰教学理论与实践发生变化的一条很明显的主线是教学来源于生活实践,而后从生活实践中分离,现在又开始走向统合。"分离"体现最明显的是在工业社会时代,教学脱离生活实践几乎充斥着整个工业社会时代的教育。"统合"是步入信息时代之后教学与生活实践之间较为明显的一种趋势。尤其是最近几年,教育理论、心理学以及社会学的研究有了新的进展,这种趋势体现得尤为明显,各种草根式、田野式的研究也逐渐盛行。教学越来越注重培养学生的实际运用能力,人们的知识观念也逐渐发生相应的变化。知识不等同于信息,信息是别人的知识,而不是自己的知识,要将信息转化为自己的知识,必须要充分发挥学生的积极性与主动性。误将信息当作知识是传统教学方式的严重弊端,殊不知信息要转化为知识必须经过学生主动的建构、吸收。学生学习不是为了训练基本的读、写、算的技能,也不是为了单纯获得知识,关键在于能够将学校中学到的知识技能合理运用到实践生活之中,真正掌握所学知识。当然,学生的知识能否顺利迁移也是教学的一个重点。如何将所谓的惰性知识激活,并能随时应用解决生活中的实际问题,也是新班级教学研究的一个重点。相比较传统的班级,新班级的有利环

境使得这一问题的解决成为可能。学生只有充分、合理地运用课堂中所学知识帮助解决生活实践中的问题，才能提高学习的质量、生活的质量，才能学会学习，学会做事，学会生活，即学会生存。

"生存"是一个充满歧义的概念。在西方的语境中，生存是指人所独具的生存方式，是人所特有的、不同于其他有生命的动物。中国的文化背景下，生存是指活着、活下去，是生命存在的底线。因此，在这里，我们有必要对"生存"这一概念做一辨析。新班级教学中的"生存"并不是指中国传统文化中的活着、活下去，也不是现在倡导的与生命教育相关的一些基本生存技能以及生存知识，它有着独特的内涵。学会生存首要的就是要使学生学会学习，在学生从学校步入社会之后，能够灵活运用所学知识帮助自己解决生活中的问题，能够拥有处理社会中日常事物的能力，能够拥有正确的人生观与价值观，能够为提高自己的生活质量而不断努力。因此，使学生学会生存是新班级教学的一大亮点。学会生存包括以下几方面的内容：其一，学生能够积极主动地投入学习过程，具有持续学习的动力，有终身学习能力，即学会学习；其二，学生能够灵活运用所学知识解决生活实践中的问题，具备处理日常社会事物的能力，即学会做事。其三，作为一名社会成员，学生能够为了提高自己的生活质量而不断努力，即学会生活。学会生存的核心是学生能够贯通学校所学的知识技能，灵活运用以解决现实生活中的问题。

据此，新班级着重从以下三方面着手：

（一）教学应贴近学生的实际生活

1. 教师要立足现实，创造性地使用教材

教师教学不应局限于教材，应跳出教材的条条框框，在充分理解教材大纲的基础上结合学生的生活实践创建生活化的教材，加强教学与现实生活的联系。例如，对于一些枯燥难懂的教材案例，教师应将其抛弃，用生活中的具体案例替换；或是对于一些难懂的概念，教师应多从生活中举例，在学生已有的生活经验基础上理解教材，使陌生的材料生活化，高深的教材简单化。

2. 教师应设置生活化的教学情境，还原知识"本来面目"

在呈现新知识时，教师应采取多种技术手段设置生活化的教学情境，激发学生主动学习的意愿，加强知识与现实生活之间的联系，使知识不再被束之高阁，还原知识的本来面目。例如，教学时，教师可以利用多媒体技术呈现一些具体生活情境的画面，引导学生进行探究；或是利用语言向学生描述具体的生活情境，使学生想象或是回忆原有生活场景。

3. 教师应注重真实评估，鼓励多元化评价方式

当学习结果是要求学生展现、完成一些与现实生活相关的能力、任务时，学生的学习才会最有效，能力才能够真正提高。由此，教师就应该给学生提供多种表现方式，鼓励多元评价，促进每一个学生最优发展。其一，教师应该鼓励学习者自主选择适合自己的学业表现方式。每个学生在思维风格、生活经验、学习习惯、兴趣爱好等方面的表现是不相同的。教学评价不应该是一味的纸笔测验形式,应该给学生提供多种不同的学业表现形式,如口头作报告的形式,用艺术方式表达,或是角色扮演的形式等,让学生选择自己擅长的表现方式,真正促进学生学习。其二,对于一个学习项目,教师应该有多种不同的评价标准,且在评价时应该将教学过程中的主要内容和相关的概念、技能融入其中。其三,采用多种评价手段与方法,注重过程性评价,将过程性评价与传统的终结性评价有机结合,强调评价的教育、激励以及改进的功能,跳出甄别和选拔的误区,让每一个学生都有机会体验成功。

案例 自然界每天都在发生着奇妙的变化,这些变化就发生在我们的身边,但有时我们却感受不到。为了加强教学与现实生活之间的联系,使教学贴近现实生活,杭州市小班化试点学校的教师们带领孩子走进自然,寻找春天、秋天的不同变化。比如在语文课上,教师会带着学生读关于春天的课文、诗句,写写我们眼中的春天;科学课上,教师会给学生讲讲关于春天的常识;音乐课上,教师会带着他们唱关于春天的歌曲。英语课上,教师会教他们和春天相关的单词、句子;美术课上,教师还指导学生们如何画出他们眼中的春天;体育课上,教师更是会教大家如何把风筝放上蓝天……

(二)教学过程应侧重培养学生的知识迁移能力

1. 教师应帮助学生建立各种学习情境之间的联结

教师要充分考虑新旧知识点之间的联系,对新知识进行有效编码,将新知识有效纳入原有知识结构之中。教师在呈现新知识的时候,应该引导学生将原有的相关知识以及生活经验与新知识联系起来,促进学生有意义学习。例如,在数学课上,教师可以就地取材,将新知识与学生的生活情境联系起来,激发学生的兴趣,促进知识的有效迁移。

2. 教师应引导学生科学组织知识内容,贯通所学知识技能

在展开教学时,教师要引导学生对知识进行科学合理的组织。哪些内容是教学的重点,什么内容该教,什么内容不该教或是少教,以及什么时候教,教师都应该进行合理的设计。教学不仅应该按照知识本身的逻辑顺序展开,而且还应该关注学生学习的实际情况以及学习的接受能力。知识不应该是零散的片段呈现给学生,而应该是一个完整的知识结构,只有这样,学生学到的知识才是有效的。

3. 教师应帮助学生建立迁移学习的心向,为应用而教

心理学研究表明:学科之间的联系、学科和社会生活之间的联系、学习和应用之间的联系是学生形成迁移心向的重要条件。知识之间是相互联系的,教师进行学科教学时不应该只关注本学科领域的知识,而应该跨越学科的界限,加强学科之间的融合,将各门学科有效的整合在一起。除此之外,教师应该加强学习和应

用、学习和社会生活之间的关系。学生学习知识是为了运用,有效解决生活实践中的问题而不是为了应付各类考试。只有为应用而教,真正的迁移才会发生,学生才能够联系生活实践实际运用所学知识。

案例　杭州市小班化试点学校的语文教师在执教《普罗米修斯》课文时,教师利用女娲补天、夸父追日、开天辟地等中国神话,一方面激发学生对新知识的好奇,一方面也可以激活学生的原有相关知识,使得学生能够利用原有的知识对新知识进行有效的编码。在激活学生对神话初步的、朦胧的想法之后,教师开始对学生进行提问,检测学生是否已经初步了解了希腊神话,由此明晰学生的知识结构。教师根据学生回答的状况对学生的原有知识经验进行一定的补救,彻底对学生进行"扫盲",使学生都能以相同的起点进行本节课的学习,为所有学生有效掌握知识、迁移所学知识奠定基础。

(三)教学应发挥学习者学习的主动性,鼓励学生实际运用

1. 强调反思完善,倡导学习者对学习过程进行反思

注重学习者对学习过程的反思完善有利于整合学习者的知识技能,有利于学生主动地对自己的学习过程、学习方法、学业表现进行不断地监控、修正、评估以及改进,充分发挥学习者学习的主动性,最大程度地激发学习者的学习潜能。我国南宋理学家朱熹提出博学、审问、慎思、明辨、笃行的反思学习模式,强调了学习过程中反思的作用。正如老子所言,"知人者智,自知者明"。在教学过程中注重培养学习者的反思能力,不仅凸显了学生的主体地位,而且让学生学会学习,促进知识的有效迁移。其一,在课堂上教师要有意识的引导学生学会反思,养成学生反思的学习习惯。对于低年级学生而言,教师依据学生的好奇心,顺势引导,培养学生质疑的精神。如教师可以经常这样问:书本上的知识是正确的吗?大家还有什么不同的意见吗?其二,教师应根据每个学生的学业表现情况,给学生提供反思学习的机会,给予学习者必要的引导,并及时给予反馈,提高学习者的反思能力。

案例　杭州市小班化试点学校数学教师阮敏在因式分解的习题课中,补充了用拆项、添项的方法分解因式,在讲解完例题后,阮教师给出一个练习:将 $x^3-6x^2+11x-6$ 分解因式。学生做完练习之后,他问学生:自己这样做是正确的吗?自己的方法是简便的吗?还有没有更好的解题方法?将学生分组,进行小组讨论,交流各种解题思路。此时,班里的气氛十分活跃,每个学生都争着说出自己的想法,并且积极思考其他可能的解题方法。随后,阮教师组织学生进行全班交流。让阮教师惊喜的是在全班交流时涌现出了很多解题的方法,有的解题方法甚至出乎他的预料。最后在学生的积极参与中,师生共同归纳出拆项的各种不同方法,取得很好的教学效果。

2. 鼓励学习者将所学知识运用于实际生活

"学以致用"是教学亘古不变的一项真理。从班级教学的历史中不难发现，从美国的杜威到我国的陶行知，都一再强调学校的教学应该与学生的生活实践相联系，改变"死读书，读死书"的现状。然而直到现在，严重脱离生活实践的教学依然盛行。除了应付各种考试之外，学生几乎不知道学习有什么用。对于大部分学生而言，课堂中学到的知识与解决实际生活中的问题几乎毫无联系。之所以这样，是因为学校没有要求学习者运用所学知识解决生活中的实际问题，学校测量学生掌握知识与否只限于纸笔测验，久而久之，社会上便出现了一批又一批高分低能的"精英式"人才，难以适应社会多样性、复杂性，难以用学校中学过的知识解决生活、工作中出现的问题。鉴于此，新班级的教学尤其强调学以致用，在课堂上给学生提供充分的学业表现机会，课后鼓励、引导学生将课堂中学到的知识应用到现实生活之中。由于教学内容的不同类型，教学资源的不同优势，因此鼓励学生将知识迁移到实际生活中的方式也有所不同。学校应该充分利用自身的优势，根据不同的教学内容，给学生提供多种方法，引导学生从不同的角度将所学知识迁移到社会实践之中。

案例 杭州市小班化试点学校美术教师许琴鼓励学生将课堂中学到的对美的鉴赏、理解、体验等运用到现实生活之中。许教师对美术学科学习资源的开发进行了深入的研究，鼓励学生要用创造性的眼光发现美和创造美，并提供各种素材让学生寻找创作的灵感。她与学生一起搜集被淘汰下来的土瓦，用铅笔在瓦片的凸面进行构思和造型，然后进行雕刻，并且提供给学生一些具有中国民族特色的图案当作纹样，让学生通过对这些文化的学习和领悟，进行瓦雕创作。也可以结合对民族文化和民间美术的学习，让学生凭自己对文化艺术的领悟去搜集相关的资料和图片，进行整理和创新，形成瓦雕作品。学生在进行瓦雕作品的创作中，能够有效利用美术课堂中学到的知识、技巧，不仅促进了学生灵活贯通所学知识技能，而且增强了学生利用所学知识解决现实生活中实际问题的意识。

四、强化创新表现意愿，奠定持续进步后劲

"强化创新表现意愿"是指新班级教学侧重培养学生的创新能力，激发学生的创新表现意愿，在创新中体验成功，展现自我。因此，新班级教学的又一大亮点便是"创新"，给学生提供创新的平台，营造创新的氛围，鼓励学生大胆质疑，积极创新。"奠定持续进步后劲"是指学生表现出进一步学习的意愿，具有学习的内在动机，将学习当成是一种快乐的享受过程，能够有效监控自己的学习过程，从而在学习上取得更大的成功。新班级教学的口号是"舒心课堂，魅力教学"。衡量教学是否有魅力的关键指标是学习者是否愿意进一步学习探索，是否将学习过程当作快

乐的享受过程,而不是简单或迫不得已地应付了事,是否在学习过程中能够进一步激发自身的潜能,促进个性最优发展。加德纳的多元智力理论,斯滕伯格的创造力投资理论等给新班级的操作实施提供了新的理论视角,借鉴斯滕伯格提出的课堂教学培养创造力的策略,根据新班级的特点以及所提供的有利环境,致力于培养充满智慧的创新性人才。

(一)改变惯有教学方式,营造良好创新氛围

1. 减少对课堂的约束

早在 20 世纪三四十年代,我国的伟大教育家陶行知先生就已经提出了儿童教学的六大解放:"解放他的头脑,使他能想;解放他的双手,使他能干;解放他的眼睛,使他能看;解放他的嘴,使他能谈;解放他的空间,使他能到大自然大社会里取得更丰富的学问;解放他的时间,不要逼他赶考,让他有一些空闲的时间来消化所学,并且学一点他自己渴望的学问。"因此,为了营造良好的创新氛围,教师应在一定程度上放手课堂教学,减少对课堂的控制,下放课堂的重心,将学习的主动权交予学生,解放学生的头脑,激发学生的创新能力。

2. 引导学生自己发现问题

在教学中,教师可以引导学生自己发现问题,然后给予学生极大的自由,让学生选择自己感兴趣的话题来完成课程作业。在完成作业的过程中,如果选择的话题不合适,教师应给予学生相应的指导,帮助学生重新选择话题。

3. 允许学生犯错

在学校,只要学生做错了事情,就会被贴上差生的标签。当学生做错题时,一个个大红叉毫不留情地赐予了学生。这其实是在提醒学生,做错题是很丢人的事情,犯错是不对的。在这样的教学环境中培养出来的学生限定于教材的条条框框,唯书是上,不敢尝试犯错,缺乏冒险精神。如此,培养学生的创造力又从何谈起呢?

4. 给学生的创造性思维留有足够的时间

我们生存的社会节奏相当快。吃饭是快餐,走路是小跑,逐渐形成了这样的一种潜在价值观:快意味着聪明。事实上,聪明与快之间并没有本质联系。聪明不一定快,速度快也不一定就聪明。在学校也存在这样的现象。不管是考试、课堂提问、还是家庭作业,留给学生思考的时间都很短。在这么短的时间里要学生产生有创意的想法,那简直就是天方夜谭。留有足够的思考时间,尤其是课堂提问,对于激发学生的创造力是必要的。

案例 杭州市长江实验小学音乐教师徐慧琴,在小班音乐教学中采取"体验性学习"策略,以参与为手段,强调情感的唤起、深入与外化过程。在《两只小象》一课的教学中,充分利用想象体验来达成学生对音乐的审美和创造。在课中,教师说:"远处走来两头象,请小朋友说说你看到的象是什么样子的。"随后,让小朋

友分别聆听《小象》、《大象》的音乐,并将自己的感受悄悄地告诉教师,在欣赏过程中,小朋友可以随时改变自己的想法。徐教师发现,小朋友的想象是如此的丰富,使她在倾听他们的耳语时一次又一次地获得惊喜。在轻松活泼的乐声中,他们看到了"小的,可爱的,会跳舞的,吹喇叭的,顽皮的,瘦的,活泼的,灵巧的……"象;在缓慢低沉的音乐声中,他们看到的是"老的,胖的,大的,懒惰的,强壮的,会敲鼓的,睡觉的……"象。"悄悄告诉教师"、"不谋求统一答案"——不仅保护和鼓励了学生在音乐体验中的独立见解,还使他们的想象力和创造性思维得到充分的发挥。

(二)体验成功喜悦,激发学习意愿

学生学习的过程不是为了获得大量的知识与技能,也不是简单地获取信息,而是要学以致用、发展能力、形成智慧与创造力。只有当学习过程本身能够引起学习者的兴趣,激发学习者的表现意愿时,学习者才会从学习中体会到最大的快乐与满足,学习过程才是一种享受过程,才能内化学习动机,为持续进步奠定基础。

(1)新班级的教学过程应该富于变换,能够引发学生进一步学习的动力。在教学过程中,教师要善于唤起学生注意,激发学生好奇心,培养学生兴趣。单调乏味的教学是很难让学生集中注意力的,教师应善于利用各种不同的教学媒体,尝试多种不同的教学策略和手段,运用多种教学风格,合理配置课程内容等来吸引学生的注意力,引发学生进一步探索的欲望。

(2)在教学过程中,教师应让学生了解所学知识与个人目标之间的联系,也就是学生学习了这些知识之后能干什么?尽量将所学知识与学生的现实生活联系起来。只有当学习者真正明确这一点时,才能够长久维持学习动机,才会主动学习探索,实现持续进步。

(3)教师应给学生提供多种不同的学业表现方式,让每个学生都能真正发挥出自己的水平,体验到成功的喜悦,增强自信心,从学习过程中获得最大满足。

案例 在开展《我的祖国》一课教学时,教师首先通过调查,统计学生在这一环节中想要了解的知识,制定主题发展表,确定关键知识点和相关知识点。学生可以围绕自己感兴趣的主题,运用自己的强项,用自己的方式进行探索研究以完成作业。专题作业结束时,每个学生把自己的作业拿出来展示,在同学之间进行交流。在交流过程中,教师要给予学生积极的鼓励,让学生体验到成功的喜悦。交流结束后,学生根据教师和同学的建议对作业进行修改,并就整个专题作业完成的过程进行反思,使学生思考自己在此过程中已经学会的以及还需进一步学习和改进的地方。最后,教师组织从作品的质量、与他人合作与交流的能力以及反思与自我评估的能力几个方面进行评估。不同的学业表现形式给予了学生极大的自由,学生可以选择自己喜欢的、感兴趣的主题进行学习汇报,激发学生学习的内在动机,增强学生进一步学习的动力。

(三)培养学生创造性人格,提高创新表现

创造力是一种个性化的表现,是比较主观、抽象的。根据美国心理学家斯腾伯格提出的创造力投资理论,创造力是一种态度,是生活的一种方式。创造力不是一种能力,而是一种选择。当选择要创造时,就要有承担风险的能力。每一个人都有创造力,都有机会成为一个具有创造力的人,只不过是不同层次、不同领域的创造力而已。据此理念,培养学生的创造力,关键在于培养学生具有创造性的人格。在新班级的教学过程中,教师应从以下几点切入培养学生的创造性人格:

1.鼓励学生质疑

在解决问题时,人们都会有一些自己认为是肯定正确的事实。例如,地球围绕着太阳转。因为多数人都是这样认为的,一般人很少怀疑这个假设的正确与否。但是,多数人赞成的未必就是真理。在物理学上研究物体的运动是根据参照系而言的,所选的参照系不同,得出的结论也就不同。有创造力的人就会去质疑前提假设的正确与否,而且还鼓动其他人也去质疑假设的正确性。因此,教师就要经常启发学生去质疑假设的正确与否。

2.鼓励学生合理冒险

当学生选择进行创新表现时,一定会遇到阻碍,因为大多数人还不理解这样的做法。在实际的教学中教师应该鼓励学生合理冒险,激励学生提出不同的想法、尝试不同的做法。

3.鼓励学生能忍受模糊不清的不舒服的感觉,学会等待

不仅是学生,教师自己以及学校的管理者都要能容忍这种不确定性。

4.鼓励学生面对挫折要坚持不懈,鼓励学生继续努力,有持续进步的后劲

盲目自大会扼杀创造力的进一步发展。

5.教师要为学生树立创新的良好榜样

为了在课堂中培养学生的创新能力,教师自己首先就必须是一个创新者,要勇于打破常规,大胆创新,给学生做好创新的示范榜样。教师应该抱有这样的信念:书本上的知识不一定是正确的,教师要抱有怀疑的态度,敢于突破教材的约束,重新安排教材的顺序;学生不一定不如教师,要耐心倾听、解答学生的问题。除此之外,教师还应该拥有这样的信念:一切现存的事物都是不完善的,都有改进的可能。这是创新的必要基础。

案例 杭州市刀茅巷小学的音乐教师倪娜在《在钟表店》的音乐欣赏中,鼓励学生大胆冒险,不要在乎别人的想法,在音乐的氛围中用自己的身体摆出钟表的不同摆动方式。她先出示画好的大钟、小钟、动物钟等画片,指导学生去观察钟表的不同的摆动方式,引导学生用身体去表现钟表的走动,鼓励学生大胆的表现出自己所看到的钟表的摆动方式,不要在乎别人的看法。在她的鼓励下学生积极创编动作,用头、用手、用眼、用脚等部位来表现钟表的摆动。有效地将视、听完美地结合在一起,不仅使孩子们受到作品美的感染,加深了孩子对作品的理解和对主旋律的记忆,而且使孩子们认识到创造并不是一件很难的事情,只要选择创造,大胆尝试各种新的做法,就会表现出创造力。

五、鼓励个体差异发展,倡导群体共同进步

"鼓励个体差异发展"是新班级教学在小班化教学的基础上发展起来的,是区别于传统班级教学的亮点之一。传统的班级教学是在相同时间、相同地点面向同一年龄群的学生进行相同内容的教学。新班级教学不可能从根本上改变传统班级已形成的固定班级模式,但是新班级教学鼓励学生多样化发展,教师不再是一刀切、满堂灌,而是给学生提供多种教学方式、学习方式,关注学生的个别差异,促进学生个体差异发展。"倡导群体共同进步"是新班级对小班化教学的进一步深化。小班化教学的最大优势在于班级规模小,教师可以有更多的时间与学生交流、接触,能够关注到每一个学生的个性发展,改变了传统班级教学整齐划一的特征,促进学生发展。但是,小班教学过分强调学生的个性发展,忽略了学生整体作为一个集体的功能。前苏联教育家马卡连柯提出的平行教育理论就是强调集体作为一个整体对个体的教育功能。因此,新班级教学在鼓励个体差异发展的同时,也注重集体的教育功能,关注学生的整体发展,促进所有学生共同进步、共同发展。

(一)践行个别化教学,促进个性最优发展

个别化教学是最早产生的一种教学组织形式,但是由于个别化教学特有的优势并没有使其随着时代发展逐渐淘汰,反而仍然具有旺盛的生命力。今天所提出的让每一个孩子都得到优质发展的教学理念,正与个别化教学所体现的教学理念相一致。在新班级教学中,除了重视合作学习之外,也注重个别化的指导学习。个别化的指导学习并不是指传统的一对一的教学,而是教师依据学生不同的特质,在学习速度、学习方式等方面给予学生不同的指导。传统的教学可以说是在同一时间内要求学生掌握相同的内容,学生学习的差别主要体现在掌握知识的不同程度上,同时这也就成了将学生分为三六九等的唯一标准。新班级教学强调全纳教育,不再一味强调教学的时间标准,而是将注意力集中在每一个学生学习知识的掌握程度上,力求使学习过程适应每个学生不同的特质,促进学生个体最优化发展。

1. 尝试学习站个别指导教学

在教室中开辟出一个站点,使得教师在特定的课堂教学时间内对某些需要帮助的学生进行个别指导。教师的课堂时间被分为两部分,一部分时间用来上课,一部分用来进行个别教学,对学生进行个别辅导。

2. 采用学习合同教学

教师和某些需要特别关照的学生订立个别化的单元学习合同,学习合同中写明师生协商后学生将要学习的内容和可能会使用的学习方法,要求达到的预期目标及达到的标准。同时教师为学生制定个人的学习进度表,借以分析学生的学习过程。

案例 语文第七册一堂练习课"扩句环节"的教学。第一次学习站:教师出示例题:白塔屹立在顶峰。洁白如玉的白塔屹立在琼岛的顶峰。审题后会做的一组直接完成,不会做的跟教师一组。进入第二次学习站,再次进行练习。对的同学尝试不同的练习,错的同学分析原因,辅导订正后尝试练习。在第三次学习站中,校对,再次分组。尝试缩句练习,自由扩句练习。可见,学习站的设立和人员的组成都是在变化的,是在教学过程中随机生成的。但是这并不代表教师在学习站个别指导教学中不需要预设。相反,这需要教师更精细的准备教学活动,免得在关注个别学生的教学时影响了其他学生的学习。当然,教师也可以让同学之间进行互助合作,提高自主学习的能力,增强学生之间的交流,促进学生的情感。

(二)增进课堂功效,倡导合作学习

合作学习是以小组为单位达成共同目标的一种学与教的方式。在课堂中有效发挥合作学习策略包括四个环节:激发合作学习动机,告知合作学习目标,展开合作学习过程,结束合作学习活动。合作学习不仅是一种学习方式,更是达成共同利益价值观的体现,关注学生之间的人际交互作用,促进学生认知、情感能力的发展。在合作学习的过程中,每个学生可以自主选择适合于自身的学习方式,充分发挥自身的长处,同时,学生也要接纳其他学生不同的见解、观点,取长补短,促进个性最优发展,体验成功。

(1)教师要善于激发学生合作学习动机。在这一过程中,教师可以从教学手段、教学组织形式,教学内容、教学目标等各个方面来激发学生的合作学习动机。例如,在合作学习之前,教师采取各种教学手段让学生了解合作的有效性。

(2)合理组建小组学习团队,教会学生学会合作,形成合作学习的良好氛围。合作学习小组一般的分组原则是:"组内异质,组间同质"。"合作学习小组是一种的新型的结构—功能联合体,由两名以上的学生(通常约为六人)根据性别、学业成绩、个性特点、家庭社会的经济背景、守纪状况等方面的合理差异而建立的相对稳定的学习小组"。分组之后,教师要教给学生合作学习的技能,教给学生善于倾听、接纳小组成员不同的想法、观点。

(3)合作学习小组不同于传统的小组学习,合作学习小组的每一个成员都应承担一种特定角色,然后轮换,如小组中有协调员、报告员、操作员、记录员等。传统小组学习的一大弊端就是存在责任不清的现象,如果组织不利的话,极有可能是个别学生在唱独角戏,不仅失去了小组学习的原意,而且损害了其他同学的利益。而合作学习小组的目标是让小组的每一个成员都能取得学业成功,因此特别强调小组学生之间明确的责任分工,责任到人,形成小组成员的责任感意识。

(4)合作学习的过程中要注重体现公平、民主、自主,加强合作学习过程的监控、调节力度,确保合作的有效性。

案例 杭州刀茅巷小学的语文教师章群对小学低年级语文小组合作学习技能的培养策略进行了研究。他认为,有效合作的前提是合作情感的激发,教师在教学中要注重激发学生参与交往的热情,引导学生从交往中体验合作学习的快乐,使学生主动参与合作。有效合作的基础是合作品质的培养,即要学生学会尊重与理解,学会倾听与表达,学会商量和沟通。有效合作的条件是教师对学生合作过程的引领。合作学习的目的是培养学生学会与人交流,与人共事,增强团队意识,但是也不能让学生养成依赖性和惰性,搭乘"便车",教师正确的引领就是让学生在合作学习中既要讲合作也要讲个人努力,培养学生独立解决问题的能力,增强学生的责任感。有效合作的保证是教师对合作方式的指导,提倡"组间同质,组内异质"的分组原则,对每一个组员的分工任务要明确,避免出现吃"大锅饭"的现象,对小组合作的评价可以从"组内自评,组间互评"的多元评价的方式。经过一段时间的训练和实践,学生小组合作的水平有了很大的提高。

不过,虽然合作学习有众多好处,但是任何学习方式都有其适用范围,具有一定的局限性。合作学习方式并不能可以完全取代以前所有的学习方式,一定要警惕无效的、形式化的小组合作。在新班级教学的实践操作过程中,教师要对合作学习何时有效进行研究,才能取得一定的成效。

案例 杭州市长江实验小学的语文教师冯晨,在所任教的小班低段学生中开展了语文阅读教学中小组交互学习最佳状态的实践与研究,对"小组交互学习的时机及基本学习模式"展开研究,试图提高小组交互的实效。通过长期的实践研究,他总结出四种时机组织学生进行小组交互学习效果最好。①当遇到学习重点或遭遇疑难问题时:相对应的小组互动学习模式是:质疑—思考—讨论—点拨。课堂实例:在《乌鸦喝水》的教学中,他通过对学生提出疑问:乌鸦喝到水的办法是什么? 然后引导学生带着疑问独立学习了课堂的第四自然段。经过思考之后学生找到了乌鸦喝到水的办法,他让学生把思考的结果在学习小组里进行汇报,并学着乌鸦的样子进行实际操作,进而观察水面的变化。当学生操作成功时,他通过"为什么石子放入水中水面会升高?"这一问题对学生进行点拨,轻轻松松突破课文的重点。②当学生掌握一定的学习方法之后:相对应的小组互动学习模式是:定向—自学—交流—拓展。课堂实例:在《谜语》的教学中,他认为《谜语》一课不能简单地定位于让学生学会生字猜出字谜,而是应该让孩子们通过教师的指导,通过小组成员的交流,从词句上体会出谜语语言的表达方式,进而初步了解猜谜、编谜的基本要领。让学生依照学习目标自学生字、猜出谜底之后,进一步要求学生在小组中进行交流,告诉小组成员他们是怎样猜出谜语的。最后组织一个猜谜编谜大赛以拓展学生的能力。③当遇到争议时:相对应的小组互动学习模式是:引发争议—自由讨论—总结汇报。课堂实例:在《乌鸦喝水》的第二段的教学中,教师拿出三只装有水的瓶子(盛满水的小口瓶、盛有小半瓶水的小口瓶、盛有小半瓶水的大口瓶)问学生乌鸦找到的瓶子是哪一个?激发了学生的兴趣之后,组织学生自由讨论,锻炼学生的语言表达能力、组织能力与思维能力。最后要求学生把与同伴讨论的结果拿到班上进行汇报。④当练习拓展时:相对应的小组互动学习模式是:理解—模仿—运用。课堂实例:在《我家住在大海边》的教学中,教师出示了许多美丽的贝壳,要求学生用一个词来说明贝壳颜色的多。然后让学生看着贝壳填句子,"海滩上有各种颜色的贝壳,有(),有(),有(),还有(),"边捡边要求学生填上相应的表示颜色的词,以加深学生的理解。然后让学生利用贝壳模仿教师刚才的情形,在理解、模仿的基础上,教师出示延伸扩展的作业请学生根据自己的实际情况加以选择练习,并在小组里交流。

(三)构建班级学习共同体,促进群体共同发展

学习共同体是"为完成真实任务、问题,学习者与其他人相互依赖、探究、交流和协作的一种学习方式。"学习共同体是一种学习方式,强调社会情境的重要性,认为情境对学生的认知与激发学生的动机有着重要的作用。班级作为一个学习型组织,构成了一个学习共同体。新班级有共同的奋斗目标,具有极强的内聚力,每一个成员都有较高的自主学习能力和合作学习能力,在学习的过程中可以有效沟通、交流,共享各种学习资源,共同完成某一项学习任务。

(1)建立新班级的共同愿景。共同愿景是新班级每一个成员发自内心的真实愿望,包括班级存在的价值、班级的共同使命、班级要达到的共同目标、班级的发展规划以及达到目标所要采取的方式。传统的班级侧重于从制定严格的规章制度入手,以一些外在纪律、条款等约束学生的学习行为,导致学生为考试而学。新班级强调共同愿景,不论是学习、生活还是纪律等,侧重于激发学生内在的真实愿望,鼓励所有学生积极参与班级规则的制定,侧重于学生主动学习的能力,使学生学会学习,具备终身学习的能力。

(2)倡导互动型人际关系。学习共同体强调社会情境的重要性,关注学生之间的互动以及有效交流。在传统的班级教学中,教师一般只侧重教学信息的传递情况,忽视社会情境对学生学习的作用。在新班级教学中,教师应侧重学生与学生之间的互动、学生与教师之间的互动,学生与各种学习资源之间的互动。师生要在互动中学习,注重社会情境对学生学习的促进作用。

(3)创设全员学习气氛。新班级中的每一个学生都应具有强烈的学习愿望,具有较强的自主学习能力和合作学习能力,都能够有效监控自己的学习过程,学会知识,学会学习。创设全员的学习氛围要求教师首先应该是一个学习者,具备终身学习的能力。在信息社会时代,再也不是"教给学生一碗水,教师要有一桶水",而是"教给学生一杯水,教师要有源头活水"。因此,新班级要求教师、学生都具备学习的能力,教师是学习型的教师,学生是会学习的学生。

案例 杭州市小班化试点学校对构建新班级的学习共同体进行了探讨,尤其是在建立新班级的共同愿景,营造新班级的学习良好氛围方面做了很多深入的研究,提出了新班级独特的班级管理的模式,使每一个学生都有机会管理班级建设,使学生真正为新班级的建设贡献自己的一份力量,增加了班级内在凝聚力,带动班级群体共同发展。新班级的自主化的班级管理模式如下:分层管理—合作管理—服务管理。自主化管理的实质就是在教师的指导帮助下,让学生自己做主,人人自主班级管理。自主化班级管理的实践操作:班级规则的公约化,即班级规则由师生共同协商确定以加强学生的责任感,期望学生更容易适应集体生活,养成"约束自己,尊重他人"的精神,为建立班级共同愿景奠定基础;班级服务的自愿化,在新班级管理中应尽量避免"强制和命令",要给予学生以多种选择,既培养了学生的自觉服务意识,又提升了学生的自我管理意识,同时也增强了学生的集体荣誉感;职责的明确化,为有效发挥班委会以及班委的管理作用,调动班委工作的积极性,应该制定明确的工作职责;小组负责制度,新班级应该形成"班主任—小组长—组员"三位一体的自主管理体系,班主任应该将权利和责任一起下放,同时各小组之间应该展开良性的竞争与合作;班级管理的全体化,通过以小组长为核心的班委会的辅导和监督,由每个同学依次轮流当值日班长,负责管理全班日常事务并填写"班级日志",如实记录当天的管理情况。

参考文献

[1]董蓓菲.放眼"小班化教育".上海教育,2001(8):29-30.

[2]杜殿坤.原苏联教学论流派研究.西安:陕西人民出版社,1997.

[3]冯建军.生命与教育.北京:教育科学出版社,2004.

[4]何更生.迁移机制及其对教学实践的启示.安徽师范大学学报,1999(11).

[5]何国华.陶行知教育学.广州:广东高等教育出版社,2002.

[6][日]黑柳彻子著.窗边的小豆豆.赵玉皎译.海口:南海出版公司,2003.

[7]黄甫全.现代课程与教学论学程(上册).北京:人民教育出版社,2006.

[8]李家成.回归生存——论"人之生存"语境下学校教育的价值.南京师范大学学报,2002(5).

[9]刘儒德.建构主义:知识观、学习观、教学观.人民教育,2005(17).

[10]刘永和.小班化,想说爱你不容易.教育科学研究,2005(2).

[11]马和民著.新编教育社会学.上海:华东师范大学出版社,2002.

[12][英]尼尔著.夏山学校.王克维译.海口:南海出版社,2006.

[13]屈智勇.国外课堂环境研究的发展概况.外国教育研究,2002(7).

x

[14]盛群力.学与教的新方式.杭州:浙江大学出版社,2007.

[15]盛群力,马兰."首要教学原理"新认识.远程教育杂志,2005(4).

[16]盛群力,马兰主译.现代教学原理、策略与设计.杭州:浙江教育出版社,2006.

[17]盛群力,郑淑贞.合作学习设计.杭州:浙江教育出版社,2006.

[18][美]斯滕伯格著.智慧 智力 创造力.王利群译.北京:北京理工大学出版社,2007.

[19]田慧生.课堂教学创新的策略.山东教育科研,2002(4).

[20]吴康宁.课堂教学社会学.南京:南京师范大学出版社,1999.

[21]谢维和.教育活动的社会学分析——一种教育社会学的研究.北京:教育科学出版社,2000.

[22]辛自强.知识建构研究:从主义到实证.北京:教育科学出版社,2006.

[23]杨昌勇.新教育社会学:连续与断裂的学术历程.北京:中国社会科学出版社,2004.

[24]叶澜."新基础教育"论——关于当代中国学校变革的探究与认识.北京:教育科学出版社,2006.

[25]钟启泉.知识教学辩.上海教育科研,2007(4).

[26]钟志贤.知识建构、学习共同体与互动概念的理解.电化教育研究,2005(11).

[27]朱永新.新教育之梦.北京:人民教育出版社,2004.

小学语文"三表学习多通道课堂"教学设计的探索

郭妙琴　阮水芬　乐明辉

[摘要]　课堂教学中要积极鼓励学生"多元理解表征"、"多种行为表现"和"多样意愿表达"。"三表学习"强调为学生学习提供多通道服务,从而达到拓展误程灵活性、减少学习障碍、增加学习机会和加大教学支持力度的目的。小学语文"三表学习多通道课堂"教学设计的探索总结了三表学习的支架点和备课表,反映了教师在语词、句子、段落和篇章教学上如何鼓励学生多元理解表征;在朗读、说话、写作和综合作业上如何支持学生多种行为表现;在暗示教学、情趣教学和赏识教学上如何激励学生多样意愿表达。

[关键词]　三表学习　小学语文教学　教学设计

国际教学设计研究为了突出教育的公平性,在课堂上让每一个孩子都能获得成功,扬长避短,扬长补短,提出了"通用学习设计"和"成功智力教学模式"等问题。《小学语文"三表学习多通道课堂"教学设计》的课题研究,旨在以"通用学习设计"理念指导课堂教学设计,旨在使多通道教学设计在"班级授课"的条件下,教师能够真正面对每一个具体的学生"因材施教";扩大和加深学生参与课堂活动的机会和程度,减少学生学习的障碍,加大对学生学习支持的力度,为更多孩子的成功提供通道,不让一个孩子掉队,使学生享受同等的学习机会,实现教育公平;让每一个学生都感到求知的快乐、思考的快乐、创造的快乐。

一、"三表学习"的含义与教学设计基本主张

(一)三表学习与多通道课堂教学

"三表学习"指课堂教学设计中构成学生学习要素认知过程中的"多元理解表征",学习成效的"多种行为表现"和学习动机的"多样意愿表达"。"三表学习"强调为学生学习提供多通道服务,从而达到拓展课程灵活性、减少学习障碍、增加学习机会和加大教学支持力度的目的。

(1)所谓"多元理解表征",是聚焦"学得懂"。就是在学习过程中要关注每个学习者的个体差异,以适合他们的方式调用已有的经验实现以旧迎新,新旧融合,通过同化与顺应,更好地吸纳理解,不断内化建构、发展认知结构。

(2)所谓"多种行为表现",是探究"会表现"。就是关注每个学习者的个体差

异,将他们正在学习的和已经学到的本领,外化为适合每个学生各种行为表现的学习成效,通过多元灵活地呈现学习结果,即确认自己是不是真正学到了什么,学习的成效如何。

(3)所谓"多样意愿表达",是关注"愿意学"。主要解决学习者的学习动力,采用多种形式引导、提升学生热爱学习的情感,维持不同个性学生的学习兴趣与热忱,选择表达多样的学习意愿。

(4)所谓"多通道教学课堂"是指通过围绕教学目标对学习者提供适合于他们多元认知理解表征、多种学习效果表现和多样学习意愿表达的多种选择通道,形成教学灵活灵巧、情境生动、学习主动的课堂氛围的有效教学支持策略。

(二)小学语文"三表学习多通道课堂"教学设计的基本要求

1. 心里有学生——教学设计的前提

学生是教学活动的主体,"三表学习多通道课堂"课堂教学充分体现教育"以人为本"的核心理念,促进每一个学生语文素养的提高和发展。因而,教师在教学设计时应充分了解不同学生当前发展状态与潜在发展状态的差异。学生当前的学习状态与所需达成的目标状态之间的差异构成了各种不同的学习需要,有效的教学设计不仅要准确地把握住学生的"最近发展区",更要兼顾不同学生的学习特质与基础,巧妙架设起学生通达目的地的通道:激起学生强烈的学习期待,点燃学生思维的"兴奋点"。所以,我们通过有选择的多元智能检测学生的特性,明确学生的学习特长和需要,然后根据扬长避短的原则设计内容、过程、结果的要素,构建分类控制、同步发展的课堂组织形式(异质分组)。同时教师全面搜集信息,了解学生的其他状态,包括学生的起点行为、个性特征,以及学习时可能会遇到的障碍,为铺设通道作好准备。

2. 眼中有文本——教学设计的方向

文本是教学的凭借与依据。教师是阅读活动的组织者和引导者,他既是文本阅读的先行者,又是整个教学活动的总设计师。对文本科学的理解与把握,是教师教学素养的基本要求。对此,于漪教师做了精辟的论述:"教师一定要胸中有书,教材要烂熟于胸,要熟悉到如出我心,如出我口"。作为执教者,绝不是恭顺地全盘接受,而是与文本互动:倾听文本、质疑文本、解读文本,让自己的心灵与文本撞击,真正读出对文本(教学内容)的独特感受。因此,我们要求教师要用整个心灵去浸润文本,对文本进行意义的重构。在设计前,"哪里需要开山,哪里需要架桥,哪里需要把陡坡铲平"都要了然于心。只有如此,才有可能为学生多元解读文本,构建整体学习任务创设更多更活的通道。

3. 灵活架通道——教学设计的基础

心理学研究认为,需要激发人的行为动机,目标决定人的行为方向,而掌握达到目标的方法可以提高人的行为强度。针对学生学习时可能会遇到的障碍,教师应适时提供相应的方法给予点拨。这方法就是我们为学生达成目标铺设的"通道"。"三表"的"表征"、"表现"、"表达"本身就是一个认知活动的多通道,我们在不同学习阶段、学习时机选用它。在这个"多通道"里,第二级就有了表征多通道、表现多通道、表达多通道。"三表"认知过程是一个心理过程,在认知心理活动时也伴有情感心理活动,这些通道也是多元的。

同时,语文学科因其丰富的文化空间、人文内涵和广泛的工具性,更使构架多元通道成为必需。无论对"字、词、句、段、篇"的认识内化,还是"听、说、书、写、读"的能力提升,都需要架设不同的通道以适合不同特质的学生。

4. 着眼于整体——教学设计的宗旨

语文是生命成长的基础和工具。人文基础性和交际工具性完美融合在语文学科之中,构成语文的独特个性。这独特个性决定着语文教育本身就是综合教育。它既是为培养学生语言能力,发展智力水平而进行的语文教学,也是对学生进行人格品位、思想意识、情感倾向等方面的教育。因而,我们的课堂教学设计中,"三表学习多通道课堂"的"三表"不可能完全割裂,而是相辅相成,融合一体的。

如果说语文课程的智育目标——知识与技能是语文教学的躯体,那么,语文学科的德育目标则是一种崇高的精神,语文学科的美育目标又是一种美妙的祖韵,这一切都是语文教学不可或缺的元素。因而,我们的"三表学习多通道课堂"不可能只局限于上述所列的知识与技能的多通道,更有情感体验、向善向美的多通道。三表通道有显性的,也有隐性的,但课堂上总洋溢着民主沟通的氛围,致力于面向全体学生发展全面素养,着眼完整任务,让学生选择各自学习优势,"动脑"、"动口"、"动手"、"动笔",学会解决综合的复杂问题。三表通道有教师预设的,也有动态生成的,但课堂总浸润着灵活生成的默契,教师教法"灵活",充满教学智慧,顾及全体学生,学生学得"灵巧",显现各自灵气,敢想敢说敢于创新。

5. 教后勤反思——教学设计的延伸

研究表明:教师的成长＝经验＋反思。通过反思,教师才会不断更新教学观念,改善教学行为,提升教学水平;通过反思,教师才能在学生的"错误"中寻求发展,在自身的"失败"中找到出路,在教材的"局限"中谋求进步;通过反思,教师才可以从冲动的、例行的行为中解放出来,以审慎的、意志的方式实施教学行为。所以,对于"三表学习多通道课堂教学设计"的课题研究,我们更注重教师的反思。以"三表"理念反思自己的教学,反思同事的教学。一是明确反思的内容(包括三表通道设置技术层面的反思、三表学习观念层面的反思、三表学习理解层面的反思、三表学习宏观背景层面的反思,等等);二是掌握反思的策略(包括写反思随笔、同行观摩、校际赛课、专家引领,等等)。

二、"三表学习多通道课堂"教学设计的基本范式

课题实施之初,我们依据"三表学习多通道课堂"教学设计的有关理论,构建了"三表学习多通道课堂"的教学设计应该包括下列内容以及他们之间的相互依存的各种联系,如图1所示。

如图1所示,本课题研究的主要思路实际上有两条:

首先,全纳学习目标之动机确立。通过目标导学教学策略与之相配,最后实现全纳学习目标之达成评价。即学习目标、教学策略和结果评价连成一体,彼此兼顾。我们力图在学习过程中保证学生"学得懂",学习结果上保证学生"会表现",两者之间还切入了学习情感,体现为学生有"学习的意愿"。教学策略分别有:促进与支持、服务与鼓励、激发与维持。

其次,图中的两个"小椭圆"是指教学设计所关注的学生学习过程中的"多元理解表征和多种行为表现";其中大圆是"多样意愿表达"。因为"多元理解表征和多种行为表现"都处在这种"学习情感多样意愿表达"的环境之中。同时"学习情感多样意愿表达"又是学习结果外化的具体表现。这"三表"(三个"圆")与作为学生学习指导者、启发者、组织者的教师活动(三个"方框")之间,构成了相互依存的下列联系:

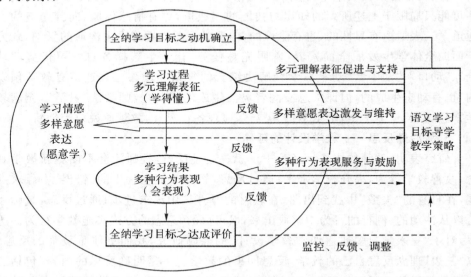

图1 "三表学习,灵动课堂"教学设计研究的基本要素和结构关系示意

(1)学生学习过程中的"多元理解表征"(学得懂),与之对应的教师为此促进与支持的策略、方法。

（2）学生学习成效中的"多种行为表现"（会表现），与之对应的教师为此服务与鼓励的策略、方法。

（3）学生学习情感中的"多样意愿表达"（愿意学），与之对应的教师为此运用激发与维持的策略、方法。

（4）教学目标对学生"三表学习"前、后的学习动机有效干预，学习成效有效评价、反馈的策略与方法。

"三表学习多通道课堂"的整个教学设计是以教学目标为核心的，自始至终采用"目标导学"的教学策略。都是为高效解决教学任务、落实教学目标服务的。同时，"三表"所对应的就是新课程的三维目标，如表1所示。

表1　"三表学习"与新课程"三维目标"的关系

新课程	三表学习
认知目标——知识、技能	理解表征为主（行为表现/意愿表达为辅）
过程目标——方法、过程	行为表现为主（理解表征/意愿表达为辅）
情感目标——情感、态度、价值观	意愿表达为主（理解表征/行为表现为辅）

我们倡导把"三表学习"与三维目标相统一，把三表看作是一个整体。"三表学习"中的"表征"就是在通过感知、观测、想象、思维等，借助原有认知来正确理解新的知识与技能。"表征"的过程就是在掌握新的学习方法，探究体验解决新的问题，进行知识技能的内化；"表现"就是在运用表征掌握的新知识、技能，解决各科教学中的问题，是对表征的知识、技能的外化；"表达"是通过学习的兴趣、学习目标达成的价值引导、激励，学习成功和快乐的体验来支持实现高效能表征与表现，并产生新的学习兴趣和新的学习目标意向，体验新的学习带来的快乐，形成更高程度上积极情感、态度和价值观。

三、"三表学习"课堂教学设计中通道构架的实施策略

（一）"多元表征通道"——柔性围栏，支持学生"学得懂"

"多元表征理解"旨在学习过程中关注每个学习者的个体差异，以适合他们的方式调用已有的经验实现以旧迎新、新旧融合，通过同化与顺应，更好地吸纳理解，不断内化建构、发展认知结构。需要是个体行为积极性的源泉，学生需求的多元化决定了表征通道的差异性、多样性。即便在同一年级段、同一班级这样大体相当的时空条件下，学生的个性、爱好、特长、学科基础及发展期望也都因人而异。这些个体的差异，要求我们按照实际情况为他们提供有针对性的表征通道。

"多元表征"聚焦学生"学得懂"，依据小学语文学科特点，就是帮助学生灵活掌握"字、词、句、段、篇"等基本知识和"听、说、书、读、写"等基本技能的内化。因

而,我们梳理了小学一到六年级学生要掌握的语文基础知识和基本能力的大体序列,明确每个知识(技能)点落实的年级、单元及课文,再通过典型课例研究表征理解的多通道。语文教学内容的包罗万象,使得我们的通道也千变万化,下面结合具体课例加以说明。

1.词语理解多通道

汉语词汇具有很强的模糊性和意象性,富于弹性,富有韵律,内涵的自由度很大。在教学设计时,应该充分利用汉语言文字的这种特征,通过多种通道设置,用心培养学生的想象能力、联想能力和形象思维能力。一是尽可能地启发和调动学生在生活中获得的"真实的经验",使学生不是把词语归还给词典,而是把词语变成自己的东西。二是要把语句放在具体的语言环境中完整地感受其所表达的深厚意蕴,因为只有在具体的语境中才能找到词的真正意义。

以低年级《画家和牧童》(人教课标本二下)为例:

出示句子:他一会儿浓墨涂抹,一会儿轻笔细描,很快就画成了。

此处"浓墨涂抹"和"轻笔细描"这两个词语对二年级学生来说是理解的难点,在这里教师通过架设多通道:

(1)说一说。借助字面意思连起来说。

(2)找一找。借助课件图画理解。在图中找一找哪个部分是浓墨涂抹,哪部分是轻笔细描?

(3)读一读。通过朗读理解。从轻重音、语速上感知这两个词的意思。

便捷直观的通道,让所有的学生以适合自己的方式理解了"浓墨涂抹"和"轻笔细描"意思。如果说低年级词语学习的要求仅仅是理解字面意思的话,那么,中高年级对词语的理解更多的是为领悟文本内涵、感受人物思想感情服务。

如《冬阳·童年·骆驼队》(人教课标本五下)中"我看呆了,自己的牙齿也动起来。"对"呆"字的理解,看似无足轻重,却内蕴丰富,教师设置了如下通道:

(1)换词——傻(下文有"冬阳底下学骆驼咀嚼的傻事,我也不会再做了"句子);

(2)联系上下文——"自己的牙齿也动起来"——出了神,入了迷;

(3)联系自己生活——当看到自己感兴趣的东西时,往往也忘了一切,不由自主地沉浸其中;

(4)用表情演示;

(5)课外链接——《城南旧事·惠安馆》中对小英子看小鸡啄米的片段。

简简单单的"呆"中蕴含的是小英子对世界的痴迷、好奇、天真,是小英子那纯得可爱、傻得可爱的童真与童趣。

以上课例可以看出,同是词语理解,低年级和高年级所构架的通道有很大不同。低年级侧重于直观感受,高年级则重在感性体悟。通过丰富的语词表征通道,激发不同基础不同特质的学习者在头脑中唤起相关的表象,再造想象和种种联想,在想象的基础上引起情感的强烈共鸣,使他们能够运用自己的生活经验去品味作品中语言的言外之意、弦外之音,并通过对语词的分析、判断去理解作品的语义。

2. 句子理解多通道

叶圣陶说过:"讲析课文,无非是把语句讲清楚。"句子教学在语文课中有极其重要的地位。句子是表达文章思想内容最基本的语言单位。课文中的重点句、疑难句、含义丰富且结构复杂的长句子都是阅读教学的突破口,也是教师设置丰富通道的支架点。教师从学生个性、水平出发,着手于语句,着眼于关联,牵一发而动全身,才能抵达文本的深处。

仅以句子含义理解为例。《我最好的教师》(人教课标本六下)一文中,"不要迷信书本,也不要迷信权威"是中心句,对于这句话的理解是该文教学的归结点,是重点,也是难点。教师为不同学生设置了如下通道:

(1)用文中的语句表述;

(2)以自己的感悟表达;

(3)用生活(历史)实例说明;

(4)借名人名言阐述。

学习能力一般的学生可以选择文中不同的语句表达他对这句话的理解。语言表达能力强的同学会自己组织语言谈自己的感悟与理解。课外阅读丰富的孩子更是不会放过这样表现的好机会,通过课外获得的故事、名人名言来诠释这句话的意思。这样的教学设计不仅突破了难点,落实了重点,更丰富了学生的感知,让不同层次的学生都感受了学习成功的喜悦。

3. 段落学习多通道

段落教学根本目的在于培养学生独立阅读、独立分析之能力,其主要任务是使学生在弄清句与句、层与层之间关系的基础上,掌握自然段内部结构规律,提高学生迅速、准确地把握自然段中心、条理、内容的能力。

还是以《我最好的教师》(人教课标本六下)为例。本课教学基本以"他是一个很有个性的人,教学方法独特,常常有出人意料的举动"作统领。在引导学生探究课堂上发生的哪些事情让作者"出乎意料",也是你所没想到的,教师引导学生自读2—5自然段,给了学生多样的表征通道。

首先是学习方式的自主选择:①找出有关语句划下来,读出"出人意料";②圈出重点词语,体会"出人意料";③与同桌谈你感受到的"出人意料"。

其次,是学习内容上的自主选择。有的学生从"考试结果"体会到了"出人意料";有的学生从"教师的解释"体会到了"出人意料",还有的学生从教师对考试结果的处理方法体会到了"出人意料"。

这个教学片断的重点是理解段落内容和中心,中高年级"段"的学习除了可以从自主选择自己感兴趣的内容和适合自己的学习方式两方面来架设通道,此外还有注意衔接句子的训练、读写结合等通道。多通道设置因为满足了孩子的学习需要，课堂上可以明显感觉到，孩子们学得很轻松，很积极。大家一起针对共同感兴趣的问题进行讨论，殊途同归，共同获得了学习成功的快乐。

4. 篇章解读多通道

篇章的解读是小学语文教学的难点，它更应致力于学生全面语文素养，着眼于语文完整任务。以《圆明园的毁灭》（人教课标本五上）为例。该课总的价值取向是理解昔日圆明园是园林艺术的"瑰宝"、"精华"。从语文学科的特点和学生构建语文完整知识技能为入眼点，教师设置的三表通道主要从以下几个途径入手：

（1）看：作者选材角度。（布局、建筑、文物等）

（2）悟：最有感觉的词、句、段

（3）读：作者的感叹

（4）想：怎样的画面

（5）连：链接资料，已有知识，及自己深对圆明园的了解。

如此通道设置，从不同角度加大了学生学习的支持力度，既体现了语文学科"听、说、读、写"等基本技能及"字、词、段、篇"等语文基本知识任务的完整性，又使学生多元理解了文本的价值取向，实现了学习的自主性构建。

以上仅以语文基本知识中词、句、段、篇为例，举几则典型案例来说明多元表征通道的意义。其实，语文学科内容海阔天空，因而我们的通道也可以峰回路转，不拘一格。但是应该注意的是，在每一项学习任务的多元表征通道里，不同的通道其实就是不同语文学习方法的提示，这样能最大可能减少每个学生的学习障碍。长期训练，学生的语文能力肯定会在潜移默化中得到提高。同时，这些通道既是多种感知方式的并列选择，这样就使不同学习特质、智力类型的学习都能以适合自己的方式进行表征；其实也存在着渐次递进的表征梯度，如《我最好的教师》中对句子含义的理解，"用文中的语句表述—以自己的感悟表达—用生活（历史）实例说明—借名人名言阐述"要求递增，难度渐高，挑战性也越强。如此设置，也为了引领不同学习能力的学生挑战自我，突破围栏，拾级而上。

（二）"多种表现通道"——缤纷舞台，服务学生"会表现"

"表征"重在内化，而"表现"则是外显。"多种表现"关注每个学习者的个体差异，将他们表征理解的知识和已经学到的本领，外化为适合他们自己的各种行为，呈现出他们的学习成效。通过多元灵活的呈现，以确认自己是不是真正学到了什么，学习的成效如何。语文学科的学习成效基本是以"听、说、书、读、写"，或是辅助以演、唱、画等其他手段来表现。我们的"表现多通道"就是要为学生搭建缤纷舞台，让他们以自己喜欢或擅长的方式"秀一秀"、"秀出来"。

1. 多元朗读表现

每个学生都是个性鲜明的个体，他们的语音条件、理解能力、朗读水平、语文基础等各不相同,对语言文字的理解与体悟也各不相同,所以朗读效果千差万别。我们通过多种朗读通道的设置,引导学生尽情发挥自己最出色的一面,高低起合,传情达意。

以《最大的"书"》(人教课标本二下)为例,教师由"刨根问底"引发学生找到川川说的话:

(1)叔叔,您在看什么?

(2)哪里有书啊?

(3)这上面有字吗?

(4)这上面有图画吗?

(5)这能说明什么呢?

(6)读了这本岩石书有什么用呢?

然后以多种朗读通道指导学生读好问句。如:语气、重音、语速、断句的变化;最后一个字语音的上扬;表情、动作的辅助;等等。这些通道有的是教师预设的,有的则是学生在朗读的过程中动态生成的。因而,我们要耐心地听取他们各不相同的朗读,不要马上打断、纠正,而要能耐心地听取他们这样朗读的原因。

如果说低年级的朗读以技巧训练为重点,那么,高年级的朗读更多是学生情感的自然流露。

在《我最好的教师》教学中,当学生看到那"出人意料"的考试结果时,课文有一句话:不用说,我们全都气炸了。这算什么测验? 怀特森算哪门子教师?

教师以补充填空的形式引导学生从心情、动作、神态、语气等多通道来表达个性化朗读:我会( )地说:"这算什么测验? 怀特森算哪门子教师?"

外向冲动的学生补充了"拍着桌子、摔着课本"等表示动作的词语,并边读边演示;善于表演的学生会用"涨红着脸、皱着眉头"等神态来表达自己的心情;情感内向的学生补充了"愤愤不平、义愤填膺"等直接表示心情的词语来表示自己的不平;等等。

正如朱作仁先生曾指出:"讲解是死的,如同进行解剖;朗读是活的,如同给作品以生命。"在教学中可以采用多样的形式激活课堂,朗读使学生尽展才华,促使课堂的动态生成。

2.多梯度说话表现

"三表学习"教学过程的设计,本质上就是教师、学生、文本之间对话关系的设计。这三个要素的对话包括:教师与文本的对话、学生与文本的对话、教师与学生的对话、学生与学生的对话。

而这"对话"(外显为"说话")的过程就是大脑快速思维的过程,就是对文本的判定过程,就是对自己意愿的表达过程,同时也是语言组织能力、表达能力的训练过程。所以,多通道的说话训练,既对学生自我表现的需要,也是学生语文综合能力的提高的必要途径。

《窗前的气球》(人教课标本二上)教学中,"气球上画着一张可爱的笑脸"为外显学生对"可爱"一词理解,教师设置了如下的表现通道(作为二年级的语文课,我们实际上可以完全感受到了教师是在"用教材"而不是"教教材")。

(1)借文中句子表现——看图感受"可爱",指导读出喜欢的语气:是呀,你看这张脸,眉毛弯弯的,眼睛弯弯的,嘴巴翘翘的,真让人喜欢!谁来读读文中的句子,让大家一听就知道这是张可爱的笑脸。

(2)多角度说话表现——我们还可以说可爱的什么?(角度提示:动物、植物、人物、其他事物。如:小兔、小花、小妹妹……)

(3)多种句式练习表现——指导用"可爱的"说句。

(　　　　　　)可爱的笑脸。(这是把可爱的笑脸放在了句子后面。)

这张可爱的笑脸(　　　　　　)。(如果放在句子前面可以怎么说呢?)

(　　　　　　)可爱的笑脸,(　　　　　　)(放在中间呢?)

刚才我们所说的句子,后面要用的全是句号,如果要你用上问号或者感叹号,你会怎么说?

《花的勇气》(人教课标本四下)中作者描写了维也纳三幅有关"花"的画面,教师提供了三条通道指导学生去概括:

(1)在原文中划找句子。

(2)根据提供的句式概括:作者描绘了(　　　)的绿地(草地、原野)

(3)用自己的语言概括。

如此表现通道的架设,既体现了学习难度上的梯度性,又适应了不同个性不同水平的学生表现的意愿,尤其是为那些学习基础不是很好的学生提供通达成功的"拐棍"。在多种形式表现、多样意愿表达的同时,学生的表征又得到了进一步的丰富与巩固。因而,三表学习是一个互相融合、相辅相成的完整过程。

3. 多平台写作表现

语文活动最基本的就是"阅读"与"写作"活动。而写作对于人的精神、思维、生存还有另一个意义,即是一个"自我丰富与发展"的过程。然而反思作文教学现状,滞后的教学观念、单一的表现通道严重影响了学生对作文的热情,阻碍了学生自我表达能力的发展。因而,我们通过系统的写作训练设计,多平台的写作施教方案,激发学生的写作兴趣,提高写作的效率。

(1)句子、句群(段落)的仿写;

(2)课堂小练笔;

(3)教师指导下的习作训练;

(4)自主快乐作文(包括广告、口号、诗歌、短信编写等);

(5)基于网络环境的写作训练(包括原创、评贴、交流等)。

这些写作平台的构建,给了不同个性,不同特长的学生以发表内心的通道。同时,每一个写作平台又派生出了很多三表通道。我们构架多平台写作就是让学生用自己最喜欢的方式,做他们曾经头疼的事,这真是"给他一个发表的平台,换来学生的万语千言。"

4. 灵动作业综合表现

作业是对学生学习效果的综合表现和检验。因而,作业设计是教学设计的重要一环。千篇一律、毫无生机的传统作业已不适合我校主体教育思想的深化,因而,我们研究挖掘教材中可拓展元素,丰富语文教学资源,以课本主题单元为教学单位,设计适合小组内不同个性、特长、爱好的学生合作完成的具有创新意义的作业载体,让学生通过各种有创意的写、画、设计、资料搜集与整理等创作方式完成灵动作业。构建了以"灵动作业"为着力点,将语文与生活融合的多通道作业体系。

(1)可应用于社会生活实际的语文实践。如颁奖词、导游词、通讯稿、告示、欢迎辞、企划书、诉讼状,等等。

(2)以丰富多彩的语言形式增加语文的趣味性。如新闻报道、打油诗、三句半、感谢信、课本剧、歌词,等等。

(3)超越语文学科的创意设计。如接待方案的策划、设计人物名片、制作名言书签、设计海报、公益广告,等等。

(4)资料的搜集与整理。如名人小档案、博览馆、鲁迅作品一览表,等等。

以人教课标本六(上)第一单元的灵动作业为例(见表2)。

表2 语文单元灵动作业举例

单元作业主题	配套课文	作业内容	完成方式
英雄归来(课文第一单元)	《草虫的村落》	作业一:报告喜讯	设计一张告示告诉大家"英雄归来"的好消息
		作业二:写接待方案	策划一套迎接英雄归来的方案
		作业三:致欢迎辞	用你的生花妙笔,以草虫村村长的名义写一份欢迎辞
		作业四:拟导游词	很荣幸你成为了引领英雄参观本村的导游,请你根据英雄的参观线路,设计一份导游词
		作业五:开记者会	英雄甲虫的传奇经历吸引了全体村民,作为《草虫晚报》小记者的你趁着记者招待会的好时机,赶紧做一个采访。写一则通讯报道
		作业六:回报家乡	根据英雄甲虫的特长,设计一套建设家乡的企划书

我们的灵动作业将语文学习当作学生接触或认识社会的一个准备及模拟,并将整个社会当作学生接受和学习语文的活生生的大课堂。作业内容与形式更贴近学生生活实际,让学生走出考试模式作业的局限与阴影,在生活实践中正确、熟练、灵活、有效地运用所学的知识与技能。结合生活的技能与社会交往等实际需要,在学会学习的同时,培养学生的合作精神。

(三)"多样表达通道"——学而不厌,激发学生"愿意学"

语文是一门充满思想、充满人文的学科,欲使语文教学让学生受到情的感染,理的启示,首先要引领学生进入角色、点燃智慧的火花;倾注学习热情,让学生尽情享受语文课,在享受的过程中学习语文,以学为乐,学而不厌,使课堂勃发生机。

正如爱因斯坦所说:"兴趣是最好的教师。真正有价值的东西并非仅仅从责任感开始,而是从人对客观事物的爱与热忱产生。"在"三表学习多通道"语文课堂中,"表达通道"就是服务于激发学习者的学习活力,采用多种形式引导、激励学生热爱学习的情感,维持不同个性学生的学习兴趣与热忱,使学生于轻松、愉快、满意中获得知识与技能。在"三表学习多通道课堂"教学设计范式图表中,最大的"圆"就是"多样意愿表达"。因为"多元理解表征"和"多种行为表现"都处在这种"学习情感多样意愿表达"的环境之中,都需要"学习情感多样意愿表达"来支持。同时因为学生有了"多元理解表征和多种行为表现"的选择,才有了"学习情感多样意愿表达"。从这个意义上说,"多元理解表征"和"多种行为表现"就是学生"意愿表达"的多通道。此外,意愿表达通道在小学语文课堂中还有很多表现形式,比如暗示教学、情趣教学、赏识教学等。

1. 暗示教学通道

暗示教学是指教师用含蓄的间接方式对学生的心理和行为产生影响,表现为使学生于无意识之中接受教师传授的知识、意见和信念等。它最突出的特点是强调借助各种暗示手段,让学生在一种愉快的环境中充分调动有意识和无意识的和谐作用,造成一种最佳的心理状态,发挥学习潜能,高效地学习。

(1)运用权威、可接受性的动员。即运用获得学生尊重而产生了信任感的对象,以增强暗示力量。如接受学习任务,接受教师指导的表达时,教师用"谁愿意""谁喜欢"、"你一定行"、"你能说得更棒"等具挑战性语言激起学生的参与积极性。

(2)正确设置教学外部环境,使它尽可能舒适宽松,以造成"假消极状态"。运用多媒体中的音频、视频录像、动画等,把教学内容与艺术手段联系起来,使学生产生丰富的联想,获得最佳的教学效果。

(3)暗示教学从苦学到乐学和会学道路发展过程的一个有意义的环节。运用暗示教学的基本要求是重视心理暗示,建立学习信心,在愉快放松中集中注意,活跃思维,展开想象,使学生学习始终处于积极状态。

2. 情趣教学通道

其特点在于以学生喜闻乐见的教学方式,以情趣为"糖衣片",让学生轻松愉快地接受原本感觉艰涩的知识,以促进学生思维的开化和悟性的提高。

(1)充实内容法。即根据教学要求为学生提供富有情趣性的阅读材料以激发学生学习的情趣。如在《冬阳·童年·骆驼队》(人教课标本五下)中理解"我看呆了,自己的牙齿也动起来"的"呆"字,就链接了课外阅读材料《城南旧事·惠安馆》中对小英子看小鸡啄米的片段,不仅使阅读充满了情趣,更深切理解了小英子那份痴迷、好奇的童真童趣。

(2)语言情感法。即通过教师有情有趣、富有感染力的语言表达,调动、吸引学生加深对文本的理解。

(3)非言语说教法。即用适当的手势、动作、表情、眼神等,形象地表现出课文和材料的内容,使学生如临其境,从而吸引学生情绪高涨地学习,同时也加强了对学习内容的理解与感悟。

(4)拈举实例法。根据教学要求,由教师或学生例举发生在学生身边的实际事例,使学生感到亲切可信。如修改病句的练习、造句等练习,教师如果选取学生中出现的实例,会大大增强学生的学习兴趣。

(5)运用媒体法。运用直观道具及电教手段使教学内容变得生动、形象、具体、活泼,以增加情趣。

(6)变式学习法。即变换形式组织学习。如组织学生模拟辩论、演讲、访问、表演、疑难赛台等有趣的生活情景,激发学生学习的兴致,调动他们学以致用的积极性。

情趣教学通道旨在寓教于乐,寓理于趣,有利于激发学生的学习兴趣,有利于增强每个学生学习的机会,有利于改革空洞说教式的教学积弊。但情趣教学通道的架设要坚持适时、适度的原则,不能泛用,不能喧宾夺主。

3. 赏识教学通道

有位心理学家说过:"人类本质中最殷切的需求就是渴望被赏识"。无论是什么人,都希望得到别人的肯定。赏识教育就是通过激励表扬手段,肯定孩子的优点、长处,鼓励他不断追求成功。在语文课堂上尽力让每个孩子都得到赏识,无条件地尊重人格、信任潜力、理解个性,让每个孩子从赏识中得努力走成功的暗示,唤醒学生生命中的灵性和欲望。

(1)赏识评价,确保学生"无错"原则。教师的课堂评价要有赏识性和期待性——善待每一位学生,赞赏每一位学生的独特性,赞赏他们回答问题中的微小进步;赞赏每一位学生所付出的努力和表现出来的善意;赞赏每一位学生对教科书的质疑和对教师的超越。如"你思考的角度真是与众不同……"、"说得真好,教师都没想到……"、"你让我发现了一个完全不同的你……",等等。当然更多的要求教师根据具体教学情境,充分发挥教学机智,谨慎评价措辞,使评价真正发挥其激励与导向的作用,培养学生的乐学情感。

(2)平等对话,不伤害学生的自尊。实施赏识教学策略,教师还要公平对待每一个学生,对学习困难学生不但不能歧视,还应得到更多的关爱,给他展现进步的机会,提高他的自信心,树立他同样能学好语文的信心,使他们充分地认识自己在学习中的价值。学生间在各方面存在差异是正常的,这就需要教师一点一滴地保护和调动各种类型学生的积极性,让他们看到自己的"闪光点",感受到成功的喜悦和在集体中自身的价值。

(3)激励信心,永远不要对学生说"你不行"。第斯多惠说:"教育的艺术,不在于传授的本领,而在于激励,唤醒,鼓舞学生的兴趣。"语文教师要以一颗热爱学生之心,走近学生,关爱学生,努力构建一个充满爱心的语文课堂环境,让学生的天性自然流露。课堂上,教师弯下腰来,蹲下身去,让赏识的目光、亲切的话语、爱怜的抚摸流淌在每个学生的脸上、心上,慷慨地给予每个学生达到"优秀"的可能。

上坡时,务必推他一把。要想让学生持续地保持旺盛的斗志,就要和学生共同努力,与其一起克服困难;失败时,告诉他只是成功的一个"暂停";走下去,梦想终会成为现实。长远的目标可以引导学生奋斗的方向,但如果不关注当今当时当地的一举一动,那么,一道小小的沟坎很可能就会让他栽跟斗,使他对漫长的跋涉更加灰心。教师的激励性总能如催人奋进般的号角,鼓舞人心、增强自信。

如果说语文的工具性价值在于培养人的语言形式的应用能力,那么语文的人文性价值即在于养育人的气质、情操、兴趣等情感能力。前者是一种可操作、可物化、可测量、可重复、可观察的知识技能表征与表现的习得过程,而后者却是一种非物化、不可操练、难以测量的情感意愿培养过程。在语文课堂中,如果人人有了表征的通道,人人有了表现的优势,再辅之以教师借助学生的体验、感悟、被唤醒来构建"非传习性"的精神意愿,那么,人人也就有了表达的强烈意愿,从而达到"学而不厌"的最高学习境界。

(四)"三表学习多通道课堂"构架的"支持点"

《史记·孙子吴起列传》云:"善战者因其势而利导之"。这是成语"因势利导"的源头。在我们的语文课堂中,这"势"就是教师构架通道的"支持点","导"就是教师为学生的通行设置通道。"导"之愈"善",其"效"愈佳。这就需要教师审其势而"导"之,并非处处是通道,时时有通道。这正如农民为稻田放水,哪里流水受阻,就在哪里清除其阻碍,这就是"通道"的机遇和功能。久而久之,学生的知识、能力、学习方法、思维品质等就会在教师所铺设的通道引领下登上一个个"台阶",获得成功。学生一旦获得成功的喜悦,语文教学的效益便自然凸现。

1.在重点处构架多通道

教学目标是"教师通过教学活动对学生身心发展变化的期望"。在我们的"三表学习灵动课堂"教学设计研究中,教师们目标导学的意识得到了明显提升。首先,明确学生的发展目标。教师课前全面搜集信息,了解学生的状态,包括学生的起点行为、个性特征,以及学习时可能会遇到的障碍。制定明确可行、有发展性的教学目标,"三表"围绕着目标展开。

其次,明确课堂的价值取向。一篇课文,一堂语文课,有的可能侧重于语文知识,有的可能侧重于思维训练,有的可能侧重于写作模仿,有的可能侧重于思想教育和情感陶冶,有的还可能侧重于对学生的某些习惯和能力的训练和培养。在实际教学过程中,这些属性会有机地融合地在一起,但教师要依据单元教学重点,在多通道构架中,择重处则侧之,其余轻待可矣。不可面面俱到,处处多通道。

2. 在疑难时辅设表征通道

我们在教学过程中要着眼于学生作为整体的人的成长,站在人生发展的制高点上对其动态生成进行智慧的选择和高超的把握。在课堂教学中,教师既要对学生的学习障碍作预测,又不能机械地按原先设定的一种思路进行教学,而应在课堂特定的动态环境下,根据学生的需求、疑问,及时调整预设的教学道通,促使学生正确表达,使课堂更显生动。

如在教学《圆明园的毁灭》(人教课标本五上)时,教师发现学生对"瑰宝"和"精华"理解有困难,便巧妙地以成语"取其精华,去其糟粕"为佐引,帮助学生理解"精华"就是事物最重要、最好的部分,从而明白了圆明园为什么是我国这一园林艺术的瑰宝、建筑艺术的精华。

在《伯牙绝弦》(人教课标本六上)教学时,为正确理解"峨峨兮"与"洋洋兮",教师不仅提供了看注释、联系上下文、换词、扩词、组词等灵活有效的通道,还巧妙地以"古诗解古文"。"峨峨兮"就是杜甫的"会当凌绝顶,一览众山小",就是孔子的"登泰山而小天下";"洋洋兮"就是李白的"君不见黄河之水天上来,奔流到海不复返"……

学生是学习和发展的主体,他们呈现在课堂上的喜怒哀乐、言行举止,是最珍贵的教学资源。教师更应该高度珍视,敏锐捕捉,善于利用,如此通道设计不仅减少了学生的学习障碍,帮助学生正确表征,更是丰富了表征,"博观而约取,厚积而薄发",终有一天,学生的学习能力、文化积淀会有质的飞跃。

3. 为动态生成铺设表达通道

新课程下的课堂教学变得灵动活泼,不再是一个封闭系统,也不再拘泥于预先设定的固定不变的程序,教学目标必须是潜在和开放的,应该接纳始料未及的经验,要鼓励师生在互动中的即兴创造。在学习《冬阳·童年·骆驼队》(人教课标本五上)的"追问骆驼队"一段时,教师指导学生朗读小英子与妈妈的对话。有学生提出要"与伙伴创造性地读",一个做妈妈,一个做英子,"妈妈,骆驼背上的两个包包里是什么好吃的吗?""妈妈,天上的棉花糖我能摘下来吃吗?"一个个充满灵性与童真的问题既是小英子童心的表达,更是他们自己对美好童年的记忆。全文学习即将结束,教师即兴创作了一节小诗表达自己对童年的向往与怀念。学生有的接着教师的诗往下写,有的自己即兴创作小诗,有的讲童年趣事,有的描绘童年记忆,有的追忆童年伙伴……

教师利用即兴通道,为学生搭建了一方展示的平台,鼓励学生展开想象的翅膀,释放丰富的情感,表达各自的见解。这样的学生是灵动的,课堂也是灵动的,我们只有根据教学情景调整自己的教学设计,才能真正做到"以学为主"。这样的课堂才会呈现出一群思维活跃、见解独特、心灵飞扬的孩子。这样的课堂才会闪烁着智慧的光芒。

4.为亲身体验铺设表现通道

体验,就是亲身经历,就是联系自身的体悟。它具有亲历性和独特性。新课程标准中有多次提到了"体验"二字。在体验中学生对文章所描写的景物、人物形象、故事情节等留下深刻印象,产生认识的突破、情感的升华和价值观的提升。

(1)架设课堂与生活相关联的通道。课堂教学不再是简单的知识学习过程,它是师生共同成长的生命历程,再现的是师生"原汁原味"的生活情景。教师在教学设计时切忌作茧自缚,要将线性通道设计柔化为弹性通道设计,通过教师的这些通道,让学生的学习与生活实际有机联系,从而走向学生头脑中"大语文"的学习场,学生的个性才能摆脱层层束缚,得以恣意张扬;课堂也才有可能因此而激情荡漾,灵感迸发。

如《鸟的天堂》(人教课标本四上)学习理解"鸟的天堂"的确是鸟的天堂,要学生学作者赞美一番时,我们架设了如下通道:①如果你是这样大榕树(想象和语言表达两个通道,各种身份多种通道);②如果你是树上的一只小鸟;③如果你是一个路过的游客;④如果你是大榕树家乡的村民;⑤其他(为学生预留生成通道)。这些语言习得的方式与以往课堂机械的句子训练有很大的不同,更贴近了学生的心理、贴近了学生的生活,引起了学生强烈的兴趣。使得学生灵动起来、课堂灵动起来。

(2)架设共性与个性相关联的通道。语文课程标准认为:阅读是学生个性化的行为,不应以教师的分析来代替学生的阅读实践,应该学生在主动积极的思维和情感活动中,加深理解和体验,有所感悟和思考,受到情感熏陶,获得思想启迪,享受审美乐趣。要珍视学生独特的感受体验和理解。

在《小小竹排江中游》的教学中,对于"密"字的理解就很好地架设了共性与个性的通道。对于一年级小朋友来说,要说清"密"的意思不是件容易的事。教师出示方法:①找朋友;②比一比;③说一说。并提示:喜欢组词的小朋友给"密"找几个词语朋友;喜欢观察的小朋友可以比一比这两幅图中哪幅是密;也可以自己来说一说密是什么样子。如此通道设计使不同程度、不同个性、不同特长的学生都找到了表现的方式与机会。尤其"说一说"这一通道给了学生很大的发挥空间。有一个小朋友就有创意地说,"密就是阳光照射在树上,透不到地面来。"多么善于观察的孩子,多么能表达的孩子。只要给他一个通道,孩子们就能到达灵性的天堂。

多通道设置的内核是为了学生化解学习障碍、减缓学习坡度、增多学习机会,所以,无论什么课型什么内容的教学多通道的设置中,教师要明确哪一条是主通道,其他为辅助通道,辅助通道都是为哪些学生服务的,哪些特定通道专为对个别特殊学生设置。不能为"通道而通道",设置一些无用、无效的通道。

四、"三表学习多通道课堂"的备课表

"三表学习多通道课堂"的一个宗旨是营造一种友好的学习环境,致使学生和教师都不用担心难学难教,而是会选择恰当的途径去学习、去教学。面向全体学生,个个有机会,人人能成功,倡导多样性和独特性。

经过几年的研究与实践,我们的"三表学习多通道课堂"教学设计已有了一个较为完整和严密的集理论方法与具体操作为一体的备课体系。在备课形式上,除了常规的备课要素,我们把教学过程分为两栏。一栏为教学流程,对教学活动和内容作全方位的展开;另一栏则是针对教学流程中的三表通道作设置意图的理论诠释。教案的最后要求有"教学反思",主要反思三表通道的多元性和有效性。

教学设计体系包括七个子系统,为教学设计的基本内容和操作步骤规约了"七步曲":

第一步:确定教学目标:我们期待学生通过学习达到什么样的结果。

第二步:分析学习者的特征:是否具有学习当前内容所需的预备形式,以及具有哪些认知特点和个性特征等。

第三步:根据教学目标确定学习内容:为达到教学目标所需要掌握的知识技能和教学顺序。

第四步:根据教学内容和学习者特征的分析,寻找最适合学生发展的多通道架设支持点。

第五步:设置三表多通道,制定教学策略。包括教学内容活动的进程设计、三表学习多通道的选择,以拓展学生更广泛性的才能,帮助学生扬长避短和扬长补短。

第六步:根据教学目标、教学内容和三表通道的要求选择和设计教学媒体,增强学生的学习动机。

第七步:进行教学评价。教师提供多通道帮助学生取得成功,同时也要以多种通道来评价学生是否取得成功。并根据评价所得到的反馈信息对上述教学设

计中的某一个或几个环节作出修改或调整。

我们"三表学习多通道课堂"教学设计强调为学生减少学习障碍,增加学习机会,提高学习效益,调节学习心态和旨趣,满足学习快乐。尽可能在有限的课堂教学时间内开拓无限的"教学空间",发掘教材内容的空间、灵活选择学习通道的空间、延伸教学信息的空间、培养学生广泛才能的空间、学生成就动机满足的空间、个性张扬的空间、自我认同的空间,等等。这些空间开拓,实质上就是通道三表通道的架设,使教师寻找到细化的教学达标策略,从而使课堂教学走向高效、优效。

表3为沈家门小学备课录

表3　沈家门小学备课录

备课人:

课题	我最好的教师	课时	1	授课日期	
教学目标		1.正确、流利、有感情地朗读课文。 2.通过自读自悟理解课文内容,把握课文的主要内容,理解作者为什么认为怀特森先生是最好的教师。 3.认识到不迷信书本、不迷信权威的科学态度,是现代人必备的素质,是追求真理所需的可贵品质。			
教学重点		通过自读自悟理解课文内容,把握课文的主要内容,理解作者为什么认为怀特森先生是最好的教师。			
教学难点		理解怎么样才是"不迷信书本,不迷信权威"			
课前准备		相关课件			
教学课时		1课时			

教学流程	通道设计意图
一、导入学习: 1.板书课题,你认为什么样的教师是最好的教师? 2.这节课让我们去认识一位教师。他是英国二战历史学家大卫·欧文心中"最好的教师",(出示课题,齐读)你还想知道些什么?(预设:他是谁? 他究竟是一位怎么样的教师? 大卫欧文为什么称他是"最好的教师"? 他究竟教会了大卫什么呢?)让我们一起走进课文。 3.出示读书要求: (1)自学生字词,读通课文,想想课文讲了一件什么事? (2)在文中找出一句能概括怀特森先生特点的句子,用"＿＿＿"划出来。	"让我按我的需要来学"是我们"灵动课堂"的标志之一。孩子对什么感兴趣,想知道什么,教师就设置相应的通道引导孩子们探讨什么,这样的学习才会让孩子觉得很有意思,从而达到"愿意学"的目的。课教学伊始,我先让孩子们谈谈自己心中的好教师是怎么样的,再让学生读课题,你想知道些什么把这种要求转化为孩子的内在需要。

续表

二、探究教师的"出人意料"

1.找出作者评价怀特森先生的一个句子。

(1)出示:"他是一个很有个性的人,教学方法独特,常常有出人意料的举动。"指名朗读

(2)结合板书小结:他的个性表现在教学方法——独特,他与众不同的教学方法真是——出人意料(给出人意料换个词:出乎意料,意料之外)

(3)读出教师的个性来。

2.那么课堂上发生的哪些事情让作者出乎意料,也是你所没想到的?默读课文1—5小节,找出有关语句划下来,并写下你的感受,与同桌交流。

相继理解如下句子:"考试结果出人意料"。

> "当他把卷子发下来的时候,我惊得目瞪口呆,因为在我写下的每一个答案后面,竟然都被画上了红叉叉。我得的是零分!可这不公平,因为每一道题都是根据我的课堂笔记回答的。而且,吃惊的并不是我一个人,我们班上的所有同学都得了零分。"

(1)谈感受。你从"目瞪口呆"读出了什么?读出作者的那份惊诧。还有哪些词语或标点让你体会到作者的惊讶来?(竟然!)

(2)读出作者的那份惊讶、意外、气愤……

(3)作者为什么"目瞪口呆"?"目瞪口呆"的只是作者一个人吗?

(4)一个人得零分很正常在情理之中,在意料之内,可全班同学都得零分,叫人怎么想也想不到,用一个词那就叫——(出人意料)

(5)读"他是一个很有个性的人,教学方法独特,常常有出人意料的举动。"

3.教师的解释出人意料:

师过渡:对于这样的考试结果,怀特森先生作出了怎样出人意料的解释?

> *"很简单",怀特森先生说,"关于猫猬兽的一切,都是我故意编造出来的。这种动物从来就没有存在过。因此,你们记在笔记本上的全是错误的信息。"

(1)最初教师的这种解释"我们"能接受吗?说说你的理由。

(2)我们愤愤不平,可怀特森却理直气壮,振振有词,引读"很简单——"

以"出人意料"统领课文第一部分的学习,使学生的思维更集中,更有针对性。

感受怀特森课堂"出人意料"的学习方法多通道:

1.读读课文;

2.划划句子;

3.圈圈词语;(以上三条通道每位学生都应该能通过)

4.写写旁注;(适合中等以上同学)

5.谈谈感受。(适合能写又会说的同学)

划、读、圈、谈既是四种学习方式的并列选择,其实也有着渐进层次的表征梯度,这样就使不同学习特质、智力类型的学习都能以适合自己的方式进行表征。

续表

师:看到这满本的红叉叉,看到这鲜红的零分——(引读:"不用说,我们全都气炸了。这算什么测验?怀特森算哪门子教师?")如果你是其中的一员,想象当时你会怎么说这句话? 我会( )地说:"这算什么测验?怀特森算哪门子教师?" (从心情、动作、神态、语气等多通道来表达) 　4.处理结果出人意料:	从心情、动作、神态、语气等多通道来想象表达自己的愤愤不平的情绪。外向冲动的学生补充了"拍着桌子、摔着课本"等表示动作的词语,并边读边演示;善于表演的学生会用"涨红着脸、皱着眉头"等神态来表达自己的心情;情感内向的学生补充了"愤愤不平、义愤填膺"等直接表示心情的词语来表示自己的不平;等等。
＊"为此他特别强调,本次测验的零分记录都将写进每个人的成绩报告单。同时,他希望我们从这个零分中吸取教训,不要让自己的脑子睡大觉,一旦发现问题,就应该立刻指出来。"	
(1)据教师了解,西方国家升中学是不考试的。凭的就是这张成绩单。孩子们有时甚至把它看得比生命还重要。你认为,教师该不该把零分写进我们的成绩报告单。 (2)我们的出乎意料,却在教师看来却是理所应当,他为什么要这么做?(指读后半句) (3)我们以零分的代价,换来的就是这么一句。(齐读后半句) 　5.探究教师的"良苦用心" 我们的"出人意料",在教师看来却是很不应该的,他说我们"脑子睡大觉",当我们知道结果后,让我们唤醒脑子,再回过头来读第一、第五自然段,找出怀特森教师话里的破绽或陷阱。 (1)古怪处:"猫猬兽"这个的名字;——是猫呢? 还是猬呢? (2)矛盾处:绝种,世界上从来没有发现过这种动物的痕迹;——那么这个头盖骨从哪儿来的呢? (3)意味深长处:"侃侃而谈"的语调。——是怎么的谈?(想象教师当时谈话时的情景:滔滔不绝、神气活现、随心所欲;换词:口若悬河、信口开河) 这一切都在暗示我们,教师讲的不是真的,分明是陷阱,而我们全班居然都没发现,我们的脑子真的是——"睡大觉"。 教师让我们以一个零分的代价,换取一个深刻的教训,那就是——不要让自己的脑子睡大觉,一旦发现问题,就应该立刻指出来。 怀特森第一天给我们上课,全班同学就换来这样一句话到底值吗? 这个教训让学生刻骨铭心,这也正应了中国的那句古话——吃一堑,长一智。这就是他的个性所在,这就是他的魅力所在。读——"他是一个很有个性的人,教学方法独特,常常有出人意料的举动。"	让学生通道自主探究从古怪处、矛盾处、作者描写的意味深长处等感受怀特森为同学们设下的陷阱,给了学生学习内容的多选择,从而理解怀特森为什么说我们"脑子睡大觉"。

四、探究"最好" 同学们,书读到这里,我们读出了一个个性十足的教师,与其说他的举动出人意料,不如说他用心良苦。因此,作者说他是"最好的教师"那么他到底好在哪里呢? 请大家静下心来,读读课文最后三个小节,划出有关句子。 交流:结合文中的语言来说一说: 怀特森先生好在_____。 预设:(1)科学课让我们冒险。(你会在这样冒险的课堂上睡大觉吗?) (2)想方设法让我们接受挑战。(使学生思维处于紧张状态) (3)花好几个小时甚至几天的时间去思考和论证。(不正培养了我们探究问题和解决问题的能力。) (4)"不要迷信书本,不要迷信权威。" 3. 理解:"不要迷信书本,不要迷信权威。" (1)我们要尊重书本,但不要迷信书本;我们要尊重权威,但不要盲目崇拜权威。读——不要迷信书本,不要迷信权威。(理解"迷信""权威") (2)多通道理解"不要迷信书本,不要迷信权威。" ……就是:不要让自己的脑子睡大觉,一旦发现问题,就应该立刻指出来。 ……就是:要具有独立思考和独立判断事物真伪的能力。 ……就是:要善于发现问题,并通过探究去接近真理。 ……就是:…… (你可以用文中的语言、用生活(历史)实例、用自己的感悟、以名人名言来表述) (3)古往今来,正是人们一个个对书本中条条框框的打破,对权威的推翻,才有了这个社会的不断进步。课件呈现,解说:哥白尼坚持自己的"日心说",之后的布鲁诺更是因此作出了被烈火烧死的伟大牺牲。伽利略的落球实验已是家喻户晓,他揭示两个质量不同的物体从相同的高度下落会同时落地的事实,但他敢于挑战权威和传统的精神更值得人尊敬。 (4)这一个个鲜活的例子告诉我们,要学会质疑,不要人云亦云。出示名人名言: 学而不思则罔,思而不学则殆。——孔子 心之官则思,思则得知,不思则不得也。——孟子 学习知识要善于思考、思考、再思考,我就是靠这个学习方法成为科学家的。——爱因斯坦 思索,继续不断的思索,以待天曙,渐进乃见光明。——牛顿	明白了我们的"脑子睡大觉",也就自然理解了怀特森先生的"良苦用心"所在。也就明白了怀特森先生"最好"在哪里。此处以文中语言表述怀特森先生的"最好",避免了按部就班的朗读,提高了教学效率,把朗读、理解、谈感悟三者合而为一。 理解"不迷信书,也不迷信权威"是本文的重点与难点,因此,设置了理解的多通道: 1.用文中的语言表述;(适合学习能力一般或较弱的同学) 2.以自己的感悟表达;(适合善于语言表达的同学) 3.用生活(历史)实例说明;

续表

应该在肩膀上长着自己的脑袋。——列宁 这些古圣先贤的话还有很多,一言以概之,那就是——"不要迷信书本,不要迷信权威。" (5)同学们,这就是怀特森教给我们的全部,这就是怀特森的良苦用心。于是,当我的朋友这样评价我的教师时,出示:"他怎么能够这样来糊弄你们呢?" 我们该理直气壮地告诉他:"不,你的看法错了。"怀特森就是——最好的教师。因为( ) 那么,你能写出反驳他的理由吗? 学生写话。 (6)一堂独特的科学课,一次出人意料的零分,让我们记住这位最好的教师,播撒智慧的教师,"不要迷信书本,也不要迷信权威"是一种可贵的科学精神,更是一种宝贵的人生启示。那么科学精神还包括哪些呢?我们在本单元其他的课文还会学到。	4.以名人名言论述。(3、4两条适合课外阅读丰富、语文能力较强的同学) 这样不同难度的表现方法让不同程度的学生都有表达的机会。 历史实例和名人名言学生课堂上能讲述的可能不多,所以,教师有必要进行课外拓展,帮助学生进一步理解"不迷信书本,不迷信权威"这一科学精神。 通过写话,内化学生的理解。提高学生概括能力和语言表达能力。

板书设计	我最好的教师 出人意料 不迷信书本,不迷信权威 良苦用心
教学反思	(略)

从以上的教学设计不难看出,我们的教学从目标出发,为学生提供多种学习通道——适应不同智力类型、学习基础的所有学生学习;为学生创设多样的表现平台——满足学生学习成功的表现欲望。简而言之,就是让学生学得懂、会表现、愿意学。三年多的"三表课堂"探究,让我在充满生成律动的课堂中,看到了教师与学生一起躬身前行的姿态,听到了生命拔节的声音。

孩子们是一个个有不同个性、不同特长、不同喜好、不同基础的独立的生命体,要让学体验学习的乐趣,唯一的途径就是让他获得学习的成功。学习是有目的、有意识的活动,要达到预期的目的或收到预想不到的效果,其方式和途径并非"自古华山一条道",而是"条条大路通罗马"。但这"大路"并不是每一个学生都能自己顺利找到，即使找到也并一定能顺利通行。这就需要教师的支持与引领。比时的教师，不仅仅是一个组织者，更应像导游那样，指给他们更多条路，帮助他们选择合适自己的路，去欣赏一路的风景。我们的课堂，我们的每节课都要让每个生命有其各自的生长与发展。

五、"三表学习多通道课堂教学"的评价表

课堂教学评价具有重要的导向功能、考核鉴定功能和教学信息反馈功能，是检验和提高课堂教学质量的重要途径之一。我们在"三表学习多通道课堂"课堂教学设计课题的实施中，经过不断探索、修整，编制了"沈家门小学'三表学习多通道'课堂教学评价表"（见表4），提出构建以学生发展为本的小学语文课堂教学评价体系的基本思路。

在此课堂教学评价表中，从评价导向的角度出发，我们将评价的一级目标分为"一般课堂教学能力"、"教学民主与公平"和"三表学习过程"三项，突出"三表学习多通道课堂"以学生发展为本的观念，强调学生学习的公平性和民主性。在二级目标中，抓住要点，对"三表学习多通道课堂"的设计要求，以及教师教学基本功方面的要求加以体现。

从权重分数量化看来，我们更侧重于对"三表学习"过程的评价。同时，评价又从学生和教师两个维度同步检测教学效果。学生方面，主要评价学生活动的参与度、积极度、目标达成度；教师方面，主要评价教学通道的构架、通道的有效性、课堂导控的智慧等。

表4 "三表学习多通道课堂"教学评价表

评价人_____

评价要素 （一级目标）		具体要求 （二级目标）	权重 （％）	A 好	B 较好	C 一般	D 欠缺	得分
一般课堂教学能力（20％）	1．一般教学基本功	1．普通话语音准确，板书、投影字规范	3	3	2.5	2	1	
		2．有相应学科知识、专业技能背景与之适应	3	3	2.5	2	1	
		3．适当运用多种媒体辅助教学，有效果	3	3	2.5	2	1	
		4．教学语言条理清楚、丰富生动，有感染力	3	3	2.5	2	1	
	2．课堂组织调控能力 教育智慧	5．能合理调控教学组织、教学节奏和教学过程，教学有序	4	4	3	2	1	
		6．有一定教学机智，能妥善处置、利用预设外事件，善于"生成"	4	4	3	2	1	

续表

评价要素 （一级目标）	具体要求 （二级目标）		权重 （%）	A 好	B 较好	C 一般	D 欠缺	得分
教学民主与公平（20%）	1. 教学民主	1.尊重每一个学生，重视学生学习与促进他们全面发展关系	5	5	4	3	2/1	
		2.能与学生平等对话，课堂民主氛围好，学生学习积极性高	5	5	4	3	2/1	
	2. 教学公平	3.教学过程中始终关注学习有困难学生；	5	5	4	3	2/1	
		4.为全体学生提供参与三表学习机会，教学活动参与率高	5	5	4	3	2/1	
"三表学习"过程（60%）	1. 目标导学	1.教学的三维目标设定符合新课程理念，表述明确，要求合理，重点、难点适当	5	5	4	3	2/1	
		2.能整合教学三维目标为一体，始终围绕目标达成展开有效的教学	10	10	8/9	6/7	5/1	
	2. 理解表征、行为表现和意愿表达	3.能提供或引导学生选择适合自己表征（认知内化）和表现（认知外化）的多种通道进行自主、合作及探究学习	5	5	4	3	2/1	
		4.提供的学习多通道能有效减少学习障碍，或是增加参与机会，或是满足展示和体验欲望，提高了学习效率	10	10	8/9	6/7	5/1	
		5.能让学生在学习过程中有充分表达多样意愿，从中得到学习的快乐	10	10	8/9	6/7	5/1	
	3. 灵动课堂效应	6.在洋溢着民主的课堂气氛中，学生学习时动心、动情，自主、合作、探究，有较强求知欲，思维活跃，积极主动学习，解决综合的复杂问题	10	10	8/9	6/7	5/1	
		7.学生在学习过程中，思维积极，能充分地动脑、动口、动手、动笔，有适当完成作业时间，预定教学目标达成度高	10	10	8/9	6/7	5/1	
总分	100%		总分					

执教教师		课题		总分		简单评价	

此评价表可以应用于：

（1）教师用于自评。新的评价体系构建的主要目的在于提供一个较科学的课堂教学评价标准，使广大教师自己成为教学评价的主体，经常对自己的教学实践进行审视，自我反馈，自我调控，不断改进教学。通过自评，不少教师在教育观念和具体操作上有了较大的变化,提高了教学效率。

(2)教研人员和学校领导用于评价教师的课堂教学。一是用于教学检查,了解面上的情况,发现带普遍性的问题,然后对症采取管理与指导措施。二是用于教学评优。我们的"三表学习多通道课堂教学"同课异构、精品课比赛等活动,均使用这一评价体系进行评价。这一活动,对增强教师的"三表通道"意识,落实学生主体地位,提高语文教学效率,全面提升学生素质起到了促进作用。

(原沈家门小学校长钱银星担任了本课题研究的实践顾问,盛群力教授和马兰教授担任了本课题研究的理论顾问。参加本课题研究的还有唐莞芬、郁学仕、陈军平、张英、丁伟萍、丁晓霞、徐婉霞、俞凤、陈维红、虞莺燕、贝颖彧、周玲萍、周文婷、闻燕和贺海红老师等,特致谢忱!)

参考文献

[1]区培民主编.语文课程与教学论.杭州:浙江教育出版社,2003.

[2]盛群力等编译.利用信息技术促进"三表"的原理与策略——CAST通用学习设计指南.当代教师教育,2009(1).

[3]盛群力,马兰,褚献华.教育目标研究新视野下的三维教学目标界定.课程教材教法,2010(2).

[4]盛群力,马兰,褚献华.论目标为本的教学设计.教育研究,2008(5).

[5]徐光华.新课程呼唤新课堂 新课堂需要新设计.利川教学研究网(http://www.lcjxyj.net).

[6]张汉昌,赵菡主编.开放式课堂教学法研究.开封:河南大学出版社,2002.

精心设计教学，促进意义理解
——UbD 模式对课堂教学改革提出的新建议

何　晔　盛群力

[摘要]　"理解为先教学设计模式"运用逆向设计的原理，提出了明确预期的学习结果、确定合理的评价方式以及设计和安排教学活动的三阶段教学设计程序，同时明确反对应试教学和覆盖教材的做法，倡导区分直导、促导和辅导的不同教学方式。其核心理念是围绕重要概念和核心问题组织课程内容；围绕要求知识迁移和应用的真实性评估任务来设计教学；要让学生清楚将要学习什么？为什么要学习这些内容？预期的要求是什么？激发并维持学生的学习兴趣；为学生实现知识的理解和迁移做好准备；让学生根据反馈信息，反思、完善、重新尝试学习过程；鼓励学生进行自我评价和反思。在此基础上再提出进一步细化的课堂教学序列，当然还可以配用课堂观察指标进行评估。

[关键词]　理解设计　意义学习　教学模式

当代美国教学改革专家格兰特·威金斯（Wiggins G）和杰·麦克泰（McTighe J）最近 10 余年来一直通力合作，积极倡导一种教学设计模式，即"理解为先教学设计模式"（understanding by design，简称 UbD）。这一改革模式也是美国视导与课程学会（ASCD）近年来竭力向中小学推介的一种课程与教学改革模式，在其官方网站上有专门开设的讲座和培训课程。格兰特·威金斯现是美国新泽西州"真实教育"（Authentic Education）总裁；杰·麦克泰现是马里兰州"Jay McTigbe 咨询学会"主任。两人曾共同合作编写了《通过设计促进理解》（*Understanding by Design*，2005 年修订版）和《通过设计改革学校教育：使命、行动和成就》（*Schooling by Design：Mission，Action，and Achievement*，2007）等著作。两位作者新近在美国《教育领导》杂志 2008 年 5 月号上联名发表了一篇论文《理解为先》，对美国中学教学改革提出了重要建议；杰·麦克泰在马扎诺主编的《打造优质教学》一书中撰写了《通过设计和教学促进理解》一章，阐述了"理解为先设计教学模式"的七个主要教学主张。本文主要依据这两篇新文献，对该模式研究的新进展作一综述。

一、理解为先教学设计模式的宗旨

1. 改变学校教学的现状

很多中小学生对自己所在学校的普遍评价都不是很高,他们认为现在的学习非常枯燥乏味。尽管有不少教师试图在那些对学习毫无兴趣的学生面前保持对所教学科的热情,可是却经常因为学生这样的反问而哑口无言,"我们为什么要学习这些无聊的内容?""我们何年何月才会用到这些知识?"面对无动于衷的学生,有些教师甚至在教学中不得不自问自答,勉强完成考试所要求覆盖的知识点的传授,以便学生能应付各种大大小小的考试。事实证明,在考试中,学生只有在陈述性知识记忆和基本技能操作方面的表现尚可,在应用知识或作出系统分析和解释时则表现得差强人意。

让学生真正理解教学内容是每位教师追求的目标,但是目前学校教学通常又满足于教给学生各级课程标准所规定的或教科书中的大量知识内容。由此可见,所谓的"面宽度浅"式的教学只强调知识面,浅尝辄止,而忽视了教学深度。随着日益剧增的应试压力,考试成了学校教学的终极目标,课堂教学只关注考试涉及的重点内容,那些不会考到的知识和技能则被轻松带过;同时,教学方式也仅仅简单地依据考试形式,结果导致了要么是简单打钩,要么是机械训练。从长远来讲,事实上这种完全为了考试而准备的教学方法也不利于学生在考试中取得好成绩,因为大部分学生会发现大量机械重复的应试训练和题海战术意义不大,所以也不会在学习上花太多精力;而教师也迫于学生考试排名的压力,很少花时间去反省和思考如何提高教学质量和效果。尽管学校要求教师把全身心的精力都投入到应试型教学上,但结果却事与愿违。

上面这些现象向我们展示了目前学校教学中存在的一系列问题和挑战:①学生对学业表现出厌倦感和消极态度;②有外部考试的压力,但只要求肤浅的知识覆盖;③学生看似知道所学知识,却不知道如何运用。虽然这些问题各不相同,实际上却是相互关联的,它们有着共同的原因:即学校教学目标不明确,以及教学、评估和课程的设计不合理。

2. 落实学校教学的长远目标

学校的教学任务并不是简单地向学生传授知识,而是要帮助学习者对所学内容进行反思和创新,为将来的生活做好充分的准备,能够在今后遇到的各种问题和事件中熟练地运用所学知识。因此,学校教学的中心任务就是:"意义学习,理解为先",所有的课程设置、教学设计、评价方式都必须反映这个中心教学任务和目标。

"意义学习,理解为先"强调了三个不同却相互关联的学习目标:①帮助学生掌握重要的知识和技能;②帮助学生对知识进行意义建构;③帮助学生有效地在新情境中运用所学知识和技能。

学生当然首先要掌握事实性的知识和技能,这是前提条件,但是光有知识和技能还是不够的,我们需要教会学生对知识和技能进行意义建构,并特别强调那些与实际生活相联系的问题,促进学生知识和技能的迁移。

但是不幸的是,目前学校常用的教学和评价方法只注重知识和技能的掌握,却忽视了意义建构和知识迁移。这样的教学致使很多学生在遇到不熟悉的问题(甚至是选择题或标准化测验)时经常出错。比如在纽约州和马萨诸塞州的测试中有这样一道几何题:"从学校出发,杰马向东走了 5 英里,然后向北走了 4 英里回到家里;希拉向东走了 8 英里,然后向南走了 2 英里回到家里,问杰马和希拉家之间的最短距离是多少?"结果在纽约州,只有不到 40% 的 10 年级学生做对了这道题目。

这实际上揭示了一个问题:现有的教学并不能促使学生对所学知识进行迁移,无法熟练地运用知识来解决一些不熟悉的问题。原因在于目前的学校教学往往是孤立地进行知识传授和测验,脱离了实际应用的需要。如果我们不能给予学生在不同情境中应用知识以及对知识进行意义建构的足够机会,那么学生就难以长久保持所学知识,也不可能取得优秀的学业表现,而学校也无法实现既定的中心任务和长远目标。

总之,知识掌握、意义建构和知识迁移,这三种理解为先的教学目标分类对于分析课程大纲、单元教学计划以及课时并作出合理安排来说具有非常重要的意义。威金斯和麦克泰以自然科学的某个单元教学为例,提出了合理运用这三种分类的示例(见表1)。

表1　知识迁移、意义建构和知识掌握在自然科学某单元教学中的应用

自然科学某个教学单元(观察、运用科学工具、科学推理)			
教学活动	问题	评价方式	类型
教师提出问题创设条件,并展示可视的光线(如红外线)图片。	我们怎样才能更清楚地看到事物?什么东西我们看不到?我们通过什么方法来看到那些原本看不到的东西?		意义建构
教师设置一个模拟"犯罪"场景,要求学生列出他们所观察到的东西(包括看到的、听到的等),然后相互比较各自的观察结果来举例说明对事实进行观察和记录之间的区别。	科学家们怎样仔细地记录他们的观察结果,而不是直接跳转到未被证实的结论?	说明科学家们的观察与非正式的观察有何区别?解释系统记录在科学研究中的价值。	意义建构

续表

教学活动	问题	评价方式	类型
学生对不同的科学工具和技术进行研究,并互相讨论研究结果。	科学工具和技术对强化科学观察和记录起到什么样的作用?各种科学工具的适用性?	举出一些科学工具和技术强化科学观察的例子。	意义建构
向学生展示显微镜的每个部分,并解释它们的功能。	显微镜有哪些部分组成?它们各自有什么样的功能?	测验显微镜各个组成部分的名称,匹配各个部分的功能。	知识掌握
示范调节显微镜的步骤,把每两位学生组成一组进行实际操作练习。	我们怎样来调节显微镜?	技能测试:调节显微镜	知识掌握
学生选择一些物体(例如池塘水),利用显微镜进行观察,并记录观察结果。	我们能够从显微镜的观察中获得什么信息?	利用显微镜来检查某个很小的物体,并仔细地记录观察结果。	知识迁移
学生把显微镜观察作为科学研究的一部分(例如观察洋葱细胞、土豆细胞的组织结构)。	不同植物的细胞之间的异同点?	学生利用显微镜观察三种不同植物制片,记录观察结果,并回答研究问题。	知识迁移

从表1中我们可以看到,在为知识迁移和意义建构这两个目标设计教学活动时,分别有对应的评价方式与之相匹配。然而目前学校的课堂教学评价方式很难确切地判断学生是否达到理解的目标。所以,教师需要反思原来的评估方式,在思考以下这些问题的基础上来合理地设计评价手段:哪部分内容和学习任务需要评价学生对知识技能的掌握情况?哪部分内容要求学生进行迁移、概括、分析和建立联系,并展示逻辑推理或者用什么样的有力证据来支持自己的见解?哪部分内容又要求学生在新的情境中运用所学知识?

3. 寻找三种教学方式平衡的途径

既然知识迁移、意义建构和知识掌握都是促进理解的基本目标,那么我们就应该明确教师在这当中需要扮演什么样的角色,起什么样的作用。为了能够实现这三个目标,"理解为先教学设计模式"建议教师合理采用永恒主义教育代表人物莫蒂默·阿德勒(Adler MJ,1902—2001)提出的模式。在20世纪80年代初在吹响美国教育改革号角时,阿德勒发表了著名的《Paideia建议:教育宣言书》(*The Paideia Proposal:An Educational Manifesto*,1982)一书,书中论证了三种教学方式的各自适用情境。

(1)直导教学方式(direct instruction)。此时教师的主要目标就是通过精确的教学和直观模型展示来帮助学习者掌握基本的知识和技能。直导教学方式包括讲授(lecture)、多媒体呈现信息(multimedia presentation)、示证(demonstration)、榜样示范(modeling)、指导性练习(guided practice)和信息反馈(feedback)。

（2）促导教学方式（facilitation）。此时教师的任务是要帮助学习者建构意义，理解重要的观点和过程。促导教学方式可以通过运用诸如类比（analogies）、图形组织者（graphic organizers）、发散性提问和探讨（divergent questioning and probing）、模拟（simulations）、问题学习（problem-based learning）、苏格拉底式讨论（Socratic seminars）以及学生自我评价等方式，来引导学习者积极地处理信息、探究复杂问题。

（3）辅导教学方式（coaching）。此时教师要为学生提供在愈益复杂的情境中运用所学知识的机会。不仅要明确清晰的任务目标、提供样例并给予信息反馈，还要提供及时且必要的直接教学。辅导教学方式具体包括了讨论（conferencing）、鼓励（encouraging）、学生自我评价与反思（students self-assessment and reflection）、对学生的实际应用情况提出具体的评论、反馈和改进意见。

"理解为先教学设计模式"主张不能简单地说哪种教学方式更胜一筹，为了能更好地促进学生的理解，应该倡导结合使用这三种教学方式，充分发挥每一种教学方式的优势和长处。

二、理解为先教学设计模式的步骤

教学是作为实现教学目标的最主要手段。成功的教学首先要明确预期的学习结果，以及能够表明学习确实发生过的证据。"理解为先教学设计模式"建议教师运用三阶段"逆向设计"程序来设计单元课程，其中包括预期的理解和实现知识迁移的真实情境任务。教师应该在较为全面的单元课程设计基础上安排具体的课时。事实上，这种逆向课程设计的概念有其历史渊源。早在1948年，拉尔夫·泰勒（Tyler R）就主张把逆向设计作为集中教学的有效方法之一，教育改革倡导者威廉·斯派迪（Spady W）在1994年出版《基于结果的教育》（*Outcome-Based Education*）也赞同从明确学习结果开始的"末端设计（designing down）"的观点。尽管"逆向设计"不是一个全新的观点，但是运用该设计方法，会使我们的教学目标更清晰、评价手段更合理、教学更有目的性。

"理解为先教学设计模式"的三阶段逆向设计过程具体步骤如下，它可以用来指导学习单元、课时、项目的教学设计和安排。

1. 明确预期的学习结果

学生应该知道、理解并能够做什么？哪些是需要理解的"重要概念"？教师希望学生实现哪些持久深入的理解？在教学中师生将要探讨哪些核心问题（essential questions）？

在第一阶段，教师要考虑长远的教学目标，检查已确定的内容标准和相关的课程期望；同时，教师还要通过分解课程标准，来确定内容中的重要概念，设计相应的核心问题;最后,教师还要明确更多的特定知识和技能目标。设计过程的第一阶段关键是要弄清楚实际教学过程中将那些学习结果置于优先顺序。

2.确定合理的评价方式

教师如何知道学生是否已经达到了既定的学习目标?教师需要用什么来作为判断学生知识掌握和理解程度的依据呢?"理解为先教学设计模式"鼓励教师在安排教学活动之前,先要以评价者的身份进行思考,也就是要提前考虑教学评价方式,用以判断学习结果的达成状况,从而使教学变得更为清晰和明确。

教师应该通过学生的学业表现来判断学生的理解程度,即要求学生在新的情境中运用所学知识并作出合理的解释,来进一步支撑他们的回答和展示推理过程。当然,学业评价的设计要尽可能以有意义的真实的情境为前提。其他形式的评价,例如事实性知识测验或技能考核,也能有效判断知识的掌握情况和技能的熟练程度。

3.设计和安排教学活动

学生需要什么样的教学来实现预定的学习目标,高效完成学业任务呢?教师应该采用什么样的教学方式来帮助学生对重要概念进行意义建构,并为知识迁移做好充分的准备呢?

在明确了预期的学习结果以及合理的评价方式之后,教师还需要设计最合理的教学活动来帮助学生掌握既定的知识和技能,理解重要的概念,并以有意义的方式运用所学知识。

当教师按照三阶段设计过程进行教学时,就可以避免两种常见的设计和教学误区。

第一种误区是"活动取向",这在小学和初中课堂教学中比较常见。教师设计的教学活动本身也许趣味性高、互动性强,适合儿童参与,但是如果教学活动没有把重点放在明确而重要的学习目标上,并致力于合理评价学习结果,那么这些活动本身很可能成为秀场,对落实课程标准于事无补,缺乏长期的实质性内容。

第二种误区则更多地存在于高中和大学阶段,即所谓的"覆盖教材"。这种情况下,教学设计只是简单地要求教师温习一遍教师用书,对整本教科书的内容按照时间先后顺序进行教学。很多教师都认为自己的本职工作就是面面俱到地讲解课本内容,并不能越雷池一步。

对任何一门课程或任何一个年级的教师来讲,一项常见的又相当艰巨的任务就是要在有限的教学时间里完成超负荷的课程内容教学,这就要求教师妥善处理好"覆盖教材"和"意义学习"之间的关系。当然,如果教学的目标是让学生学到更多的知识,那么教师就必须时时赶进度;如果教学的目标是让学生对知识进行意义建构并考察其将来的实际用途,那么,教师的职责就是教给学生重要的概念,帮助学生在相关的情境中运用所学知识。教科书可以作为一种重要的学习资源,但不能代替教学大纲。

"理解为先教学设计模式"主张教师不仅要仔细地安排教学目标、评价方式和教学活动,还要考虑学生最后如何运用所学知识。也许那些习惯于照本宣科或简单呈现一连串教学活动的教师会不习惯运用这种设计方式。另外,大部分教师都表示尽管逆向设计程序的确有意义,但因为它要求打破常规的设计习惯,有时很难控制得当。但值得庆幸的是,教师只要通过练习,就能熟练运用逆向设计,使之成为自己的一种思维方式。教师一旦形成了这种思维模式,就能更清楚课程内容的优先顺序,长远的学业目标又是什么,以及为了实现这些目标需要采取哪些教学活动。

三、"理解为先教学设计模式"的核心理念

"理解为先教学设计模式"主张:当教师以理解为目的进行教学,并经常提供学生在有意义的真实情境中运用知识的机会时,学生才有可能实现长远的学业收获。学生只有通过积极的意义建构和知识迁移等方式,才能真正掌握和理解必需的知识和技能。应试教学会将考试与达成教学目标混为一谈,就如同体检就能保证身体健康一样。

认知心理学领域的研究为基于理解的教学和评价方式提供了进一步的理论支撑,例如,得到广泛赞誉的布兰思福特(Bransford)等人编著的《人是如何学习的:心智、经验与学校》(2000)一书就是一例。该书得出的几点研究结论为"理解为先教学设计模式"提出的若干具体的教学和评价方式提供了理论依据:

(1)有效学习的视角已经从强调学生"勤学苦练"转变为"注重理解和运用知识"。

(2)学习必须以概括性的原理为引导来实现知识的广泛应用。通过死记硬背获得的知识很难实现学习迁移,只有当学习者理解基本概念和原理时,才有可能在新的情境中运用知识来解决问题。由此可见,重在理解要比在课堂学习中简单地死记硬背更容易促进知识迁移。

(3)"学优生"首先会依据核心概念或重要观点进行思考,寻求对问题的理解;而"学困生"则不擅长围绕重要观点对知识进行组织,在解决问题上更有可能直接寻求合适的公式或套用现成的答案。

(4)对"掌握专长"的研究表明,若只是浮光掠影地覆盖教材内容,不利于提高学生为今后的学习和工作做好准备的能力。由于学校教育的年限限制,这种只强调知识广度、缺乏理解深度的课程不仅会妨碍对知识进行深入理解和融会贯通,而且只能让学习者获得一些零散无序的知识。

(5)许多学业评价方式只测试学生掌握事实性知识的情况,而从未要求学生

回答何时、何地、为何运用这些知识。既然理解是学习的目标,那么学业评价和反馈方式必须关注理解,而不仅仅限于简单记忆程序性或事实性知识。

(6)应在不同科目中融入元认知策略的教学,因为元认知通常以内部心理活动的形式表现出来,所以大部分学生只有在教师明确揭示这些程序之后才可能帮助学生真正了解它的重要性。

这些研究结果为理解设计框架结构提供了一定的理论基础,并能有效地指导教学实践。"理解为先教学设计模式"在教学实践中的运用包括了七种教学具体措施。七种教学具体措施中的前两种,实际上可以看成是"核心观点";后五种措施则是课堂教学的实施步骤(WHERE 设计工具)。

1. 围绕重要概念和核心问题组织课程内容

在"理解为先教学设计模式"中,教师首先要明确学生需要理解的重要概念和核心程序。正是通过围绕核心问题对重要的概念进行合理组织,才有可能达成有效的教学。这样的做法与其他课程专家的建议是一致的,例如 Lynn Erickson 曾提倡概念本位课程(concept-based curriculum),Douglas Reeves 则主张重在培养"能力"(targeting "power" standards)作为区分课程内容优先顺序的方法。我们不妨来看三个实例:

语文课程内容标准。学生要阅读世界文学作品,并考查该作品写作的文化背景,以此推断人性之美。

重要概念:出自不同文化背景文学名著均探讨和揭示了人性永恒的主题。

核心问题:不同地区、不同时代的故事为什么会让我们感同身受?

数学课程内容标准。学生要确定数据的最佳拟合线(line of best fit)并说明其类型,作出预测。

重要概念:统计分析和统计图通常能揭示数据类型,并帮助我们作出具有一定可信度的预测。

核心问题:你能预测未来吗? 接下去会发生什么? 你有几分把握?

视觉艺术课程内容标准。学生要能辨别不同的因素,如技术的、组织的和审美的因素,对艺术作品想要传达的思想、情感和整体效果会产生什么样的作用?

重要概念:艺术家的文化背景和个人经历会促发他们所要表达的观点和情感。现有的工具和技术手段也会影响艺术家表达观点的方式。

核心问题:艺术家从哪里获得灵感? 文化环境和个体经历以什么样的方式激发艺术家的表现欲? 艺术家是怎样激起观众的思考,并引起情感上的共鸣? 工具和技术手段又是如何对艺术家所要表达的信息产生影响?

在这些例子中,那些可迁移的重要概念和核心问题为课程标准中具体内容的教学提供了一种"概念透镜(conceptual lens)",从而使课程标准变得更加生动具体。重要概念和核心问题就像是"概念魔术贴(conceptual velcro)",帮助学习者把分散的事实性知识和技能整合成能在不同主题领域迁移的一般通则。

以重要概念为重点,有助于对教学的优先顺序作出安排(这对改革"广度有余深度不足"式课程尤其管用);运用核心问题强化了探究式教学,帮助学生积极参与知识的意义建构。在新的课程单元学习开始时,建议教师把核心问题贴在教室里较为显眼的地方。这些随处可见的问题可以作为课程单元重要概念的先行组织者,并不断激发和提醒学生去思考,去探究。

2. 围绕要求知识迁移和应用的真实性评估任务来设计教学

在营养学课程单元学习开始时,一位教师给六年级的学生布置了下面这项真实性评估任务(authentic assessment task):我们已经学习了相关营养学知识,户外教育中心的野营负责人要求大家为今年即将举办的三天户外野营活动递交一份营养均衡菜谱。请你们利用国家颁布的食物结构金字塔指导原则以及食物标签上的营养信息来设计若干菜谱,包括三顿正餐和三份点心。大家一定要想方设法设计出一份美味可口而又营养均衡的菜谱。另外,每人还要给野营负责人写一封信,解释自己设计的菜谱是如何符合食物结构金字塔指导原则的要求,另附一张展示指定分量脂肪、蛋白质、糖类、维生素、矿物质和热量的营养分解示意图。最后,还要说明为了使菜谱更加美味且符合同学的胃口,你们各自做了怎样的努力?

一位中学数学教师在统计课新的学习单元开始时,宣布了一项令学生感到惊讶的决定:你们可以自由选择集中量数(即平均数、中位数、众数)来计算本课程的学期分数。当学期结束时,你们先统计自己在本学期内各种测验、考试、项目、家庭作业的得分,然后选择一种最适合自己分数的集中量数,并解释你作出该选择以及运用该方法为何能得到最高分的原因。如果我同意你的解释,那这个分数就是你本课程的最终得分。

从上述两个例子大家会注意到了什么?我们会发现这两个学业任务都要求学生运用所学知识进行逻辑推理,而不仅限于简单的知识记忆。我们还发现这些任务都是以与学生密切相关的现实生活为背景的。

这些任务的特征反映出了"理解为先教学设计模式"最重要的一个观点:即教师应为教学评价设计真实情境的任务,便于学生全面而灵活地运用所学知识,来表明他们实现了真正的理解。套用一句古老的教育格言:"我们只考量自己认为有价值的东西(what we measure signals what we value)"。教师要帮助学生深刻理解教学内容,以便于他们在真实情境中全面而灵活地运用所学知识。

在这里,"真实"一词包含了两层涵义:①忠于现实生活中人们运用知识和技能的方式(面向实际);②忠于学习者的经历和兴趣爱好(有针对性)。最真实的任务必须满足这两方面的要求,上述两个例子就说明了这一点。

围绕真实性评估任务来设计教学至少有以下两点好处:第一,这个最终的评价为教师和学生明确了预期的学习结果。换而言之,该评价方法能很好地判断学生是否已经掌握了指定的学习内容。学生知道了最终的评价形式,就能更好地关注于他们所要学习的重点(例如,什么是健康均衡的膳食结构?)和如何运用这些知识(例如,设计一份有可口美味营养合理的菜谱)。第二,在单元学习开始时呈现真实的任务能够为学生提供有意义的学习目标。这类任务本身就回答了那些学生所熟悉的问题,为什么我们要学习这些内容? 谁曾经用过这些知识?

由此可见,学生学习必要的知识(如了解食物群和国家颁布的食物金字塔指导意见)和技能(如释义食物标签上的营养信息),目的在于完成某项真实的任务,实现知识的迁移,而非简单地掌握知识本身。

我们还可以用体育运动的例子来做类比。运动队的教练会定期让队员进行实际训练,帮助他们发展和完善相关基本技能,这些实际练习有助于提升个体和团队在比赛中的表现水平。虽然这种方式在体育运动、艺术和课外活动中较为常见,但是现实的课堂教学并未广泛运用。确实,在当前的教学和评价中有这样一种趋势,即过分注重操练脱离实际情境的知识和技能,教师几乎没有为学生提供任何实际演练知识的机会,取而代之的,通常只是要求学生阅读课文章节、回答问题、做练习题、解答难题以及掌握用于解答开放式问题的基本套路等。没有清晰而有意义的教学目标,使得部分学生缺乏学习动机、敷衍了事,不肯在学习上下功夫。我们可以想象,如果不是为了提高比赛速度,有多少田径运动员能忍受平时没完没了的、令人精疲力竭的训练? 如果不是为了提高比赛的分数,有多少非职业篮球运动员愿意重复训练三对三的快攻或上百次的罚球练习?

换而言之,对"真实性"的追求,并不仅仅为了提出科学合理的学业任务,而在于通过呈现有意义的反映现实生活本领的教学目标,来提升学生的学习动机。

3. 要让学生清楚将要学习什么? 为什么要学习这些内容? 预期的要求是什么?

除了贯彻前面两条核心的教学理念之外,教师还可以利用 WHERE 设计工具来指导实际开展教学活动。WHERE 设计工具的五个要素是对教育实践的有效反思。

在"研究技能和报告写作技巧"课程新单元学习的第一天,教师说明了预期的学习目标,并告知学生,在教师同意的前提下可自由选择一个自己感兴趣的主题。然后,教师向学生分发几份以前学生的研究报告样本(已经隐匿了学生的姓名),要求学生讨论哪份报告最有说服力,并解释原因。接着,再向学生呈现用以评判研究报告好坏的评价量规,让学生判断自己对报告样本的分析是否与评价量规相一致。在整个单元教学中,教师利用学生的研究报告样本和评价量规帮助学生理解高质量的研究和研究报告具有哪些特征。

在一堂小学健身课学习开始时,体育教师向学生播放了一段以前学生跳绳的视频,用以展示跳绳运动的技能和乐趣。这位教师发现学生在观看视频后,更愿意学习跳绳技能,因为他们也想和视频中的小朋友一样。威金斯和麦克泰结合具体的课堂教学实例,探讨了每个要素的涵义。

众所周知,任何年龄段的学习者在明确了清晰而有意义的学习目标之后,更有可能把精力集中在学习上;相反,如果学习目标不清晰或对学习者毫无意义,那么学习者就不太可能在学习上尽自己最大的努力。从本质上来讲,WHERE 设计工具中的"W"是指"明确教学目标"(where),即要求教师明确哪些是最重要的学习内容(哪些不是)? 为什么要学习这些内容(意义何在)? 预期的要求是什么(评估证据,用以判断学习成功与否)? 当然,这在"任务型教学"中也许司空见惯,(例如艺术或职业技术教育),但在普通教育中,学生很有可能不知道单元学习预期的任务目标(尤其是在评价方式保密的情况下),甚至为什么要学习这些知识和技能。

在新的学习单元开始时,教师可采取以下这些方法来明确学习目标:

(1)在单元学习开始时说明预期的学习结果及主要的评价任务;

(2)具体阐释单元学习目标,包括掌握这些知识和技能的长远意义;

(3)明确所学知识和技能适用的课堂之外的人群和场所;

(4)要求学生确定与单元主题相关的个人学习目标;

(5)说明最终的学业评价任务的具体要求;

(6)讨论相应的评价量规;

(7)展示预期成果的样例或范本,便于学生了解学业表现需要达到的质量标准;

(8)让学生共同参与评价量规的制订;

(9)在单元学习开始前,提出并讨论核心问题,发挥先行组织者的作用;

(10)要求学生提出与单元主题相关的问题。

当学生明白了既定的学习目标、预期的评估方式以及相应的质量标准,他们就能更好地意识到学习的意义,才有可能在学习上下大功夫。

4. 激发并维持学生的学习兴趣

在有关五官感觉的单元学习中,教师要求学生只凭听觉和触觉来猜测棕色纸盒中所放的物体。当教师摇动每个纸盒的时候,学生闭上眼睛仔细倾听,然后把手伸进去触摸纸盒中的物体,猜出每一样物体的名称。这种有目的的学习兴趣激发与单元学习中的一个核心问题直接相关:"感觉器官如何帮助我们理解这个世界?"

在有关越南战争的单元学习开始时,历史课教师向学生提供了从不同角度描述该段历史的两个教科书版本(加拿大和中国),不同的描述方式立刻引起了学生的疑问,并与单元学习中的一个核心问题直接相关:"这到底是谁的'故事'?"。

WHERE 工具中的"H"是指"激发学习兴趣"(hook)。套用一句教育格言:

"注意是教学的门户"。大家可以试着回想一下自己在学校的经历,回忆一下给我们留下印象最深刻的教师。毫无疑问,那些给我们留下深刻印象的教师,通常以有趣的、发人深省的、出人意料的、非常规的方式开始新的单元教学。这种教学方式能有效激起学生对某个主题的兴趣,激发思维的火花。

以下几种经受时间考验且行之有效的用以激发学生思维和学习兴趣的方法,尤其适用于新的单元或课程学习开始时的教学。

(1)提供奇异的、非常规的、有悖常理的例子(例如,用"蝴蝶用脚来辨别味道","海豚睡觉时睁着一只眼睛"两个例子来介绍有关"自然界的形态和功能"的重要概念)。

(2)提出一个学生感兴趣的问题(例如,在营养学单元学习开始时,向学生提问"吃哪些食物可以预防青春痘?")。

(3)要求学生开展比赛(例如,"哪个小组用指定的材料搭建出的秸秆最高?"然后要求学生概括出该结构中所包含的最具支持性的结构和几何形状)。

(4)提出一个问题或热点话题(例如,用"国家是否应该要求18周岁至24周岁的公民服义务兵役或参加社会公益服务?"这个问题,来引导学生展开对民主社会"权力"和"义务"等相关重要概念的探讨)。

(5)做一个简单的实验或示范,要求学生预测结果(例如,向学生展示不同的物体,然后问在水中哪个会下沉,哪个会上浮)。

(6)介绍一件神秘的事情(例如,要求学生在"侦探游戏"中,运用逻辑推理来揭开案件的谜底)。

(7)角色扮演或模仿(例如,在班级里建立一个虚拟的政府机构,被选中的一小部分学生拥有绝对权力,其余的学生必须服从他们的指令,用这种方法来介绍"绝对权力"的概念)。

(8)介绍个人经历(例如,在探讨有关友情主题的语言文学课开始时,教师可以问学生这些问题:"你是否曾经被朋友伤害过? 你如何辨别谁是你真正的朋友?")。

(9)为学生提供可以选择的学习任务或项目(例如,经教师允许,学生可以自由选择一本自己感兴趣的书)。

(10)运用情感联系(例如,通过播放有关美国南北战争的纪录片,让学生认识到战争带给人们的痛苦和灾难)。

(11)利用幽默手法(例如,在有关"比值"和"比例"的单元学习开始前,给学生展示一些夸张的漫画和滑稽的物体。)

教学效率高的教师会注意到激发学生学习兴趣的重要性,尤其是当开展学生不感兴趣或比较枯燥乏味的主题内容教学时,教师应该把上述几种用以激发学生学习兴趣的方法作为自己教学设计的重要组成部分。当然,教师还应该注意的是要确保用以激发学生学习兴趣的教学活动必须与预期的学习结果相关联,而不能脱离学习目标去纯粹地设计或安排这类活动。

5. 为学生实现知识的理解和迁移做好准备

一位高中语文课教师运用苏格拉底式的研讨课,让学生深入剖析戏剧《玻璃动物园》的主要内容和中心思想。起初,学生的态度都比较消极,被动等待教师对他们的回答作出肯定。但是,这位教师继续引导学生去探究(文中的哪些内容让你作出这样的结论?)并要求其他学生表达自己的想法。渐渐地,学生在课堂上表现得越来越活跃。单元学习的最后一天,教师不再参与讨论,只在一旁观察,让学生们自己讨论。

一位数学教师让学生以兴趣小组为单位设计各种"生活中的常见问题"(original problems),以便于在不同的现实生活情境中运用所学的数学概念和技巧。例如,代数兴趣小组的学生设计出了一种用于计算手机通话和短信费用的方程式;几何兴趣小组学生中的冲浪运动爱好者根据岸浪和洋流的距离,运用几何学原理画出海岸线上最佳的起始位置。

WHERE 工具中前一个"E"是指"探寻学习主题"(explore),主要提醒教师考虑一个关键的教学问题,即"应该以什么样的方式帮助学生理解重要概念,为知识迁移做好充分的准备?"如果把教学看成是简单的覆盖课本内容,当然就不需要考虑上面这个问题。但是,如果教学是以学生理解和知识迁移为目标,那么就需要考虑教学的核心问题究竟是什么。

为了让学生理解重要概念,必须让他们参与意义建构,这就要求采用不同的教学方法,而非照抄照搬课本内容。用来引导学生积极参与意义建构的有效教学方法包括:问题导向学习(problem-based learning)、苏格拉底式研讨课(Socratic seminar)、探究式数学和自然科学项目(inquiry-oriented mathematics and science programs)、实证调研法(primary source investigation)和过程教学法(process writing)。除此之外,马扎诺(Marzano R)等人还确定了一组有效的适用于所有科目的研究导向式学习技巧,包括比较、总结、图示法和合作学习等。

知识迁移有助于学生掌握知识和技能,实现重要概念的理解,帮助学生在新的情境中独立运用所学知识(例如,弄清课文的意思,解决某个不熟悉的问题,想明白某个热点问题,清晰地表述自己的观点)。把知识迁移作为教学目标,任课教师可以借鉴任务驱动型教学和影视表演艺术教师的经验,思考他们如何发展和完善学生的学业表现。下面列出的是教师普遍使用的 10 种促进知识迁移的教学方法:

(1)明确清晰的与知识迁移目标相关的学业任务;

(2)展示所有学业任务的样例和范本;

(3)从最终的知识迁移任务开始设计教学活动和教学评价程序;

(4)将评价贯穿教学整个过程,用以判断学生的学习情况;

(5)给予学生大量实践锻炼的机会,教师在旁指导;

(6)根据学生的特点(能力和个性)给予个别指导;

(7)提供持续的信息反馈,并根据反馈意见及时作出相应调整;

(8)给予学生及时而必要的教学或指导;

(9)根据意外的或不恰当的学习结果及时调整教学方案;

(10)给予学生学习自主权,鼓励自我评价和自我调整。

上述这些教学方法不仅适用于体育课、艺术课和课外活动,还适用于所有以知识迁移为目标的教学活动。

上面我们已经讨论了几种帮助学生积极进行意义建构(即意义理解)、实现知识迁移的教学方法和指导方式。那么教师在什么时候什么情况下才会用到"直接教学"(explicit teaching)? 当然,直接教学也是非常必要的,尤其有利于学生掌握必要的知识、技能和策略。但是,直接教学不能作为教学活动的起点,正如在《人是如何学习的:心智、经验与学校》一书中所提到的:人们对"建构主义"中关于认知的理论存在一种常见的误区,认为教师在教学中不应直接告诉学生某个知识点,而要让学生自己进行意义建构,这实际上是对教学理论和认知理论的混淆。其实,在教学中首先让学生通过意义建构进行理解,然后通过直接教学的方式教给学生知识内容,这样方式效果才更好。

我们从以理解和知识迁移为目标的教学得到如下启示:如果学习目标在于理解重要概念和克服误解,那么教师就应该促进学生进行知识加工和积极探究以便帮助他们理解意义;如果学习的目的在于让学生实现知识迁移和技能的实际运用,教师就要指导学生完成预期的学习任务;如果学生需要掌握特定的知识、技能和策略(特别是完成特定情境任务所需的策略),教师就需要进行直接教学。

6. 让学生根据反馈信息来反思、完善与改进学习过程

六年级学生学习水粉画技巧,在美术教师示范调色和运用色彩技巧之后,学生开始画画。在学生绘画过程中,教师不仅为每个学生提供必要的信息反馈,还对全班进行整体性评价。她会向学生指出一些常见的问题,比如如果颜料用得太多、水用得太少,就会降低作品通透性。得益于教师持续的信息反馈,学生运用这些工具在画纸上反复尝试。在接下来的教学中,教师让学生运用不同的水粉画绘画技巧,来达到色彩融合和边缘柔化修饰等效果。

高中政治课,教师向学生布置了该门课最终的学业要求,即要求学生以小组为单位,调研某一地区或整个国家的热点问题,并给决策者(如市议会成员或政府议员)写一封关于主张某种观点的建议书。首先,该教师向学生提供以前学生所写的建议书范本,用以说明有效的建议书的质量标准。在起草建议书之前,学生相互之间围绕该问题进行讨论,进一步明确自己的观点和想法。初稿完成后,先在小组成员中传阅,进行同学互评。当然,教师对建议书初稿也要给予具体的信息反馈,要求学生在寄出建议书之前作进一步的修改和完善。

WHERE 工具中的"R"是指"反思学习过程"(rethink),其主张在学习的最初,学习者不太可能深刻理解抽象的概念,而是需要不断地反思、调整和反复尝试,毕竟理解需要一个过程,要花费一定的时间。几乎没有人能一次作出完美无瑕的产品或毫无瑕疵地完成某个任务。学生需要不断地接受信息反馈和反复尝试来精通某项技能,保证任务的质量。确实,在任何一个领域,信息反馈都是学习者不懈进取的动力之源。

为了更好地服务学习,信息反馈必须符合以下三条标准:即"及时、具体和易于理解"。

(1)反馈必须及时,便于学生适时作出调整。如果教师在半个月之后,特别是在新单元学习开始之后,才告知学生测试的结果,就不利于学生进一步弥补和完善自己的学习。

(2)反馈必须具体,便于学生清楚需要改进的地方。给出诸如 C+、92 分之类的分数或"做得好!"、"你是否尽了自己最大的努力?"之类的评语,对学生没有太大帮助。尽管积极的评语和高分能让学生感觉良好,但对于改进学习没有多大益处。

具体的信息反馈与简单的分数或笼统的评语不同。下面是一位游泳教练给出的反馈,帮助游泳学习者知道非常具体的反馈信息,改进训练效果:"在伸臂时你的手臂放松度不错,但是在水下的划臂不够彻底有力(中途突然停下来了),这样就没有完全使出手臂的力量。必须一直保持划臂姿势直到大拇指擦到自己的大腿之后才能伸臂。"

(3)教师在给出信息反馈时,要非常注意用词,尤其是给低年级的学生作出信息反馈或进行学习指导时,便于他们正确理解。例如,教师应该这样说:"一步一步展示你的学习过程,这样读者就能明白你当时是怎么想、怎么做的",而不是抽象地讲"记下你的推理过程"。

有一种用以检验反馈系统好坏的最直接的办法是:根据反馈信息,学习者能否准确说出自己哪方面表现好,哪些方面还需要进一步改进。如果不能,那么这个反馈信息就不够具体,也不易于理解,无法帮助学习者改进自己的学习。除了要及时、具体、易于理解,反馈信息还要易于学习者实际操作(例如,修改说明解释,协调不同的观点,练习并反复操作,反思解决问题的办法等)。如果教师提供的反馈信息不能被学习者有效运用,就如同吃东西不消化一样,不能发挥其应有的作用。如果不为学生提供反思和完善学习的机会,那么花时间进行形成性评价就显得没有任何意义。因此,我们在教学设计中必须考虑到这一点。一位高中教师曾说到他在单元课程设计时总是会为学生提供用于根据反馈意见调整和完善学习的机会(如重复教学、更多的练习、复习的机会等),这是他从体育教练身上学到的经验。

虽然我们注意到最好的反馈信息往往出现在基于任务的教学中,如职业技术教育课、艺术课、课外活动(如戏剧、合唱、体育活动等),不过,事实上反馈信息也可以成为所有科目教学的核心。

7. 鼓励学生进行自我评价和反思

在递交自然科学实验报告前,学生对照标准重新检查实验报告,并根据自我评价的结果,对实验报告重新进行调整和完善。教师发现,自从要求学生在提交作业前先进行自我评价以来,学生提交上来的实验报告的总体质量水平明显提高。

一位初中数学教师定期向学生分发"离席卡",要求学生在离开课堂前指出课堂中哪些内容或教学方法有用,哪些没用,学生填完卡片后才能离开教室。他发现这种简单的方法有两个好处:①为学生提供反思的机会;②为教师提供教学反馈信息。根据学生的反馈情况,教师可以对教学方法作进一步的改进和完善。

认知心理学研究表明,元认知在阅读和解决问题过程中显得特别重要。元认知是指学习者积极监控自己的思维过程和理解程度(我是否掌握了作者所表达的意思?)、运用和评价学习策略(这种学习方法是否有效?)、反思学习并制定目标(下次我应该怎样做才能表现得更好?)。WHERE 工具中的第二个"E"强调定期让学生"展评学习所得"(evaluate),即开展自我评价与自我反省。

元认知实际上是一种思维的习惯,包括内在对话(internal dialogue)或自我谈话(self-talk)。尽管有部分学生会自发地运用元认知策略,但是教师还是有必要让所有的学生了解这种内在的、无形的元认知策略。下面列出几种用以培养学生元认知能力的方法:

(1)在学期开始时,要求学生设计一份个人学习档案,分析自己在学习上的优势和缺点,考虑哪种学习方式、学习策略最适合自己,哪种类型的学习困难最大,希望在哪方面有所改进。另外,教师还要尽可能为学生提供定期记录学习档案信息的机会。

(2)教师可以运用"出声思维"方式,向学生展示自己的思维过程。向学生展示自己遇到困难(例如,不理解文章的某个部分或在解决问题时遇到困难)时的举措对帮助学生掌握元认知策略具有重要作用。教师要让学生知道自己所做的努力,运用的转移策略,以及对学习进程的评估等。当学生熟悉了元认知,教师就可以让他们进行"出声思维",并分享各自的思维过程。

(3)让学生运用评价量规对学习进行评价。要求学生对范本进行评分,以加深对评价量规意义的理解,以便于在自我评价时作出更为精确的评估。

(4)要求学生对课程作业或学习任务进行自我评价。提供一份带有复选框的评价量规表,让学生根据量规表中所列的要素完成自我评价。通过不断地练习,学生就能熟练运用量规进行自我评价。

(5)定期让学生回答一些自我反省性的问题,例如下面所列出的几个问题:

①哪些内容你真正理解了?

②你还有哪些问题或不确定的地方?

③什么方法最有效?

④你怎样改进?

⑤下次你会作出怎样不同的举措?

⑥你最自豪的事情是?

⑦你最失望的事情是?

⑧对你而言,完成这件事情到底有多困难?

⑨你认为你应该得到什么样的分数? 为什么?

⑩你所学到的知识让自己的思维起了什么样的变化?

⑪你所学到的知识与现实和未来生活的关联度如何?

著名的教育家杜威曾说过:"我们不是从经验中学习,而是通过反思学到知识"。确实,效率最高的学习者会进行自我评价、反思自己的学习、制订个人学习目标、运用有效的学习策略。教师要通过示范、要求学生有规律地运用元认知思维习惯等方式来帮助培养学生的元认知能力。

以上已经探讨了"理解为先教学设计模式"对教学实践的启示,并建议了七种相关的教学实践。接下来,这一教学模式还尝试提供了一些相应的课堂观察指标(classroom indicator)以便考量在课堂教学中运用会产生什么样的效果(见表2)。这些课堂观察指标改变了以往只看重教师行为的做法,而是将重心放在考查学生正在做什么——这是教师对学生和学习过程产生影响的体现。这份观察表适用于教师的自我评价和学校行政领导的"听课"。当然,现在的指标还是比较多,全部用在新教师身上也未必适合,可以根据实际情况有所取舍。

表2 理解为先教学设计模式"应用课堂观察指标"

教学实践	教师	学习者
1.围绕重要概念和核心问题组织教学内容	◇向学生公布核心问题 ◇合理运用核心问题来组织教学活动 ◇把具体的知识和技能与重要概念相联系,并要求学生作出类似联系	◇能够说明核心问题与学习的内容是怎样互相联系的 ◇能够把具体的知识和技能与重要概念相联系

教学实践	教师	学习者
2.围绕要求知识迁移的真实性评估任务组织学生的学习	◇根据要求学生进行知识迁移的真实性评估任务,制订关键的学习目标	◇能够解释知识迁移任务是怎样反映学习目标的(例如,我做什么才能表明自己已经掌握了知识和技能) ◇积极参与学习任务的完成以反映出学习任务的针对性
3.帮助学生清楚将要学习什么?为什么要学习这些内容?采用何种学习评估方法?	◇在单元或课程学习开始时,明确预期的学习目标 ◇解释为什么要学习这些内容,以及与现实生活的针对性 ◇说明用以判断学生学习程度的主要评估手段 ◇公布评估标准(例如,评分量规) ◇提供学业表现优劣的样例,帮助学生了解两者的差异所在,善于运用实际学习情况来解释如何使用量规	能够回答以下这些问题: ◇本单元的主要学习目标是什么 ◇怎样评价学习?即如何证明我积极投入到了学习中 ◇如何评价我的学业,教师如何给我打分 ◇学业任务所要求的质量标准怎样 ◇每一个课时学习与单元学习目标之间有什么联系?同已经学过的旧经验有什么联系
4.激发并维持学生的学习兴趣	◇通过激发学生的思维、好奇心、兴趣和情绪导入新课内容 ◇用以激发学生兴趣的教学活动必须与重要的学习目标相关联	◇真正激发并表现出与学习目标相关的兴趣、好奇、兴奋、疑惑、快乐等 ◇借助落实各种激发措施后能够提出适当的、与学习主题相关的问题
5.为学生实现知识的理解和成功的知识迁移做好准备	◇帮助学习者进行积极的意义建构 ◇展示优秀的作品或预期的学业成果范例(同时也提供反面证据作为对比) ◇运用直接教学,教给学生完成学业任务必备的技能和策略	◇主动对核心概念进行比较、总结、画图示等 ◇通过小组合作协同努力来完成学业任务 ◇能在相关情境中应用知识
6.让学生根据反馈信息,对自己的学习过程进行反思、完善和重新尝试	◇用友善的语言为学生提供具体而及时的信息反馈 ◇提供学生调整学习、实际操练和反复尝试、反思重要概念的机会	◇根据反馈信息,能用自己的话说出个人哪些方面表现好,哪些方面还需改进 ◇根据反馈信息,能对自己的学习进行调整、反复尝试和反思,进而来改善学业表现

续表

教学实践	教师	学习者
7.鼓励学生进行自我评价和反思	◇让学生定期对学习过程、学业成果等进行自我评价 ◇采用"发声思维"方法,向学生示范元认知过程 ◇必要时提供关于有效的自我评价过程的直接指导 ◇必要时提供指导(例如如何引发问题或如何运用一份评价量规等) ◇让学生反思自己的学习并制订下一步学习目标	◇了解适合自己的学习风格 ◇定期对学习过程、学业成果等进行自我评价 ◇反思自己的优势和不足 ◇制订下一步学习和任务目标

总之,"理解为先教学设计模式"是主动学习和意义学习的有效模式,它为教师提供了一个课程设计框架,特别强调学生重要概念的理解,并为学生在真实情境中运用和迁移所学知识做好充分的准备。以上讨论的七条教学实践就是为了促进学生的理解和知识的运用。该七条教学实践的有效运用,有利于学生进行更主动的、有意义的学习。

四、理解为先教学设计模式的课堂教学活动序列

目前学校课堂教学在很大程度上依赖于按照教材的内容顺序来安排教学活动,特别注重学生获得和掌握知识技能,却忽视了另外两个教学目标的实现,即意义建构和知识迁移。而且,还普遍存在这样一个错误的倾向:即我们总是要求学生在真实情境中应用知识之前先要掌握大量的知识点。尽管这种基于按部就班式认知模式的教学方法本意是好的,但是极易使学生在学习过程中出现大量的错误,而且最新的认知心理学研究结果也对这种观点提出了质疑。此外,课堂教学中教师的讲解过多,而学生总是处于被动听讲的地位,还要死记硬背那些大量分散的孤立的事实性知识,不断应付大量的练习。采用这种孤立的、枯燥的教学方法,学生最多只能掌握一些零散的知识,而很少有机会能真正以某种有意义的方式来实际运用知识,实现知识迁移。

因此,要改变现有学校教学的现状,实现知识掌握、意义建构和知识迁移这三个中心任务和目标,促进学生的理解,教师必须重新建构课堂教学序列,合理安排教学活动。威金斯和麦克泰新近提出了12个步骤来开展课堂教学,重构教学序列。他们分别是:①提出问题,激发学生兴趣;②引入单元关键问题;③事先交代学生最后的学业表现要求;④提供直接教学;⑤提供基本知识点操练;⑥请学生开

展深入对话讨论;⑦提供一项应用任务;⑧引导全班学生讨论;⑨提供一项小组应用任务;⑩回顾单元教学中最初用于激发学生兴趣的问题;⑪布置最后的学业表现要求;⑫请学生反思单元关键问题。

下面以中学数学中"集中量数(central tendency)"单元教学为例,结合上述12个环节来简述如何安排教学活动:

(1)提出问题,激发学生兴趣(begin with a hook problem)。教师向学生提供一组数据,记录了七年级四个班级中122位学生1公里赛跑的成绩,要求学生通过小组合作学习来确定哪个班级赢得了比赛,并向其他同学作出合理的解释和说明。此外,教师要提出一些引导性问题来激发其他不同的答案,并得出精确的逻辑推理。

(2)引入单元关键问题(introduce essential questions)。什么是公正? 在确定是否公正方面数学起什么作用? 呈现不同的情境来激发学生对公正的讨论,比如我们所说的赌博的规则不公平是什么意思? 大股东直接投票什么时候是公正的,而什么时候又是不公正的? 跳水竞赛中存在一定程度的难度系数是否公正? 学校里采用的加权分又是否公正? 要求学生得出一些暂时的结论便于在接下来的单元学习中作进一步的探讨和验证。

(3)事先向学生交代最后的学业表现要求(preview the culminating performance task)。教师应事先告诉学生,"你们要确定采用何种集中量数(即平均数、中位数和众数)来计算数学这门课程的最后季度成绩,此外,还要解释为什么选择这种方法,并作出数学逻辑推理。"这样,就能激发学生提出很多问题,比如什么是中位数? 什么是众数?

(4)提供直接教学(provide direct instruction)。在联系原先的启发性问题和关键问题的基础上,对集中量数的计算方法进行直接教学,并提供一些生活中的实例。这样,更容易让学生明白之前进行的教学活动以及事先告知他们所要完成的学业任务的意义所在。

(5)提供基本知识点操练(provide practice on the basics)。让学生解答课本上的问题来练习平均数、中位数和众数的计算。另外,通过小测验来判断学生对重要概念的理解程度和计算的精确性。

(6)请学生开展深入对话讨论(provide opportunities for further discussion)。让学生在全班范围或小组内部对另外的例子进行讨论,例如,在各种不同情况下(如薪水、房屋价格、汽车价格等),什么时候了解"平均数"最有用? 什么时候又会导致误解的产生? 我们还需要了解什么信息以便于作出明智的行为(比如决定是否购买新车)?

(7)提供一项应用任务(provide an application task)。帮助学生思考这样一个问题:"我们什么时候使用平均数,什么时候使用中位数,什么时候使用众数?

又在哪里可以用到这些集中量数?"要求每一个学生编拟一个类似最初的启发性问题,要求创建一组能够得出多种不确定结论的数据。让学生分别采用这三种类型的集中量数来计算结果,选择一个最佳答案,并提供必要的解释和说明。然后,每两个学生组成一组,让他们互相交换问题和答案,试着解决对方的问题,最后针对对方的解决办法和论证说明提供信息反馈。

(8)引导全班学生讨论(lead a whole-class discussion)。让学生讨论相关的问题,例如以多种方式解决问题的重要性如何? 让学生调查多种不同的情境,并得出相应的结论(如国家体育队的排名系统、跳水比赛的得分情况、股市业绩等)。

(9)提供一项小组应用任务(provide a small-group application)。要求学生提出一种最公正的方法来计算某门课程的季度成绩。同时要考虑这两个问题:是否应该平均所有的分数? 是否应该考虑零分的影响? 然后,让每组学生展示自己组建议的方法,并向其他同学作出解释和说明。

(10)回顾单元教学中最初用于激发学生兴趣的问题(revisit the original unit hook problem)。教师在这个环节中,要再次询问学生:"现在你们认为是哪个班级赢得了1公里赛跑比赛?"并要求学生运用所学知识重新评估这个问题以及原先的答案。

(11)布置最后的学业表现任务(assign the final performance task)。让学生回顾自己原先做过的测验、家庭作业、课堂作业等的得分情况,确定采用哪种集中量数以得到最公正的分数,然后以书面形式对自己所采用的方法作出解释。

(12)请学生反思单元关键问题(give students opportunities to reflect on the unit's questions)。让学生再次反思小组和班级讨论中涉及的那些单元教学的关键问题。

参考文献

[1]McTighe J. Understanding by design and instruction. in Robert Marzano(ed) *On Excellence in Teaching*. Bloomington, IN: Solution Tree Press, 2010, 271—299.

[2]McTighe J & O'Connor K. Seven practices for effective learning. *Educational Leadership*, 2005, 63(3):10—17.

[3]McTighe J, Seif E, Wiggins G. You can teach for meaning. *Educational Leadership*, 2004, 62(1):26—31.

[4]McTighe J & Thomas R. Backward design for forward action. *Educational Leadership*, 2003,60(5): 52—55.

[5]Wiggins G & McTighe J. Put understand first. *Educational Leadership*, 2008,65(8): 36—41.

促进理解教学模式在小学数学教学中的应用

——以《6 的乘法口诀》为例

徐　茜

[摘要]　"促进理解模式"由美国的威金斯和麦克泰伊 1998 年创立。该模式基于脑科学和认知心理学的研究成果,通过"逆向设计"运用"引导性问题"促进学习者深入持久地理解,在日益注重理解的数学教学中具有重要的作用。运用促进理解教学模式设计《6 的乘法口诀》一课,对于发现该模式的教材观、学生观及评价学习观具有其独到之处。

[关键词]　理解　促进理解　引导性问题　逆向设计

"促进理解模式"又称"通过设计促进理解"(understanding by design,简称 UbD),于 1998 年由美国的威金斯和麦克泰伊(Wiggins G & McTighe J)创立的。这一模式将聚焦点置于学生深入持久地理解(deep,enduring understandings),它注重单元设计模式(unit planning model),通过"逆向设计"(backward design),运用"引导性问题"(essential questions)帮助学习者深入持久地理解重要概念和观点。

小学数学的教学一直以来都以掌握和运用知识技能作为最终目标,而将理解仅作为实现这一目标的手段,只有在运用的过程中出现了困难或错误,才意识到当初对理解这一环节关注不够。数学课程不仅是一门文化课,更是基础课、工具课,强调学生理解性地学习数学,不仅有利于解决数学问题,还有利于其他课程的学习和社会问题的解决。第三届国际数学与科学研究(TIMSS)显示,得分越高的国家(如美国、日本),越注重促进学习者理解的教学。近十几年来,全美数学教育研究中心(national center for research in mathematics sciences,简称 MCRMSE)一直致力于在美国建立促进理解的数学课堂,他们认为,以理解为目的的教育历史比美国历史还要长,促进学生对数学的理解已成为世界数学教育的共识。在理解中学习数学,不仅对培养理解能力有益,而且还能促进对数学本质的认识。理解在学习中、尤其在数学学习中的重要性可见一斑。而"促进理解模式"应用于小学数学教学,能有效地帮助学习者理解重要概念,提高学习效果。在这个过程中,所获得的理解能力更有利于学习者获得终身受益的学习和处理问题的能力。

一、促进理解教学模式的基本理论

(一)理解的含义和维度

为什么聚焦于理解？首先一个原因就是知识和技能本身不能保证学习者的理解。因此，教师不能只满足于将书上的内容传授给学习者，学习者也不能指望以简单的知识记忆和技能模仿来应付测验，达到"正确理解和掌握"的目的。这种对"理解"的认识是肤浅的、静态的。什么是理解？威金斯和麦克泰伊指出，理解绝不限于知道或者会做，理解意味着能够熟练、灵活地运用知识和技能，善于明智有效地在变式的、关键的、联系实际的和新颖的情境中运用知识和技能。也就是说，理解不仅需要知识和技能，还需要学习者自觉地遵循规律运用所学的知识。基于这一思想，我们认为，小学二年级数学课《6 的乘法口诀》的教学目标不能满足于日常教学中让学生熟记并熟练应用 6 的口诀进行乘法计算，而应自觉地、灵活地在日常生活中、在新颖的、变式的情境（如乘数不为 6 的乘法计算甚至有规律的加法计算）中遵循乘法口诀的规律加以运用。

为了帮助教师判断学习者是否达到深入持久的理解，威金斯和麦克泰伊将理解分为六个维度（见表 1）。

表 1　理解的六个维度含义及举例（以《6 的乘法口诀》为例）

理解的维度	含义	评价标准	示例
解释	即一种完善、合理的说明，学习者能够对事件、行为和观点作出有见解的、合理的论证和说明，能够形成理论及找出相应的证据，回答是什么、为什么和应如何一类问题。	准确	明确乘数是 6 的乘法可以用 6 的乘法口诀来计算，知道 6 的乘法口诀的内容。
释义	即各种事件、叙事和转换的实际意义。学习者通过想象、听取轶闻、类比和模仿揭示其含义，提供有意义的阐释、叙述和翻译，其目的在于理解而不是解释。	有意义、有价值	理解乘法口诀编制的道理、口诀中句与句之间的关系以及与 5 以内乘法口诀的关系。
应用	在新颖和变式的情境中能有效地运用和调整所学知识。	有效	运用 6 的乘法口诀解决小象吃了多少香蕉的问题。将 6 的乘法口诀运用于现实情景中，解决实际问题。能正确设计一个用 6 的乘法口诀解决的问题故事。

续表

理解的维度	含义	评价标准	示例
洞察	能够理解别人的想法,具有批判的、深刻的观点和见解。运用多种不同的方式来分析某个呈现的问题,并从多个角度用不同的方法进行解决。	可信	能够理解别人的问题故事,判断故事编得是否符合要求,并讲出道理,能用多种方法解决6的乘法问题。
移情	能从他人认为是奇异的、难以置信的观点中发现价值,敏感地深入体会他人的情感和观点,用别人的眼光来看问题,换位思考。	感觉敏锐	在情感上能够体会口诀在生活中的重要性。理解忘记或不懂乘法口诀的同学的感受,并能想办法解决忘记口诀的问题。
自知	认识到自己的理解中有什么优势和不足,哪里不理解以及为什么难理解,即具有元思维能力。意识到个人风格、思维偏见以及思考习惯对自身理解力的影响,正确地认识自我。	具有自我意识	认识到自己的优势和局限。哪些已掌握,哪些还有困难,为什么困难?

(二)促进理解的教学

理解是一种能够运用自己所知道的进行灵活思考和行动的能力,也就是说,理解的主题是灵活的表现能力,强调"灵活"。那么,教师在安排教学活动时就不能仅仅"覆盖教材",而要创造机会让学习者深入地思考、探寻和理解知识与观点背后的意义,以促进理解,实现灵活。两种教学方式的不同参见表2。

表2　重在理解与覆盖教材两种教学活动设计宗旨的对比

重在理解	覆盖教材
教材只是作为基于课程标准的、为特定教学目标而独立设计的学习活动的一种资源	教材是课程提纲,除了讲授完教材上的知识点之外没有其他明确的目标
目标在于更有效地运用基于任务的评价方式来判断学生理解的程度	仅采用简单的评价方式,比如测验对书本知识和技能的掌握情况
教材用来帮助学生探究重要观点和关键的引导性问题	学生的任务在于了解书本的内容,而不是理解关键的引导性问题
学生按照某种逻辑顺序来学习教材的某些部分,以更好地获得深入持久理解和掌握引导性问题	按照页码顺序来学习书本知识
教材只是众多学习资源之一,教材仅仅概括了重要的观点和推论	除了教材之外没有其他的学习资源,学生只是简单记忆课本上的知识点,而不是对其进行分析或作出评论

（三）促进理解的逆向设计

如何帮助学生对主要概念和过程进行持久深入的理解？威金斯和麦克泰伊认为合理有效的单元课程设计是保证教学既有效果又有效率的前提和基础,而这样的单元课程可以通过逆向设计来进行。即先确定什么样的教学目标是达到并理解的目标,然后考虑用什么办法来证明学生确实掌握了学习目标并实现了理解,在此基础上,采用多种教学方式或教学活动来达到目标。整个过程分为三个阶段:明确预期的学习结果;确定能够证明学习者达到预期学习结果的证据;安排相关的教学活动来实现预期学习结果。

1.明确预期的学习结果

所谓预期的结果就是学生在教学活动结束时知道什么和能做什么。这一阶段是 UbD 设计的关键环节,只有明确了结果目标才能保证学习活动的正确指向。在这个过程中,设计者应当确定三项内容:

（1）需要深入持久理解的内容。由于国家、地区、学校甚至教科书和教师的不同,确定需要深入持久理解的内容是比较困难的。UbD 提出在决定优先选择课程内容时需要遵循四项原则:

①需要我们深入持久理解的课程内容是可以被迁移的重要内容,它具有超越课堂本身的价值;

②它是位于学科中心的重要观点和核心过程;

③它是那些抽象的、非直观性的、容易被误解的、需要我们去揭示的重要观点;

④它还是融入了重要观点的事实、技能和学习活动,有利于激发学生的兴趣和潜能。遵循这四条原则,威金斯和麦克泰伊设计了课程内容层次优选图（见图 1）。以此为依据,《6 的乘法口诀》一课中的课程内容层次优选见图 2。

图 1　课程内容层次优选示意

图 2　《6 的乘法口诀》课程内容优选示意

（2）重要的引导性问题。为了帮助学生理解重要概念和观点，还需要确定有效的引导性问题。"引导性问题"是一种开放性问题，并没有单一确凿的答案，它是一种可以展开讨论，有充分理由来论证的问题。引导性问题使学习者深入思考需要持久理解的内容，通过探究和发现达到对重要内容的深层次理解。按照理解的六个维度，可设计《6 的乘法口诀》一课的引导性问题（见表 3）。

表 3　利用理解的六个维度确定《6 的乘法口诀》的引导性问题

理解的维度	引导性问题
解释	什么是 6 的乘法口诀？有哪几句？
释义	怎样编制 6 的乘法口诀？每两句口诀之间藏着什么秘密？
应用	我们怎样应用 6 的乘法口诀解决问题？怎样编一个能用 6 的乘法口诀解决的问题？
洞察	6 的表内乘法口诀怎样用于解决 6 的表外乘法问题？
移情	如果忘记或不懂乘法口诀，你会有什么感受？生活将会怎样？
自知	你的乘法口诀掌握得如何？

（3）其他重要的知识和技能。除了需要持久理解的内容外，学习者还需要熟悉很多与单元的核心内容紧密相关的其他知识和技能，以促进深入持久的理解。《6 的乘法口诀》一课中，学生还需要掌握乘法的意义、口诀编制的基本原则以及设计数学问题等多方面能力。

2. 确定能够证明学习者达到预期学习结果的证据

明确预期的学习结果后，进入逆向设计的第二阶段——确定判断学习者是否达到预期学习结果以及达到程度的证据。教师需要选择合适的评价方式，并设计真实情境的任务表现评价。

学习结果的多样性决定了评价方式和类型都不能单一。评价方式不仅限于终结性评价，还应更关注形成性评价，不仅针对书面作业还应针对提问、观察、小组讨论、完成任务等方面进行评价。威金斯和麦克泰伊根据课程优选各层次设计出相应的评估类型（见图 3）。《6 的乘法口诀》一课中，可以设计填空题、选择题观察学生是否能正确编制口诀并指出口诀的规律，通过谈话判断和论述证明学生是否能根据规律判断口诀编制得正确与否，通过开放题的讨论、完成真实的情境任务评判学生是否能够根据规律设计生活实际问题并正确解答（部分示例见表 4）。

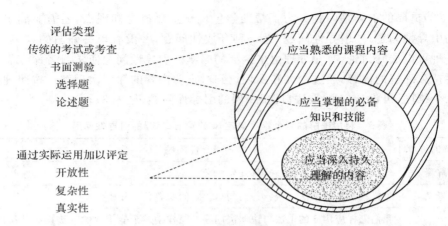

图 3　课程内容优选层次与评估类型

表 4　《6 的乘法口诀》评价示例

预期学习结果	评价方式	评价类型	举例
识别生活中的乘法问题	提问	判断、填空	小象家买了这么多香蕉,每把正好 6kg,我们数一数、算一算他一共买了多少 kg 香蕉,用什么方法计算?
编制 6 的乘法口诀	提问、观察	填空	怎样编制 6 的乘法口诀?教师巡视并观察学生编制口诀是否正确?
发现口诀的规律	提问、讨论	论述	观察 6 的乘法口诀,你发现了什么秘密?你是怎么看出来的?
乘法口诀规律的运用	提问、讨论	判断、论述	观察自己和周围同学编制的口诀,你觉得编制的怎么样?
乘法口诀的运用	讨论	情境任务	设计用 6 的乘法口诀解决的生活实际问题并解答。

　　在预期学习结果中,对于应当深入持久理解的内容,UbD 强调设计真实的情境任务表现评价。情境任务应当是现实的、与成人在单位、社区、家里遇到的问题相似,需要学习者加以判断和创新才能完成。在这个过程中,允许学习者通过练习、查阅资料与获得反馈更好地完成任务,评估时则使用 GRASPS 工具(见表 5)从理解的六个维度对学习者在这一过程中表现出来的能力进行评价。在《6 的乘法口诀》一课中,设计"给长辈送香蕉"的真实情境:每人准备六根香蕉送长辈(爸爸、妈妈、爷爷、奶奶、外公、外婆),全班一共要准备多少根香蕉?

表 5　GPASPS 真实情境任务设计工具在《6 的乘法口诀》中的应用示例

GRASPS 工具	含义	举例
目标(goal)	情境任务的目标	统计全班需要准备的香蕉数量
角色(role)	在完成任务中学生所承担的角色	班里的一分子、统计员
对象(audience)	情境任务和成果所面向和展示的目标对象	班委会(班委会用这个数据去采购香蕉)
情境(situation)	情境任务的背景	班中的人数与每人的香蕉数量都可以得到;班级人数比较多,任务有难度,需要细心并讲求方法
成果或学业表现(product or performance)	情境任务或活动的成果	你对统计负有责任;正确的统计可以避免盲目采购和耽误时间
标准(Standards for success)	判断任务表现或成果完成情况的标准或依据	你的统计与计算过程必须合理、正确,能简便最好

3. 安排相关的教学活动来实现预期的学习结果

　　根据预期学习结果及其评价,逆向设计的第三阶段将目光转向教与学的活动设计,UbD 采用 WHERE 课堂教学结构设计教学,以期通过多种教学活动来实现预期、达到目标(详见表 6)。

表 6　促进理解的单元教学结构(乘法口诀单元)

学结构	说明	示例
明确教学目标(where)	本单元要达到的目标	掌握乘法口诀 运用口诀解决数学问题
激发学习意愿(hook)	启发引导学习者积极主动迎接挑战,探究问题	呈现小象吃香蕉的故事

续表

学结构	说明	示例
逐步探究主题 （explore）	组织完成任务所需的知识和技能，帮助学习者探究需要深入持久理解的概念或观点	播放并讨论小象吃香蕉遇到的问题； 讨论解决问题的方案； 尝试编制乘法口诀表； 观察分析乘法口诀表的规律； 讨论探寻规律背后的奥秘； 研究记忆乘法口诀的小窍门； 记忆口诀并提供练习的机会； 设计一道用乘法口诀解决的数学问题； 小组讨论并完成"给长辈送香蕉"任务
反思学习过程 （rethink）	引导学习者反省和重新思考核心观念，通过反馈和自我反思作出调整	学生根据口诀的规律对自己和同伴编制的口诀表进行评价； 分小组对组员设计的数学问题进行分析和解答，并作出反馈和评价； 学生根据评价标准对自己完成学习任务的情况进行自我评价
展评学习所得 （evaluate）	引导学习者通过自我评估明确优势和不足，提出发展目标和计划	评价学生设计的数学问题并给予反馈； 评价小组成员在"给长辈送香蕉"任务重的表现，作出反馈

二、促进理解教学模式在数学中的应用实例

《6 的乘法口诀》一课是北京师范大学出版社版数学新课程标准实验教材二年级上册第七单元乘法口诀（二）中的第一课，本单元的主要内容是 6、7、8、9 的乘法口诀，与前面所学的 5 以内的乘法口诀无论在口诀的引出、口诀的编制、口诀的掌握等方面形式基本相同，不同之处在于本单元更注重对口诀规律的理解和运用。在前面学习了乘法的意义之后，学生对生活中的乘法问题已经比较熟悉，知道生活中的乘法问题很多，但并不限于表内乘法，只有深入地理解乘法口诀的规律才能灵活解决 6 的乘法问题。加之本课是第七单元起始课，其理解程度直接影响 7、8、9 的乘法口诀的学习，因此促进理解地学习 6 的乘法口诀具有重要的意义和价值。本课例就以促进理解教学模式为指导，聚焦理解，采用 WHERE 课堂教学结构，适应小学二年级学生的年龄特征和认知方式，首先激发学习意愿，创设出"小象吃香蕉——6 的乘法口诀"这一教学情境展开教学。

教学目标：

（1）知识目标：正确记忆 6 的乘法口诀，并解释口诀之间的关系（事实性知识）；

(2)技能目标:能编制6的乘法口诀,应用口诀解决简单的实际问题(程序性知识);

(3)情感目标:愿意运用数学知识解决实际问题,对数学产生需要和兴趣(情感性知识)。

教学重点:6的乘法口诀的规律

教学难点:6的乘法口诀的编制和运用

教学方法:观察法、谈话法、讨论法

教学用具:多媒体课件,6的乘法算式和乘法口诀

教学过程:

(一)激发学习意愿

(1)创设情境,提出问题:

小朋友们,教师今天给大家带来了一个新朋友,快来看看是谁啊?

(课件播放小象的家,点击小象发出声音。小象:"今天早上我一起床,肚子就咕咕叫了,我吃了好多好多香蕉。小朋友,你们知道我吃了多少根香蕉吗?"屏幕出现了一大堆香蕉)

(2)明确问题,激发思考:

我们来帮小象数一数,一把、两把、(随之鼠标拖拽一把把香蕉,每把香蕉都有六根)……六把,六把香蕉有多少根呢? 一根一根数太麻烦啦! 你有什么好的办法吗? 从信封中拿出六把香蕉(图片)数一数吧!

[设计意图:二年级小朋友注意力不易集中,课堂伊始就应抓住他们的兴趣点,提出富有挑战的问题,以激发他们积极参与和迎接挑战。鉴于其认知水平处于具体形象思维为主,触觉功能普遍较强,教学宜采用直观手段,指导学生通过动手引发思考。本课以憨态可掬的小象带来的问题为出发点,激发学生帮助小象解决问题的意愿,通过动手操作对数学产生需要和兴趣。]

(二)明确教学目标

(1)全班交流数的方法。

2根2根数,用2的口诀;

3根3根数,用3的口诀;

　　　　……

6根6根一把一把地数,数到5把香蕉,再加第6把的6根就行了。

(2)如果我们知道6的口诀,就可以直接算出来啦! 今天我们就来研究6的乘法口诀。

[设计意图:清晰地理解我们所要达到的目标,是保证接下来的行动方向正确、任务有效完成的前提条件。学生通过自主尝试,运用已有知识——5以内的

乘法口诀,无法快捷简便地解决小象的问题,很自然地会产生学习 6 的乘法口诀的需要。如果说第一阶段中学生从情感方面产生了学习的渴望,那么这一阶段中学生则从认知方面认识到不足,产生学习的意愿。]

(三)逐步探究主题

(1)回忆我们编过 2,3,4,5 的口诀,当时是怎么编的?

(全班交流。注意:一共有九句。①按顺序编,小数在前,大数在后。②编几的口诀,每一句的得数都比前一句多几。③书写口诀要用汉字。)

(2)学生尝试编制 6 的乘法口诀,教师巡视行间。

(3)展示编制成果。

(4)观察发现乘法口诀的规律:每一句的得数都比前一句多 6,隔一句就会多12,……

(5)讨论探寻规律背后的奥秘:为什么每一句的得数都比前一句多 6?

可针对具体两个算式(如:6×7 和 6×8),其中一个乘数 6 没变,另一个乘数多 1,也就多了 1 个 6(1 把香蕉),所以结果多 6;如果另一个乘数多 2,也就多了2 个6(2 把香蕉),结果就会多 12;……

(四)反思学习过程

根据乘法口诀的规律对自己和同伴编制的口诀表进行评价,编制得对不对,为什么正确? 为什么错误? 你是根据什么标准来判断的?

(1)记忆乘法口诀:

①研究记忆乘法口诀的小窍门:怎样记忆准、快、巧?

②记忆口诀并练习:

◇你觉得那一句最难记,如果忘记了这句该怎么办?

◇小象就忘记了一句 6×8,你能帮他解决吗?

$6 \times 8 = 6 \times 7($　　　$) = 6 \times 9($　　　$)$

◇口答:$7 \times 6 + 6 =$　　　　$6 \times 7 - 6 =$　　　　$6 \times 4 + 6 =$　　　　$8 \times 6 - 6 =$

这四道口答题你能简便计算吗? 你觉得自己口诀掌握的怎么样? 掌握不好的原因是什么? 忘记了这句会有什么感受? 真的忘记了该怎么找到答案?

(2)设计一个用 6 的乘法口诀解决的数学问题。今天,我们从小象的生活中探索出了 6 的乘法口诀。这个知识对于我们的生活有什么帮助呢? 你能举个例子说说吗?

分小组对组员设计的数学问题进行分析和解答,并作出反馈和评价。

[设计意图:促进理解模式的第三阶段是本节课的主体,在这个阶段,要让学生积累学习经验,以此来探寻更为重要的观点和本质问题,并且让他们不断研究、实践,最后发现问题的本质。为了让学生深入理解乘法口诀的规律,教学设计了

"尝试编制口诀,初步感知规律"——"观察发现规律并探寻规律奥秘,深入挖掘规律产生原因"——"根据规律反思最初编制的口诀,进一步强化对规律的认识"——"帮助小象记忆口诀,深化运用规律"这四个层次,运用引导性问题帮助学生在探究、讨论中思考,寻找充分的理由来论证和理解规律。同时,第四阶段反思学习过程穿插进行于第三阶段中,学生在探究中进行反思,通过反思进一步探究,不断地反馈和自我评估调整对规律的认识,实现对规律深入持久地理解。]

(五)展评学习所得

(1)小象爬楼梯去找小动物们玩,每个小动物都住在不同的楼层里,每层6级台阶,需要爬多少层台阶呢?

×	5	2	8	4	1	6	7		3	9
6										

(2)小动物们终于相聚了,他们想跟咱们班的同学交朋友,你想做它们的好朋友吗?

每只小动物身上都藏着一个数(四只小动物分别带有数字:42,54,48,12,36),如果你知道这个数是几乘几得来的,你就是它的好朋友。

(学生用手势表示乘法算式的两个乘数。)你找好你的朋友了吗? 说说你的朋友是谁?

(3)"给长辈送香蕉"活动:每个小朋友要送(六根)香蕉给长辈(爸爸、妈妈、爷爷、奶奶、外公、外婆),全班一共要采购多少根香蕉? 大约买多少把香蕉呢?(小组讨论)

教师评价小组成员在"给长辈送香蕉"任务中的表现,作出反馈。并指导学生挑选香蕉的方法,根据计算结果采购香蕉。

[设计意图:促进理解学习第五环节"展评学习所得",学生通过完成练习和任务展现自己的学习成果及理解程度,教师则指导学生明确其优势和不足,提出改进和发展的目标。UbD认为,对于应当深入持久理解的内容,要采用基于任务的方式来判断。在这个过程中不仅知道怎么做,还要知道为什么这么做,对自己所运用的知识和技能作出正确的判断。本环节的第三个问题就是一个真实的情境任务,由于班级人数超过9人,学生在完成任务的过程中需要将乘法口诀的规律迁移至6的表外乘法问题中来,可以运用多种组合方法累计算出得数,能够灵活应用所学的知识才说明真正深入地理解了6的乘法口诀。]

三、促进理解教学模式的思考

1.促进理解的教材观

促进理解教学模式聚焦于持久深入的理解,一切有助于深入理解的学习资源都可运用于教学之中。因此,教师在设计教学之前,需要深入思考和理解课程内容的核心,通过广泛查阅资料、去粗取精、深化认识、精选资源。而传统的"三个一"(一本课程标准、一本教学参考书和一本教科书)远远不能满足需要,这就要求教师更新观念,将教材看作是帮助学生深入理解的众多课程资源之一,改"教教材"为"用教材教"。可见,促进理解教学模式无论对教材还是教师都提出了比较高的要求,这与我国基础教育课程改革的课程观有相似之处。

2. 促进理解的学生观

传统课堂教学模式将学生看作填鸭知识的容器,学习者的学习方式是记忆、模仿,是否真正理解要根据自身悟性以及练习量决定。因此人们认为,"聪明的孩子才能学好"、"多练才能生巧",造成题海战术的现象,从行动上和情感上深深打击了大量学生的学习积极性和主动性。而促进理解模式强调"倒推式"的单元课程设计,围绕理解设计和安排教学活动,将学习者置于学习的主体地位,通过主动思考、深入理解实现自我知识建构和技能掌握。这一点在 WHERE 型教学结构的"反思学习过程"一环中体现最为明显,也是该教学结构的一大特色。UbD 强调教师对学习者的双重"理解":既寻求对人的理解,也寻求对观念的理解。(见表7)促进理解模式将"理解"的涵义从认知维度扩展到情感维度,真正把学习者看作有思想有感情的"人",从全人的视角培养主动发展性个体。

表7　理解六维度视角下高水平理解示意

几大维度	观点及知识领域	人及情感领域
解释	知识广而深 复杂的理论、证据、论证	熟练掌握人类心理(关于儿童学习的发展和研究及存在的误区)
释义	对文本、事件、资料敏锐、全面地理解。具有评价其重要性的能力	从学生个人生活及理解的角度来理解其课堂行为及其意义
应用	真正地运用所学的知识。能够根据实际背景灵活运用所学的技能	有效的运用本书的观点及相应的手段
洞察	能够进行批判性的分析;体现到观点尽管不同,但可能都是正确的	熟练地管理课堂,能够看出学生各种观点和反应的优劣
移情	敏感性	体察初学者的不安全感,有能力对天真的问题或新颖的观点进行机智地处理
自我认识	意识到自己的无知(自己知识的有限性),觉察自己的观点、习惯的局限	清楚地意识到自己对不同学生及学习方式所持的偏见或成见

3. 促进理解的评价观和学习观

为了促进学习者深入持久的理解,UbD 提出基于课程内容优选层次图有针对性地选择评价方式。对于应当熟悉的课程内容可采用选择题和论述题等传统的书面检测来考察;对于应该掌握的必备知识和技能,还可以通过实际运用加以评定;而对于应当深入持久理解的内容,则需要通过真实情境的任务进行评价。理解只有通过完成这些任务才能真正表现出来,其中不仅要掌握知识和技能,还要求学习者在运用时作出正确的判断,解决如何用的问题,这就决定了学习者只靠简单的记忆和模仿是无法完成的。在这个过程中若出现问题与错误,UbD 将其看作学习的资源,倡导从错误中学习。并将学习看作努力追寻、不断调整错误的过程,而不是避免错误的过程,其评价类型以形成性评价为主。这种基于任务的多层次评价方式与传统的简单评价有着很大不同,真正将理解分层落实到解决生活实际问题的行动上,通过反馈与评价逐步深入、加强理解、促进学习。

参考文献

[1]何晔,盛群力.为促进理解而教——掌握逆向设计.高校教育管理,2007(3).

[2]盛群力等编著.教学设计.北京:高等教育出版社,2005,205,213,205,206.

[3]王光明,罗静.美国"促进理解的数学课堂"简介及启示.课程教材教法,2008(3).

[4]Wiggins G,McTighe J.理解力培养与课程设计:一种教学和评价的新实践.么加利译.北京:中国轻工业出版社,2003,36—37,274—275.

[5]ALPS Teaching for Understanding. http://learnweb. harvard. eduALPStfu/info1b. cfm.

[6]McTighe J & Seif E. A summary of underlying theory and research base for understanding by design. http://www. jaymctighe. com/articles/UbDResearch. pdf,2003.

[7]McTighe J & Wiggins G. *The Understanding by Design Handbook*. Alexandria, VA: Association for Supervision and Curriculum Development,1999,140.

[8]Perkins D. Teaching for understanding. *The Professional Journal of the American Federation of Teachers*,1993,17(3):1.

[9]Wiggins G & McTighe J. *Understanding by Design*. Alexandria, VA: Association for Supervision and Curriculum Development,1998.

"直导教学"研究的三大贡献

——罗森海因论知识结构、教学步骤与学习支架

刘作芬　盛群力

[摘要]　从20世纪80年代发展起来的"直导教学",一直被看成是同建构主义教学相对立的教学方式。新的研究认为"直导教学"的效果优于少教不教。更重要的是,"直导教学"恐怕已经不是与"发现教学"相对立的两级,确实带上了某种"建构"的烙印——理解意义,把握结构和提供支架等。"直导教学"研究在建立良好知识结构、排序课堂教学步骤和勾勒认知策略支架等方面有值得重视的发现。

[关键词]　直导教学　课堂结构　教学效能　学习支架

一、为什么要探讨"直导教学"

非此即彼的二元对立思维不仅在我们的生活中司空见惯,同样在教学理论研究与实践中也是如此。本文所要介绍的"直导教学"也面临这样的境遇。"直导教学"(direct instruction,也有译介为"直接教学",还有研究者称之为"显性教学"或"主动教学")研究最初是20世纪80年代对"发现教学"进行反思背景下进行的,且有较严格的实验验证。当时的主张似乎是同认知学派的主张有点背道而驰,属于"回复基础"的象征。

台湾师范大学张春兴教授在《张氏心理学辞典》中曾给出专门条目说。直导教学(他译介为"指导性教学")的特点是:①属于结构性教学,教师对教材内容及教学过程中的活动,事先均有详细的准备,教学时一切按计划进行。②重视学科导向,主要目的在于指导学生熟练掌握教学目标规定的知识技能。③教学目标清楚,教学过程循序渐进,随时进行测试,使学生及时得到反馈。直导教学较适宜于知识与技能方面的教学。与其相对应的是"开放教学"(open teaching),它不强调事先预定教学结构,而重视学生自由,让学生按自己兴趣去选择学习活动。教师的角色是参与者而非指导者,只有在必要时才提供学习辅导。开放教学较适宜于情意方面的教学。

罗森海因(Rosenshine B)是倡导"直导教学"的主要贡献者之一,他是美国伊利诺伊大学学习与教学领域的认知科学研究专家与功勋教授。他在胡森(Husen T)主编的《国际教育大百科全书》中专门撰写了"直导教学"这一条目。罗森海因

指出:虽然这个术语 20 世纪 20 年代就出现在教育文献中,但按照 80 年代中期通行的理解主要是指:"如果教师要求学生学会些什么,那么就应直接教给他们"。直导教学要求教师用外显的、循序渐进的、有条不紊的(explicit, systematic, step-by-step)方式开展教学,注重全体学生通过练习熟练掌握和达标。

罗森海因认为,当学生年龄较小接受能力较弱,缺乏学习新知识的必要基础时,一般说来,教师采用以下措施可取得最佳效果:①使得学习活动合理有序;②小步子、快节奏;③充分具体地讲解指导;④经常提问并要求学生有外显的、主动的练习活动;⑤提供反馈和矫正,尤其是在学习新知识的初始阶段更应如此;⑥在初始学习阶段应保证达到 80% 以上的成功率;⑦将作业分解成几个部分完成或者采取多种形式,以便于及时检查指导;⑧保证必要的巩固练习(过度学习),以便学生的成功率达 90%～100%。

谁都不能否认,课堂讲解只是个程度问题,在许多情况下不是有或无的问题。问题是怎样的讲解教学更为有效,使之不仅能够起到传授知识的作用,同时也能启迪心智、开发能力。近年来,Kirscher, Sweller 和 Clark(2006)合写了一篇研究综述《为什么少教不教不管用呢》,认为直导教学的效果优于"少教、不教",建构主义主张的教学方式并不适应人类认知结构(cognitive architecture)的性质。他们对教师示范(modeling)、教学自查(teaching self-checking procedures)、多例示证(including many examples)、样例说明(using worked examples)和随堂练习(using process worksheets)等教学指导程序给予很高评价。该文在美国教育研究协会(AERA)2007 年年会上引发了激烈争论,这实际上也是包括了梅里尔(Merrill MD)和梅耶(Mayer RE)在内的一批著名学者对"意义讲解教学"作用的肯定。

本文将介绍的是"直导教学"研究的三大贡献。依据罗森海因自己对几十年研究而提出的总结我们可以看到,直导教学恐怕已经不是与发现教学相对立的两级,确实是已经带上了某种"建构"的烙印(例如理解意义,把握结构和提供支架等)。本文综述了直导教学研究在建立良好知识结构、排序课堂教学步骤和勾勒认知策略支架等方面的发现。

二、建立良好知识结构

对教学具有重要启发意义的主要研究是对认知加工开展研究。认知加工旨在研究信息如何被存储和提取。"直导教学"的研究阐明了帮助学生形成良好结构知识体系的重要性。

现阶段一般认为,长时记忆中的信息是以相互联结的网络形式存储的,称为"知识结构"。知识结构的大小、两个知识点之间联结的数量以及联结的强度、知识之间被组织的程度和知识联系的丰富性对信息加工和问题解决是至关重要的。当学生拥有的知识之间不仅彼此关联、而且联系丰富、联结强实、结构优良时，他们就能更轻松地同化新信息、更自如地提取先前知识，以更好地解决问题。当某一特定主题的知识结构颇为丰富而且组织良好时，获取新信息就易如反掌，先前知识的利用也更为便利。拥有结构良好的知识网络意味着任何一个细微信息都能帮助我们提取整个图式。知识之间联结紧密、节点丰富能让我们提取图式中更多信息。当信息对学生来说"意义丰富"时，他们的知识结构中就会有更多锚点供新知识"切入"与"挂靠"之用。教学就是帮助学生形成、丰富、拓展并提炼其知识结构的过程。

帮助学生组织信息、形成良好模式还有一个好处——当模式形成统一整体后，只占据较少的工作记忆空间，也就是说，知识结构模式联系越优良越丰富，就越能为我们节省工作记忆空间，这些释放出来的可用空间可以用来仔细思考新信息，更好地解决问题。专家和新手的显著不同是专家知识结构中有更多的知识组块，知识组块之间的联结更丰富、联系更紧密，组织结构更精良。形成良构图式和随之释放更多工作记忆空间，是专家所以成为该领域专家的品质特征。

总之，联结良好、组织精心的知识结构非常重要，这样的知识结构让学生更轻松地提取已有材料，也让更多信息以单一组块纳入。同时，这样的知识结构也有助于更好地理解和整合新信息。"直导教学"研究对此的研究提供了三个重要启示：①必须帮助学生丰富和发展背景知识；②鼓励学生自己进行知识加工；③帮助学生组织新知识。

1. 帮助学生丰富背景知识

教师怎样帮助学生形成结构良好的知识体系？重要的教学程序是让学生广泛阅读（extensive reading）、及时复习（review）、尝试练习（practice）和讨论交流（discussion）。这样的教学活动可以帮助学生增加归入长时记忆的信息量，更好地组织信息，丰富信息之间联结的数量，加强联系的强度。我们对信息复述与回顾越多，信息之间的联结就越强韧。

2. 鼓励学生自己进行知识加工

当学生对新学材料进行了加工，这些信息就会进入长时记忆中存储下来。信息存储质量取决于"加工水平"。例如，如果我们要阅读一篇文章并计算单词"the"出现的次数，记忆中存留下来的信息强度不如我们阅读同篇文章时着重理解该文章意义进而留下来的信息强度。同样，总结和比较所读材料比仅仅粗泛阅读获得的信息品质要高。

对新材料的加工活动可以借助复述（rehearsal）、回顾（review）、比较（comparing）、对比（contrasting）以及形成联系（drawing connections）等各种认知活动。因此，认知加工的研究认为教师引导学生对新信息进行组织、总结或将新信息与先前材料进行比较等加工策略会帮助学生形成并加强其认知结构。此外,Palinc-sar 等人(1991)还写道:当要求学生解释新信息、对新信息进行精细加工或向他人辩证自己的观点时,学生对新材料的理解会更透彻。解释会导致产生更大认知负荷,但这种负荷常常正是使学生以新的方式评估、整合和精细加工知识必要的推动力。

除上述复述、回顾、比较、对比和形成联系等活动外,认知加工还包括让学生做以下活动:

(1)泛读大量学习材料。

(2)让学生解释新材料。

(3)写出问题或者尝试回答。

(4)形成知识地图。

(5)写每日总结。

(6)将所学理念用于新情境。

(7)尝试举例分析。

(8)将新习得的材料与其他材料进行比较与对比。

(9)进行测试。

上述所有活动对帮助学生形成、组织、强化并拓展其知识结构有帮助。

3. 帮助学生组织新知识

正如前面所提到的,新知识必须通过组织才能形成知识结构,若没有形成知识结构,新知识往往是零散的,不容易回忆和提取应用。但是,学生在学习新材料时却常常缺乏这样的知识结构;而学生在构建知识结构时如果缺乏必要指导,有可能会形成残缺的、不完全的甚至是错误的知识结构。因此,研究认为,教师帮助学生组织新知识至关重要。

帮助学生组织新知识的方式之一是为学生提供"图示组织者",也就是为解释性材料厘清其结构。提纲和概念图就是这样的"组织者"。这样的组织结构有利于学生把握学习材料各要素,也有利于信息提取。此外,拥有这样的组织者还能使学生腾出的工作记忆空间投入理解新材料。

帮助学生组织新知识的另一种方式是教会学生自己形成图示组织者。教师通过给学生提供示范性的图示组织者来促进他们自己建构。具体的做法可以由教师示范建构知识地图的过程,或提供启发性思路和出声思维。

总之,认知加工研究认为良好的知识结构非常重要。良好的知识结构可以通过鼓励学生广泛阅读和操练、让学生主动加工新信息和帮助学生组织新知识而形成。

三、排序课堂教学步骤

"直导教学"研究中取得重大进展的第二个方向是"教学效能研究"（teacher effects studies）。这代表着"直导教学"研究中的一条主线——研究者试图区分哪些教学行为会给学生带来更大学业收获。研究的焦点是通过实地观察和记录课堂教学行为，指明哪些课堂教学程序（instructional procedures）导致了教学效能的高低。

在本研究中，研究人员首先找出许多教学策略或者程序来进行研究。其中包括了教师运用表扬、批评等手段，教师提问的问题类型，学生回答教师提问的质量和教师对学生回答的反馈情况等。然后对这些班级进行学业测试。测试之后，研究者对课堂进行观察并记录教师使用上述教学行为的频率。六个月之后进行第二次学业测试。所有数据收集齐备之后，研究者利用相关统计来列出每堂课的教学增量，即从前测到后测每个班级的初始成绩在教学之后整体水平总的提高程度。最后，研究人员察看所记录的每个班级的教学行为，将这些教学行为与各班成绩测得的增量进行对照。通过应用这样的程序，研究者就能确定哪些教学行为与学生成绩提高有联系或者相关。

许多研究中，研究人员对教学进行干预，随后测试教学结果。在实验中，一组教师接受培训和辅导，学习如何在教学中运用上述教学行为，而另一组教师继续进行常规教学。观察所有教师的教学活动，并对所有教师所教班级进行实验前和实验后测试。在绝大多数情况下，接受了培训的教师所执教的班级学生在实验后测试成绩高于控制组教师所执教的学生。

1955—1980 年是开展教学效能研究的鼎盛期，研究者进行了许多累积性研究。研究者运用相同的实验设计、不同的观察设备、部分相同的教学程序进行了100 个多个相关研究和实验研究。罗森海因等人（1986）概括了这些研究，并总结说，在许多研究中，教学效能高的教师开展教学时，往往使用了如下教学步骤：

（1）课程开始时简短复习先前所学内容。

（2）讲授新课时简要陈述学习目标。

（3）小步子呈现新学习材料，每步之后给学生提供相应练习。

（4）给学生清楚、详细的指导和解释。

（5）为所有学生提供高水平的、主动练习的机会。

（6）提问大量问题，检查学生理解情况，让所有学生都作出应答。

（7）在学习练习之初给予指导。

（8）给学生系统的反馈和矫正。

（9）当学生进行课堂练习时给予明确指示，必要时督导学生的课堂作业过程。

罗森海因等人(1986)基于"六大教学功能"(six teaching functions)对这些教学程序进一步进行了细分(如表1所示)。时至今日,这些教学功仍然是被广泛引用和借鉴。

研究中有两个研究结果对教学的意义重大,即①小步子教学至关重要;②指导学生进行练习必不可少。此外,还有第三个重要研究结论,即认为大量练习也非常重要,这与认知加工研究的结果吻合。

表1 良构任务之教学步骤(要素)

1. 复习回顾	◇学生绝大部分达标(高成功率)
◇检查家庭作业	◇反复练习直至熟练掌握
◇复习先前所学相关内容	4. 修正与反馈
◇回顾新课学习所需的先决知识与技能	◇答案正确但吞吞吐吐时给予过程反馈
2. 示证新知	◇答案不正确时提供持续反馈,或不断给予
◇展示教学目标,提供学习纲要	提示,或重新讲授材料
◇小步调呈现新内容	◇必要时重新教学
◇过程示范	5. 开展独立练习
◇示证正例与反例	◇学生开始练习前先复习
◇语言流畅清晰	◇学生反复练习直至完全熟练掌握(必要时)
◇检查学生理解水平	◇教师给予积极督导(可能时)
◇避免上课东拉西扯	◇启用学困生帮辅程序
3. 提供指导性练习	6. 周反思回顾或月反思回顾
◇多进行指导性练习	
◇多提问题	
◇学生全体参与,及时给予反馈	

1. 小步子呈现新材料

在教学效能研究中发现,教学最低效的教师把整堂课的内容悉数兜出之后再让学生尝试练习。教学最高效的教师则以小步子讲授新材料,也就是一次只呈现一小部分材料,每次呈现部分新材料之后即指导学生练习所学习的新内容。

小步子教学与认知加工关于工作记忆容量有限的研究结论高度一致。大脑加工信息的场所——工作记忆空间是很有限,只能同时处理5~7个信息或信息组块,信息超载只会使工作记忆陷于困顿。所以,首先以小步子进行教学然后辅之以有指导的练习来应对工作记忆局限不失为一个好办法。

2. 指导学生操练

教学效能研究得出的第二个主要结论是指导性练习非常重要。"指导性练习"这一概念由亨特(Hunter)在1982年提出。在教学效能研究中发现:只是简单呈现新课内容后让学生自行练习是不够的。教学效能最低的教师,即所教班级学生最学无所获的教师,会一开始就全盘托出整堂课的内容,然后分发练习册让学生操练。研究者发现,这类班级中多数学生很迷惘,练习中错误百出。出错的原因之一正是前文所提到过的受工作记忆容量空间有限制约。对许多学生来说,尤其对预备知识技能掌握得不太好的学生来说,课堂上所呈现的教学内容太多,会使工作记忆运转不灵。

而教学效能最高的教师,用着一种全然不同的方式进行教学。首先,一次只呈现一部分教学内容,也就是以小步子教学。其次,在呈现少量材料之后即指导学生进行练习,教师的指导常包括在黑板上示范性地解几个样题,并同时讨论解题步骤。这样的示范解题教学可用作学生的样本。教师的指导还包括请学生到黑板上解题,并讨论和叙述其解题过程。通过这样的教学处理,其他学生都能了解解题过程,这也是另外一种示范。指导练习的过程也包括检查整个班级的答案情况以了解是否有部分学生需要额外辅导。有指导的练习还包括让学生两人一组或三人一组开展练习,如配对小测验,轮换解释所学材料,等等。教师在布置学生独立完成的作业之前向学生提问并帮助全班学生解题,这也就是在进行指导性练习。

帮助学生进行指导性练习之所以不可或缺,还在于要求学生能自行建构知识并不断进行重构。学生不可能逐词逐句简单重复教师所传递的信息。事实是,学生会将理解的新知识与已有的概念或图式联结起来,然后再加以提炼。但是,如果教师撒手不管,让学生自行提炼要旨,许多学生都会出错。尤其在信息新颖而学生对此没有充足的或者结构良好的背景知识时出错尤多;在背景知识薄弱的领域尝试进行意义建构出错会更多。所以,在讲解少量新材料之后提供指导性练习并检查学生的理解情况,是防止学生形成错误概念的好办法。

指导性练习也符合认知加工必须让学生尝试加工所学知识的研究结论。指导性练习是指学生或开展独立作业,或开展小组合作,或与教师一道进行诸如复述、回顾、总结、比较或对比的认知加工活动。请注意,让所有学生都参与这样的认知加工非常重要。低效能教师提问之后往往只请一个学生回答即以此假定全班所有学生都掌握了该知识点。与此相反,高效能教师会尽力检查所有学生的理解情况并给予所有学生都参与认知加工活动的机会。

总之,高效能教师与其他教师殊异之处在于:①任何时候只呈现少量学习材料;②在学生练习解题前给予必要指导;③让学生对新学习的材料进行加工;④检查全班所有学生的理解情况;⑤尽力避免学生形成错误概念。

3. 提供大量练习

高效能教师还为学生提供大量练习的机会。正如认知加工研究中提到的,学生需要通过大量练习来发展良好的知识网络。高效能教师认为大量练习应该在学生接受充分的有指导的练习之后进行,这样学生才不至于在练习中重复错误或强化错误概念。

四、勾勒认知策略支架

过去 30 年中直导教学研究所取得的第三个重大进展就是勾勒了认知策略支架。认知策略是一种启发式（heuristics）而非直接的操作程序，也不是可以精确模仿的算法。也就是说，认知策略是在学生形成完成高层次任务的内化操作程式时，为学生提供支持或促进他们学习的一种启发或指导。例如，教学生就所读材料提问就是一种认知策略。提问并不能以按部就班的方式带来理解的深化，而是，在提出问题的过程中，学生必须搜索文本、组合信息，这样的加工过程有助于帮助学生深入理解所读材料。

为什么需要研究认知策略支架呢？这是因为学习任务存在着良构和非良构的差异。有些学习作业是良构任务。这样的任务可能分解成一系列固定的子任务和小步骤，最终达成一致的学习目标。其中所涉及的步骤是具体而可见的，这样的任务有一套特定的、可预测的算法，学生无论何时执行该算法程序均可以获得相同的结果。于是，良构任务可以借助教授其算法的每一步骤让学生学会解决。教学效能研究尤其能帮助我们学会如何教授学生掌握完成良构任务的算法程序。

与上述任务不同，阅读理解、写作和掌握技能等均是非良构学习任务，即不能分解为固定子任务序列和步骤以确保始终如一地、没有闪失地达成学习目标。由于这样的任务结构不良而有难度，又被称为"高层次任务"。非良构任务缺乏固定的步骤，教师难以教给学生固定的操作或算法，来帮助他们完成任务。

20 世纪 70 年代之前，教学理论研究很少能为学生完成非良构任务提供行之有效的帮助。在对阅读理解教学进行的经典观察研究中，邓金（Durkin, 1979）指出，在她观察 4 年级阅读理解课的 4469 分钟里，教师只花了 20 分钟来进行阅读理解教学。邓金发现教师几乎所有教学时间都用在提问学生，而很少花时间来教学生可用于指导回答问题的理解策略。杜飞等人（Duffy, 1980）也同样指出小学课堂理解教学严重匮乏。

研究者发现，教师在教学中几乎没有进行促进理解教学，几乎所有教学时间都用在布置活动，监控学习过程以保证学生正在执行任务，检查背诵情况，并指出学生错误之处和提供正确反馈。研究者很少观察到教学中教师向学生呈现一项技能、一个策略或一个操作程序以告诉他们如何完成某项任务，也很少看到教师在学生开始尝试执行某项任务时给予辅导以保证他们将获得成功。

由于上述令人惊诧的发现，也由于认知加工与信息加工新近研究成果，研究人员开始开发并检验可教给学生以促进其阅读理解的程序。阅读教学研究包括提出具体认知策略并教导学生如何运用，以帮助他们完成高层次阅读任务，还有的研究关注形成、传授和检验用于写作、数学解题和科学原理理解中的具体认知策略。

研究者的研究设计常包括：研究人员首先找出或自行提出一条认知策略（如教学生就所阅读的材料提问）；然后让一组学生学习该策略并尝试应用，练习提问并回答其他同学提出的问题。另一个相似组学生继续常规学习。在4到20次训练之后，两组学生同时进行一次阅读理解测试，比较两组得分。

到20世纪70年代末，研究人员开始教给学生具体的认知策略，例如可用于促进阅读理解的提问和总结策略。研究者在进行数学、物理和写作教学时也开始提出并教给学生一些认知策略程式。

"勾勒认知策略支架"至少代表着直导教学研究上两个进步。首先，当教师面临非良构任务时可以自问："怎样通过提供认知策略支架来帮助学生完成任务？"认知策略支架为我们提供了用以教授学生解决高层次任务的一般方法。其次，研究人员进行了大量干预研究，在这些研究中，接受了各种认知策略教学的学生较之控制组学生在后测中得分更高。这些研究中所教授的认知策略以及认知策略的程式已成为当今常规教学的一部分。

那么，如何教授认知策略呢？以下是直导教学研究总结的有关教授认知策略的具体做法。

认知策略不能像教算法那样直接教给学生，而是要通过给学生提供各种支持性知识结构或称支架来教授。这里说明的许多具体做法都是为学生开展学习提供支架。支架是在最初的学习过程中辅助学习的临时性支持，教师常常通过提供这样的支持来帮助学生架构已有能力与目标能力之间的桥梁。常见的支架有简化问题、过程示范、在示范解题过程中出声思考，还有在学生解题过程中给予暗示、提供线索或进行指导。支架还可能是工具，如提示卡（cue cards）或核对表（checklists）。学生可比较、借鉴的已完成任务的样例（worked-out model）和认知学徒（cognitive apprenticeship）也是两种重要的支架。

支架用于减少问题的复杂性，将问题分解成学生真正有可能去解决的、可把握的组块。"支架"这一隐喻抓住了所提供的支持活动具有的可调节、临时性的特征要义，并且这种支持在学生不再需要时可以随时撤除。支架在学生学习认知策略之初给予帮扶、辅助，在学生越来越独立时逐渐减少，直至撤除。当然，有些学生在遇到特别困难的问题时，可能会继续求助于支架的扶持。

支架可以用于各种技能的教学，但尤其适用于高层次认知策略的教学，它甚至是高层次认知策略教学中不可或缺的。许多研究人员对一些干预研究进行了研究，确定了教师可用于教授认知策略的教学程序。罗森海因简要讨论了研究者总结出来的提供认知策略支架的13条具体做法。

1. 给予过程提示

提供认知策略支架的第一种具体方法是给予过程提示（procedural prompts）。过程提示给学生提供有助于完成任务的具体程序或建议。学生可以暂时依靠这些提示或建议，直到他们能创造出属于自己的内部架构。像"谁"、"什么"、"为什么"、"什么地方"、"什么时间"和"怎样"等词语就是帮助学生学会就所读材料提问的认知策略的过程提示词（见表2）。

表2　认知策略教学的具体做法

1. 给予过程提示	7. 提供线索卡
2. 小步子教授认知策略	8. 指导学生开展练习
3. 提供适当的应答示范	9. 给予反馈与校正
4. 学习时采用出声思考的方法	10. 采用自我评估检查表
5. 预先估计可能遭遇的学习障碍并展开讨论	11. 保证独立练习机会
6. 调整材料难度	12. 加强学生的责任意识
	13. 评估学生掌握情况

金（King，1990）提出了另一种过程提示办法，即向学生提出一组用于阅读材料中相关问题的"设问"。如：

(1)＿＿＿＿＿和＿＿＿＿＿＿有哪些相似之处？

(2)＿＿＿＿＿＿的中心思想是什么？

(3)如果＿＿＿＿＿＿，你认为怎样？

(4)你认为＿＿＿＿＿＿的优势与不足各是什么？

(5)＿＿＿＿＿和＿＿＿＿＿有什么关联？

(6)＿＿＿＿＿怎样影响＿＿＿＿＿＿？

(7)根据＿＿＿＿＿来比较＿＿＿＿＿和＿＿＿＿＿。

(8)你认为是什么造成了＿＿＿＿＿？

(9)＿＿＿＿＿与我们前面所学内容有什么联系？

(10)哪一个是最好的＿＿＿＿＿？为什么？

(11)＿＿＿＿＿问题可能的解决方案是什么？

(12)你赞成还是不赞成这样的说法：＿＿＿＿＿——？说明你的理由。

(13)对于＿＿＿＿＿我(你)还有什么不太明白？

过程提示是教授认知策略特定的支架，在许多学科内容领域都得到了成功应用。过程提示不仅有助于学生学会做小结和有条理地陈述观点，还可以帮助大学生解答物理题和数学题。普莱西（Pressley，1995）等人合作编撰了一份关于阅读、写作、数学、词汇和科学教学的认知策略研究汇总。研究显示，学生的学习可以通过运用过程提示得到调节。

2. 小步子教学

"教学效能研究"中提出的重要观点,即以小步子教授新材料,在认知策略教学的研究中也同样适用。在教授认知策略时,如果认知策略以小步子传授给学生,掌握起来会更容易,因为同时教给学生太多认知策略会导致学生工作记忆超载。

3. 提供适当的应答示范

示范(modeling)在教认知策略时尤为重要,因为我们不可能将运用认知策略的每一个步骤均细细列出。因而,示范就为学生提供了一种重要的学习支架。示范主要用于三种不同的场合:①初始教学,即在学生练习之前;②在学生练习时;③在学生完成练习后。

初始教学时教师可以示范如何通过过程提示来作出反应。例如,诺尔特等人(Nolte,1985)基于故事语法(story grammar)向学生提问(如,故事中的主人公有一个什么样的行为? 这一行为对你了解主人公的性格有什么帮助?),然后基于故事语法来示范如何设问。在一些研究中,教师先向学生示范如何对材料的中心思想提出问题,然后尝试自己提出问题。

在学生练习时教师也可以提供示范,这样的示范就是"互惠教学"(reciprocal teaching)过程的一部分。在互惠教学中教师首先作示范性提问,让学生进行回答,然后在学生提出自己的问题并让同伴作出回答后给予指导,如果学生不太善于提问的话,教师就要提供额外的示范。

练习之后也可以运用示范。例如在提问研究中,也可以采用在学生已经提出问题之后再由教师提供示范,这样做有利于帮助学生对自己的想法与专家的想法进行比较。

4. 学习时采用出声思考的方法

与示范相似的另一种支架是"出声思考"(thinking aloud),也就是在运用认知策略时将其所经历的内部思维过程以言语的形式表述出来。例如,教师在教学生提问题时,可以说出自己的思维过程——疑问词如何选择,疑问词如何与文本信息整合形成问题? 教师也可在总括一段文章的段落大意后进行出声思考,以说明确定文段主旨和形成总括句的思考过程。安德森(Anderson,1991)阐释了文章阅读中几种认知策略的出声思考过程是:①澄清模糊之处;②总括重要信息;③预测下文。

当有的学生在完成任务中担当主要责任时,他们常常需要为能力稍弱的同学提供操作示范,或将思考过程大声说出来。示范和出声思维不仅让学生更主动地投入任务过程,还能帮助教师更好地评估学生运用策的思考过程。教师或"专家型"学生的出声思考为"入门级"学生提供了观摩"专家思考过程"途径,这一途径在常规教学中通常是学生难以企及的。确实,揭示专家执行任务背后隐匿的思维策略,让这些策略能为学生可及、可用,是一项非常有意义的研究。另外,出声思考也是认知学徒模式很重要的一环。

5. 估计可能遇到的学习障碍并展开讨论

"提问"研究中发现的另一个教学支架是估计学生可能碰到的学习障碍。例如,帕林斯卡(Palincsar,1987)在对"互惠教学"的研究中发现,教师对学生可能提出的不合宜问题进行预测,然后请学生就文章提出三个可能问题之后开始阅读文章。然后教师再请学生仔细研究每一个提出的问题,并判断每个问题是不是涉及文章中最重要的信息。学生通过练习不断探讨每个问题的宽窄是否适宜。孔恩(Cohen,1983)也进行了问题估计研究,他教给学生分辨问题与非问题、好问题与差问题的具体规则:①好问题由疑问词开头;②好问题可根据故事情节来回答;③好问题追问的是故事中的重要细节。尽管只有两个研究对学习支架——"事先估计可能遭遇到的障碍"进行了探讨,但是该支架看起来却是一个实用多多、潜力十足的技巧,可用于教授其他技能、策略甚至具体学科。

6. 调整材料的难度

有些研究涉及了如何调整学习材料的难度。如帕林斯卡(1987)在教学生学会提出问题时先让教师示范如何就一个简单的句子提问,学生随教师所示进行练习;接下来,教师示范如何就一个文章段落提问并让学生进行练习;最后,教师示范如何就读完的整个文章进行提问并辅之以全班练习。

同样,在安德鲁等人(Andre,1978—1979)和居里贺等人(Dreher,1985)的研究中,学生首先就单个文段进行提问,然后过渡到双文段,最后又进入到450左右单词的整篇文章。在另一项研究中(Wong & Jones,1982),研究人员通过减少提示来调整阅读材料的难度。学生首先借助程式性提示开展阅读,在成功达到要求之后,继之以言语性提示开展阅读,最后进入无提示的文段阅读。

7. 提供线索卡

另一种支架是提供包含有过程提示的线索卡。线索卡可在学习初始阶段通过减少工作记忆负荷来促进学生学习。有了线索卡,学生就可以将有限的短时记忆空间投入到策略运用中,而不必耗用部分短时记忆来另行存储程序性提示。一个例子是毕林斯里等人(Billingsley,1984)进行的一项研究,他们为学生提供列出了"标志词"(如谁、什么、为什么……)的线索卡,学生可以运用卡上的标志词来提出问题。森格等人(Singer,1982)出示了一个图表,上面列出一个故事语法的五个元素,教学生运用这些要素作为提问的线索。线索卡也可用于向学生提问"通用问题"(generic questions)。在这些研究中,研究者给学生提供线索卡,卡上例举着阅读完文段或整个文章之后要回答的具体问题(如,本段文章中最重要的一句是什么;_____和_____之间相似程度有多大;或者,给_____举一个新例子)。

8. 指导学生开展练习

许多研究中，教师都在学生刚开始练习时给予学生指导。典型的一个例子是，教师在示范之后，立即向学生布置有指导的练习。当学生看完一遍文章，教师就给他们提供如何理解的提示，或对遗漏的部分进行提醒，或给出如何改进理解的建议。这种有指导的练习常常结合了呈现的环节，如巴拉哈（Blaha，1979）的研究中，教师首先教一部分策略，然后指导学生练习辨别并应用该策略，接着教师再教下一部分策略，最后又指导学生开展练习。这类有指导的练习与教学效能研究中提出的有指导练习是一样的。

互惠教学情境是倡导指导性练习的又一实例。前文已经论及在互惠教学中教师首先示范要教的认知过程然后为学生尝试完成任务提供认知支架。当学生达到一定的熟练水平以后，教师就要逐渐从扶到放，转为让学生相互之间给予帮助。互惠教学是改进指导性练习的一种方式，学生能够在学习中扮演更主动的角色，甚至承担起小教师的角色。

指导性练习的第三种形式是2~6个学生组成一个小组共同学习。小组成员之间相互练习提问、修改并润色所提问题，彼此给予支持与反馈。这样的分组可以更多地顾及到了如何改进提问的质量，增加了在全班教学情境中难以获得的练习机会。诺尔特等人（1985）就把从扶到放的概念用于学习团队的组织。例如，学生首先花3天以5~6人一组的形式共同完成任务，然后再花3天以2人一组的形式在一起共同作业，最后才是独立作业。

9. 提供反馈和校正

给学生提供反馈和校正几乎在所有研究中均有提及，教师、同伴和计算机是给予反馈和订正的3种主要渠道。

教师在学生尝试提问之时提供指导性练习，这时必然对学生作业情况有所反馈和校正。反馈主要以提示线索、问题或建议的形式出现。金（1989—1992）和里奇（1985）的研究阐释了反馈的第二种形式——小组反馈。在金的研究中，学生提出问题并写下来，然后让他们以小组形式碰面，互相提问、诘难，各组之间比较所提问题优劣。第三种反馈是基于计算机的反馈，当学生在犯错之后让计算机提供一个正确的问题模板。

10. 采用自我评估检查表

在有些研究中，研究人员教学生如何使用另一种学习支架——自我评估检查表。在戴维等人（Davey，1986）进行的一项研究中，自我评估检查表在第四或第五个教学环节引入。检查表所列问题如下：

（1）我识别重要信息的能力怎样？

（2）我将信息联系起来的能力怎样？

（3）我回答自己所提问题的情况怎样？

（4）我的"思考题"与原文使用了不同的表述语吗？

（5）我很好地应用了标志词吗？

在课堂教学进行到什么时候分发评估检查表，不同的研究结论不同。旺等人（Wong，1986）在呈现新授知识时进行检查评估，而戴维等人（1986）在给予学生有指导的练习时发放评估检查表，里奇等人则建议在刚开始练习时呈示检查评估表。

11. 保证独立练习机会

这是指学生逐渐减少来自教师或其他同学的扶持，独立练习运用所学认知策略。独立练习意在培养学生自动应答的能力，从而不必再回忆所学策略，确保有限的工作记忆能用于任务解决。独立练习也用于统整所学认知策略，也就是融合认知策略各要素形成一个统一整体。这种统整总是建立在大量练习的基础上，以此帮助学生培养自动的统一的处事方式。独立练习所进行的大量训练以及训练所用各种材料对学习还具有"去情境"作用，即，使所学认知策略从最初结合的材料中解脱出来，能够轻松地、无意识地用于各种情境之中。

独立练习还能促进策略知识迁移到其他内容的学习中。人们总希望在一门学科中学会的阅读理解技能也能应用于另一门学科。如果学生获得有指导的练习，将所学技能应用到不同的学科领域，这种迁移能力就能得以加强。例如，在迪莫堤（1988）研究的最后阶段就包括将用于初始教学中的认知策略应用到不同的学科领域这一环节。

12. 加强学生的责任意识

随着学生能力逐渐提升，无论在指导性练习还是在独立练习中，学习的支架将逐渐撤除而其自身承担的责任会越来越大。因此，随着学习逐渐推进，教师就要减少使用诸如示范、提示等支架，同时也减少其他同伴提供的学习支持。另外，也要逐渐增加学习材料的复杂性和难度。例如，在阅读中，让学生从结构良好、界面友好型材料着手，然后逐渐增加材料难度。采用这种方式帮助学生通过获得指导与练习，将所学认知策略应用于难度更大（这种难度是常规阅读中常常会碰到的）的学习材料。

13. 评估学生掌握情况

一些研究在指导练习和独立练习之后评估学生是否已经达到了掌握水平，并在必要时给予补救教学。戴维等人（1986）在教学的第五天和最后一天要求学生给三段文章每段提三个合意的问题。斯密斯（Smith，1977）规定，在学习结束时将学生所提问题与给定的示范问题进行比较，若必要就重新进行教学。旺等人（1986）要求学生通过自问（self-questioning）掌握所学认知策略，并且学生必须持续不断反复练习（有时候要求每天练习，持续两月），直到完全掌握为止。

参考文献

[1]Rosenshine B. Advances in research on instruction. in Lloyd JW，Kameanui EJ，Chard D(eds.)*Issues in Educating Students with Disabilities*. Mahwah，NJ：Lawrence Erlbaum，1997，197－221.

[2]Rosenshine B. Direct instruction. in T Husen（eds.）*The International Encyclopedia of Education*（vol. 3）. Oxford：Pergamon，1985，1396－1400.

[3]Rosenshine B. Five Meanings of Direct Instruction. http://www. centerii. org /techassist/solutionfinding/resources/FiveMeaningsOfDI. pdf，2008.

[4]Rosenshine B & Stevens R（3rd ed.）. Teaching functions. In M. C. Witrock（ed.）*Handbook of Research on Teaching*. New York：MacMillan，1986，376－391.

第四编

创业教育课程编制的新路向

魏 戈

[摘要] 对青年学生开展创业教育是当前培养新型人才的一项重要任务,其中创业课程编制则离不开课程与教学理论与教育技术学研究成果的支撑。美国杨百翰大学夏威夷分校运用梅里尔倡导的五星教学模式,新近推出了颇具特色的网络创业课程。该课程聚焦面向完整创业任务,培养学习者具有真才实学的创业本领,内容组织螺旋递进并且呈现有序,教师在教学指导中从扶到放,教学情境真实形象,教学评价切合实际,从而为提高创业教育的质量尤其是创业课程开发提供了有力的借鉴。

[关键词] 创业教育 课程编制 五星教学模式

"创业教育"的概念最早是在 1989 年 12 月联合国教科文组织于北京召开的"面向 21 世纪教育国际研讨会"上提出来的。会议认为未来社会的公民应该有三本"教育护照",其中的"第三本教育护照"指的就是"创业教育"(enterprise education)。

1998 年 10 月,联合国教科文组织在巴黎召开的世界高等教育会议上发表的《21 世纪的高等教育:展望与行动世界宣言》中,第 7 条 d 款提出:"为方便毕业生就业,培养创业技能与主动精神应成为高等教育主要关心的问题,毕业生将愈来愈不再仅仅是一个求职者,而首先将成为工作岗位的创造者,并要求把创业能力提高到与学术性教育同等的地位。"由此,创业教育越来越受到国内外高校的重视。

在本科院校开展创业教育,设置创业课程,是适应时代潮流的需要,顺应新经济时代的必然选择,更是缓减人口众多、大学生就业日益艰难等问题的现实出路。

为开展我国创业教育,国内学者对国外优秀的创业教育理论与实践进行了比较研究,但综合看来,大多数研究仅停留在宏观的政策层面,例如创业教育政策的比较研究,创业教育模式的比较研究等。笔者认为,一门学科教学效果的落实,除了政策支持以外,更重要的是一线教学工作,即微观层面的课程研究。原因是,一方面,国外教育政策有其特殊的政治、经济土壤,较难移植;另一方面,政策的改革是缓慢的,效果的显现是需要时间的。因此,对国外优秀创业课程编制的比较研究,更具现实指导意义和可操作性。

近年来,由国际著名教学设计专家梅里尔(Merrill MD)在美国杨百翰大学夏威夷分校指导开发的网络创业课程受到业内外人士的好评,这是他的教学设计理论的现实运用,充分体现了"任务中心"的课程编制模式,凸显了优秀的创业教育理念。深入分析该课程编制上的特点,对我国创业教育课程开发有很重要的借鉴意义。

一、背景介绍

(一)产生与发展

杨百翰大学夏威夷分校(Brigham Young University-Hawaii)是美国一所私立四年制大学,学校共有来自七十多个国家的 2400 余位学生,过半数的学生有着不同的文化背景。美国国内就业极为困难,美国政府也不希望移民加重本国的就业压力,许多留学生决定回到自己的国家创业。为了给这些年轻人一个实现自我的途径,该校国际创业教育中心(center for international entrepreneurship,以下简称 CIE)计划开设创业课程,他们的目标是帮助学生拥有回国创业的能力,不仅能养活自己的家庭,还能解决其他人的就业问题。

杨百翰大学夏威夷分校的教育技术和继续教育中心(the center for instructional technology and outreach,以下简称 CITO)承担起这项任务,试图开发一个更加有效的创业教育课程,帮助该校学生创业。该项目主要面向学校非商科学生,通过六个连续的步骤教会他们如何创业。此外,研发团队还希望将其开发为网络课程,使更多的学生受益。

CIE 与 CITO 合作投资开发该项目,CITO 可以提供网络课程的技术支持与教学脚本编制上的建议。该项创业教育课程的开发由 CITO 教学设计专家 Anne Mendenhall 主持,主要设计者还包括美国犹他州立大学的 Caixia Wu Buhannan 和 Michael Suhaka,杨百翰大学夏威夷分校的 Dmytri Samus,还有一些 CITO 的实习生。佛罗里达州立大学的 Gordon Mills 负责对该课程进行评估。国际著名教学设计专家梅里尔作为 CITO 首席顾问对该创业课程的开发提供了理论支架与整体结构。

这套网络创业课程在 2006 年由美国杨百翰大学夏威夷分校正式制作完成,2006 年夏天投入试验。参与实验的学员共 13 人,经过全部课程的学习后,他们将有一周的时间独立设计一份商业计划书,该商业计划书就是评价该课程质量的主要依据。在结业评价中,接受该网络创业课程的学生有 90% 达到了合格线,50% 的学生成绩在 90 分以上。这样的结果是令人欣喜的。基于此,2006 年秋天该课程被上传至梅里尔教授的个人主页,向全球开放。直接登陆网站 http://payson. tulane. edu/courses/ltl/projects/entrepreneur/main. swf,所有希望接受创业教育的学员都能免费学习。

（二）理论基础

该创业课程的编制主要是基于梅里尔多年来课程理论研究成果——"五星教学模式"(five-star instructional model)。根据实施五星教学模式的需要,梅里尔提出了"波纹环状教学开发模式"(the pebble-in-the-pond approach to instructional development)。如果说"五星教学模式"关注的是课程实施的程序问题,那么,"波纹环状教学开发模式"就将视线延展了,即对整个课程的编制进行了系统的示证。

波纹环状教学开发模式是同五星教学模式相配的,是用来促进实施五星教学的。该开发模式的第一步以"聚焦解决问题"(problem/task)为起始环节,选择某个具体的复杂的真实任务,以代表期望学习者在教学活动结束之后所做的事情。第二步是确定一组复杂的真实任务的先后序列(progression),第三步是教学成分分析(analysis),第四步是教学策略适配(strategy),第五步是教学互动界面设计(design),第六步是课件制作或定型产品制作(production)等,这系列环节好比是投石击水,波纹迭起,逐渐扩展,直至最终完成设计的整个工作(参见图1)。

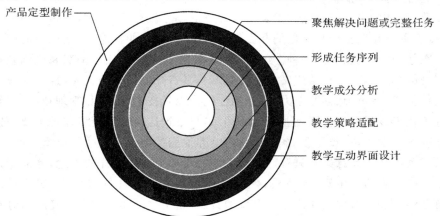

图1　波纹环状教学开发模式(梅里尔,2002)

基于"波纹环状教学开发模式",美国杨百翰大学夏威夷分校的教师和同学一起开发了这个网络创业课程。该课程突出了"任务中心"(task-centered)的编制方法,使课程更加生活化、统整化。

二、创业课程编制的本质特点

课程编制(curriculum making)是指那些精心计划的教学活动的总和,通过它们设计出学程或教育活动模式,并将它们提供给教育机构中的人们,以此作为进行教育的方案。它包括课程目标的确定、课程内容的选择与组织、课程的实施与评价等阶段。根据这一定义,笔者将从五个方面系统地对该课程作出分析,找出其课程编制层面的内在本质特征。

(一)课程目标

课程目标就是课程对学生学业成就的预期,它是课程编制的逻辑起点。准确定位课程目标与培养理念,对课程效果的提升有很大作用。

美国杨百翰大学夏威夷分校的创业课程理念可以总结为以下三点。第一,注重培养人的积极处世观,以积极的态度对待环境变化,在变化中不断地发现机会,寻求发展。第二,强调学生"会学习"与"会做事"的高度统一,是知识、技能和情感教育的整合,是复合型跨学科教学的整合,使学生不仅成为认识的主体,更是实践的主体和创造的主体。第三,注重培养学生的创造价值观,引导学生在主体力量得到充分发挥,使知识在创业中发挥创造性的能量。

我们可以发现,杨百翰大学夏威夷分校的创业教育重在培养大学生的创业意识、创业观念和创新精神。他们并没有把大学生的"创业技能"放在绝对的核心位置。在他们看来,创业是一种态度,一种情感,更是一种责任。按照联合国教科文组织的解释,创业教育,从广义上来说是培养具有开创精神的人才,这种人应具有首创精神、冒险精神、创业能力、独立工作能力以及技术、社交和管理技能。当然,这并不代表该课程忽视了创业技能的训练,只不过这门微型网络课程主要面向该校非商科大学生,对非专业的学生来说,培养他们的创业意识才是更重要的,才更有可持续性与发展意义。只有在课程编制的目标上树立这样的理念,才能传达给学生一种正确的人生观、就业观,使隐性课程贯穿到显性的课程中,实现知识技能、情感态度的结合,这才是创业教育的真意,也是美国杨百翰大学夏威夷分校创业课程最根本的特点。

(二)课程内容

课程内容是根据课程目标,有目的地选择的一系列经验的总和。同一门课,选取不同的教学内容会产生不同的教学效果。在课程编制过程中,我们应该尽量使教学内容符合学生智力、心理接受能力,尽量贴近生活,促进迁移。

杨百翰大学夏威夷分校的创业课程内容最大的特点就是以任务为中心的案例教学。它围绕一定的教学目标,把从实际中收集到的真实事例加以典型化处理,形成供学生思考、分析和决断的案例,让学员自我研究和相互讨论,以提高学生分析、解决问题能力。

本课程围绕五个真实的创业情境展开,每个场景描述了发展中国家的一个小型创业项目(参见表1)。

表1 杨百翰大学夏威夷分校创业课程内容模块

模块序号	模块内容	课程时数
模块 A	Veasna 的养猪场(柬埔寨的养殖业项目)	1~2
模块 B	地毯快洗服务(蒙古的服务业项目)	1~2
模块 C	Da Kine 无线电话商店(夏威夷的移动电话零售项目)	1~2
模块 D	Fieta Mexican 快餐店(俄罗斯的餐饮业项目)	1~2
模块 E	创建你自己的企业	1~2

课程中的五个创业项目虽然源自不同的行业,但都属于"创业",课程内容并不仅仅满足于了解一些财务知识或者知道有哪些资源,重要的是培养学生敏锐的商业嗅觉以及良好的解决问题能力。

这里的教学内容,都是真实的创业案例。基于"成功共创办一家企业"的中心任务,课程首先向我们介绍了项目背景。接着,依照"辨识商机→萌发创意→定义资源→获取资源→项目启动→经营管理"等六个创业步骤层层展开,以故事的形式向学生讲解了主人公整个的创业过程,内容真实可感。在整个过程中,还贯穿了许多人际沟通、组织管理、金融财会等专业知识,在这样一些真实的情境中,有利于学生融入课程,与主人公共同感受创业的艰辛。同时,它又以任务为中心,不会导致学生失去学习的重心,所有的学习内容都在为创办一个自己的企业做铺垫。

可以看到,这种创业课程是一个创举。国内许多创业课程的内容依然是传统知识点的累积。内容安排是分散的,只是单纯的知识技能的教授模式,而杨百翰大学夏威夷分校的创业课程则将这些知识点融入了真实的案例中,同时采用"任务驱动法",激发学生的学习积极性和主动性,使学生学得更容易并更有效地应用于实际,达到了良好的教学效果。

任务中心的案例教学法实质在于模拟实践,它给学员提供逼真的客观环境,内容典型、真实,要求学员置身于特定的典型环境之中,并自觉地进入角色,突出了学生学习的自主性。学生把原有的已知的、经典的,或者身边的案例结合起来,有利于启发思维。因此,教学内容应该以更加统整的方式(a more integrated approach)呈现出来,使各种知识点集中于真实的任务中,并将学习的结果聚焦到解决现实问题中去。

总而言之,杨百翰大学夏威夷分校的创业课程内容最突出的特点是围绕一个中心任务,扎扎实实地引导学生学习相关知识和技能,并把新旧知识联系起来,通过几节课的学习,能够用学到的东西解决新的问题,能够迁移,学以致用。

(三)课程组织

课程组织有两个维度,一个是横向的"范围"维度,一个是纵向的"序列"维度。课程组织范围以均衡与整合为追求,需要学校在各门课程中优势互补,产生累积效应。课程组织序列主要从微观的外部知识体系与内部心理认知结构之间的联系角度探讨单门课程序列的连续性与课程序列的心理机制。我们这里所讲的"课程组织"主要针对一门课程,因此,指的是课程组织"序列"的含义。换句话说,就是课程内容的组织与呈现结构,也就是如何将课程内容呈现出来的方法与策略。

课程组织与课程内容有着密切的联系,任务是教学内容也就决定了该创业课程采用的是任务中心的教学组织策略(task-centered instructional strategy)。

下面,笔者拟结合示意图来说明该创业课程内容组织的独到之处(参见图2)。图中最左边的六个词组就是完成每一个创业项目必经的六个步骤,其中的黑色箭头表示"讲解主题内容",每一个小立方体表示"示证主题(包括解释、举例)或尝试练习",深色的小立方体表示"加深拓展阐释"。图中的 A,B,C,D,E 表示五个完整的创业项目。该网络创业课程的内容组织策略分八个阶段循环进行,图中相应的编号对应下面的每个阶段。

1. 呈现一个新的完整任务

首先呈现在学习者面前的是一个全新的完整的创业项目。得到了扼要介绍后,一段视频生动逼真地讲解了项目启动的背景,提出创业构想。文字说明同时呈现在右边的窗口,罗列出了创业者面临的机遇和挑战。

2. 讲解主题内容

启动这一项目的六个步骤列在界面的左边。在了解项目概要情况之后,学习者可以点击第一个步骤的标签。这一步骤的定义属性和排序属性呈现在左窗口,而细节刻画呈现在右窗口。接着,文字会与音频同步出现,讲解创业的全过程。

3. 示证主题内容

学习者通过点击每个主题内容及其内部的子属性,将得到教师对这一部分内容的具体讲解。学习者可以根据自己的需求研究这些属性和相应的细节刻画,没有时间限制。每一个任务的第一个步骤都采用这种策略。

4. 呈现另一个新任务

学习者完成了第一个创业任务的六个步骤"讲解——示证"以后,接下来进入第二个项目。视频和文本信息简要回顾和示证这一步骤的定义属性和排序属性。

5.学习者尝试练习

此时,指导学习者如何在把握新商机中应用这些属性。视频根据学习者应用的情况提供一些先前知识的回顾,并提出相关问题要求学习者自主思考,设计解决问题的方案。(图中的浅色立方体部分)

6.附加的主题内容

在本项目中,课程将在上一节课的基础上添加一些知识与技能。通常是之前内容的深化与拓展。(图中的黑色箭头部分)

7.示证附加的教学内容

视频信息详细论证了新添加的主题内容。学习者可以通过这一环节进行归纳、总结与反思,在上一节课的基础上深化对创业步骤的理解。(图中的深色立方体部分)

8.在其他项目中重复以上步骤

学习者完成了第二个项目的六个步骤以后,他们将继续进入剩下的创业项目。最后的任务是学习者在没有任何指导的情况下,独立运用创业的六个步骤,完成自己的创业计划。

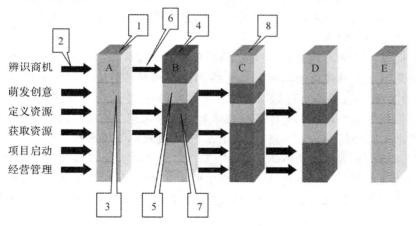

图 2 创业课程组织结构

(根据梅里尔在佛罗里达州立大学的讲座内容整理而成,2007)

这样一个循环下来,就构成了五个创业项目的基本组织形态了。在第一个任务中,六个主题都呈现出来并作了示证,使学生面对一个新的事物有了全面的初步了解。在接下来的课程中,教师将选择个别主题加以深刻讲解,并添加新的知识技能。而同一节课的另外一些知识则重在练习,也就是将上一节课的内容应用在新的问题情境中。可见,该创业课程的教学内容不是单一的讲授,而是讲练结合,交替出现,知识结构呈螺旋形上升。

连续性是保证学生有机会重访和深化已经学过的主题或技能,使每一次的学习都建立在已知技能的基础之上。正如希尔达·塔巴（Hilda Taba,1962）所说，为了达到积累性的学习效果，需要以深广的理念去理解、联结、应用日益复杂的材料，养成成熟的思想，更精细的态度和敏感性，在不同阶段循序渐进地从事不同的学习任务，发展不同的能力，提高抽象层次，学习致用，螺旋上升。

在直线式的课程内容组织策略中，知识点是破裂的，只有在全部课程教学结束后，所有知识才被组合到一起以解决实际问题。在学习过程中，学习者始终没有形成连续性程序，面对最终的任务，学习者只能努力回忆先前零散的知识。相反，这种螺旋式的课程组织结构在一开始就给学生一个心理模型，所有具体的知识技能都能够容纳到这个模型之中。而这个心理模型也是开放的，它将在新的任务中不断被调试、修正、拓展。

经过分析，我们发现美国杨百翰大学夏威夷分校的网络创业课程是基于五星教学模式的现实应用，时时处处都体现了任务中心的观念，同时进行了详细的策略适配。这就使教学有条不紊，实现了学习者对知识的灵活掌握。

（四）课程实施

课程实施，就是如何将文本的课程转化到现实的课程的过程，我们主要考查的是美国杨百翰大学夏威夷分校的网络创业课程，因此，这里的"课程实施"主要指的就是这门课的落实方法与形式。

该门课程从文本到现实，经过了网络化编制的过程，也就是说，这门创业课程的实施采用了网络教育的形式。该网络创业课程是依托 Flash 开发而成的在线课程（参见图 3）。界面上部标签就是五个创业项目，左边六个步骤就是完成每一个创业项目的必要环节。选择不同的标签就可进入相应的教学内容，课程材料与标签主题始终保持一致，所选标签突出显示，而其他标签将收拢隐藏。

该课程一系列操作均由学习者完成，学生无需按部就班地听每一节课，课程内容的选择完全由学生决定，体现了学生的主体性。当然，作为初学者，我们还是鼓励学生按顺序听课，这符合我们对教学内容的组织策略，有利于知识体系的建构。

课程主界面由两部分构成，分别是左侧的"原理栏"（information panel）和右侧的"解释栏"（portrayal panel）。"原理栏"主要呈现有关创业的知识性概念以及相关原则；"解释栏"则将这些原理引入具体的创业案例中，通过举例、对比等方法加深学生对知识的理解。学生可以通过下方进度条控制学习进度，点击即可开始/暂停，拖动即可快进/快退。学习者可以依据个人情况反复收听所学内容，也可以跳过相对容易的部分，学习的灵活度很大。

总结来看，该网络创业课程有以下优势：

1. 教学情境真实化

创业知识的学习、掌握和转化，创业精神和能力的形成，离不开直接经验的启发和支持。直接经验的获得,需要学生在理论联系实际的创业型活动中去感悟和体验,而这些对于在校的大多数学生而言,由于受到各种条件的制约很难实现。杨百翰大学夏威夷分校把创业的知识和技能与专业相结合设计成几个教学项目,借助网络资源完成项目教学。通过这样的教学方式,学生掌握了创办企业的流程,相关手续的办理,各种申请文件的填制等创业技能,并且整个程序是按照企业设立的真实情况来设置的,图文并茂、声像并举、能动会变、形象直观的特点为学生创设了仿真情境,激起了学生的各种感官的参与,调动了学生强烈的学习欲望。

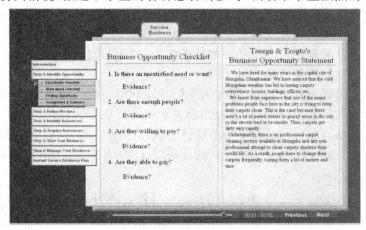

图 3 创业课程界面

2. 学习方式灵活化

良好的人机对话界面使学生可以根据学习者的具体情况决定学习进度,而不必担心课堂上没完成任务而受教师的责怪。学生也可以通过 E-mail 向教师提问,征求解答。实践证明,学生通过网络教学,他们的学习积极性较之传统教学模式有较大增强。运用计算机网络和多媒体技术制作的教学软件,可以真正地实现因材施教。教师可以让学生从网络中根据自己的程度和需要选取相应的内容进行学习。教师还可以根据教学需要和计算机反馈的每个学生的学习情况,采取措施,随时修改教学内容,变动课程软件,改进教学。

3. 信息资源综合化

网络资源丰富,超越了课本和参考书的局限。网上可供创业的信息、创业成功或失败的真实案例浩如烟海。该课程组织学生有选择地参与创业项目训练、网上交易,能使学生了解市场信息、掌握商品、营销策略、财务管理、法律、人际关系等方面的知识。既开阔了视野,丰富了创业知识,也培养了创业技能,使学生真正做到学以致用。计算机的网络化,也可以使学校同校外教育机关、团体、个人通力合作,共同从事教育活动。学校可以不受时空的限制,及时掌握必要的信息,应用于教学实践。这将给学生提供更多的学习素材,丰富他们的兴趣,开阔他们的视野。

4. 学习指导最优化

在网络课程中,教师的概念发生了变化,结束了以教师和课堂为中心的教育模式,学生与实践成了网络教育的中心。但这并不意味着教师是可有可无的。虽然网络课堂有着良好的人机交互平台,但如果教师只给予很少的指导,让学生一开始自己搜索资源,完成一个缺乏结构性的任务,那么学习结果并不尽如人意。一些研究者曾通过实证方法证明了教师指导不足导致教学的"低效率、无效果"现象。杨百翰大学夏威夷分校的创业课程由五个项目集合而成,每个项目又有六个步骤逐层展开。教师在每个小环节都给予细心的指导,贯彻了由扶到放的理念,确保学生实现优质高效的学习。

随着信息时代的到来,互联网作为人们生活和学习的手段和媒介,重要性日益凸显。它突破了地域界限,为课程的设置和实施提供了无限可能,也给许多无法走进象牙塔的有志青年开辟了一条经济、便利的道路。教育与网络的有效结合是突破创业教育课堂教学"瓶颈"的一剂良药,为创业课程编制提供了新的视角。

(五)课程评价

课程评价是系统地运用科学方法对课程过程和产物收集信息资料并作出价值判断的过程。课程评价主要可以分为三个维度:一是以目标为中心的课程设计评价;二是以过程为中心的课程实施评价;三是以结果为中心的课程效果评价。狭义的课程评价一般指的是第三种情况,即对学生学业的评价。

在教学过程中,对学生的学业作出评价,并及时反馈于学生,可以有效改善学生学习,也可以及时反映出课程实施过程中的纰漏。因此,对学生的质量检测,同样也是对课程本身的验证。这里,我们采用狭义的课程评价概念,从该网络课程对学生的学业评价方式入手,探讨它的课程评价方面的特色。

杨百翰大学夏威夷分校的网络创业课程在评价方法上做到了三个结合,即形成性评价与总结性评价相结合,内在性评价与外在性评价相结合,知识性评价与能力性评价相结合。

1. 形成性评价与总结性评价相结合

我们通常把评价分为形成性评价和总结性评价。形成性评价是指在某项教学活动中不断进行的评价,及时了解阶段教学的效果和学生的进展情况、存在问题等,以便及时调整。而总结性评价指某一阶段教学完成后评定该阶段的学习结果,评定教学目标的达到程度,把握教学活动的最终效果,给出教学与学习的最终评价结论。

在该网络课程评价过程中,形成性评价和总结性评价是结合起来进行的。该课程最终要求学习者依据已学知识制作一份自己的创业计划书,这可谓是一个总结性的评价。但在每一个创业项目的学习过程中,都贯彻了"尝试应用练习"的理念。此外,不仅通过在线测试等手段收集数据进行定量评价,而且采用了定性评价的方法。该网络课程良好的评价机制大大激发了学习者的兴趣和自我成就感,更好地开展了自主化的学习。

2. 内在性评价与外在性评价相结合

通过分析,笔者发现,该网络创业课程中对学习者的评价既包括外在的评价又包括内在的评价,具体包括对知识、技能、情感、态度、价值观等方面的评价。该课程同时注重了行为主义学习理论和认知主义学习理论的指导作用。行为主义学习理论注重外显的行为变化,而认知主义学习理论强调学习者内在的变化。在对学习者进行量化评价时,该课程能够以行为主义学习理论为指导,评价结果更客观;而在对学习者进行内在的情感、态度、价值观等内在结构变化的评价时,又以认知主义学习理论为指导,既重视了创业技能,又关注了创业精神意识的培养,这种评价体制同样是课程目标理念的再现。

3. 知识性评价与能力性评价相结合

在创业课程评价中,不只有知识的考查,更多的是对能力的评估。许多开放性题目需要学生结合个人经验回答。例如,在一个创业项目中,教师要求学习者身临其境为主人公想办法,设计创业计划,提出解决问题的多种方案并择优选取。这就不仅仅是刻板的创业知识的考察了,而是对创业技能的现实运用,是对个人能力的检验。

课程结束后,该校相关负责人对其中十位学生做了访谈,所有学生都对这门课程表示肯定。他们的亲身体验证明了这门课程的现实价值——它将六个步骤贯穿于完整的任务中,把知识与实践紧密联系,弥补了传统创业课程枯燥的缺陷。

三、结语

创业教育是一项系统工程,是一项融教育思想和教育实践为一体的活动,高校应把创业教育纳入学校人才培养的全过程进行系统设计,通过创业教育推进素质教育。并将创业教育融于专业教育中,发展学生的创造思维能力、专业能力、实践能力,从而培养学生独立学习的品质、创新开拓的意识。

美国杨百翰大学夏威夷分校的网络创业课程是一门整合型课程。它的观念是先进的,内容是开放的,组织形式是螺旋上升的,形式是自主的,评价是发展性的。这与传统的课程编制模式有很大的区别,也为我国创业教育课程改革提供了蓝本。我们应该认真学习和借鉴国外成功经验与相关理论,积极探索创业教育的理论与实践,加强创业教育交流研讨,结合国情建设中国特色的创业教育体系,促进高等教育跨越式发展,培养适应社会主义市场经济的高素质创新创业型人才。

通过培养具有开创精神的人,使他们能更好地适应未来社会,更好地促进社会经济的发展和个人生活质量的改善。

(本文系"浙江省大学生新苗人才计划"《基于五星教学模式的创业课程开发研究》课题成果之一,指导教师为盛群力教授,项目组成员徐婷婷和沈其娟参加了《创业课程》的编译工作,特致谢忱!)

参考文献

[1] Gagne RM & Merrill MD. Integrative goals for instructional design. *Educational Technology Research and Development*, 1990, 38(1): 23—30.

[2] Kirschner PA, Sweller J & Clark RE. Why minimal guidance during instruction dose not work: an analysis of the failure of constructivist, discovery, problem-based, experiential, and inquiry-based teaching. *Educational Psychologist*, 2006, 41(2): 75—86.

[3] Mendenhall A, Buhanan CW, Suhaka M, Mills G, Gibson GV & Merrill MD. A task-centered approach to entrepreneurship. *Tech Trends*, 2006, 50(4): 84—89.

[4] Merrill MD. A pebble-in-the-pond model for instructional design. *Performance Improvement*, 2002(b), 41(7): 39—44.

[5] Merrill MD. A task-centered instructional strategy [EB/OL]. http://mediasite. oddl. fsu. edu/ mediasite/ Viewer/? peid=5625589e-436b-4fd8-9282-53131a64fc71.

[6] Merrill MD. First principles of instruction. *Educational Technology Research and Development*, 2002(a), 50(3): 43—59.

[7] Merrill MD. Task-centered approach to entrepreneurship. http://payson. tulane. edu / courses/ltl/projects/entrepreneur/main. swf.

[8] Taba H. *Curriculum Development, Theory and Practice*. New York: Harcourt, Brace & World, Inc. , 1962, 296.

[9] Taylor PH & Richards CM. *An Introduction to Curriculum Studies*. Oxford: NFER Publishing Company, 1979, 48.

[10] UNESCO. On promoting entrepreneurship education in secondary schools. http:// unesdoc. unesco. org/images0016001600/160087e. pdf.

[11] UNESCO. World declaration on higher education for the twenty-first century: vision and action [EB/OL]. http://www. unesco. org/education/educprogwchedeclaration_ eng. htm.

论两种向度上的意义学习模式的互补性

徐婷婷

[摘要]　本文尝试从广义上把握意义学习的概念,认为从意义学习的发展历程中可以将两种向度上的意义学习模式概括成以奥苏贝尔和梅耶为代表的"认知偏向型"和以罗杰斯为代表的"情感偏向型",并从两种模式对意义学习的判定、对意义学习条件的指向以及对意义学习的机制和评价三个方面着重阐述两种模式的互补性,概略地呈现两者互补的现实性和可能性。

[关键词]　意义学习　认知偏向　情感偏向

近年来梅耶提出的意义建构学习 SOI 模式,拓展了奥苏贝尔有关意义学习的理论内涵,进一步细化并明确了意义学习的过程及其影响因子,特别是在相应教学资源的选择、组织和整合上为教学提供了实际有益的参考。这是"认知偏向型的意义学习"。而在另一向度上,人本主义心理学家罗杰斯则创设了"情感偏向型的意义学习"。受同时代存在主义哲学的影响,罗杰斯在认知的基础上引入情感价值观领域的任务目标,强调意义学习需要为学习者创设个体的意义和价值体认,尤其是对于个体存在、生命意义、生存体验上的价值归属。显而易见,以上针对意义学习所进行的两个向度上的探讨,充分体现了对认知结构和情感结构各有侧重的延伸,其互补性为丰富意义学习的内涵并加以全面理解提供了较好的切入点。

一、意义学习的判定——源头上实现互补

对于学习类型之判定,即赋予意义学习以区别于其他学习类型的特殊本质和表征,是研究者基于不同的维度所进行的最为基础性的工作,具有决定意义学习内涵的源出性意义。奥苏贝尔和罗杰斯分别着重从认知和情感两个维度上宏观地阐述了意义学习的概念,而梅耶的研究承继了奥苏贝尔的认知立场,同时又通过引入建构主义关于学习本质的观点,比较客观地定位了学习者、教师和教学设计的功能及其整合,在理念上强调了学习者作为知识建构主体的核心地位,丰富了认知策略当中的情感(价值观)考量。从这一意义上说,两种向度上的意义学习已经开始在源头上找到了实现互补的可能途径。

奥苏贝尔对于意义学习的开创性和奠基性在于其不仅确立了接受学习、发现学习的精辟定位,同时还在添加机械学习和意义学习这一维度的基础上阐明了上

述不同学习类型在事实上的存在机理。他认为,发现学习和接受学习都包含将新的教学内容内化到认知结构中这一过程,而两者的区分更加倾向于以学习过程的步骤性操作为衡量尺度,即发现学习实质上仅是在接受学习的逻辑序列上增加了"发现"环节。这种两分法更加注重教学步骤性和形式上的设置,而对学习者内在的逻辑建构和保持迁移缺乏明确的指向。意义学习和机械学习则是综合考量了学习者内在知识结构中新旧知识的联结状况之后形成的不同学习类型。这种区分更加重视学习者学习内容之间的内在联系,并对教学设计如何把握这种内在联系以达到显性外化的效果提出实际的要求。所以,奥苏贝尔实际上将衡量教学有效性的标尺放在意义学习新旧知识的联结上,而是否采用发现学习则并不成为绝对的判断标准,甚至在一定程度上,他更加推崇符合意义学习内涵的接受学习和演绎性教学策略。策略的创设忽略实现情感目标的有效空间,这也反映出奥苏贝尔将认知作为学习本质的倾向。

罗杰斯对学习类型的判定无疑更注重人本主义的关照。他认为,以学习是否将个体尤其是其情感价值观等经验纳入学习过程为标准,学习类型可分为"在颈部以上(from the neck up)"发生的学习和意义学习(significant learning)。在他看来,前者之所以没有意义,是因为对学习者本身来说不具备针对个体的价值,而后者则明显地将学习者本身的行为、态度、个性和价值观等纳入学习指标,强调了学习中情感价值观因素和学习者主体的重要性。

对此,梅耶近年来的研究认为,学习类型存在的三种隐喻(即学习就是增强反应、学习就是获得知识、学习就是知识建构)反映了对于认知性学习的不同观点。由此可见,梅耶在对学习分类的过程中已经确定了研究范畴,承继了奥苏贝尔的认知立场。但是,梅耶对于学习本质的判定,即"学习就是知识建构",就已经将建构主义作为一个理论结合点来考量,提高了学习者本身的地位,因而事实上又超越了奥苏贝尔所集中关注的"认知"领域。梅耶关于意义学习的核心观点是将其定位为在知识建构的过程中信息得到最佳整合的状态(从学习结果上看,即"保持"和"迁移"都达到优良),将学习过程的关键点由"同化"分解成"选择"、"组织"和"整合"三个连续的环节,即新旧知识之间是一种互动关系,新知识的内化过程既伴随着旧知识的开放接纳和节点连接,也同样使得新知识在丰富知识库存、完善知识结构的同时为整个认知结构打开了更为广阔的空间。在梅耶对意义学习的论证中,首先,建构主义的渗透提供了学习者完成意义学习任务的主体意识,而将教学设计者或施教者落实到引导者的位置上。其次,至少在宏观理念上,梅耶对知识建构的侧重并不意味着对其他学习目标的排斥,恰恰是放置到了一个更大的学习任务情境之下,以培养学生学习的主动性、情感的领悟力和完整健康的价值观。从这一意义上说,两种向度上的意义学习已经开始在源头上找到了实现互补的可能。

二、学习条件的指向——互补瓶颈尚待突破

在对意义学习的条件进行探讨的过程中,奥苏贝尔和梅耶的研究分别从宏观和微观建构上挖掘了认知型意义学习所需的学习条件。奥苏贝尔的理论从内部条件(主观条件)和外部条件(客观条件)的角度创设了探究的两大宏观路径;梅耶则以具体的意义学习模式为依托,完善了奥苏贝尔在这一问题上的理论架构。虽然两者都注意到了学习者本身的生理条件、态度、动机、价值观及学习技能和策略等要素对于意义学习在先决条件上的价值,同时也明确以上要素或可呈现于意义学习的学习任务之中,但是,基于认知偏向型意义学习的基本立场,即使是梅耶对奥苏贝尔理论的新拓展也无法从根本上将这些内容纳入具体的学习模式中。从罗杰斯所倡导的情感偏向型意义学习上看,两个向度的意义学习之学习条件的互补,其瓶颈还有待突破。

对于实现意义学习的条件,奥苏贝尔提出了主客观两个方面的要求。一是主观上学习者表现出意义学习的意愿,即把学习材料与原有的认知结构框联系的意愿;二是客观上学习材料潜在意义的实现形态,即学习材料的编排组织和呈现与学习者的认知结构相联系。显而易见,奥苏贝尔注重将学习者的主观意愿和学习材料的客观组织结合起来,以促成意义学习。但是,奥苏贝尔仅仅提供了这一问题的探究思路,并没有细化以上两大条件得以满足的关节点和现实要求。

梅耶的研究则着力于建构完整的意义学习模式,在奥苏贝尔所提供的两大方向性思路上做了更为细致且规范化的探索。首先,将教学活动作为构成要件,他指出了促进意义学习的三个内部条件,即教学必须有利于学生进行信息的选择、组织和整合。着眼于教学活动,就要求教育工作者在进行学习材料的组织编排、课堂授课呈现中注重把握更有利于学生关注最相关的信息、组织信息为内在一致的心理表征、激活和运用旧知以整合信息的方式和方法。其次,将学习者本身作为构成要件,他提出了问题解决迁移的三个主要条件,即技能(认知)、元技能(元认知)和愿望(动机),主要涉及学习者在意义学习的三个关键环节(即SOI模式中的选择、组织和整合)中如何主动进行认知加工,如何主动进行计划安排、组织协调和检查调控等,以及开展意义学习的态度和动机。

当然,尽管梅耶使奥苏贝尔关于学习条件的研究结构化、明晰化,佢是由于两者仍然站在认知层面的角度上,所以对于学习者主体的重视程度远不及教学活动。如奥苏贝尔在论述学习者进行意义学习的三大驱力动机时,将成就动机与学生的年龄、性别、种族和社会文化等方面的因素相联系,并没有涉及如何在意义学习的教学活动中同步提升个体动机、强化个人主体性或渗透情感价值观因素。相类地,在学习者本身的技能所构成的主观要件上,梅耶的主要探讨还停留在认知

加工上。

比照而言,罗杰斯在学习条件方面所提出的四要素理论(学习具有个人参与的性质、学习是自我发起的、学习是渗透性的和学习是由学生自我评价的)格外重视学习者个体在学习中的全身心投入、"左右脑并用"、个体健全发展、创建自我反馈。这种对培养"完整的人"即"对变化毫无畏惧的、灵活的和适应的人,学会怎样学习并且因此能不断学习的人"所需学习条件的阐述,无论从何种意义上说都是学习所应塑造的。

由此可见,对于学习条件的具体剖析,以上两种意义学习的理念还存在较大的离心而非聚合力,瓶颈突破的工作需要在认知偏向型的意义学习中合理加大关于学习者本身在学习条件要素中的权重。

三、学习的机制与评价——互补或有更大空间

正如上文所述,认知偏向型的意义学习基于对认知机制的认定,主要以教学原则或方式方法作为直接的外显渠道,即如何为学习者创设条件使之对有效信息进行高效处理,是其讨论的中心议题之一。然而,从认知机制上延伸出对学习结果的评价,将学习者能够习得的认知以外的因子纳入机制和评价体系,可能是两种意义学习得以互动并进而获得更大互补空间的途径之一。

奥苏贝尔对意义学习认知机制的论述相对而言更偏重原则性和方向性,是对认知心理机制的一种宏观概括和对相应教学活动的原则性指导。他借用皮亚杰的"同化"理论,认为意义学习的认知过程就是学习者在已有的认知结构中获得新知与旧知的联结点,并以此使新知的潜在意义内化于认知结构之中,进而形成一个基于旧知识吸纳新知以促进知识结构不断完善建构的螺旋式向上的过程。据此,他还给出了学习组织的四大原则,分别针对不同学习内容的性质对其适用性作出了详细论述。在上述原则指导下,奥苏贝尔的突出贡献在于提出了"先行组织者"策略,即主张在施教过程中向学习者事先提供"与新知识相关、概括性较强、包摄性较广、清晰性及稳定性较强"的材料,以使学习者尽快适应潜在的意义学习状态和角色。延伸到对学习结果的评定,奥苏贝尔突破同时代主流观点,倡导意义学习下兼具"效度、信度、代表性和可行性"的测验和评分制度,认为可以采取多样化的测验方式,以达到全面真实反映学习者水平进而促进教学的目的。

在奥苏贝尔指导性原则的基础上,利用建构主义理念对意义学习的添加价值,梅耶所创设的 SOI 模式以及深入细致的实验研究,为具体的教学活动实践提供了更为直观、更具操作性的方式方法。建构主义在意义学习探索知识建构的过程中强调了学习者主体的作用。如在 SOI 模式中,要求学习者能够主动激活选择、组织、整合三大关键认知加工环节,与奥苏贝尔的"同化"理论相比,SOI 模式

进一步细化了学习者的心理运作机制,使得信息选择性接收、信息本身的内在逻辑建构以及信息与原有知识联结点的形成和内化三者构成了非常明晰的思维运转轨迹。同时,梅耶还针对不同的环节开展了广泛的实验研究,认为在教学实践中可以通过更多的细节处理提高意义学习的效率,如通过目标陈述、小结提示、不必要信息剔除等方法以促进信息聚焦;通过提纲、标题、连接词等指明逻辑结构以促进信息组织;通过插图说明、样例、细致提问等方法以加速信息整合。在学习结果的评定上,根据学习者最终能否进行有效的知识"保持"和"迁移"即学习结果(以学习者在三大认知加工环节中的表现为衡量尺度)的测定,梅耶的研究确认了"无效学习"、"机械学习"和"意义学习"三种不同的学习状态,使得奥苏贝尔对于学习结果的研究得到了质的提升。同时,梅耶还创造性地对学习结果的评价和检测进行了分类,强调在不排斥记忆测验的前提下将迁移测验作为核心。

梅耶使奥苏贝尔意义学习的机制和评价体系更加系统化、模式化,但是从根本上说,尽管建构主义理念的注入毋庸置疑,从理念认识到认知机制的具体运作还是反映出了理念施展空间和呈现方式上的问题。尤其是以结果评定为突出表征,如并没有将学习者自身纳入学习结果评定的主体范畴;对学习者在各环节的内部和各环节之间进行系统协调监控的评定无所依循,也不曾将这一内容纳入到意义学习内部,无法判定学习者在认知结构优化的同时学习策略和方法等方面的提升;又如对于认知结构优化的过分重视,导致忽略对新知产生的个体意义和生命价值的理解和评判。当然,罗杰斯谈及意义学习的"意义性",更加倾向于从学习材料或学习活动对于学习者有否情感领域的价值这一角度上来评定学习机制的效度,而将学习材料经历选择、组织和整合的过程效度以及教师如何提高以上环节的效度放在次要的位置。在评价主体上则相应的更重视学习者的自我评价参与,符合意义学习关于外部反馈和内部自我确证的辩证观点,但同时却忽略了学习者主体功能发挥会受到个体年龄差异、文化社会知识背景差异的影响,对这种影响如何进行把控也缺乏深入的探讨。有鉴于以上分析,对于意义学习学习机制的阐析和评价体系的设定,可以成为两种意义学习进一步实现优势互补创造关节点。

通过上述三个方面尚且简单粗陋而着力有重点的阐述,在较为全面地呈现意义学习广义概念的同时,希望能够为两种不同的意义学习模式的优势互补创造更多节点和兼容性,为意义学习在实践领域更好地发挥作用提供借鉴参考。

参考文献

[1][美]奥苏贝尔.教育心理学——认知观点.北京:人民教育出版社,1994.

[2]科伊特·巴特勒著.统一的教学过程互动模型.盛群力编译.外国教育资料.1990,3—5.

[3][美]理查德·梅耶著.面向意义学习的认知过程.盛群力,韩青青,柯丽丹泽.远程教育

杂志,2007(3):16—20.

[4]刘丽娟.奥苏贝尔有意义学习理论及对当今教学的启示.南方论刊,2009,5:100—101.

[5]彭娟.从奥苏贝尔到罗杰斯——论意义学习及其教育启示.安徽教育学院学报,2003,21(4):91—94.

[6]盛群力等编著.教学设计.北京:高等教育出版社,2005,12.

[7]王洪玉.试析奥苏贝尔的学习理论及其启示.教学研究,2005,28(4):291—293.

[8]赵联.罗杰斯的意义学习理论及对课程改革的启示.江西教育科研,2004,1—2:75—77.

奥苏贝尔与梅耶意义学习模式的比较分析

宋佳丹

[摘要] 两位美国心理学家奥苏贝尔和梅耶都是意义学习的倡导者。奥苏贝尔首次提出了有意义学习,近年来,梅耶结合建构主义和认知主义提出了著名的意义学习的SOI模式。在对两种意义学习模式有所了解的基础上,对两者进行比较分析,可以发现两者在理论基础、"意义"的含义、学习目标、学习过程、学习结果分类、迁移和教学设计的论述上都有所差别。但同为认知心理学家的奥苏贝尔和梅耶在各自所提倡的意义学习理论中还是有共通之处,主要体现在理论创见性、主要内容和对主动学习的重视上。

[关键词] 奥苏贝尔 梅耶 意义学习理论 比较

20世纪60年代,美国当代著名教育心理学家奥苏贝尔(Ausubel DP)首次提出了有意义学习这一概念,并于70年代在其著作《教育心理学:认知观点》一书中对其进行了系统的阐释。近些年来,美国加州大学圣巴巴拉分校(UCSB)心理学教授梅耶(Mayer RE)从结合建构主义和认知主义的角度,致力于创建建构学习的环境,提出了著名的意义学习SOI模式。

无论是该模式的首创者,还是该模式集大成的发展者,奥苏贝尔和梅耶有关意义学习模式的理论都对教学理论与设计的发展产生了重大的影响。那么,同样致力于教育心理学和认知心理学研究的奥苏贝尔和梅耶在意义学习模式理论的探讨上有哪些差异和共通之处?本文旨在通过对两者模式的简介,从理论基础、理论含义、学习目标、学习过程、学习结果、迁移和教学设计七个方面进行分析比较,探析两者的差异与一致性。

一、奥苏贝尔的有意义学习模式

在划分出发现学习和接受学习两个维度之后,根据学习者是否理解学习材料,奥苏贝尔划分出学习的第二个维度,即机械学习和有意义学习。比如艾宾浩斯的无意义音节记忆就纯粹是机械学习,因为这里的材料没有意义内容,而对有意义的材料如唐诗,不加理解地进行背诵,则是有意义材料的机械学习。通过有意义学习获得的是有意义的知识。有意义学习的实质是符号所代表的新知识与学习者认知结构中已有的适当观念建立实质性和非人为性的联系的过程。

那么,如何进行有意义学习呢?奥苏贝尔在其著作《教育心理学:认知观点》的扉页上写道:"如果我不得不把教育心理学的所有内容简约成一条原理的话,我会说:影响学习的最重要的因素是学生已知的内容。弄清了这一点后,进行相应的教学"。这句话揭示了奥苏贝尔整个有意义学习理论的核心——认知同化。奥苏贝尔认为,在新知识的学习过程中,认知结构中原有的适当观念起到决定作用,这种原有的观念接纳、吸收新观念,并且合并形成自身的一部分。如果满足了三个条件:①学习材料具有逻辑意义;②学生认知结构中具有同化新材料的原有知识;③学生具有意义学习的心向,那么,就能实现新旧意义的同化,最后形成良好的认知结构,也就是有意义学习的结果。

奥苏贝尔提出了三种同化模式。

①下位学习(subordinate learning,又称类属学习):新教材与学生已有概念之间最普遍的一种关系,即新学习的内容从属于学生认知结构中已有的、包摄性较广的概念。下位学习有派生类属过程(derivative subsumption)、相关类属过程(correlative subsumption)两种不同的类属过程。②上位学习(superordinate learning,又称总括学习)。③并列结合学习(combinatorial learning)(具体阐述参见表1)。

根据有意义学习理论,奥苏贝尔提出了以逐渐分化、整合协调为原则,以"先行组织者"和迁移为教学策略的教学理论。

表1　新旧知识的三种同化模式

同化模式	具体阐释	图　示
下位学习	**派生类属过程** 新的学习内容仅仅是学生已有的、包摄面较广的命题的一个例证,或是能从已有命题中直接派生出来的。例如,儿童已知道"猫会爬树",那么"邻居家的猫正在爬门前那棵树"这一新命题,就可以从属于已有的命题	原有的观念 A 新的内容 → a_0 a_1 a_2 a_3 a_4
	相关类属过程 当新内容扩展、修正或限定学生已有的命题,并使其精确化时,表现出来的就是相关的下位,例如,儿童已知"平行四边形"这一概念的意义,那么,我们可以通过"菱形是四条边一样长的平行四边形"这一命题来界定菱形。在这种情况下,通过对"平行四边形"予以限定,产生了"菱形"这一概念	原有的观念 X 新的内容 → Y　W U　V

同化模式	具体阐释	图　示
上位学习	当学生学习一种包摄性较广,可以把一系列原有概念从属于其下的新命题时,新学习的内容便与学生认知结构中已有概念产生了一种上位关系。如儿童往往是在熟悉了"胡萝卜"、"豌豆"和"菠菜"这类下位概念之后,再学习"蔬菜"这一上位概念的	新学习的观念A ——→　　A 原有的观念　　　　a_1　a_2　a_3
组合学习	当学生有意义地学习与认知结构中已有概念既不产生下位关系,又不产生上位关系的新命题时,就产生了组合意义。例如,质量与能量,冷热与体积,遗传与变异,需求与价格之间的关系。这类关系的学习,虽然既不从属于学生已掌握的有关概念,也不能总括原有的概念,但它们之间仍然具有某些共同的关键特征。根据这些共同特征,新学习的内容与已有知识的关系是并列地组合在一起的,从而产生了一种新的关系——组合关系	新学习的观念　A→B—C—D

二、梅耶的意义学习模式

梅耶在其 2002 年发表的《面向意义学习的认知过程》一文中提到教学过程所包含的两个最基本的目标分别是促进保持和迁移(即体现为意义学习)。意义学习的意义在于学习者既能记住所学的东西,又能理解和运用所学的东西。

那么,如何实现意义学习呢? 梅耶从认知主义和建构主义相结合的视角出发,分析探讨了三种记忆方式,通过建构学习的三个关键认知加工成分——选择(selecting)、组织(organizing)、整合(integrating),形成了著名的 SOI 意义学习模式。

S 代表选择(selecting),它涉及聚焦已经呈现信息的相关部分并将它们添加到短时记忆中。O 代表组织(organizing),它涉及对短时记忆中的信息片段建立起一种内部联系。I 代表整合(integrating),它涉及在短时记忆中经组织的信息与从长时记忆中提取出来的已有相关知识之间建立起的一种外部联系。

这三个条件可能引发三种学习结果:无效学习、机械学习和意义学习(或建构学习),如图 1 所示。可见,意义学习要求教学满足选择、组织、整合三个条件,梅耶讨论了促进满足三个教学条件的多种方式:

对促进选择而言要求做到：①突出最重要的信息,具体包括运用标题、空白、画线、箭头、重复、斜体、黑体、字体字号差别、图标等方式；②运用教学目标以及插入提问；③提供小结；④排除无关的信息。

对促进组织而言要求做到：①利用文本结构,如比较或对照、分类、举例、概括以及因果关系等结构；②运用提纲；③运用标题；④运用连接词；⑤运用图形表征。

对促进整合而言要求做到：①提供先行组织者；②运用配有说明的多幅插图；③运用动画；④运用样例；④细致提问。

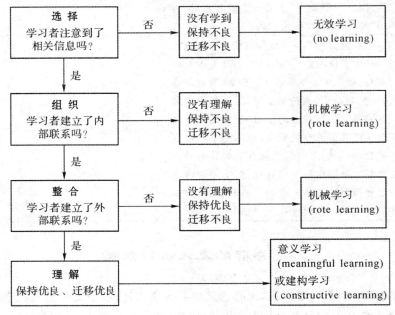

图1　意义学习的三种主要条件和学习结果

三、奥苏贝尔与梅耶意义学习模式的差异分析

奥苏贝尔是意义学习模式的首创者,之后梅耶结合建构主义和认知主义,发展了意义学习模式。虽然都是认知心理学家,奥苏贝尔和梅耶在意义学习模式的探讨上还是有较大的差异,这些差异主要体现在以下几个方面：

1.理论基础

理论基础的不同是导致奥苏贝尔与梅耶意义学习模式差异的最根本原因。奥苏贝尔的有意义学习模式是以认知主义为主要理论基础,同化是其有意义学习模式的内部心理机制,他的学习过程、教学设计都是在这个基础上展开的。梅耶的理论也将认知主义作为理论基础,但更为重要的是,他结合了建构主义,在他的意义学习中,知识建构式教学的主要宗旨是认知(三种记忆的形成过程)为知识建构服务。虽然梅耶还处在认知主义向建构主义的过渡阶段,但这已使得梅耶在意义学习模式的探讨和分析上比奥苏贝尔更为深远。

2."意义"的含义

虽然奥苏贝尔与梅耶二人的理论都叫做意义学习模式,但是"意义"两个字在两者的阐述中还是有一定的差别。奥苏贝尔的意义学习中的"意义"有两层含义,一是学习材料的意义,二是学习者能够理解学习材料,而不是死记硬背。而梅耶意义学习中的"意义"则比奥苏贝尔的更为全面,他指的不仅仅是学习者能有意义地学习有意义的材料,更重要的是能实现知识的迁移运用,用已学到的知识来解决以前所没有遇到过的问题。笔者认为,梅耶的"意义"发展了奥苏贝尔的"意义",将"意义"延伸到了情境应用之中。

3.学习目标

"意义"不同,显然两者的学习目标也将有所差别。奥苏贝尔的有意义学习主要针对陈述性知识的学习,他认为教学的首要目标是可以在短时间内使学生获得大量的知识,因此他特别强调有意义的接受学习。梅耶认为学习的目标应该是学习者能够运用已经学到的东西来解决以前从没遇见过的问题。梅耶参与了布卢姆认知新目标的修订工作,他认为学校教育应该致力于涉及更为广泛全面的认知过程。此处,梅耶所提的认知过程已有所发展延伸,不仅仅是陈述性知识的学习,更重要的是知识的迁移运用。虽然,奥苏贝尔在给他的意义学习按照不同的层次进行分类时,也提及了解决问题和创设这一学习类型,但总的说来,他将重点放在如何"保持"知识,梅耶则将重点放在如何"迁移"知识。

4.意义学习过程——如何实现意义学习

理论基础及学习目标的不同使得奥苏贝尔与梅耶在意义学习过程的探讨上具有较大的差异。结合前文所述,本文在这里通过列表分析两者在意义学习过程上的差异(参见表2)。

5.学习结果分类

奥苏贝尔将学习结果分为机械学习和意义学习,梅耶将学习结果分为无效学习、机械学习和意义学习,粗略一看,两者的差异似乎并不大,就是梅耶比奥苏贝尔多了一个无效学习。其实,两者真正的差异来自于分类背后的依据,即综合本文前面所述的理论差异、"意义"差异,目标差异、过程差异,因而,同样称为机械学习和意义学习,两者的含义也是有差别的。前文已对这些学习结果进行了具体阐述,故在此不再赘述。

表 2　奥苏贝尔和梅耶意义学习过程的比较

比较点	奥苏贝尔的有意义学习模式	梅耶的意义学习模式
出发点	认知同化，认知结构中原有知识对新观念的同化。	整合新旧知识更好地发挥工作记忆的功能
具体过程	①学生从已有的认知结构中找到对新知识起固定作用的观念，即寻找一个同化点；②将新知识置入到认知结构的合适位置，并与原有观念建立相应的联系；③对新知识与原有知识进行精细的分化；④在新知识与其他相应知识之间建立联系，使之构成一个完整的观念体系，继而学习者原有的认知结构得到丰富和发展。	刺激 → 感觉记忆 →（选择）短时记忆（组织）工作记忆 → 反应；工作记忆 →（编码）长时记忆 →（整合）工作记忆
实现条件	①学习材料具有逻辑意义；②学生认知结构中具有同化新材料的原有知识；③学生具有意义学习的心向。	①选择 ②组织 ③整合

6. 学习迁移

奥苏贝尔和梅耶在其意义学习模式的阐述中，都非常注重知识的"迁移"，但是两者的论述无论是从含义上来讲，还是从具体的方法上来讲，都存在一定的差异。

首先，两者所阐述的"迁移"含义不同。奥苏贝尔用他的认知观点考察"迁移"，从已形成的认知结构到新的认知功能，是一个"迁移"的过程；梅耶则认为"迁移"主要是从已形成的知识到新的情景，是从记忆到运用的过程。

再者，"迁移"的具体方法不同。奥苏贝尔提出了三个影响知识迁移的变量：原有知识的可利用性；原有知识的巩固性；新旧知识的可变性。因而，为了促进"迁移"，相应地就要改革教材内容，使教材适合学习者的能力；改革教材呈现方式，纵的方面，遵循由一般到具体，不断分化的原则，横的方面则加强概念、原理乃至章节的联系。梅耶认为理解、应用、分析、评价、创造者五个维度主要涉及"迁移"，这几个认知过程有助于"迁移"，他又将这五个维度进行细分，提出了 17 个具体要素（具体内容参见表 3）。

表 3　梅耶有关"迁移"的五个维度分析

维度	具体要素
理解	解释、举例、分类、总结、推断、比较、说明
应用	执行、实施
分析	区分、组织、归属
评价	核查、评判
创造	生成、计划、贯彻

7. 教学设计

为了真正实现意义学习,奥苏贝尔和梅耶都根据各自所阐述的意义学习理论进行了教学设计,具体的内容前文已有介绍。经过对两者的比较分析,可以发现奥苏贝尔与梅耶在教学设计上有以下几处不同点:

(1)原则不同。奥苏贝尔的意义学习主要是针对概念学习和命题学习,他注重的是如何把知识教给学习者,是言语符号或其他符号在学习者头脑中引起心理意义。因此,他在教学设计上遵循"逐渐分化"和"整合协调"的原则,前者其实就是从一般到具体的演绎教学,后者则是从具体到一般的归纳教学。梅耶认为教学的任务应该是为学习者创设一种环境,使学习者和教材内容发生有意义的互动,包括促成学习者选择、组织和整合信息。他的教学原则就是情景创设。

(2)教师任务的侧重点不同。奥苏贝尔提出了"先行组织者"和"迁移"两条教学策略。教师教学的侧重点在于对学习材料的组织整合上,梅耶提出的 SOI 教学模式要求教师在选择、组织与整合信息各个阶段中都对学生进行引导,为他们创设良好的情景。

五、奥苏贝尔与梅耶意义学习模式的相同点

奥苏贝尔和梅耶都致力于意义学习的研究,两人作为意义学习模式的倡导者,尽管在各自的理论上有所差异,但我们还是能看到他们的共通之处。

1. 理论的创见性

奥苏贝尔和梅耶研究学习理论,都能做到独辟蹊径、自有创见。奥苏贝尔反对传统的学习理论,倡导"关注在学校里或类似的学习环境中所发生的各种复杂的、有意义的言语学习。并对影响这种学习的各种因素予以相当的重视",并创设性地提出了有意义学习模式。梅耶在面向知识建构学习的理论转型中,并不热衷于"社会交往、探究发现、多媒体以及'动手做'",而是理智地提出自己的看法——在头脑里或心理内部主动积极地进行认知加工。

2. 以认知加工为主要内容

虽然梅耶的意义学习结合了建构主义的内容,但他更多的讨论主要还是先于认知加工,建构主义对他理论的影响主要表现在"迁移"上。而总的来说,他与奥苏贝尔一样,坚持主张以认知知识的学习为主,因为目前讲授和阅读等文本型教学仍然占较大的地位,所以要探讨如何运用这种教学方式来建构知识途径。这与奥苏贝尔所倡导的有意义的接受学习有相通之处。

3. 对主动积极学习的重视

无论是奥苏贝尔还是梅耶,倡导意义学习,就要求学习者积极主动地参与到学习的过程中去。在奥苏贝尔意义学习的三个条件中,其中之一便是学生具有意义学习的心向。梅耶在意义学习中也提出了三个主要条件:技能、元技能和愿望。很显然,学习者的主观能动性在意义学习中是非常重要的。

参考文献

[1][美]奥苏贝尔等著. 教育心理学:认知观点. 佘星南、宋钧译. 北京:人民教育出版社,1994.

[2][美]理查德·梅耶著. 面向意义学习的认知过程. 盛群力等译. 远程教育杂志,2007(4).

[3]皮连生等编著. 教育心理学. 上海:上海教育出版社,2004.

[4]盛群力. 学习类型、认知加工和教学结果——当代著名心理学家理查德·梅耶的学习观一瞥. 开放教育研究,2004(4).

[5]盛群力等编著. 教学设计. 北京:高等教育出版社,2005.

意义学习模式与信息加工模式之比较

陈　玙

[摘要]　意义学习模式是对加涅信息加工模式的继承和发展,但两者仍然有相当差异。加涅的信息加工模式是认知主义的典范,而梅耶的意义学习模式在继承了认知主义的特点之上,更多地受到了建构主义思想的影响。本文通过比较研究这两种信息加工模式,以期能从不同的视角更好地梳理和评述这两种信息加工模式。

[关键词]　信息加工模式　意义学习模式　教学设计

1985 年,加涅提出了著名的信息加工理论,这为信息加工理论的发展奠定了扎实的基础。之后,许多研究者相继提出了自己的信息加工理论,如诺克(2001)提出了信息的加工会依次经过感觉登记、短时记忆和长时记忆的转换,而决定这种转换的是六种控制过程,而决定控制过程的则是执行监控过程的理论模型;贝密斯和拉甘也在加涅的基础上对信息加工模式进行了阐述,重点提出了一系列的相关理论,包括"图式理论"、"精细加工理论"、"组织理论"、"平行加工理论"和"认知负荷理论",等等。但总的来说,相较加涅的经典信息加工理论,这些后续的理论研究并没有实质性的突破。直到梅耶的意义学习模式的提出,信息加工理论才有了本质的发展,换句话说,梅耶的意义学习模式为信息加工理论从认知主义逐步向着建构主义转变建立起了桥梁。因此,本文通过比较研究的方式来更好的理解这两种信息加工理论,有着重要的学习意义。

一、加涅的信息加工模式

罗伯特·加涅是美国当代著名心理学家。在"为学习设计教学"的理念下,加涅提出了学习的一个典型模式——信息加工模式。

在此模式中,学习者从外部环境中接受刺激并激活感受器,感受器再将刺激转换成神经信息,这一信息进入感觉登记器,之后进入短时记忆,短时记忆中的信息通过编码转化为有意义的组织形式,这样有利于学习者记忆更多的信息。经过短时记忆的信息到达长时记忆,短时记忆或长时记忆中的信息一旦恢复,便到达反应发生器,之后开始激活效应器,这就产生了人们可以观察的活动模式。此外,信息加工过程还有一个环节即"执行控制"和"预期":前者主要起调节和控制信息流的作用,后者主要起定向作用,至此一次完整的信息流加工完成,见图1。

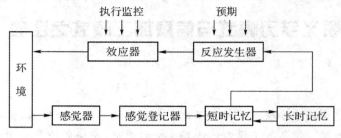

图1　信息加工模型(加涅,1985)

该模型解释了学习者的内部信息加工的过程。与此同时,加涅也注意到了,如此的内部过程,都在一定程度上受到发生在学习者以外的事件的影响。因此,加涅提出了著名的"九大教学事件":①引起学习注意;②交待学习目标;③回忆相关旧知;④呈现教学内容;⑤提供学习指导;⑥引发行为表现;⑦给予信息反馈;⑧评估行为表现;⑨强化保持与迁移。

总的来说,加涅的信息加工模式与"九大教学事件"一定程度上指导了外部教学与内部信息加工之间的适配问题,并提出了教师的教学是为了给学生的学习提供外部条件,使学生在相应外部条件下能够更好地促进信息在自身内部的加工,并最终促使信息能够更多更好地进入长时记忆,增加学习者知识的记忆量。

二、梅耶的意义学习模式

梅耶的意义学习模式是在加涅的信息加工模式的基础上提出的,但更注重知识的建构与建构学习环境的创建,是以"为学习者设计教学"为理念的信心加工模式。该模型显示,信息的记忆过程同样始于学习者对外界信息刺激的接受,随后,学习者可以自主选择需要进一步加工的信息,并将该短时记忆转入工作记忆,找出新信息各部分的内在联系,同时调动贮存在长时记忆中原有知识与之相联系,最后,新习得的知识进入长时记忆(见图2)。

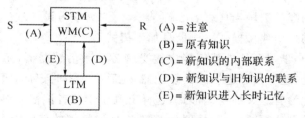

(A)=注意
(B)=原有知识
(C)=新知识的内部联系
(D)=新知识与旧知识的联系
(E)=新知识进入长时记忆

图2　信息加工模型(梅耶,2003)

由于梅耶研究所感兴趣的问题很大一部分基于教育技术学的内容,并希望可以提出一种有关人如何从语词和画面中学习的理论,因此梅耶的意义学习模式也可通过其另一模型加以解释(见图3)。

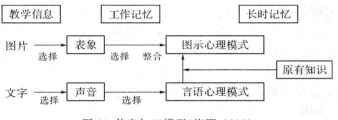

图3　信息加工模型(梅耶,1999)

同加涅一样的,对应上述信息加工模型,梅耶也总结出了影响教学过程的六个因素。它们分别是:①教学操纵:主要指教学的内容组织方式,教师采用的教学方式以及课程的特点。②学习者特点:指学习者信息加工的特点与学习者当前的知识结构。③学习情景:指学习的社会文化背景,包括课堂与学校的社会结构。④学习过程:指学习者如何基于已有的知识选择、组织和整合新的信息。⑤学习结果:指学习者知识或记忆系统中的认知变化。⑥业绩表现:指学习者的测验业绩。

总的来说,梅耶的意义学习模式,提倡学习者在对信息进行自我的选择之后,能在大脑中对所选信息与原有知识建立起一种因果联系,最后获得对信息的理解和意义的自我建构,教师则扮演着协助者的角色,适当地给予提示而不是直接给出信息。由此,梅耶提倡抛锚式、随机进入式、支架式等教学方式。

三、两种学习模式的区别

以上简要地对两种信息加工模式进行了描述与分析。不难发现,加涅的信息加工模型主要体现的是认知主义的思想,认为学习是认知结构的组织与重新组织;而梅耶的意义学习模式则更多地体现了建构主义的观点,认为学习是一种"意义建构的过程"。可见,两者存在着本质性的差异,具体可以从以下几个方面来描述。

首先,梅耶的意义学习模型省略了感觉记忆,而重点强调了工作记忆的过程。在加涅的信息加工模式中,学习者在感受到外部环境刺激之后,该刺激需先由激活的感受器转换成神经信息并进入感觉登记器(其实,感觉登记器的作用就是对新信息的选择,但是趋于被动选择)之后,才能进入短时记忆。而在梅耶的意义学习模式中,这样的过程被简化,不仅瞬时感觉记忆阶段被省去,在不同记忆阶段的知识表征形式也被省略了。取而代之的是学习者对外界刺激的自主选择,一种主动的行为表现。此外,梅耶在其学习模型中加强了工作记忆的信息整合作用。梅耶认为,工作记忆应是短时记忆和长时记忆之间的一个过程,起着近于枢纽的作用,即让经过组织的新信息与学习者记忆中已有的知识结构得以整合的作用,被整合后的信息则最终进入长时记忆。这在加涅的信息加工模式中没有得到体现。

其次,梅耶的意义学习模式淡化了对编码阶段作用的关注,而将更多的关注放在了对工作记忆过程中所设计的认知加工(选择、组织、整合)在理解意义过程中的作用这一研究上。加涅的信息理论认为,学习者的心理表征是一个个的信息,而信息则是由符号来表征的,认知的过程也只是一个个符号的简单操作。因此,需要合适的编码方式对这些信息进行处理,从而使得学习者的心理表征能更好地进入长时记忆而得以永久保留。鉴于此,加涅认为,学习的重点不在于记忆,而在于编码。不同的编码方式将会对学习者的学习结果产生不同的影响。这就如同计算机编程,不同的编码方式所编出的程序优劣不一样。所以,编码在这一时期的信息加工理论中的地位可见一斑。而梅耶却不这样认为,他认为心理表征应该为知识而非信息,而知识也应该是图式化的、概括的、中介化的、意义清楚的,认识过程也不应该仅仅是单纯的符号操作,而是应基于意义理解的自我建构的过程。正如其对视觉和听觉两个通道对信息的加工过程的描述中所讲的,学习者在大脑内部会根据所听到或者是看到的信息建立起与之相关的情景和图式,而这些图式和情景的建立又可以通过外界相关的视频或者是言词给予引导,使学习者向有意义的知识进行建构。因此,梅耶更注重的是学习者对信息的主动选择、组织和整合,在看重保持的同时,也更关注已有经验与新信息的融会贯通。

第三,梅耶的意义学习模式加强了对学习者情感因素作用的重视。事实上,加涅已经注意到了学习者的情感因素对信息加工过程的影响。因此,在他的信息加工模式中,他添加了"预期"与"执行监控"两方面的过程。加涅认为,执行监控的过程会影响学习者对学习策略的选择,而预期的过程,作为学习者的一种特定的心理表征,则会影响学习者的注意指向、编码方式及组织反应。不难发现,虽然加涅考虑到了学习者的情感因素,但是这样的考虑仅仅是处于为了让信息可以更好地进入学习者的记忆中去,换句话说,就是情感的调动仅仅是一种辅助手段,使信息更有效地进入学习记忆系统才是实质。如此看来,加涅对学习者情感因素的关注是不够的,而这也正是认知主义如今受到严峻挑战的重要方面之一。与此对应,梅耶非常重视学习过程中学习者对信息的选择、组织和整合。他认为学习不是向学习者呈现或者传递什么,而是要在自身内部形成某种有意义的认知建构,重视学习者情感因素对意义建构的影响,以及自我调节与监控的元认知策略。具体表现在对学习者自身上的关注,如更多地关注各个学习者自身的思维动机、情绪智力、多元智力等方面的内容;这些均表明梅耶对信息加工过程的研究已从加涅的关注长时记忆中的存储机制转向了重视工作记忆中的信息处理机制,注重在一定情景下对选择信息的意义"建构",标志了信息加工模式向建构主义的推进。

第四,梅耶的意义学习模式突出了"以学习者为中心"的理念,将学习者作为教学的真正主体。从两者的信息加工模型来看,加涅的信息加工模型更注重学习者对知识的记忆,情感因素仅停留在学习者决定如何编码的层面上,对信息的接受与选择则趋于被动地接受;而梅耶的信心加工模型则非常强调学习者自身对信息的主动选择、组织与整合,是一种主动的行为表现。对应两者的信息加工模型,加涅与梅耶也分别就教学过程提出了"九大教学事件"与"影响教学的六大因素"。相较之下,加涅的"九大教学事件"更多的是从教师的角度出发,如"交代学习目标"、"呈现教学内容"、"给予信息反馈"都描述的是教师方面的动作行为,教师通过这些教学事件更好地扮演一个知识的传递者,而学习者的任务就是被动地接受信息并记忆;而梅耶所提出的"影响教学的六大因素"则是从学习者方面来考虑的。首先,梅耶并不忽略教师的作用,提出的第一个因素就是"教学操纵",但是梅耶认为教师的作用不应该是给予学习者知识,而是应为学习者呈现出富有意义的教学内容,如将学习者带入一定的真实情境之中,适时提供有效的先行组织者等。其次,梅耶明确了"学习者特点"与"学习情境"两个因素的作用。如同大多数建构主义支持者所认为的,学习者的认知需要建构于学习者的原有经验,同时也受到所处社会文化历史背景的作用。维果斯基在其"文化历史发展理论"中强调了后者的作用,梅耶也这样认为。因此他加强了对学习者情感因素的重视·并提倡情境教学。因为知识的发展是动态的,知识只有在一定的情境条件下才能说是有意义的。最后,梅耶特别强调了"学习过程"这个要素,并且根据学习过程中知识的选择、组织和整合提出了相应的教学方式。以促进选择的教学方式为例,在教学过程中,我们不仅可以由教师以言语的形式对所需选择的信息给予提示,也可以通过画线、箭头、字体的变化、图表等从信息加工的视觉通道对所需选择的信息给学习者以引导。如此的教学方式,更加明确了教师在教学过程中要做的是通过各种手段给予学习者提示而不是直接对信息的传递,学习者才是主体。最后,梅耶也指出了"学习结果"与"业绩表现"这两方面的因素。可以看出,梅耶注重学习者自身内部的认知结构的变化过程,确切地说,是对新知识的顺应与同化的过程,强调有意义学习。相较之下,加涅提出的"评估行为表现",则更强调的是一种强化再强化,某种意义上体现了部分行为主义的思想。

四、小 结

综上所述,加涅的"信息加工理论"及其"九大教学事件"弥补了行为主义只注重研究学习的外显行为这一缺陷,使研究的重点转向了学习的内部过程和内部条件,将学习的内部过程作为研究对象。但是,加涅的信息加工理论也暴露出了许多不完善的地方。如过多地崇尚了知识的作用,而忽略了学习者情感因素的作用;过分强调如何更好地记忆,而忽略了学习者内在的整个认知变化;在教学过程中,教师扮演的多为信息传递者的角色,学习者则是更多地处于一种被动接受的状态中,没有主动学习。当然,加涅的信息加工模式对实际的教学仍是有着不可忽视的指导意义,尤其是在对外语的教学上,这样的指导意义显得尤为突出。再来看梅耶的意义加工模式,应该说,梅耶的意义加工模式很好地继承和发展了加涅的信息加工模式,在重视研究学习者如何认知的整个过程的同时,更重视研究的是学习者在一定情景下如何主动地对信息进行选择、组织和整合,并强调知识是个体在一定社会情景下通过主动的内部加工而进行的意义建构。

当然,梅耶的意义学习模式仍需受到实践的检验。尤其是在我国这样的高考制度下,这样的实践是存在难度且显得不那么经济的。一方面,就教师的角度而言,教师本身不具备实行这样教学过程的能力与经验,传统的授课式教学显得更加易行而且高效。对"意义学习"也存在理念上的误区,认为只有发现学习才是意义学习。事实上,接受式学习也可以是意义学习,关键在于学习者是否真正对新知识做到了同化;另一方面,就学习者的角度而言,由于"高考"这个外部动机的存在,也使得他们不得不功利地看待学习,因为情感、方法维度方面的提升是不可能在试卷上得以体现的。所以,即使各种教育改革每年都在进行,但却始终得不到理想的效果。相反,学生的学习压力加大、厌学情绪更严重等各种不良现象则愈演愈烈。虽然目前的状况不容乐观,但是我们还是要坚持下去,勇敢面对各种困难,真正达成以学习者为中心的教学目标,任重而道远。

参考文献

[1]陈峥.学习理论述评.法制与社会,2010,218-225.

[2]盛群力.教学设计.北京:高等教育出版社,2005.

[3]盛群力译.教育心理学与教育技术学联盟:促进学习者认知变化——与理查德·梅耶教授访谈.远程教育杂志,2008(1):21-5.

[4]王俊杰等.从认知主义到建构主义的范式转换——加涅与梅耶的信息加工模式对比.远程教育杂志,2008(2):49-51.

[5]徐晓雄.论罗伯特·加涅学术思想及启示.宁波大学学报,2009(31):15-18.

[6]张玉琴,党亭军.探析梅耶学习理论及意义学习模式——兼论对现代教学设计的启示.内蒙古师范大学学报(教育科学版),2009(22):5-7.

E 时代下的 E-student 对 E-teacher 的呼唤
——浅析信息时代的学习性质带来的教学功能转变

黄　山

[摘要]　随着现代教育技术渐渐进入传统课堂,传统的"学"与"教"正发生着根本性的改变。E 时代带来了 E-learning,也呼唤着传统学生成为一个 E-student。当学生开始向 E-student 转变,传统的教学已经满足不了学生的需求。此时,E-student 也开始呼唤 E-teacher 的出现。在社会高速进入信息时代的同时,"学"与"教"也开始步入"信息时代"——信息时代的学习性质带来了教学功能的转变。

[关键词]　信息时代　学习性质　教学功能　现代教育技术

信息技术的发展改变了传统的教学模式,"教育技术在教育教学中的应用,优化了教学过程,已经成为除教师、学生、教材等传统教学基本要素之外的第四要素"。在信息技术飞速发展的大背景下,现代教育技术对学生、教师提出了新的要求。信息时代下的教学呈现了教材多媒化、资源全球化、教学个性化、学习自主化、活动合作化、管理自动化、环境虚拟化、系统开放化等特点。与传统课堂教学相比,信息时代的教学中,学生和教师的角色已经发生了微妙的变化。

一、从传统学生到 E-student——信息时代的学习性质

从定义来看,"学习是一种相对稳定的外部行为业绩变化,这种变化是由内在经验的建构而产生的"。定义围绕着学习所带来的"变化"来对学习进行概念化,而这种变化既是过程,又是结果。虽然学习可以通过不同的方式来进行,但是学习行为的本质特征是一致的、相对不变的。可以说,学习的本质就是一种"变化"。

而本文更倾向于以"信息"为重心,对学习进行定义。在信息时代的影响下,整个"学"与"教"的过程都是围绕着"信息"来进行的。故本文尝试以"信息"为重点对学习进行定义:"学习是学习者获取、整理、加工、创造学习信息的过程"。在这个定义中,"信息"既是学习内容,也是学习方式。由此看来,信息时代学习的核心是对信息的获取、整理、加工和创造。

1. 信息—知识—智慧

学习是学习者获取、整理、加工、创造学习信息的过程。这里的"信息"是广义

的信息,而不是狭义的信息。狭义的信息指信息本身,即 information。广义的信息包括信息本身以及信息经过整理、加工、创造等过程后所得的信息,即信息既是 information,又是 knowledge,也是 wisdom。在传统的学习过程中,学习者面对的信息更多的是信息本身,即 information;信息时代的学习过程中,学习者更强调 knowledge 和 wisdom。

如果把学习过程分为三个阶段,那么获取信息是学习的第一阶段——信息(information)阶段,整理和加工信息是学习的第二阶段——知识(knowledge)阶段,创造信息是学习的第三阶段——智慧(wisdom)阶段。传统的学习停留在信息阶段,只强调学生对信息的获取能力;而信息时代的学习主要处于知识阶段和智慧阶段,强调学生对信息的整理、加工和创造的能力,并且信息时代发展程度越深,学习过程对信息的创造能力的要求也越强(参见图1)。

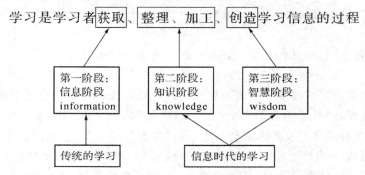

图 1　以"信息"为重心的学习定义及学习阶段

2. E-student 的学习方式

信息时代下的教学呈现了教材多媒化、资源全球化、教学个性化、学习自主化、活动合作化、管理自动化、环境虚拟化、系统开放化等特点,以上特点决定了学习者学习方式要从"传统学习方式"向"信息时代学习"转变(参见图2)。

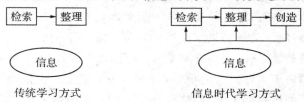

图 2　传统学习方式与信息时代学习方式比较

传统的学习方式和信息时代的学习方式都以信息为中心,不同的是:传统学习方式对信息只有"检索"和"整理"两种处理方式,并且这两种方式的联系是单向的,只完成"从检索到整理"一个过程;信息时代的学习方式对信息的处理有"检索"、"整理"和"创造"三种方式,并且这三种处理方式的联系是循环的。在传统学习处理信息的基础上,信息时代的学习方式多了一个对信息的再创造过程,并且学习者对信息创造之后还会继续进行检索和整理的工作,整个处理信息呈循环模式。

信息技术带来了 Blog、E-mail、BBS 和 Wiki 等工具,利用这些工具,学习者在获取信息的同时还可以进行信息反馈与创造。按照传播学理论,新媒体时代受众接受信息的同时也在发布信息。以 Webquest 为例,基于 Internet 的资源型学习就是一种以信息为中心的学习方式,"Internet 向学生提供了非常丰富的学习资源和良好的学习环境,使学生在教师的指导下,通过运用各种信息搜索工具获得相关的信息,然后加以分析、提炼、加工、综合,得出自己的结论,再利用 E-mail、BBS,或面对面地与同学们进行讨论,最后通过网上工具把自己的结果加以发布"。Webquest 是一个典型的信息时代的学习方式,在 Webquest 实施过程中,学生所扮演的就是 E-student 这个角色。

二、E-teacher 教学功能的转变

1. E-teacher 的角色转变

在传统教学中,教师的角色就是一个知识的传递者。而现代教育技术的发展,使教师角色发生了本质的改变,"教师可以扮演多种多样的角色,他们可以是教练员或者演示者、项目负责人、顾问、资源提供者、提问者、解释者、共同学习者"。

可见,在现代教育技术的推动下,教师角色的内涵也更加丰富了。

由于信息时代对学生的要求,学生的学习方式向着自主性、探究性、协作性方向发展。因此,教师的角色也相应发生了转变。重新定位后的教师角色可以概括为以下几点:①导师:教师的导师身份表现为"引导"、"指导"、"诱导"、"辅导"和"教导"等五个"导",教师从信息的直接传播者到学生的引路者;②课程和学习资源的设计者、提供者和开发者;③信息资源的设计者和查询者;④协作的研究者;⑤学生学习动机的维护者;⑥终生的学习者。

2. E-teacher 的素质要求

教师因素在教学过程中的作用越来越重要是信息时代教育发展的趋势,教育技术对教师素质的要求也越来越高。信息时代对教师素质的要求可以概括为以下几点:①现代教育技术对教师素质要求"以信息为中心",教师素质的培养都围绕着"信息",现代教育技术要求教师具备信息的获取、整合、加工和再创造能力;②强调教师对现代教育技术的认知和理解,要求教师对教育技术的重要性产生认识,并引导学生认识和利用教育技术;③指出现代教育技术对教师职业生涯的促

进作用。

综上所述,教师角色要从"中心"向"边缘"转变;教师职能要从"教"向"导"转变;教师素质要从"以教材为出发点"向"以信息为出发点"转变。

3. E-teacher 教学功能的转变

教师是教学工作的直接承担者,从教师角色、素质的转变来看,在信息时代的大背景下,教学功能也发生着转变。在整个"学"与"教"的过程中,"教"的职能从以往的"由教师单方承担"变为"由学生、教师、信息三方承担"。学生自学、学生通过获取信息学习的比重逐渐增大,在这种情况下,教师更多的是给学生"指路",而不是"领路"。

这种以"指路"为主的教学实际上为教学本身提出了很大的挑战:由于教学设计因素对"学"与"教"的影响更加深刻,教学既承担了更艰巨的任务,又要保证"以学生为中心"的原则。教学功能其实要完成两个方向的转变:位置转向"边缘化",功能转向"中心化"(参见图3)。

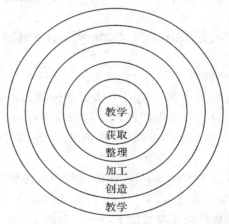

教学
获取
整理
加工
创造
教学

图3　以"信息"为重心的教学功能转变

信息时代下,学习遵循着"以信息为重心"的原则,这个学习过程围绕信息来进行。在这种学习方式的指引下,教学的功能也相应地发生了转变。在教学设计过程中,如何引导学生获取信息、指导学生整理和加工信息、并在学生创造信息时进行纠偏则是 E-student 对 E-teacher 提出的新要求。

参考文献

[1][英]艾薇儿・拉夫莱斯.教育技术与课堂教学.北京:北京师范大学出版社,2006.

[2][美]Ertmer PA, Newby TJ. 专家型学习者:策略、自我调节和反思.马兰,盛群力(译).远程教育杂志,2004(1).

[3]高湘萍,刘家春.教师教育数字化平台构建、应用与评论.北京:中国人民大学出版

社,2009.

[4]胡钦太.信息时代的教育传播——范式迁移与理论透析.北京:科学出版社,2009.

[5]经济合作与发展组织(OECD).学会变革:学校中的信息与通讯技术.北京:教育科学出版社,2008.

[6][美]Richard E. Mayer.为意义建构学习设计教学——学习与教学概说.马兰,盛群力(译).远程教育杂志,2006(1).

[7]盛群力.教学设计.北京:高等教育出版社,2005.

[8]盛群力,张丽.把握学习性质善用媒体促进——梅耶的多媒体学习认知观简介.浙江教育学院学报,2010(1).

[9]张剑平.现代教育技术——理论与应用.北京:高等教育出版社,2006.

[10]周跃良.信息化环境中的教师专业发展.北京:科学出版社,2008.

[11]http://www.chinajyyj.cn(中国教育研究网).

[12]http://www.pep.com.cn(人民教育出版社).

第五编

多元课堂教学设计 *

［美］Debby Houston & Marty Beech 著

马 兰 编译

一、引言

"多元课堂教学设计——教师手册"旨在为教师提供一个通过有效编制课时计划、改进教学来提高教学效率的工具。

本文向读者介绍了制订课时计划(lessen planning)的基本程序,旨在促使教师从整体出发,系统地考量教学过程的各个主要成分,力求教学活动的连贯和协调一致。我们相信,整体思维、系统设计的教学观有助于我们帮助学生顺利达到课程标准。

本文非常适合于职前教师和新教师,当然,担任校外机构或者培训机构的教师,担任新科目教学或者新年级教学的教师,以及希望通过教学反思和自我评估改进工作业绩的教师,都可以从本书中获益良多。

精心设计教学对提高学习成效而言是至关重要的,它不但有助于教师明确自己工作的方向,同时也有助于全面调动教师和学生双方的积极性,促使双方更积极地发挥各自的主动性和履行各自的职责。本书为教师提供了依据研究得出的有效教学的基本理论和实际操作步骤,便于教师在实际教学工作中领会运用。

本文围绕有效课时设计各主要步骤的具体要求展开阐释。每一个设计步骤都有"理论观点"、"案例说明"、"尝试练习"等。

"理论观点"部分讨论有效设计教学的某一步骤的基本理论。具体又分成两

---

* Debby Houston & Marty Beech(2002). Designing Lessons for the Diverse Classroom: A Handbook for Teachers. http://www.cpt.fsu.edu/ese/pdf/dsinlssn.pdf.

本材料发布单位为:Bureau of Instructional Support and Community Services, Division of Public Schools and Community Education, Florida Department of Education, 2002;版权单位为:State of Florida, Department of State。本材料编译得到 Bureau of Exceptional Education and Student Services, Florida Department of Education 负责人 Bami J. Lookmam 的书面授权。

个部分:①概念阐释——对有效设计教学某一步骤的定义和说明;②基本价值——这一教学成分对提高教学效能将起何作用。

"案例说明"部分通过举例来说明如何运用这一教学设计的成分。

"尝试练习"部分提供一个书面练习的机会,练习时有一定的提示并提供参考解答。

"独立应用"部分提供独立练习的机会并有自我核对提示。

还有"温馨提示"部分提醒你注意教学设计步骤中的一些关键信息。

本文的最后还附有若干教学设计样例。虽然我们难以直接教你如何在教学实践中具体运用一些教学策略,但是附录所提供的信息将帮助你加深扩展教学设计的相关知识和技能。

二、设计优质教学

(一)教学活动三要素:课程、教学与评估

众所周知,一项教学活动一般包含有三个要素,这就是课程、教学和评估。不管是在国家、地方还是教师各自的课堂上,要作出合理的教学决策,就必须包括这三个要素(参见图1)。

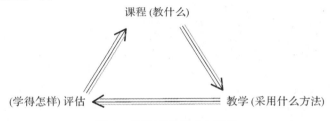

图 1　教学活动的三个要素

"课程"体现的是要求学生掌握的知识技能。佛罗里达州已经制订了州课程标准和预期的学习结果。学区将这些标准和其他重要的内容要求转换成具体年级要求和科目纲要,而执教的教师则进一步依据开设的课程来施教并在此基础上设计单元和课时计划。

"教学"是教师以"课程"为依据选用适宜的教学方法向学生呈现教学内容。在州和学区一级水平上,已经建议教师采用一些有效的教学途径与措施,但教师可以在课堂上自主地作出选择。

"评估"主要检查学生对课程掌握的情况以及反思教学的效能。州一级的综合评估测验用于检查学生达成州课程标准的情况。学区也可以进行常模参照测验以了解学生一般的学习水平。在课堂教学中,教师可以运用多种评估手段确定学生掌握课时具体目标的程度,同时以此对自己的教学工作作出调整。

图2清晰地呈示出州课程标准、学区年级科目要求是如何转化为教师实际的课堂教学任务的。州课程标准和课程说明（state standards and course description)只规定了较为笼统的目标，学区课程指导纲要（district curriculum guides)的要求则相对具体一些，单元和课时具体目标则更为细致明了，学生的学习就是这样日积月累逐步达到课程标准的要求的。

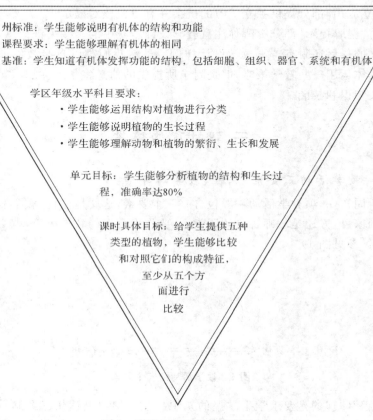

州标准：学生能够说明有机体的结构和功能

课程要求：学生能够理解有机体的相同

基准：学生知道有机体发挥功能的结构，包括细胞、组织、器官、系统和有机体

学区年级水平科目要求：
- 学生能够运用结构对植物进行分类
- 学生能够说明植物的生长过程
- 学生能够理解动物和植物的繁衍、生长和发展

单元目标：学生能够分析植物的结构和生长过程，准确率达80%

课时具体目标：给学生提供五种类型的植物，学生能够比较和对照它们的构成特征，至少从五个方面进行比较

图2　课程目标层级体系例示

（二）因人施教

各班级的学生在特点和能力上是具有多样性的，如何从学生的实际出发，满足不同学生的多种需求，这对教师来说是一个挑战。设计有效的教学就是应对这一挑战的最好方式。

在实际的班级中，可能会有能力欠缺或者学习障碍的学生，这些学生需要教师依据"个别化教学方案"对教学作出适当的照顾和调整。调整并不一定意味着削减教学内容、降低教学要求。调整要求教师在充分了解学生的基础上，采用适当的讲解、辅导和练习方式，且最好是在准备课时计划时就未雨绸缪，从而保证所有的学生都能通过课堂教学有所收益。

具体来说,教师在教学设计过程中可以从以下五个方面考虑教学调整的问题:

(1)调整教学方法和教学内容;

(2)调整课堂作业和检查办法;

(3)调整时间安排和教学日历;

(4)调整学习环境;

(5)调整师生交流方式(甚至考虑调整同家长的交流方式)。

严格地说,教学调整可以涉及课程、教学与评估各个方面。因人施教,是保证课时计划切实有效的先决条件。有关教学调整的更多信息可以参见本编第290页附录2——《课的调整:快速核对清单》。

(三)凡事预则立

虽然说时间对每一个人都是公平的,但是如果教师能够做到精心制订教学计划,那么可以肯定,设计教学的过程就是自身不断提高的过程。如果教师愿意在制订有效教学计划上下功夫,那就意味着他将对全部的教学活动细致掂量,唯此才可能更好地帮助学生达成具体目标。有效的计划并不意味着刻板机械,它意味着教师能够依据学生的实际反应情况来灵活调整各项活动。所谓"预设越细致,生成越自由",说的就是这个道理。

有效的课时计划包括了以下几个方面(或者几个步骤),它们为规划、实施教学提供了框架。具体来说有:

(1)编写具体目标;

(2)准备导入新课;

(3)呈现教学内容;

(4)提供练习/反馈;

(5)总结学习所得;

(6)评估学习效果;

(7)实施检验调整。

精心设计有助于教师紧紧围绕着这些步骤来展开教学,提高学生达成目标的成功率。如同我们在"引言"中所说的那样,这些设计课时计划的具体步骤是依据研究工作得出的,具有实践意义的有效措施。

三、编写具体目标

编写具体明确的学习目标是保证课堂教学取得实效的前提。具体目标规定了学生在教学活动结束之后能够知道什么和做什么,有助于实现长期的教学目的和标准,也有助于教师思考在课堂教学和评估中如何不走样。

（一）理论要点

教学具体目标不一定很复杂,但主要应该包含三点:

行为——教学活动结束时学生将能够做些什么;

条件——学生的行为应该在怎样的条件下完成;

水平(掌握的标准)——学生完成任务应该达到什么样的程度。

1. 行为

当你考虑在一节课结束时希望学生知道什么、能做什么时,教学目标就是你可以观察到的行为。

一般而言,通过说、写、展示一种技能或行为,学生能表现出他们所学到的知识。你希望学生表现的行为是能够用行为动词予以准确表述的,例如:书写、编辑、分类、图示、评估、匹配等。借助行为动词你能较好地阐明教学目标,如"学会"、"理解"、"知道"等。切记,如果你说通过本节课的教学,教学目标已经达成,那么,你必须真正观察到学生的行为,只有可见的行为发生后我们才能说学习确实已经发生了。

在编写行为目标时,我们常常会在开头部分用一些短语,如"学生能够……"接着用一些动词或短语描述教师希望学生能用什么样的行为表现出自己已经知道什么或能做什么。如:

(1)学生能写出一篇五个段落的散文;

(2)学生能解释这首诗的意蕴;

(3)学生能正确地扔球;

(4)能主动向消费者致意、问候。

2. 条件

一旦描述出了希望学生表现的行为,教师设计教学时接着要做的事情就是陈述达成这一行为的条件。这个条件应该是教师经过思考后确确实实认为是完成行为应该具备的条件。这些条件可以是:提示、资源、说明、时间限制、学生表现出可观察的行为时的特定的位置等。

条件也可以作为学生可观察的业绩的部分予以描述,描述的方法亦是多种多样的。下面就是一个例子,见表1。

表1 教学目标"行为条件"的类型 A

条件类型	例举
位置、场所	图书馆、小组、工作场所
背景	准备面向全班的发言
格式要求	多项选择考试、写出、列表
时间	在一小时之内、用一周时间、在一分钟之内
方法指导	用三个步骤、运用下述的科学方法、脱离笔记本

教师列出的条件应该包含学生表现出学业成绩所需的所有外部帮助(条件),这些外部条件或帮助将有助于学生完成任务。表2就提供了一些外部条件的例子。

表2　教学目标"行为条件"的类型B

条件类型	例举
提示	报告提纲、故事梗概、文章提要、词汇列表
工具或材料	计算机、动画片、实验室样本

通常,在陈述条件时往往会用诸如"根据……"、"运用……"这样的词,并再对运用这些条件的情境或环境作进一步的描述。例如:

(1)根据给定的主题,对当前发生的某一事件进行描述;

(2)借助计算机,在规定的5分钟时间内……;

(3)根据给定的问题……。

条件通常反映出评价学生行为的标准。条件的排列也很重要,它往往能够反映评估的程序。

3. 标准(掌握水平)

目标编写的最后一个要素就是达成目标的标准。为此,教师必须熟练地掌握一些技术性的术语。一个最简单的方法就是教师向自己发问:"达成教学目标时,学生应该能够做些什么?"标准界定的是掌握水平"及格"与否。当一个学生达到了掌握水平时,我们就可以说,他及格了;当一个学生没有达到教学目标中规定的标准时,就意味着他在知识、技能方面还需要有更多的学习空间。教学目标反映的是所有学生在知识、技能等方面都应该达到的最低的掌握水平。

标准常常以数字的方式予以表述,如"90％正确"、"5次中至少4次是正确的"等。当然,标准也可以用描述性的语言予以呈示,例如:"设计一份营养午餐的菜单"、"培育一株健康植物"、"运用……程序解决……问题",等等。教学之初同学生详尽地说明应该达到的掌握水平是十分重要的,这不但有助于教师衡量学生的进步程度,调节自己的教学活动,同时也有助于学生清楚地把握自己应该有何种学习业绩。当学生了解了教师的教学要求后,他们将会更乐于与教师进行交流和沟通。

一般而言,教师在编写标准时,常常会用"达到"一词,然后用一个描述性的词汇来说明标准,如:

(1)准确率达90％以上;

(2)达到没有任何错误的程度;

(3)达到完全正确的程度。

一旦明确了教学具体目标的三个组成部分，接下来要做的就是将这三者有机地结合成一个整体。图3就是一个将教学目标三成分有机结合的例子。

图 3　教学目标三成分有机结合

（二）基本价值

教学目标是教学的重点。具体而言：①教学目标可以帮助教师在教学过程中把有限的时间用在学生必须学会（掌握）的内容上，防止教学过程中开无轨电车、做无用功。②教学目标可以帮助教师明确学生在知识、技能方面达到掌握的水平应该有哪些行为表现、需要何种条件。③目标还可以帮助我们选择向学生表明期望的途径。④在向学校领导和上级主管部门汇报工作时，教学目标将能使你清楚地说出你教会了学生哪些知识和技能，他们在哪些方面已经达到了掌握的水平。

例如：这节课的教学目标是"根据食品分类大纲，学生能对给定的 10 个食品案例进行分类，准确率达 90％以上"。在这个案例中，学生的任务是对食品进行分类，条件是根据食品分类大纲和给定的食品案例，标准是 90％以上正确。如此制定的教学目标，教师可以向任何人进行解释和说明。若真正做到了这点，你完全可以确信，你不仅可以带领全体学生达成教学目标，而且你的课堂将充满活力和生气。

（三）案例说明

设想的教学内容涉及的是加州地方课程标准中有关植物生长过程的教学。学生将要学习的是有关植物生长、繁殖的知识，并能够分析植物的构造和生命过程。地方课程标准中明确提出的三个教学目标是：学生应该能够①根据形状给植物分类；②叙述植物的生长过程；③理解植物的繁殖、生长和发展过程。对于一节课而言，这三点是必须实现的目标，是首要的目标。

1	编写教学目标	给出生活中常见的五种类型的植物样例，学生能对这些植物构成的物理特性进行对照和比较（根、茎、叶、花、果实和种子）。

下面描述的就是如何依据教学目标编写的几个要素来陈述目标。

1.行为:学生应该能做些什么?

编写教学目标

行为 ── 学生能对照和比较植物构成物理特性(根、茎、叶子、花、果实和种子)。

解释和说明:这一目标表述清楚地表明了在学习之后学生能够做些什么。其他可用来表明学生行为的词有:解释、画图、分析、分类、组织等。

2.条件:学生应该在什么样的条件下完成这一行为呢?

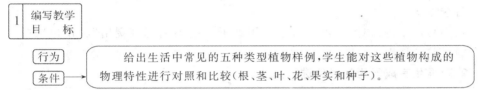

编写教学目标

行为
条件 ── 给出生活中常见的五种类型植物样例,学生能对这些植物构成的物理特性进行对照和比较(根、茎、叶、花、果实和种子)。

解释和说明:教师将给学生提供一些特定的植物种类型,以便他们进行比较、对照,除此之外,没有其他条件来促成学生达成目标。

3.标准:标准如何?

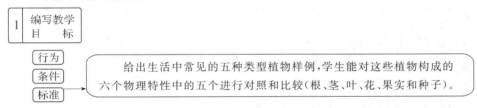

编写教学目标

行为
条件
标准 ── 给出生活中常见的五种类型植物样例,学生能对这些植物构成的六个物理特性中的五个进行对照和比较(根、茎、叶、花、果实和种子)。

解释和说明:教师确信学生已经通过课堂教学学会了对植物的构成进行物理特征的分析,他们至少能对五种植物的物理特征进行分析。

从上例可见,这一教学目标的行为是"对照、比较"。学生将以五种植物为例(条件)来证明自己学会了什么。当他们能够对五种以上的植物构成特征进行分析时,他们就达到了掌握的水平。

你所在的地区或学校也许会要求你制定出和这一目标类似的教学目标,你可以要求学生描述生活中的常见的建筑物的构成形态以及许多其他类似的事物,如蜂房、纺织品上的图案、乐器的形状、管理体系构成图,等等。

(四)尝试练习

假设本单元的教学目标是使学生能认识和运用书面语中的动词、名词、副词、形容词等各种不同的词性,这节课的教学内容主要就是教学生认识形容词。现在教师必须写一个教学目标。

1.描述你希望教学活动结束后学生能够有何种行为

学生能够＿＿＿＿＿＿＿＿＿＿＿＿＿＿形容词。

温馨提示：

(1)在上述教学目标的陈述中,你是否应该用一个行为动词?

(2)你能观察到学生已经做了什么吗?

备选方案：

在编写这一行为时,你可以考虑选用如下一些动词,如"圈出"、"说出"、"列出"、"辨别"、"找出"。

2.对学生完成行为的条件进行描述

根据＿＿＿＿＿＿＿＿＿＿＿＿＿,学生能够＿＿＿＿＿＿＿＿＿＿＿＿。

温馨提示：

(1)你准备如何介绍这个学习任务?

(2)需要有一个特定的背景吗?

(3)学生是否需要某种工具?

(4)学生将采用小组进行学习还是独立学习?

(5)你是否允许所有学生都得到一些提示或帮助?

备选方案：

在编写这一教学目标时,可能有这样一些可供选择的条件:有 10 个形容词的两段文章;在一个有 50 个词语的词汇表中,包含有 30 个形容词;在 50 个词汇的幻灯片中含有 35 个形容词;和同伴一起阅读词汇表,在这个词汇表中,含有 20 个形容词和 20 个其他词性的词。

3.确定学生是否达到了掌握水平(测量达标度)

温馨提示：

(1)学生该如何做才能让你确信他们确实已经学会了某一技能或掌握了某一概念？

(2)学到什么程度学生方可进入下一技能或概念的学习？

备选方案：

在变化了的句式中,学生无法正确地辨认出形容词,虽然形容词在语法学习中是很基本的内容,但学生还是会时常犯一些错误。因此,你在制订达标度时可以用这样的方式来表述:正确率达90%(或95%);在20个例句中,能做对18道(或至少15道正确)。

综上所述,有关这一教学内容的教学目标可以这样来表述:

1 编写教学目标 → 在两段含有10个形容词的文章中,学生能圈出其中的形容词,正确率至少达90%。

(五)独立应用

现在你可以自己独立编写教学目标了。编写时请注意思考一下自己想教给学生什么、分清学生必须知道什么以及他们能够做些什么。你可以按照本书提供的格式来尝试编写教学目标,这一格式在本书的第291—292页上。如果你自己觉得对编写教学目标的步骤、内容等还理解不够,那么,你还可以不时地查阅本书前面已经叙述的相关内容。

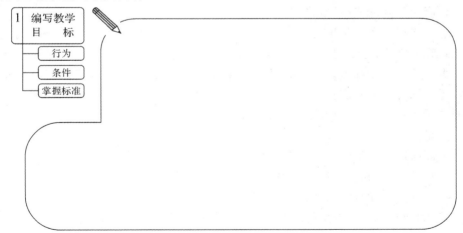

(六)自我检查

教学目标编写好后,应该进行自我检查,以确认自己编写的教学目标是否包含了一个目标应该具备的全部要素。

(1)我已经说清楚了学生在学完这课后应该具有什么样的行为。

(2)我已经明确地说明了学生应该在什么样的条件下完成这一行为(情境、工具以及其他一些附属条件)。

(3)我规定了学生表现出其业绩水平的达标程度。

四、准备导入新课

良好的开端是成功的一半,这是每一个教师都明了的道理。正因为此,教学开始时能否吸引学生的注意就是决定教学成败的非常重要的一步。好的导入可以激发学生的学习兴趣,并有助于学生了解教师的教学期望。对教师而言,导入还应该能够唤起学生的先备知识,为学生的后续学习做好知识上的准备。

(一)理论要点

"课的导入"由三部分组成:

吸引学生注意——这一步旨在激发学生的学习兴趣和学习动机。

阐释教学目标——向学生有效而准确地表述自己的教学期望(即在教学活动结束后希望学生能做些什么)

激活先备知识——明确学生在新学习中所需的先备知识和技能,在新知识和先备知识之间建立起稳固的联系。

上述三环节构成了新课的导入,它们共同为学生提供了前导组织,帮助他们明确了在即将到来的学习中,为什么这些知识和技能是他们学习的重点。

1. 吸引学生注意

教师必须在考虑学生的年龄、兴趣、社会背景、生活阅历等诸多方面差异的基础上,依据教学目标确定吸引学生的注意方法。若学生有着共同的爱好和经验,那就可以据此直接开始教学。如果学生在生活阅历、经验等方面存有较大差异,教师还应该设计一些有针对性的活动以便全班学生来共同分享这些经验。表3表明的是在一节《营养学》课上教师是如何吸引学生注意的。

温馨提示:

下面所述各点都是为了吸引学生的注意:

(1)活动必须和教学目标相关;

(2)活动的目的是为了激发学生的学习兴趣;

(3)活动必须考虑学生的原有知识及其他们的生活经验。

表3　吸引学生注意（教学举例）

学生特征	可以尝试的活动
年龄	小学生：让学生收集各种小吃，并请孩子们尝尝这些小吃。初中生：请学生列出他们当天所吃食品一览表。
兴趣	小学生：请学生拿出一幅他们所喜爱的食物的图片。 初中生：请学生想想他们所喜爱的餐馆的食物。
背景知识和生活阅历	小学生：给学生看一段有关食品烹饪的电视录像。录像应当包含有学生所熟知的一些营养成分。 初中生：请学生制定一份自己所喜爱的、可在家中制作的菜单。

2. 阐释教学目标

如果目标简单、明了，那么向学生进行简单的陈述就已经足够了。要尽己所能帮助学生明了在教学活动结束时，他们应该能够做些什么。若学生的年龄较小，教师还有必要向学生重述教学目标，或者用形象化的方式向学生陈述教学目标。

温馨提示：

在阐释教学目标时，教师必须记住：要用学生能够理解的方式阐释教学目标。

3. 激活先备知识

务必将所学新知识和学生的原有知识建立起联系。可以用简洁、明了的阐释和图示组织把这节课的有关内容和以往的学习内容、信息建立起联系。必须认识到，任何学习都是建立在以往知识和经验的基础之上的。通过检查，教师可以确切地了解学生是否具备了新学习所必须具有的先备知识和技能。教学单元和每天的教学内容就是把知识和技能有序地编排起来，以促进所有学生的学习。提示先备知识有助于学生更好地理解他们已有的知识、技能和新学习内容之间的相互关系，从而更好地把握学习时机。

温馨提示：

（1）阐释新学习内容和已有的先备知识、技能之间的相互关系

（2）强调学生将在新学习中使用这些知识和技能

教师应该用多样化的形式来唤起学生的已有知识、技能和新学习内容之间的联系。KWL图（佛罗里达大学教育系，1998）是一个很有意思的有关学生知识组成的组织图示的例子。学生所具有的知识被排在"我知道什么"这一行，学生已经知道什么和想知道什么则在学生的以往学习和现在的学习之间建立起了联系。下面提供的例子是有关营养学教学的一个KWL案例（见表4）。

表4 KWL

我知道什么	我想知道什么	我已经学会了什么
• 我喜爱的食物 • 餐馆是如何制作食物的	• 有关健康食品的问题 • 如何烹饪食品	在这一内容学习完后能够独立去做

（二）基本价值

当你将新课导入的三个部分作为一个整体来考虑时，你就很容易理解为什么它们如此重要了。因为你已经成功地吸引了学生的注意，并且清楚地向学生阐释了在教学活动结束后他们应该能够做什么，所以，你已经为新教学打下了一个扎实的基础，这个基础有助于所有学生的学习，对那些具有不同学习需要的学生来说，这一点显得尤为重要。

以《营养学》教学的导入为例。你可以选择多种学生较为熟悉的小吃，如花生、烤面包、胡萝卜、果冻等，给每个学生一份小吃清单，向学生呈示一幅金字塔状的食品健康指南图。向学生解释哪种食物属于哪一种类型，同时在制定菜单时能正确地搭配食物。提醒学生他们已经学过了有关人体消化系统的知识，此外，他们也知道了不同的食物对人体健康有着不同的影响。每一种类型的小吃都有不同的营养作用，现在，学生的学习任务就是借助食品健康金字塔来合理地搭配食物，形成良好的饮食习惯。

这个例子表明，课的导入部分是如何整合到营养学课的教学之中的。这些食物本身就对学生有一定的吸引力。小吃本身和食物的分类又有着一定的联系。

（三）案例说明

| 1 | 编写教学目标 | → | 给出生活中常见的五种类型植物样例，学生能对这些植物构成的物理特性进行对照和比较（根、茎、叶、花、果实和种子）。 |

对导入课的设计进行检查。本节课的教学内容为"科学"课中有关"植物"内容。怎样才能使学生对"对植物的外形特征进行对照和比较"这一问题有兴趣？

1. 吸引学生的注意

| 2 | 准备导入新课 | → | 教师带领学生走出课堂，到校园里走走看看，观察各种不同类型的植物，把看到的东西记一记、画一画。回到教室后请学生根据自己的所见，列出一个表格。教师指出这些植物的相同之处和不同之处。 |

评述：这一教学步骤让学生走出课堂、进入校园，收集和学习内容有关的信息。利用校园中真实的植物让学生进行观察，使每一个学生都具备了和课堂教学内容相关的经验。对真实的植物样本的观察激发了学生的学习兴趣。

学生怎样才能知道在教学活动结束之后他们能够做什么以及他们应该做到

怎样的程度？

2. 阐释教学目标

| 2 | 准备导入
新　课 |

吸引学生注意
阐释教学目标 ──→ 教师告诉学生他们将会在今天的教学中看到五种不同的植物，并能对每种植物的外形特征进行比较（根、茎、叶子、花、果实和种子）。

评述：这一教学目标的陈述简洁、明了。为了促进讨论，教师还可以将教学目标写在黑板上。无论怎样做，重要的是要让学生确切地了解，在这一教学内容结束之后，教师希望它们能对每种植物的外形的相同和不同之处进行比较。

3. 激活先备知识

就这一教学内容而言，学生应该具备哪些先备知识和技能？他们是否已经具备了和这一教学内容相关的知识和技能？学生有哪些先备知识和技能？

| 2 | 准备导入
新　课 |

吸引学生注意
阐释教学目标
激活先备知识 ──→ 教师提醒学生，他们已经学过了有关植物的构成成分以及环境对植物生长的重要影响。同时，教师还提醒学生在学习中要注意运用观察和比较的技能。

评述：建立新旧知识的联系是非常重要的。教师把新学习内容和学生已有的经验两者联系起来，并提醒学生运用已有的技能进行观察和比较。

（四）尝试练习

你现在要设计的是语文学科中的一节语法课，教学内容为"认识形容词"。教学目标如下（在前面我们已经多次用到了这一教学目标）。

| 1 | 编写教学
目　标 | 在两段含有 10 个形容词的文章中，学生能圈出其中的形容词，正确率至少达 90％。 |

1. 吸引学生的注意

吸引学生注意的最有效的方法是在黑板上写一些形容词。请在下面做一个尝试。

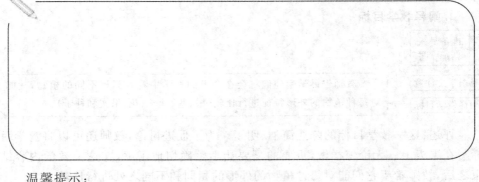

温馨提示：

（1）你在课堂上所组织的活动是否和学生的学习主题有直接的联系？

（2）学生对这些活动感兴趣吗？教学过程中，你能把这些活动和教学内容联系起来吗？

备择方案：

因为这节课的目标是认识形容词，因此你也可以选择或安排一些和形容词有关的活动，如：向同伴描述一下自己的服装、喜爱的食品；打手势向同伴描述一个词，写一些形容天气的句子，或者形容一幅画、描述一本自己特别喜欢的书籍，等等。

2.阐释教学目标

描述一下你将如何向学生阐释教学目标。

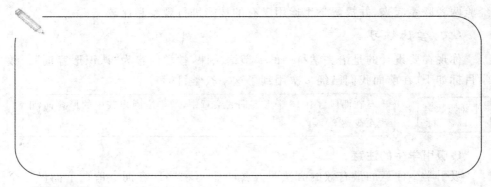

温馨提示：

（1）你已经阐释了教学目标了吗？

（2）你的阐释中是否包括了期望学生达到的水平？

（3）你的阐释学生听懂了没有？

备择方案：

阐释应该是简洁明了的，尤其要注意的是应该用那些学生喜欢的表达方式，如:这节课后,你们应该能够在绝大多数句子中找出形容词。

3. 激活先备知识

要注意和当前学习相关的所有知识。换句话说,你应该关注和当前学习有关的学生的先前技能和知识。

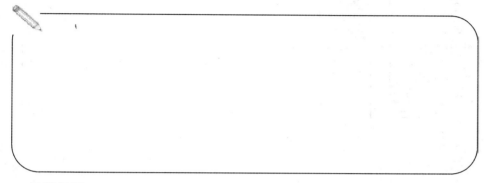

温馨提示:

(1)你让学生回忆了和当前学习有关的已有知识和技能了吗?

(2)其他相关的知识、技能也描述了吗?

(3)对当前的学习而言,学生是否已经具备了一些必备的知识和技能?

备择方案:

对上述问题的回答应该注意将这一单元的某节课和其他课联系起来,例如用一个词造句,或理解句子中的其他部分,你也可以和学生一起共同回忆以往读过的一些带有形容词的句子。

总之,你的导入对学生而言应该是他们所熟悉的,且应该和描述形容某人、某事有关。

2	准备导入新课	吸引学生注意——给每个学生五张上面写有形容词的卡片,让学生相互配对说说、猜猜每个词的含义,并互换角色。所有的词都弄明白后,请学生用一般的词汇来陈述这些句子,在此基础上,向学生解释,这些词我们称之为"形容词",它们被用来描述某一事物。
吸引学生注意		阐释教学目标——告诉学生,他们应能在阅读的文字段落中辨认出形容词,准确率应该达到90%以上。
阐释教学目标		激活先备知识——让学生回忆在这一单元中学过的名词,明确"名词"的作用是给某一事物命名,现在他们将学习形容词,形容词的作用是修饰名词。
激活先备知识		

(五)独立应用

现在你可以自己编写一份导入课的教案了。根据自己选定的某节课,按照前一章中"独立应用"的方式来编写教学目标。请先回顾一下编写教学目标的程序。如果你想复习一下有关"准备导入新课"的内容,请重新阅读一遍本小节中"理论要点"的内容。

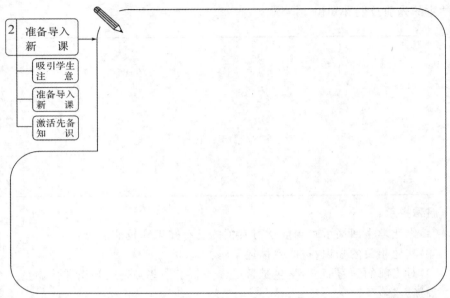

在完成了导入课编写工作后,请先自我检查一下,以确保自己所写的导入课已包含了本小节所强调的所有步骤和内容。

(六)自我检查

(1)我设计了一个活动吸引学生的注意并激发学生参与教学。

(2)我设计的吸引学生注意的活动和教学目标是有联系的。

(3)我的"导入"教案中既包含了教学目标的阐释,又清楚地表明了学生应该达到的掌握水平。

(4)我已经充分考虑到了学生已经具有的知识、技能和新学习之间的相互关系。

五、呈现教学内容

这是教案中最能显示教师创造力的部分,你可以在头脑中设想和计划课堂学习活动,做到了这些,教师在教学活动过程中就不会时时担忧自己是否偏离了教学目标。按照既定的教学步骤按部就班地展开教学可以确保整个教学活动紧扣教学目标,同时也可以确保学生获取知识。

（一）理论要点

"呈现教学内容"是课的重要组成部分,它有助于学生获取新知识、达成教学目标。值得一提的是,一个"呈现教学内容"的计划对教师和学生的活动都应该有所描述。活动应该反映出教师组织信息的策略以及教师将如何支持学生学习知识和技能。

1. 问题定向(学习需要分析)

"呈现教学内容"应围绕下述三个问题而展开:

(1)为了达成教学目标,教师应该教学生什么知识和技能?

(2)为了学习某一知识、技能,教师和学生将开展哪些活动?

(3)教师将如何组织和支持学生的学习活动?

一般而言,学什么的问题在教学目标分析(编写教学目标)部分就已经被首先明确并决定了,所以,在这部分中,教师要做的是检测学生的先备知识。通过对学生"需要知道什么"和"已经知道什么"两者之间的比较,教师就可以明确学生的学习需要(差距)。这些差距所反映的知识、技能就是学生必须学习和达成的教学目标。表5提供的是一个有关如何运用食物营养的金字塔结构对学生进行食物分类的教学案例。

表5　学生学习需要分析教学样例

需要知道什么	学生已经知道了什么	学习需要(差距)
◇食物营养的金字塔结构 ◇食物营养的六种类型 ◇若干食物所含营养成分举例 ◇如何运用食物营养的金字塔结构对若干食物进行分类	◇食物营养的重要性 ◇营养的六种类型 ◇能举例说明食物有哪些营养	◇食物营养金字塔结构的种类 ◇无 ◇无 ◇如何运用食物营养的金字塔结构对若干食物进行分类

2. 呈现教学内容的要求

现在,你已经知道了学生的学习需要,接下来要做的就是制订计划,思考如何呈现教学内容。呈现教学内容的典型方法包含有讲演、实验、示范和多媒体呈现(如:幻灯、电视)等。无论采用什么方法,呈现教学内容都应该:

(1)清楚、明白;

(2)具有典型性;

(3)通过提供正例和反例帮助学生理解和形成概念;

(4)为参与活动的学生提供反馈信息。

"呈现教学内容"的各步骤包含了教师应该做什么(呈现课文、提出问题、提供事例)和学生应该做什么(记笔记、提出问题和回答问题、做实验、写发言提纲、参与讨论)。表6是根据食物营养金字塔结构进行食物分类教学的一个例子,从中我们可以看到呈现教学内容的一些特征。

表6 "呈现教学内容"的特征

呈现教学内容的特征	教师应该做什么	学生应该做什么
清楚明白	◇进行有关食物营养金字塔结构的简短讲解 ◇给出食物营养金字塔结构个部分的名称	◇记下内容要点
举例典型	◇向学生呈现食物营养的物种典型类别 ◇说明每一种类别的属性	◇倾听教师讲解和举例 ◇在食物金字塔结构图的恰当位置标上食物名称
通过提供正例和反例帮助学生理解和形成概念	◇呈现食物类型的图片,并说明自己是如何确定各种食物的类别的 ◇请学生用举牌的方式表明自己是否同意教师的上述分类方法,并继续出示图片直至学生能完全正确地做出分类	◇认真听教师讲解并通过举牌的方式对教师的讲解做出反应 ◇在小组活动中对食物进行分类并说出理由
为参与活动的学生提供反馈信息	◇让学生开展"思考——配对——分享"的学习活动,并在此基础上对图片进行分类 ◇展开讨论以澄清概念形成中的错误	◇对各个图片进行认真的思考,并确定这些食物属于哪一类别。同伴配对并彼此分享观点,同伴间进行角色互换,巩固理解

教师必须确信自己在课堂教学过程中所组织的活动有助于达成教学目标,有助于学生学会如何去做(行动)。教学活动和目标之间应该有明确、直接的对应。如果学习成为了一种愉快的体验,那么,达成教学目标将不再成为一件难事。

3.教学调整

鉴于学生的特定需要,有时课堂教学活动需要做相应的调整。教师必须时时考虑学生的学习需要。在一节课的教学中,教学调整可以依据全体学生的学习需要进行,也可以从学生个体的不同需要出发予以考虑。在一份教学计划方案中,必须考虑学生的个别需求,为他们留有必要的时空进行教学调整。有关教学调整的问题,在本书的第290页和附录中均有提供。

温馨提示:

调整在教学活动的各个不同范围内均可以进行,而不是仅仅局限于课堂教学活动过程之中。

(1)调整教学方法和教学材料;

(2)任务分配的调整和教师座位排列的调整;

(3)教学过程中各活动部分时间的调整;

(4)学习环境的调整;

(5)特定的信息传播通道的调整。

4. 组织和维持课堂教学活动

为了有效地开展教学,教师需要计划好如何组织和维持学生的活动。教师应该精选学习资料和其他各种学习资料,如教师自编的材料、多媒体课件以及各种教学软件。

教师可以运用各种不同的方式组织学生参与团队学习,运用各种不同的方法使教学活动形式多样,例如,全班教学、合作学习小组或配对学习。无论采用何种团队学习方式,至为重要的一点是形成团队学习的程序,例如,在合作学习小组中分配角色,发挥每个学生的独特作用。把学生进行合理的分组是教师面临的一大问题。许多学生通过小组学习活动受益匪浅,但也有一些学生在小组学习活动过程中感到心烦意乱,因此,教师对团队学习过程中的声音和活动有必要进行适当的监控。

5. 组织学习团队

为完成教学任务而组织学习团队时,如下问题必须考虑:

(1)团队学习活动必须有助于学生学习新知识、新技能。教师应该为学生提供和新概念、新技能示范相关的正例和反例。一个简单的演讲就可以为整个团队活动提供一个正面的例子。

(2)维持学习活动过程中的生生交互时机。通过交流观点、陈述见解,许多学生都可以学得更好。在配对学习和小组共同活动中,若已经形成和制定了相应的学习程序和步骤,有明确的小组活动方向,对小组学习活动结束后的期望行为有明确的要求,那么学习的效果将更好。

(3)团队学习的方式可以贯穿在教学活动的始终。在教学活动过程中,多样化的教学形式有助于学生始终关注学习内容。

6. 材料和设备的选择

切记,材料的选择应该考虑教学的重点。材料有时并不和学习内容有直接的关系,有时,它们的关系是间接的,是可以迁移的。在规划教学活动时,有时你也许想制定出一个详细的资料细目,或者有时在完成了教学活动之后,你能够拟定出一份资料细目。教师若想自己创设出一个新的资料(如概念示意图、表格等)是需要花费相当多的时间和精力的。

通过媒体和设备,你能满足不同学习者的需要,例如,学生可以选择看书、听录音或者观看录像。

(二)基本价值

就学生的学习而言,为课堂教学内容提供特定的教学活动是很重要的,学生若不能积极地参与到教学活动之中,那么,要达成教学目标是难以想象的。

任何一个班级,学生的学习需要都是各不相同的,教师有必要考虑学生的各种学习特征,尽可能使自己在设计教学时能面向大多数学生。教学活动应该包含有许多不同的例子和示范,并不时就课文的要点进行检查,以评估学生对教学内容的理解。教学调整的多寡是建立在学生是否已经理解了教学内容的基础之上的。教师必须确保所有的学生都真正地理解所学的知识。

具有详尽教学步骤的活动方案可以确保教学活动沿着教学目标的方向发展,而不至于偏离目标。现在,许多学校和地区都要求教师记录下自己的教学活动,他们认为每个人都有责任这样做,这不仅有助于教师自身,还可以给其他教师带去一定的帮助。

(三)有效的教学策略

有许多适用于各种类型学习活动的有效教学策略。下列各种教学策略被人们认为是有效且已经在各种不同的教学情境中得到运用验证的。

(1)脚手架;

(2)强调和突出;

(3)例举和示范;

(4)检查学生的理解程度;

(5)补救教学和拓展活动(reteaching and extension activities)。

上述每种策略都可以提高教学内容呈现的有效性。选择教学策略应该依据所教知识和技能的特点,下面是对这些教学策略的简要阐释。

1. 脚手架

脚手架是在学生学习和掌握新知识技能时为他们提供支持的一种教学策略。"脚手架"一词原用于建筑行业,特指为建筑工人完成工作任务(如砌砖、粉刷等)所提供的支持。教学领域中所说的"脚手架"意指当学生学习新知识、新技能时,为他们所提供的各种外部支持,如在学生建构知识时,口头提示、直观示意图和提纲等都具有脚手架的功能。

脚手架可以被用于教案中的任何部分,其目的是扫除障碍。例如回忆难点词汇和术语、活动程序的多种步骤以及复杂概念的组成成分。脚手架是临时的,当学生已逐步达到对知识技能的掌握程度时,脚手架将被渐渐移除。各种类型的脚手架的运用将改变学生的能力、活动和学习任务的属性。运用提示有助于学生想起关键的问题以及解答问题的步骤。教师可以很容易地就把脚手架策略用于自己的教学之中,如表格、概念图、组织者和复习活动等。

温馨提示:

脚手架为学习提供的是一种临时的结构性支持。

如本手册各章中的"尝试练习"和"独立应用"就是为读者提供的"脚手架",尽管教案中已经包含有计划教学中各个部分的关键组成。

2. 强调和突出

绝大多数的人在解决问题、学习新信息或完成任务时均会有自己独特的步骤和程序。他们在完成类似的学习任务时，总是会想到这些程序和步骤，并越来越熟练地运用这些步骤和程序。

温馨提示：

突出策略就是对这些用于解决问题、完成任务的步骤、程序的特别规定和调整。

为了帮助学生掌握教学内容，突出策略不但应该被清晰、明确地教给学生，教师还应该向学生清楚地描述和示范这些策略。当学生就某些知识和技能进行论证或例举时，教师应该对这些策略的运用情况进行巩固。突出策略的运用步骤一般是：

(1)进行学习归类

(2)借助"出声想"为学生做示范

(3)说明如何工作

(4)当学生运用这些程序时进行适当的提示

突出策略帮助学习者将注意力集中在学习内容上，同样，在举例、阐释和讨论中也可以运用这一策略。当学生完成一项操作或其他独立作业时，教师也可以提醒学生运用突出策略。例如，如果教师要求学生写一个故事，那么，教师可以指导学生回答有关这个故事的一些问题：这一故事中的主角将做些什么、故事发生在什么地方、在故事的主角身上发生了一些什么事情，等等。学生如果能对上述问题有一个大致的回答，那么，他们就基本能完成这一故事的写作了。

3. 例举和示范

提供知识范例和规则、进行技能示范是一项重要的教学策略。正例和反例的运用有助于教师确证学生是否已经真正掌握了概念的属性。正例一般包含有概念的主要属性、本质属性，而反例应该能和概念的属性形成差异，以便学生进行对照。概括地说，正例和反例为学生提供一种更好地理解概念的方式。教学中教师应该对学生有透彻的了解，能及时发现和抓住学生需要的例子。当然，教师在运用例举和示范时还可以运用有效的直观和口头提示说明。

规则和技能的运用常常要求遵循一定的步骤和程序，在教授有关规则和技能的内容时，运用示范可以让学生明白规则或技能究竟是如何运用的。各种类型的规则和技能的示范有助于学生重复步骤、辨别规则。和例举的应用相同，示范的运用也要考虑学生的真实需要，辅之以直观和语言提示将有助于学生更好地记住程序和步骤。

温馨提示：

正例提供了概念的本质属性，反例则表明由于有了哪些"表现"才使这一事列不属于这一概念。示范为规则和技能的运用提供了一个清晰的图景。

4.检查学生的理解程度

许多教师在和学生交互作用、观察学生的教学反映时,会自然而然地对教学进行调整。其实,在教学方案中检查学生对知识的理解、为学生提供及时反馈都应该成为教学中的重要内容。形式多样的检查、明确有效的反馈对巩固知识、预防学习中的错误都是非常重要的。教师可以依照惯例对学生进行学习检查,如给学生布置回家作业。但关键在于教师必须明确这些检查是否能真正检测到学生对课堂所学知识的理解。通过检查,教师可以据此决定是否需要为学生提供额外的例子以帮助他们理解,是否需要为全班学生或个别学生提供练习指导。例如,在食品营养金字塔结构指南的教学中,教师可以请学生用拇指向上("赞同")或向下("反对")的方式表明自己对将某一食品归入某类营养结构中的观点。如果学生反应迟缓或观点不一甚至混乱,那么就应该对教学有所调整,这种调整包括为学生提供范例和进行进一步阐释说明。你也可以用"自己试试看"的方式检查学生,看看他们能否在进行独立练习前自己举一个例子来说明问题。

温馨提示:

检查的目的是为了获取学生知识理解的信息,了解学生是否已经在知识、技能方面达到了理解的程度。

有些学生很快就可以达到教学目标所要求的掌握水平,而有的学生则需要补充额外的练习和教学,对此,教师在自己的教学方案中应该有所准备。

5.补救教学和拓展活动

教学方案中教师应该预先考虑针对困难学生的学习采取补救措施的问题,真正做到未雨绸缪。这种补救教学包括了简略阐释、练习指导以及额外的独立练习。练习活动可以以同伴结对的方式进行,也可以设计一个脚手架帮助学生记住那些对他们来说可能难以掌握的技能或步骤。有时,会有较多学生需要教师为他们提供额外的练习,这时,在教学中构建一个策略将有助于巩固教学并给学生更多的获取学习成功的机会。

教学拓展活动是对那些在知识和技能的学习上能很快达到掌握水平的学生而言的。这一增加的活动应该和课堂教学目标直接相关。例如在食品营养金字塔结构的教学中,你可以要求这些学生以书面的或者口头的方式将自己的所学教给其他同学,也可以要求他们通过互联网查找一些合理搭配食品营养的方法。

温馨提示:

补救教学是为尚未达到掌握水平的学生提供的一种额外教学措施。拓展活动则是对那些已经快速掌握了教学要求的学生所提出的新的教学练习要求。

6.小结

本部分探讨的是有关有效教学策略在设计课时教学方案中的应用。"脚手架"和"强调与突出"可用于整个课的教学之中,例举和示范一般用于最初的教学阶段,但也可以用来支持学生对知识技能的掌握。对学生的知识、技能进行检查是一种重要的教学策略,可用于整个教学的始终。补救教学和拓展活动可以依据个别学生学习的实际学习情况予以运用。切记,在教学中,上述策略应该在教学中综合地加以应用。

(四)案例说明

设想的教学内容主要是有关植物的特征,教师已经明确了教学目标并已经设计好了如何导入新课。下面提供的就是有关这两方面的主要内容。

| 1 | 编写教学目标 | → | 给出生活中常见的五种类型的植物样例,学生能从植物构成的物理特征的六个方面(根、茎、叶、花、果实和种子)选取五方面进行对照和比较。 |

| 2 | 准备导入新课 | → | 引导学生观察校园中的植物,听取教师阐释教学目标,复习回忆以前学过的有关植物的知识。 |

请结合上述内容设计一个"呈现教学内容"的方案。

为了达成教学目标,学生必须学习哪些内容? 学生已经具有哪些和教学目标相关的知识、技能? 学生已有的知识和教学目标之间的差距是什么? 这些问题都是教师在开始教学前必须考虑的问题。

| 3 | 呈现教学内容 |

| 学习需要分析 | → | 学生已经具备了有关植物及其生长的最基本的知识,但有关植物物理特征的知识还不具备,因此,这节课的重点是有关植物构成的物理特征。 |

说明:就这一内容的学习而言,复习环节是必不可少的,它有助于教师确定学生在植物的构成和物理特征方面究竟掌握了哪些知识。学生恰好已经学过了有关植物生长方面的知识,但他们却没有有关植物构成成分的物理特征方面的知识,明确了这些,教师决定,为了达成教学目标,学生必须学习的基本内容是植物构成的物理特征。

思考:信息怎样才能清晰地向学生呈现? 和知识、技能相关的哪些例子应该作为范例教给学生? 需要多少例子? 教学过程中应该按照怎样的顺序来呈现信息? 怎样才能使学生在学习的过程学会运用?

> 借助于多媒体设备或者互联网上的资料,教师向全班做一个简洁明了的讲授,大致地介绍一下植物构成的物理特征。注意,所选用的材料应该含有对植物构成特征的定义和典型例子(根、茎、叶、花、果实和种子)。这个简洁明了的讲授还应该和前面学过的内容有一定的关联性,范例呈现应该涉及植物构成的各个类型的图。教师讲授过程中学生应该借助笔记指导(详见第 262 页)做好笔记。
>
> 接着,教师为全班学生做示范,对一个植物进行观察,把有关植物构成物理特征的观察结果记在透明胶片上。教师就自己的观察结果向全班学生示范,从而使学生明白她是如何对植物构成的物理特征进行比较和对照的。

3	呈现教学内容

学习需要分析

学习活动 →

说明:教学内容应该通过含有定义和植物特征的例子以讲授的方式直接呈现给学生。教师可自行选用互联网和多媒体课件中的植物范例,但要注意范例的多样性。教师选用这一方式的另一可行之处在于,它可以确保学生记住教师是如何进行观察并进行比较和对照的。

思考:学生怎样分组才最有益于学习活动的开展?就这一教学活动而言,需要哪些学习材料和学习资源?还有其他支持学生学习的教学策略吗?

3	呈现教学内容

学习需要分析

学习活动

组织/支持 →

> 整节课的讲授都借助于互联网和多媒体设备进行,笔记指导则为学生提供了"脚手架"(见表 7)。呈现教学内容的第二部分是一个小组活动。对植物进行观察时有一个比较、对照表(见第 271－272 页),这个表格可用于指导学生进行观察和记录。

表 7　笔记指南(脚手架)

	笔记指南 植物构成的物理特征
·根 根的作用 根的两种类型	
·茎 茎的作用 茎的两种类型	
·叶 叶子对植物生长的影响作用 叶子的类型 叶子的结构	

续表

| 笔记指南 |
| 植物构成的物理特征 |
| ·花
花对植物生长起什么作用
花的类型 |
| ·果实
果实的作用
果实的类型 |
| ·种子
种子的作用
种子的类型 |

说明：呈现教学内容时的活动包含了全班教学和小组活动。教师可以决定全班活动如何进行。笔记指导将帮助学生抓住教学要点，尤其对学生记忆观察到的信息特征和如何组织信息很有帮助，同时它也有助于教师组织好自己的讲授。

比较和对照表对学生组织学习活动也很有帮助。教师可以要求学生对生活中常见的植物进行对照和比较，并据此评估他们的学习结果。

总结：就这一教学内容而言，为了使学生能获得和教学目标相关的知识和技能，教师将教学的重点放在帮助学生理解植物物理构成的特征上。教师设计了一系列活动促使学生参与到教学过程之中，这些活动包括就植物构成的物理特征问题向全班进行简洁明了的介绍，并提供形式多样的事例。此外，教师还通过让学生模仿自己的观察方式，对植物进行观察并据此进行对照、比较，让学生积极地开展学习活动。同时还运用了多媒体和互联网技术以及植物标本、笔记指导、比较对照记录表，等等。

（五）尝试练习

在前一节的"尝试练习"中，我们已经制定了一份有关语法学习的形容词教学的方案，下面提供的教学内容仍然是有关形容词的学习。你可以先回顾一下前一节中有关教学目标的制定及其形容词教学的相关内容，并据此完成"呈现教学内容"这一节中的"尝试练习"。

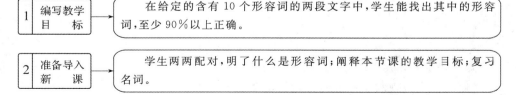

| 1 | 编写教学目标 | → | 在给定的含有 10 个形容词的两段文字中，学生能找出其中的形容词，至少 90% 以上正确。 |

| 2 | 准备导入新课 | 学生两两配对，明了什么是形容词；阐释本节课的教学目标；复习名词。 |

1. 学习需要分析(应该教哪些知识和技能)

回顾教学目标,澄清学生在先备知识、技能方面是否存有问题,明确是否需要采取补救措施,同时确定本节课的内容、学生需要掌握的目标、确定本节课中必须含有的一些关键性的教学活动。

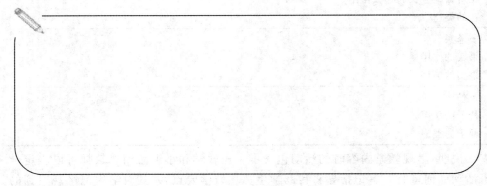

温馨提示:

(1)目标必须说明的是教学活动结束时学生能够做什么?

(2)通过本节课的教学,学生还应该学习一些其他的知识和技能吗?

备择方案:

值得一提的是,学生在日常的阅读、写作和谈话中已经有了一些运用形容词的经验,有必要引导学生进一步明确形容词的概念,包括名词的概念。

2. 为了学习这一内容,教师和学生将采取什么活动

在这一部分,教师应该决定如何呈现教学内容,包括提供范例、阐释,为帮助学生真正理解学习内容,还应该为学生做示范。请在下面写出你的教学方案。

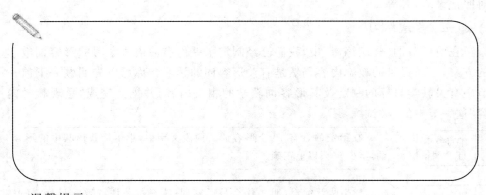

温馨提示:

(1)向学生呈现教学内容时是否简洁明了?

(2)你是否有足够的正例和反例来帮助学生形成知识和技能?

(3)你在帮助学生使用这些知识和技能时有可资借鉴的明确的步骤或策略吗?

(4)你是否已经设计好了检测工具以了解学生对知识、技能的掌握程度?

(5)你是否对课堂中可能出现的各种反应有多种准备?

切记:

为提高学习活动的有效性应该运用:①脚手架;②突出和强调;③举例和模仿;④及时检查;⑤扩展活动。

备择方案:

你也可以采用其他一些方式来呈现教学内容,如给形容词下定义、用幻灯片呈示和课文内容相关的范例、请学生阅读一段课文并指出其中的形容词等。教学目标达成,就意味着在教学活动结束时,学生能够依据对学过的形容词的认识和理解进行造句、写作和运用。教师可以从课文、报纸、期刊杂志等读物中选择若干例句供学生学习。教师在运用 flash 等媒体设备时别忘了让学生圈出例句中的形容词。此外,教师在教学过程中还必须注意指导学生如何认识和体会形容词在文句中的作用。至于检查学生学习成效的方式,教师可以向全班同学出示一些词,请全班同学举牌表明"是/不是",也可以让学生两两配对找出例句中的形容词,进行相互检查。

3. 如何组织课堂教学活动

接着,应该考虑课堂教学活动如何组织以及学生小组的组织问题。为使教学顺利进行,教师必须精心选择学习材料、学习资源,或者自己动手编写学习材料。

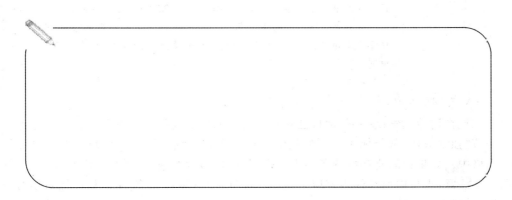

温馨提示:

(1)采用全班教学、小组活动还是独立学习的方式?

(2)如果采用小组学习的方式,你会为各组分别发放不同的学习材料吗?你会为小组活动制定程序步骤吗?

(3)为帮助学生学习你会为学生提供课文之外的学习材料或自编材料吗?

备择方案：

课堂教学活动可以有多种组织形式,个人独立学习、小组活动、全班教学、配对学习都可以运用于课堂教学过程之中。为了推动小组活动的展开,教师可以为学生学习小组制定一些活动程序和步骤,同时也可以为小组活动的开展收集一些资料。值得一提的是,教师应该充分发挥课文的作用,可以在课堂教学过程中,请学生抄写、解释课文中的形容词。

4.尝试呈现内容

"呈现教学内容"时你可以考虑如下几个步骤。

①哪些知识、技能是达成教学目标所必须要教给学生的? 向学生解释、说明什么是形容词,提供例句,并说明形容词在写作和交流中的运用。

②在呈现教学内容的过程中,师生双方将参与哪些活动? 因为课文的重点是认识形容词,因此,可以从让学生从最近阅读的课外读物中选择一些句子写在黑板上或者练习纸上。和同伴一起读读这些句子,并划出其中的所有形容词。

以示范的方式来检查学生对所学的每个形容词的理解正确与否。例如,带领全班同学读"blue"(蓝色的、忧郁的),然后向学生解释说,形容词是用来修饰名词的。这个词可以用来形容一个人、一个地方或者一个物体(注意,学生是否知道什么是名词)。正因为此,我们说,"blue"是一个形容词。

提供多样化的正例和反例,请学生进行判断,以检查学生对形容词的理解是否正确。教师大声地朗读一段文章,要求学生在听到形容词时举手示意。继续向学生呈现例子,直到几乎所有学生在听你读到形容词时都能举手示意。请学生解释为什么说这些词是形容词。

③如何组织和支持课堂教学活动? 这是一个全班教学活动,可以从学生最近读过的课外读物中选择一段作为课堂教学活动的学习材料。

3　呈现教学内容

(六)独立应用

现在请独立尝试一下,把自己对教学内容如何呈现的设想写下来。想一想前一节"独立应用"部分你所编写的教学目标和内容介绍。把你的设想写在下页的空格中。如果你对有些部分还不太有把握,可以再看看这章中的"理论基础"。

注意:表格中所写的内容应该包括三部分:学习需要分析(知识和技能);学习活动;组织和支持。

(七)自我检查

完成了上述设计后,请进行自我检查,看看自己的教学方案中是否确实包含了呈现教学内容所应该具备的步骤。

(1)我在呈现教学内容时清楚、明了,既有阐释说明,也有典型范例。

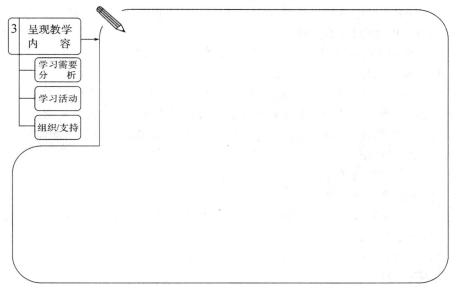

（2）我运用正例和反例引导学生理解学习内容。

（3）我准备了充足的材料（相当数量的正例和反例）以保证教学过程中能根据学生的课堂反映及时进行教学调整。

（4）我准备了各种教学策略、教学材料以保证教学的有效性。

（5）在呈现教学内容时，我既描述了如何组织课堂教学活动、如何开展学生学习小组的活动，同时也说明了为学生准备好了哪些需要的学习材料。

六、提供练习和反馈

让学生尝试运用教学过程中所获得的知识进行练习是课堂教学的重要组成部分。通过练习，可以发现学生在学习过程中所形成的错误，如果教师精心设计了练习，那么，即使学生在练习中出现了错误也很容易得到及时的纠正。

（一）理论要点

练习有三种类型：指导性练习、独立练习和扩展练习。这三种不同的练习运用于教学过程的不同阶段，为学生提供不同水平的学习支撑。

（1）指导性练习的目的是为了完成教学任务，它为学生提供了在教师指导下运用知识技能解决问题的学习机会。

（2）独立练习要求学生在没有外部帮助的条件下运用技能或知识完成学习任务。通过独立练习，可以使学生在知识、技能的掌握方面更为精准、熟练和巩固。

（3）扩展练习是一种定期性的练习，旨在将当前学习和未来某一单元或课时中将涉及的知识联系起来。

反馈对教学的影响和练习同样重要。通过反馈，教师可以监控学生的学习业绩,并根据学生的练习情况调整教学方式。从学生的角度审视,他们同样需要反馈。通过反馈,他们能够反思自己的学习方式和学习业绩。教师应该根据各种不同类型的练习以及学生的不同业绩水准为学生提供反馈。

1. 指导性练习

指导性练习是初始教学和独立练习之间的桥梁,其目的在于确保学生在独立应用知识、技能之前能获取充分的经验。由于指导性练习是由教师控制并及时给学生提供反馈的,因此,教师能够对后续的练习应该达成的水平作出准确的判断。教师为学生提供指导性练习的方式包括:

(1)对问题做出部分的回答或提示;

(2)问题难度较低或有较显著的示范性;

(3)材料中所含的问题用直观的方式予以提示,如用不同的颜色或字体(粗体或斜体)予以提示;

(4)用图示、提纲的方式指导学生完成任务。

温馨提示:

练习过程中教师应该对学生的学习进行及时的引导和矫正,以防学生进行错误的练习。在学生进行练习的整个过程中,教师都应该及时而频繁地提供反馈,只有这样,学生才能成为一个自主性的学习者。

提供反馈的方式有:

(1)同伴相互检查;

(2)全班评议;

(3)和个别学生进行讨论;

(4)在课堂中来回巡视检查学生的作业情况。

练习进行过程中,有些学生会有一些特殊的需要,这时教师就应该满足学生的这种需要。如果练习活动中某一类型的适时调整是有效的,那么,教师就应该考虑这种类型的调整是否为全班学生所需要。

2. 独立练习

当学生不需要教师进行较长时间的学习指导也能进行学习时,教师可以考虑采用独立练习的方式。从达成教学目标的角度分析,采用独立练习是一个有一定风险的教学措施,因为它允许学生在参加考试之前就以自己个人的方式练习技能、运用知识。独立练习要求学生就即将被评估的、刚刚学到的知识、技能进行练习。

一般而言,练习活动开展的时间及其复杂程度是由学习内容决定的。例如,在学习食物营养指南金字塔时,教师可以请学生按照食物的营养成分对食物进行分类,这时的独立练习活动由学生根据新的食物样例开展相似的活动,而不是设计那种让学生制定一份早餐、午餐、正餐等食品清单的独立练习,因为这样的练习和所学内容的联系并不直接,任务的复杂性反而大大提高。

温馨提示:

教师对学生的练习情况要有清醒的认识,及时进行回顾总结,并据此对练习进行或多或少的调整,根据学生需要决定是否需要进行再教学或扩展练习。

3.扩展练习

这种练习为学生提供了回顾知识、运用知识的教学组织。当教师将这一教学环节和以后将要学习的某一课时或单元相联系时,这种练习活动就具备了扩展所学内容的功能。必须注意的是,尽管扩展练习和未来将要学习的内容有一定的关联,但仍需着眼于当前所学内容。教学过程中,教师应该时常进行定期技能检查和复习,为学生后续的学习做好准备、

扩展练习的方式有:

(1)完成了某一内容的教学之后,安排几周或几天时间复习某一技能;

(2)在开始和某一主题相关的教学之前,请学生尝试运用课文中的相关知识;

(3)结合所学内容检查学生的知识或技能。

(二)基本价值

无论你的教学多么出色,指望通过自己的讲授就能使全体学生都准确无误地达到教学目标、掌握知识和技能是不切实际的幻想。从呈现教学内容到提供各种水平的练习,我们实施的是一个促进学生学习的合理的顺序。积极的练习活动可以促进学生参与到教学过程之中,引导他们运用和巩固知识、技能。可以说,没有充分的练习,学生将无法达到教学目标所要求的标准。

(三)案例说明

设想的教学内容是对已经学过的植物构成的物理特征进行对照、比较。请看下面的简要介绍。

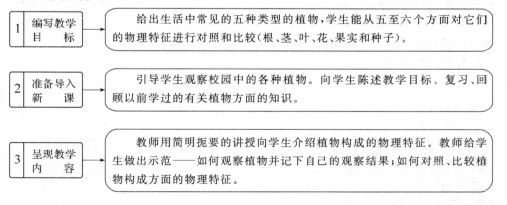

1	编写教学目标	给出生活中常见的五种类型的植物,学生能从五至六个方面对它们的物理特征进行对照和比较(根、茎、叶、花、果实和种子)。
2	准备导入新课	引导学生观察校园中的各种植物。向学生陈述教学目标。复习、回顾以前学过的有关植物方面的知识。
3	呈现教学内容	教师用简明扼要的讲授向学生介绍植物构成的物理特征。教师给学生做出示范——如何观察植物并记下自己的观察结果;如何对照、比较植物构成方面的物理特征。

为了达到教学目标,学生需要做一些什么练习?为了引导学生恰当地进行技能练习,教师应该为学生提供何种类型的指导及其外部支持?

1. 指导性练习

| 4 | 提供练习与反馈 |

指导性练习 →

教师将全班学生分为四个小组，给每个小组两种不同的植物标本，同时还为各小组提供了一份记录表副本，上面分为几列标出了植物构成的物理特征所包含的各个方面的相同点与不同点。学生分小组工作，以完成这份记录表。教师鼓励学生记下自己的小组研究结果。在学生完成练习的过程中教师要注意观察各小组的练习情况，当学生完成练习时，要给学生及时提供反馈。同时，教师要注意引导各学生小组进行评议，并给予特殊的反馈。教师应该多准备一些植物标本，以防学生需要进行额外的练习。练习结束时，进行全班活动，交流各小组的活动情况。

说明：教师应该根据教学目标和"呈现教学内容"的情况，精心设计练习。让学生观察、比较、对照的植物应该和教师上课时所用的植物标本有所不同，要用一些新的植物标本让学生进行练习。教师要注意为学生提供记录表，帮助学生组织自己的思路，以降低比较、对照的难度。记录本在这里所起的就是"脚手架"的作用，它能提醒学生在观察时注意植物的多方面的特征。

2. 独立练习

学生是否已经为独立练习做好了准备？学生需要进行独立练习吗？你将对学生学习业绩提供何种反馈？

| 4 | 提供练习与反馈 |

指导性练习
独立练习 →

让学生对自己家或周围邻居家的五种植物进行比较，以表格的方式记下这些植物的构成特征（参见第262页表7"笔记指南"样例）。教师对学生的作业完成情况进行评议，向他们提供反馈。对那些需要额外练习的学生，教师可以安排和组织一次特殊的讨论。

说明：独立练习要求学生继续观察植物构成的特征，并对它们进行对照和比较。学生应该用记录表记下观察结果。在这一阶段的练习中，有些学生可能还需要教师继续给他们提供"脚手架"——记录表。在这一练习阶段，新的植物标本应该取自于学生所熟悉的生活之中。作为一种检查的方式，教师可以组织班级讨论，也可以和个别学生进行交流，并据此对学生的练习情况提供反馈。

3. 扩展练习

你会对一些今后要涉及的技能进行复习和检查吗？

| 4 | 提供练习与反馈 |

指导性练习
独立练习
扩展练习 →

本单元中教师至少应该拿出一节课来复习相关概念，同时，教师还应考虑在本课程的其他单元中如何进一步整合和巩固这些技能，统筹做出安排。

说明:教师必须定期安排复习,考虑如何将已经学过的知识技能和日后将要学习的内容联系起来。此时教师已经对在本单元中如何再次进行复习做出安排,同时,对在后续的教学中如何建立前后联系也已经心中有数。

4. 小结

当学生进行配对练习,比较和对照两种植物标本时,教师可以让他们借助笔记或记录表进行学习,并及时地向他们提供反馈。独立练习为学生提供了一个对所住地区的植物进行比较、对照的学习机会。一个有效而明智的复习应建立在对整个单元甚至未来学习的基础之上。表8为指导性练习样例,表9为独立练习样例。

表 8　指导性练习样例

指导性练习
比较和对照记录表

植物构成的特征	植物 1 名称	植物 2 名称	植物 3 名称	植物 4 名称	植物 5 名称
根 ·含纤维 ·直根					
茎 ·草本的 ·木本的					
叶 ·简单的 ·复杂的					
花 ·完美的 ·有缺陷的					
种子					
果实					
比较(相同点)					
对照(不同点)					
小结					

表9 独立练习样例

独立练习

比较和对照记录表

植物构成的特征	植物1名称	植物2名称	植物3名称	植物4名称	植物5名称
根					
茎					
叶					
花					
种子					
果实					

比较：

对照：

小结：

（四）尝试练习

设想的教学内容是有关"认识形容词"的练习课。具体内容和前面章节中"尝试练习"部分的内容相似。下面是有关这一教学内容的主要部分。当你设计练习活动时,你也可以适当地回顾一下这些内容。

1	编写教学目标	→	在给定的含有10个形容词的两段文字中,学生能找出其中的形容词,至少90%以上正确。
2	准备导入新课	→	学生两两配对,明了什么是形容词。阐释本节课的教学目标。复习名词。
3	呈现教学内容	→	教师给出形容词的定义;阅读文章的若干段落,进一步明确什么是形容词;示范如何运用形容词,为检查学生的学习结果做好准备。

1. 指导性练习

设计一个能让学生证明他们所学知识和技能的指导性练习活动,提供足够的支持性条件以保证学生能进行正确的练习。

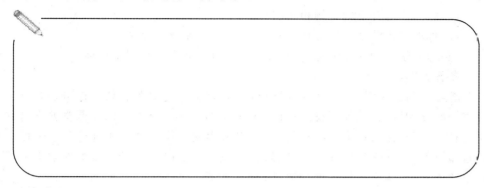

温馨提示：

(1)练习如何和教学目标相联系？你提供了和教学目标相联系的教学了吗？

(2)学生需要获得什么样的支持和指导才能进行正确的练习？

(3)你的设计中是否包含有效的课堂练习以支持学生的练习？

备择方案：

要让学生识别形容词，最简单的途径就是直接从教科书中选取练习题。其他阅读材料如报纸、杂志、学生自己编写的小故事等均可以选作练习素材。也可以让学生通过"思考—配对—分享"的方式讨论自编文句中形容词的运用。当学生开展这一类型的练习时，教师应该为学生提供一些必要的支持，如让学生说出反义词；开展小组活动，讨论该选用哪些形容词；默读一段文句，找出其中的形容词，和小组同伴核对答案；从一个短语、一个简单句、一个复杂句直至一个段落中找出形容词。

2.独立练习

教学中教师应该注意开发一些能进行技能操练或运用概念的练习，这些练习应该逐步做到从扶到放，并且能与将来的评估考核要求相联系。

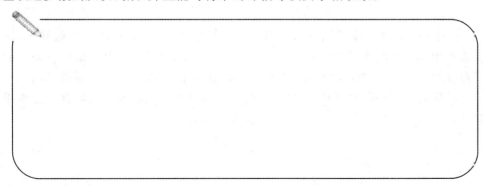

温馨提示：

(1)你的教学是否有助于学生理解知识并能让他们在没有帮助的情况下完成

任务？

(2)练习中含有新的事例和问题吗？

(3)你所安排的独立练习是否和教学内容、未来评估相关？

(4)针对学生的活动情况，你打算采用何种方式向学生提供反馈？

备择方案：

练习材料的来源和指导性练习相同，但必须是一些新的材料。你可以给学生提供一些复印资料，让他们找出资料中的形容词。独立练习可以在课堂教学过程中进行，可以在图书馆学习时进行，也可以采用回家作业的方式进行。教师可以通过检查作业、在学生中开展找形容词的活动并进行适当引导、和个别学生进行讨论等方式，向学生提供关于其学习效果的反馈。

3. 扩展练习

最后，你应该注意如何安排好时间以引导学生掌握一些额外的技能。

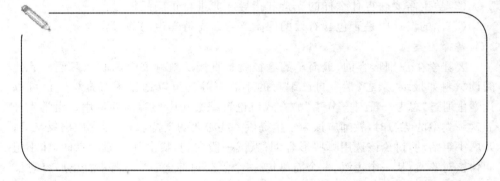

温馨提示：

(1)在你已做出的决定中，你将如何引导学生进行有效的复习？

(2)你能确定这个练习和后续的课文或单元有概念上或逻辑上的联系吗？

备择方案：

一个明智的复习方案应该包含有定期的技能练习，且这种练习和新知识、新技能有相当的关联性，例如和同一单元中的某一课文有关，和单元最后要进行的复习有关，或者和将来要学习的一些单元中的内容有关，如作文、文句段落、诗歌等。

一般而言，你所设计的"提供练习和反馈"部分和下面的内容应该有一定的相似性。

1.指导性练习——要求学生以两两配对的方式界定一段文字中的哪些词是形容词,在练习表中将这些形容词列出,同时运用定义策略,仔细地思考、核对这些列出的词语是否确实是形容词,这些列出的词是否每一个都是用来形容人、物、事的。检查两人小组的学习情况,尤其注意审核学生是否正确地运用了定义策略来检查自己的学习情况。适时调整练习时间、练习方案,包括为阅读水平较低的学生提供额外的学习材料。

2.独立练习——要求学生从教师所提供的三个新的文章段落中任选一段,列出其中的形容词。学生两两配对运用定义策略检查同伴所列出的词是否确实是形容词,若有异议,可在同伴所列词汇旁做出标记。对学生的练习情况做一个快速检查,以确定是否需要采取教学补救措施,如额外练习、扩展活动、再次强调形容词的定义等。

3.复习/扩展练习——在每一节语音课结束时都设计一个简便快捷的形容词再认活动。这种复习活动也可以安排在段落写作中进行。

（五）独立应用

根据前面几节提供的有关材料进行独立练习。你可以先回顾一下前面你刚设计的"提供练习和反馈"的活动方案。再在下面的空白部分写下尝试练习。如果你对于"提供练习和反馈"的有关内容还不是非常有把握,可重读本章"理论要点"部分的相关内容。

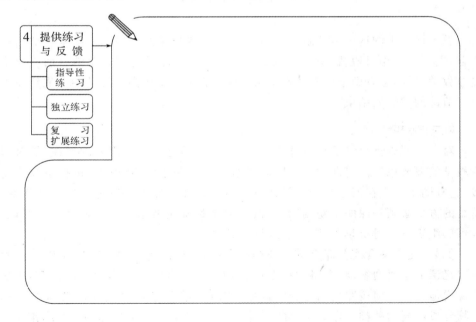

（六）自我检查

完成"提供练习和反馈"的练习作业之后，请进行一次自我检查，以审视自己的尝试作业是否真正做到涵盖了"理论要点"部分提及的几个基本步骤。自我检查的基本内容包括：

（1）我已根据这节课的教学目标列出了练习活动。

（2）我设计的练习活动中包含有一些新的例子和问题。

（3）我已为学生提供了支持和指导，以确保他们能正确地练习技能和运用概念。

（4）在指导性练习中，我设计的活动包含有一些恰当的学习策略，如脚手架、明确的学习步骤要求等。

（5）在转入独立练习之前，我设计的指导性练习有助于学生进一步理解知识、形成技能。

（6）我已制订了计划，将针对学生练习活动中的业绩行为为他们提供即时反馈。

（7）我的计划中包含有开展扩展性活动和采取教学补救措施的要点。

（8）根据这节课的内容，我已设计了一些引导性的复习。

七、总结学习所得

教学设计中的这一步就是为一节课的总结做好准备。就整个课堂教学过程而言，这是一个相对短暂的过程，也是一个极易被忽略的过程。总结有助于学生复习教学目标，也有助于他们发现课文中所蕴含的主要思想。总结的完成意味着这一节课的教学的结束。

（一）理论要点

对一节课进行总结旨在对本节课的所教、所学进行一个简要的概述，是对课堂教学的概要思考。对课堂教学活动进行总结有助于将教学内容进行系统化连接，它有助于学生在所学内容和以往的知识、即将学习的知识之间建立起联系。总结的方式必须和课的主题相适配，既可以由教师对教学内容进行直接的概述，也可以组织学生对所学知识、技能进行讨论。

例如，在有关食物营养金字塔结构一课的教学中，总结的方式既可以是让学生回忆课的主要内容，将资料中提及的食物放置到金字塔结构之中，也可以让学生说说他们是如何按照食品营养的金字塔结构对食物进行分类，然后让学生把食物分成不同的种类。作为学习的结果，学生已经学会了如何运用食品营养指南制定一份营养菜单。

（二）基本价值

总结意味着课堂教学的结束。总结的目的在于增强课堂所学和以往所学、将来所学知识、技能之间的联系。总结为学生学习提供了一个机制，这一机制可以确保学生更好地把握课堂知识和技能的要点。

（三）案例说明

设想的教学情境仍以植物构成成分的对照和比较为例来说明问题。先来看看下面的总结。

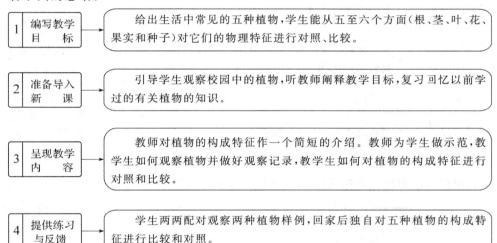

1	编写教学目标	→	给出生活中常见的五种植物,学生能从五至六个方面（根、茎、叶、花、果实和种子）对它们的物理特征进行对照、比较。
2	准备导入新课	→	引导学生观察校园中的植物,听教师阐释教学目标,复习回忆以前学过的有关植物的知识。
3	呈现教学内容	→	教师对植物的构成特征作一个简短的介绍。教师为学生做示范,教学生如何观察植物并做好观察记录,教学生如何对植物的构成特征进行对照和比较。
4	提供练习与反馈	→	学生两两配对观察两种植物样例,回家后独自对五种植物的构成特征进行比较和对照。

学生怎样才能牢牢地记住课的目标？课堂教学活动该如何陈述才能和以往的、将来的学习活动之间建立起联系？

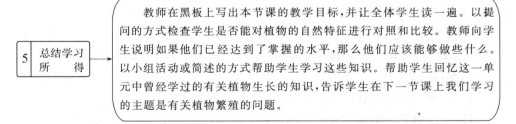

| 5 | 总结学习所得 | → | 教师在黑板上写出本节课的教学目标,并让全体学生读一遍。以提问的方式检查学生是否能对植物的自然特征进行对照和比较。教师向学生说明如果他们已经达到了掌握的水平,那么他们应该能够做些什么。以小组活动或简述的方式帮助学生学习这些知识。帮助学生回忆这一单元中曾经学过的有关植物生长的知识,告诉学生在下一节课上我们学习的主题是有关植物繁殖的问题。 |

说明：总结的目的在于帮助学生将所学知识的各个部分联系起来。上述这个例子包含有三方面的内容：重述本节课的学习目标、进行课内复习、告知学生本节课所学知识和先前所学知识以及将学知识之间的联系。

就一节课而言，总结可以以回顾教学目标的方式进行，也可以让学生思考如何活动才能实现教学目标。对教师而言，总结是检查学生是否理解所学知识的一个十分重要的手段。

（四）尝试练习

你准备总结的课程学习内容是"认识形容词"。你可以通过下文提供的这个提纲来回顾自己的教学工作。请思考如何对这节课进行总结。

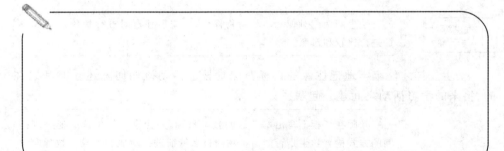

1	编写教学目标	→	在含有 10 个形容词的两段文字中，学生能圈出其中的形容词，正确率至少达 90％。
2	准备导入新课	→	学生两两配对，界定什么是形容词，听教师陈述本节课的教学目标，复习学过的名词。
3	呈现教学内容	→	教师给出形容词的定义；阅读若干段落，帮助学生进一步明确什么是形容词；为学生示范如何运用形容词，为检查学生的学习结果做好准备。
4	提供练习与反馈	→	学生配对进行练习，找出一个段落中的形容词，并运用形容词的定义进行自我检查。学生独立练习，在三个以上的段落中找出其中的形容词，然后和配对同伴交互进行检查。

根据自己对这节课的回顾写一份有关这节课的总结。

温馨提示：

（1）你能说出这节课学生的学习目标吗？

（2）你能概述一下这节课上所开展的活动吗？

（3）你能陈述本节课和上一节课以及后续学习的联系吗？

备择方案：

就一节课而言，进行复习并不是一件难事。教师可以直接对教学目标进行重述，也可以对本节课的教学活动进行总结。另一个可行的方式是，让学生读一遍本节课的教学目标，或者请学生对本节课的教学活动和所学内容进行讨论。

一般而言，你所写出的"总结学习所得"应该和下面的这份材料相似。

| 5 | 总结学习所得 | 重述本节课的教学目标。给出形容词的定义,要求学生找出文字段落中的形容词并运用定义策略仔细检查核对。告诉学生,他们前面学过的名词是有关事物名称的词语,而形容词是用来描述事物的。下一节误他们将学习动词,动词主要是用来表示行为的词语。 |

（五）独立应用

根据前面几章中有关"独立应用"部分的背景材料,现在你可以自己独立对一节课进行总结了。在下面的空格部分写下你对一节课的总结。如果你还记不生"总结"的要点可以复习本节有关"理论要点"的相关内容。

（六）自我检查

写好了"总结"之后,你可以根据下述各要点对自己所写的"总结"进行自我检查。

(1)我复习了本节课的教学目标。

(2)我提请学生注意回顾他们在本节课上的学习活动。

(3)我强调了本节课所学内容和先前所学知识以及后续学习之间的关系。

八、评估学习效果

就设计步骤而言,现在你要做的是最后一步了,那就是对学生的学习所得进行评价,这些学习所得包括了学生所获得的知识和技能。当然,这种评价也包括了对教师教学方案的评价。在学习过程中,学生尽管有许多运用知识和技能的机会,但评估学习效果仍然是教学设计中必不可少的重要环节。评价应该确保依照教学目标中的行为、条件和标准进行。

（一）理论要点

评价是通过收集信息并据此对学生在课堂教学中所习得的概念、技能成效做出判断的过程。在设计评价方案时，教师必须确定评估程序（如何进行评估）和明确评判学习业绩的标准。

评价应该能真实地反映教学目标中计划教给学生的知识以及学生通过练习所应习得的技能。换句话说，评价应该围绕着教学目标、学习和练习活动而进行。如果学生能正确地运用技能、展示自己的学习所得，那么，评价就是学习过程的一个自然的组成部分。值得一提的是，教师运用传统的评估策略或业绩评估方式时应该格外细致，必须使学生知道，他们应该用能够做什么来证明自己已经习得了什么。例如，在食物营养金字塔指南的教学中，教学目标和学生学习后应有的行为是，学生能按种类将不同的食物排列到食物指南图中。据此，评估就将是"运用不同的食物图进行相似的活动"。

课堂教学中的评估方式是多种多样的。就一节课而言，同样的目标会导致教师采取各种不同的评估方式。传统的评估主要是通过测验的方式来检查学生对知识和技能的理解程度，例如选择题、填空题、辨析题、简答题和论述题。业绩评估往往以另一种方式来评价学生对知识和综合技能的掌握情况。业绩评估包含：

（1）生成了一个新的产品，或进行了某一项实证研究。

（2）运用了某一问题解决程序。

（3）完成了一系列的动作以表明学生已经学到了什么技能。

综合评估则是从学生某一时期的作业中抽取一部分以便对他们近期习得的综合技能进行评估。选择的材料应该能证明学生已经学到了什么、能做什么以及目标的达成度如何。

就评估设计而言，至关重要的是决定如何鉴定和评价学生的学业业绩。毫无疑问，教学目标是评价的标准，然而我们还必须制定出一些关键的反应、标题或其他工具以确保评价学生的学业业绩。一份学生应有的或期待学生反应的条目将有助于教师对学生的学业业绩反应做出评判。

有些学生在评估时常常需要教师对评估方式做适当的变通。在教学过程中，变通大致可以分为四种基本类型：

（1）改变试题的呈现方式。例如，教师可以为学生朗读试题，以帮助那些在阅读上有困难的学生，除非这次测验的目的是为了评估学生的阅读技能。

（2）改变反应的呈现方式。例如，让学生把答案直接写在试卷上，而不是另外写在答题卡上，或者让学生口述答案，而不是把答案写下来。

（3）改变评估的时间进度。例如，把评估分割成几个小片段进行，从而增加额外的评估时间。

（4）改变评估的环境或条件。例如，把学生从那种容易分散注意力的教室迁往另一个教室。

很显然,评估中的这种变通(或调适)只改变了学生展示自己学到了什么的方式,并不涉及对评估内容的改变,且必须有相应的说明文件。

评估工作结束后,现在要思考的问题就是我们将如何运用这一结果了。一般而言,评估结果有如下几种不同的用途:

(1)无论学生的学业业绩水平如何,评估的结果都存入档案袋中。

(2)区分学生的不同学习需要,为个别学生提供额外的教学补充。

(3)就如何获取更好的学习成绩和学生进行沟通。

(4)就学生的学业业绩问题和家长进行沟通。

(5)评定学生的学业等级。

(6)分析和确定有效教学的水准。

（二）基本价值

评估有助于教师更好地把握学习目标和教学活动的重点,同时也使教师得以更好地和学生就学习中出现的问题进行有效的沟通。

评估在帮助学生达成学习目标方面为我们提供了数据,它有助于学生更好地学习,同时也有助于提高教师教学的效率。评估所获取的数据、资料不仅有助于我们改变教学,同时还为学生个体的未来学习提供了方向。

（三）案例说明

设想的教学情境是"植物构成成分自然特性的对照和比较"一课组成部分的摘要。

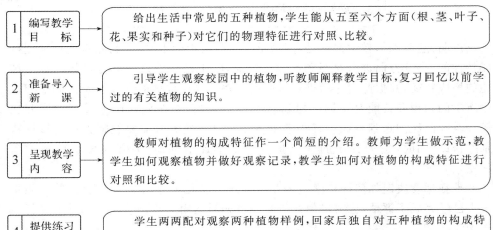

1	编写教学目标	给出生活中常见的五种植物,学生能从五至六个方面(根、茎、叶子、花、果实和种子)对它们的物理特征进行对照、比较。
2	准备导入新课	引导学生观察校园中的植物,听教师阐释教学目标,复习回忆以前学过的有关植物的知识。
3	呈现教学内容	教师对植物的构成特征作一个简短的介绍。教师为学生做示范,教学生如何观察植物并做好观察记录,教学生如何对植物的构成特征进行对照和比较。
4	提供练习与反馈	学生两两配对观察两种植物样例,回家后独自对五种植物的构成特征进行比较和对照。

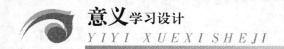

5　总结学习所得 ▶ 教师对本节课的教学目标和活动进行简短的回顾。

就这节课而言,应该有何种行为和条件才能表明教学目标已经达成? 在这节课上,学生该如何学习、练习这些知识和技能? 该采用何种评估方式才能有效地测得这些知识和技能? 评估方式可以做哪些调适?

6　评估学习效果

程序

确定评估程序——教师在教室中的五个位置摆放了五种不同的植物。这些植物和教师教学过程中所用的也不同。与之相应,教师将学生分成五个不同的小组,并让各组到达指定的位置。教师告诉学生说,他们的任务是,运用比较、对照表观察这五种不同的植物,在观察的基础上写出有关每种植物构成特征的观察报告。老师要求学生说,他们应该回到自己的座位上完成这份观察表,但如果同学们觉得有必要,他们还可以在填写表格的过程中回到观察的位置再仔细地观察。老师应该提醒学生,要想取得好成绩他们至少要从五个方面对这些植物进行对照和比较。每个学生都应该独立完成这次作业,而不是小组合作完成。同时,老师还提醒学生注意,不要抄笔记,也不要在转移到其他位置时抄先前已经完成了这部分观察任务的其他同学的作业。

对评估程序的适当调节——老师认为,有两个学生在完成这样复杂的学习任务时需要为他们提供特别的帮助。就这次评估活动而言,他们所用的表格可以和课堂练习中的相同。此外,有一个学生在填写表格时很容易分心,老师允许她在观察了植物标本后可以单独到学习室里去完成对照、比较表。

说明:这节课的教学目标是,当给学生一些植物标本时,他们能就植物物理构成特性的5~6方面进行对照和比较。此前,学生已经学过并练习过如何观察植物的构成特征,并据此对它们进行对照和比较。这次评估的任务就是让同学们运用所学的知识和技能对不同的植物标本进行观察,并在此基础上进行对照和比较。教师已经注意到班级中有些学生在完成这一任务时需要教师为他们提供特别的帮助,同时,也为其中的一位学生调整了评估场地,为其安排了单独的学习室。

现在你要决定如何评价学生的学业业绩。你用的是哪种类型的评估? 如果学生已经完成了评估,你将如何评价? 你将如何运用这些评估结果和学生进行沟通交流?

说明:这次评估旨在让学生完成一个具体的任务并撰写一份报告。评估开始前,教师已经提出了明确的评判标准,这将有利于评价的精确性与客观性,同时也有助于学生更好地复习和完成这次评估。

总之,这次评估要求学生观察 5 种真实的植物,运用表格对照和比较这些植物的构成特征。有一个学生需要教师在评估过程中为其提供特别的关照,包括允许她在填写表格时到单独的作业室里去完成作业。通过事先制定好的评分标准,教师为评估后如何评价学生的学业业绩水平提供了明确的标准。

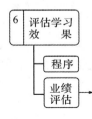

决定如何评价学生的学习业绩——在真实观察的基础上,请学生对照和比较植物的自然构成特征。评估内容包含了观察行为和对观察结果的描述两个方面。评判学生学业业绩有效性的标准是学生的回答中应该包含有植物构成特征比较和对照的表格。例如,植物是由根、茎、叶子、花、果实和种籽组成的。教师可以为学生提供一个观察植物标本特征的提纲供学生仿效。

提　纲

☐ 准确地列出观察对象的所有构成特征。

☐ 概括出植物构成特征的相同之处。

☐ 概括出植物构成特征的不同之处。

　＊教师可以以一些植物为样本,对植物的构成特征进行对照和比较。

教师批改每一个学生的观察记录,完成评价。如果必要,教师还可以在学生的作业上写一些批语。把经教师批阅后的学生观察记录发回给学生以作为对这次评估的反馈。对那些在这次评估中作业完成得不好的学生(观察记录写得不规范),教师可以和他们进行个别交流,为他们提供一定的帮助。如果必要,教师还应该就这次评估的相关内容对全班进行补救性教学,以确保学生真正地掌握这些知识和技能。

(四)尝试练习

现在,我们已经知道了设计一节课应该包含的基本步骤了。接下来要做的事情就是熟悉这些环节。现在,你可以回想一下前面几节有关"尝试练习"环节我们曾经完成过的一些设计步骤。

| 1 | 编写教学目标 |

在含有 10 个形容词的两段文字中,学生能圈出其中的形容词,正确率至少达 90%。

| 2 | 准备导入
新　课 | → | 　　学生两两配对,界定什么是形容词,听教师陈述本节课的教学目标,
复习学过的名词。 |

| 3 | 呈现教学
内　容 | → | 　　教师给出形容词的定义;阅读若干段落,帮助学生进一步明确什么是
形容词;为学生示范如何运用形容词,为检查学生的学习结果做好准备。 |

| 4 | 提供练习
与反馈 | → | 　　学生配对进行练习,找出一个段落中的形容词,并运用形容词的定义
进行自我检查。学生独立练习,在三个以上的段落中找出其中的形容词,
然后和配对同伴交互进行检查。 |

| 5 | 总结学习
所　得 | → | 　　教师给出形容词的定义,并组织学生开展课堂复习活动。 |

(五)确定评估程序

　　检查教学目标,并对已经完成的课堂教学、学生练习等活动进行必要的审视(反思),确信即将进行的评估环节是教学目标所必需的。

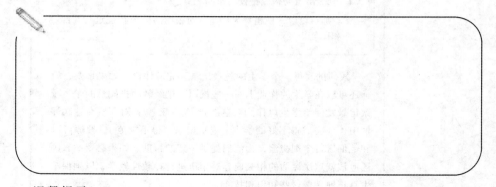

　　温馨提示:

　　(1)教学目标中是否含有达成目标时应该具备何种条件的描述?

　　(2)教学目标要求学生能够做什么?

　　(3)你将采取何种类型的程序或活动来进行这次评估?

　　(4)在评估过程中你将如何为那些有特殊需要的学生提供必要的评估调整(即满足学生的特殊需要)?

　　备择方案:

　　教学目标要求学生圈出两个段落中所有的形容词。在课堂教学过程中学生已经经过了必要的练习,教师还可以用一个课文之外的(或课堂练习中没有练过的)段落让学生进行一次练习。

　　这次评估中可用的典型的调节方式包含选用一些既符合目标条件又不需要

较高阅读水平的材料,允许个别学生边圈形容词边读这些段落。对那些动机水平较低的学生,教师可以让他们直接点出计算机上呈现的段落中的形容词。

决定自己将如何分析和评价学生的答案。

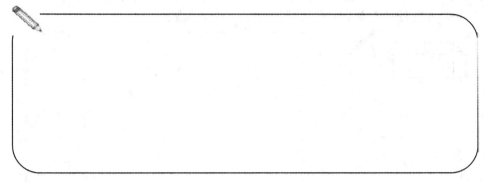

温馨提示:

(1)就这一评估方式而言,运用何种工具将有助于你对学生的学业业绩做出评判?

(2)学生应该达到的掌握水平是什么?

(3)你将如何依据评估结果对教学做出适当的调整和修正?

(4)你将如何依据评估结果设计教学以满足个别学生的需要?

备择方案:

这一评估的目标是显而易见的,并不需要额外的方式来帮助你对学生的学习结果进行评判,学生要做的工作就是把一段文字中含有的 10 个形容词找出来,正确率应该达到的 90%。教师可以对那些未达到掌握水平的学生的评估结果进行分析,以明确他们学习上的问题究竟是什么,如他们是否分不清名词和形容词。对学生的学业错误进行分析有助于教师改进教学,并进行有效的补救练习。教师可以采用写评语、评分、面向全班讲评等方式对学生学业业绩做出反馈。

总之,教师在课堂教学中可以采用如下方式对学生的学业业绩水平做出评估。

6	评估学习效果	确定评估程序——为学生提供两段含有 10 个形容词的段落。段落的选择应该考虑学生不同的阅读水平。用口头的或者书面的方式要求学生圈出这两个段落中的形容词。 决定如何评判学生的学业业绩水平——达到掌握水平的学生应该能区分出段落中含有的 10 个形容词中的 9 个。评估结束后和学生一起重读这两个段落。分析那些没有达到掌握水平的学生的错误,采取必要的教学补救措施。

（六）独立应用

现在，你自己可以尝试着独立写一个评估方案。回顾一下前一节中有关"独立练习"的内容。在下面的空白处写下你的方案。如果你还想记住有关评估的程序，可以再复习一下本节中有关"理论要点"部分的内容。

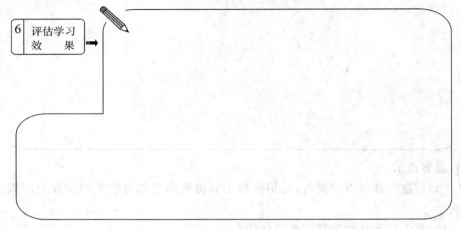

（七）自我检查

写完了这节课的评估方案后，应该进行一下自我检查，以确保这一方案包含了所有评估步骤。

（1）我要评估的是教学目标中规定的、学生必须具备的行为。

（2）我已告知学生评估的目的是什么。

（3）评估方案中所涉及的题型学生通过课堂教学和练习均已了解或熟悉。

（4）我的评估方案中已经包含有一些适应性的调适措施，我已考虑到要为个别学生提供特别的评估条件。

（5）我已经确定好了评价的程序并已经考虑好如何根据评估结果对学生的学习业绩作出判断。

（6）我已经设计好了一些对学生的学习业绩提供反馈的方法。

（7）我已经确定了运用评估结果并调整教学的具体计划。

九、实施检验调整

良好的教学方案有助于教学的顺利进行。它能确保所有的教学活动都提供给学生最好的学习机会，确保教师在整个教学和练习期间为学生提供有效的教学。

在真实的教学情境中，即使是设计得非常精致的教学方案也不能确保教师能完全准确地预计学生在教学过程中的真实反映,因此,依据教学需要对教学方案进行相应的调整是不可避免的。与此相关,当你在教学过程中不时地检查学生的理解程度时,你也许有必要对教学设计中举例的数目、练习作业的类型以及其他的一些问题做出相应的调整。一个结构合理的、良好的教学设计将有助于我们在教学过程中进行实时的调整。作为设计者,你应该要清楚教学的最后结果应该是什么、看起来应该是什么样。

许多教师由于各种各样的原因疏于反思自己的教学,也很少花费精力思考这次教学中存在的问题,下次该如何进行改进。其实,反思教学、不时地改进教学是促进教师自身成长的一个非常重要的方面,它对学生的未来学业和发展也是极具价值的。

对课堂教学进行反思意味着回顾和检查自己教学的成功或不足的原因,当然,这种反思也包含了对学习者学业业绩的分析。通过对学习者在评估中的学业业绩和个体活动水平的分析,教师就可以明确学生在知识和技能上没有达到掌握水平的原因,教师就可以确定还需要为他们提供哪些额外的练习,并在下一次的教学中为他们创设练习的机会。你也可以将这些反思所得运用到其他教学过程之中。

对自身教学活动和评估程序的反思可以提高教师的洞察力,正因为此,我们有必要花费一些专门的时间对教学内容和学生的学业反映进行回顾、检查,更确切地说,我们每一节课的教学都应该建立在对前一次课的回顾和检查的基础之上。

下面这些问题将有助于你进行教学反思:

(1)教学方案中所设计的环节都做到了吗?同你原来设想的一致吗?

(2)就本节课而言你必须进行哪些方面的调整?

(3)你期望达成的教学目标学生都能做到了吗?

(4)课堂教学中所用的教学策略和材料收到了应有的效果了吗?

(5)学生对课堂教学活动、内容感兴趣吗?他们喜欢什么?

教师一旦对教学过程和学生的学业业绩进行了反思,那么,他就很容易确定为了提高学生的学业业绩,在下一次教学时应该在哪些方面进行调整和改善。检查教学目标以确保教学活动是聚焦在知识和技能上的,是紧扣着促使学生掌握知识、技能而展开运行的。补救教学活动中任何有关教学目标的改变都应该是教师教学反思的结果,后续的练习和评估活动也应该与这种改变相一致。

如果教学活动结束后你没有时间立即进行教学反思,那么,最好的方式是写一些教学随笔以提醒自己在哪些方面需要有所改进。在一个单元或某个知识段落结束时,应该考虑对自己的教学方案进行适当的调整。这能使教师对建立在自身经验、知识和智慧基础之上的教学方案更有信心。如果你还愿意和同事们分享个人的经验,那么你更是给了他们极大的、有益的帮助。

参考文献

[1]Beech M. *Accommodations:Assisting Students with Disabilities,a Guide for Educators*. Tallahassee,FL:Florida Department of Education,1999.

[2]Beech M. *Developing Classroom Assessments*. Tallahassee,FL:Florida Department of Education,1997.

[3]Florida Department of Education. *Florida Curriculum Framework—Elementary Program*. Tallahassee,FL:Florida Department of Education,1998.

[4]Kaméenui EJ & Carnine DW. *Effective Teaching Strategies that Accommodate Diverse Learners*. Upper Saddle River,NJ:Prentice-Hall,1998.

[5]Kaméenui EJ & Simmons DC. *Designing Instructional Strategies,the Prevention of Academic Learning Problems*. Englewood Cliffs,NJ:Macmillan Publishing Company,1990.

[6]Kaméenui EJ & Simmons DC. *Toward Successful Inclusion of Students with Disabilities:The Architecture of Instruction*. Reston,VA:The Council for Exceptional Children,1999.

[7]Kareges-Bone L. *Lesson Planning:Long-range and Short-range Models for Grades K-6*. Boston:Allyn & Bacon,2000.

[8]Reiser RA & Dick W. *Instructional Planning,a Guide for Teachers*. Boston:Allyn & Bacon,1996.

附录 1

课时计划快速核对表

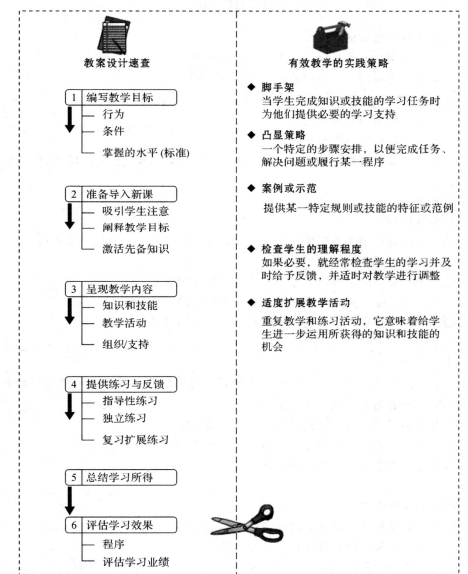

教案设计速查

有效教学的实践策略

1 编写教学目标
— 行为
— 条件
— 掌握的水平 (标准)

2 准备导入新课
— 吸引学生注意
— 阐释教学目标
— 激活先备知识

3 呈现教学内容
— 知识和技能
— 教学活动
— 组织/支持

4 提供练习与反馈
— 指导性练习
— 独立练习
— 复习扩展练习

5 总结学习所得

6 评估学习效果
— 程序
— 评估学习业绩

◆ **脚手架**
当学生完成知识或技能的学习任务时为他们提供必要的学习支持

◆ **凸显策略**
一个特定的步骤安排, 以便完成任务、解决问题或履行某一程序

◆ **案例或示范**
提供某一特定规则或技能的特征或范例

◆ **检查学生的理解程度**
如果必要, 就经常检查学生的学习并及时给予反馈, 并适时对教学进行调整

◆ **适度扩展教学活动**
重复教学和练习活动, 它意味着给学生进一步运用所获得的知识和技能的机会

附录2

课的调整：快速核对清单

教学策略和教学材料

◇获取信息的方式要交替变化——字体的变化、口头语言、课文。

◇是否需要采用一些辅助措施，例如复印讲义或者笔记等。

◇是否需要具体的目标、图片和图形。

◇是否需要适当的帮助技术_____。

◇是否需要前导组织和学习指导。

◇是否需要合适的学习材料——思路清晰、条理分明；涉及的概念、原理较少；主体突出。

◇其他_____。

作业和评估

◇是否需要使用类型多样的作业——讲述、绘画、书写和边指点边陈述。

◇是否需要适当的帮助_____

◇对某些特定的学习任务是否需要提供指导和提示_____。

◇是否需要提供更多的教学资料和设备（装置）。

◇是否需要提供个别帮助——教师、同伴、志愿者、讲解员。

◇其他_____。

学习环境

◇是否需要合适的学习环境——比如是否需要考虑有听觉障碍或视觉障碍学生的需求或者需要扫除其他学习障碍。

◇是否需要合适的座位或者单独的学习研究室。

◇教学中是否需要采取小组学习的方式或者一对一的学习方式。

◇是否需要个人备课与团队帮助。

◇其他_____。

时间和进度安排

◇是否需要额外的时间完成课程或评定成绩。

◇是否需要额外的时间布置任务和测试。

◇在一个较短的时间内是否需要采用小组的方式让学生共同完成任务或者让学生独立学习。

◇练习的数量或评估的条目是否需要减少。

◇其他_____。

交流沟通方式

◇是否进行全方位的沟通和交流。

◇是否使用少数民族语言或者需要使用方言。

◇是否需要使用其他的沟通方式＿＿＿＿＿＿＿＿＿＿＿＿＿＿＿＿＿＿。

◇其他＿＿＿＿＿＿＿＿＿＿＿＿＿＿＿＿＿＿＿＿＿＿＿＿＿＿＿＿＿＿。

附录3

教案(详案)格式样例

教师：＿＿＿＿＿＿＿＿＿	学科/班级 ＿＿＿＿＿＿＿＿＿
单元：＿＿＿＿＿＿＿＿＿	授课日期 ＿＿＿＿＿＿＿＿＿
课题：＿＿＿＿＿＿＿＿＿＿＿＿＿＿＿＿＿＿＿＿＿＿	

1.编写教学目标(行为;条件;标准)

2.准备导入新课(引起学生注意;阐释教学目标;激活先备知识)

3.呈现教学内容(知识和技能;安排学习活动;组织和支持)

4.提供练习与反馈(示范练习;独立练习;扩展练习)

5. 总结学习所得（重述教学目标；回顾教学活动）

6. 评估学习效果（评估程序；评价学生学业业绩）

教学调整：

学习材料和学习资源：

附录 4

教案(简案)格式样例

教师：_____ 学科/班级 _____
单元：_____ 日期 _____
课题：_____

| 1 | 编写教学目标 | → | 教学目标： |

| 2 | 准备导入新课 | → | 阐释目标： |

| 3 | 呈现教学内容 | → | 呈现内容： |

| 4 | 提供练习反馈 | → | 练习/反馈： |

| 5 | 总结学习所得 | → | 总结： |

| 6 | 评估学习效果 | → | 评估： |

调整：

学习资料：

附录 5

教案样例 1

教师：	学科/班级	科学
单元：	授课日期	
课题：	植物构成特征的比较和对照	

1. 编写教学目标

　　给出生活中常见的五类植物,学生能依据植物的六种构成特征(根、茎、叶子、花、果实和种子)从五个方面进行比较和对照。

准备导入新课

　　引起学生注意:教师带领学生到校园中观察各种不同类型的植物,要求学生做好观察记录,简略地描述一下自己看到了什么。回到教室之后,学生依据自己的观察列出一份简表,在此基础上,教师向学生说明植物构成的相同之处和不同之处。

　　阐释教学目标:告诉学生这节课后他们应该能够对五种不同植物的构成特征(根、茎、叶子、花、果实和种子)进行对照和比较。

　　激活先备知识:引导学生回忆学过的有关植物构成及其环境对植物生长影响的相关知识。教师还应该引导学生明确比较和对照的含义以及如何进行观察。

呈现教学内容

　　知识和技能:学生对植物及其生长已经有所了解,但他们不具备有关植物构成特征的知识。教学的重点就是有关植物构成特征的知识。

　　教师和学生的学习活动:首先,教师借助录像和网络对植物构成特征的定义作一个简短的讲解,并就植物构成的特征举例(根、茎、叶子、花、果实和种子)。讲解应该和先前的课堂教学有所联系,用图片呈现的例子应该是各种类型植物的构成特征。教师讲解时学生应该根据记录指导做好笔记。接着,教师对植物样本进行观察,并在透明胶片上记录植物构成特征。教师为学生示范怎样利用观察结果对照和比较植物的构成特征。

　　活动的组织和支持:借助于互联网和录像所做的讲解贯穿在整个课堂教学之中。记录指南为学生提供了脚手架(详见第 262 页)。教学内容的第二部分以小组学习的方式进行。利用比较和对照表(详见第 271—272 页)指导学生记录对样本植物的观察。

提供练习/反馈

　　示范性练习:教师将全班学生分成四个小组,每个小组有两个真实的植物样本。教师给每组配发列有植物构成特征的记录表,可用来记录植物样本的相同和不同之处。学生在小组中将表格填写妥当。教师鼓励学生利用记录指南并按照他讲授时的方式做记录。学生填写表格期间,教师观察各组的学习情况并及时提供反馈。期间,教师给各组中的个别学生提供指导和特定的反馈意见。如果有必要,教师还可以为学生提供更多的植物标本进行练习。教师和全班学生一起听取各组的活动汇报。

　　独立练习:让学生对自己家或周围邻居家的五种植物进行比较,以表格的方式记下这些植物的构成特征(表格可参见前第272页的样例)。教师对学生的作业完成情况进行评议,向他们提供反馈。对那些需要额外练习的学生,教师可以安排和组织一次特殊的讨论。

扩展练习:教师在本单元中至少还要拿出一节课来复习这些概念,同时,教师还应考虑在本课程的其他单元中如何进一步整合和巩固这些技能,统筹做出安排。

总结学习所得

　　教师在黑板上写下本节课的教学目标,并和全班学生一起读一遍这些目标。教师问学生,现在他们是否已经能够就植物的构成特征进行对照和比较了。教师向学生说明评估后他们应该达到的掌握水平,对相关的讲授内容和小组活动进行回顾,同时也回顾了这一单元中有关植物生长的知识,告知学生下一节课的学习内容是有关植物的繁殖。

评估学习效果

　　确定评估程序:教师在教室中的五个位置摆放了五种不同的植物。这些植物和教师教学过程中所用的也不相同。与之相应,教师将学生分成五个不同的小组,并让各组到达指定的位置。教师告诉学生说,他们的任务是,运用比较、对照表观察这五种不同的植物,在观察的基础上写出有关每种植物构成特征的观察报告。教师要求学生说,他们应该回到自己的座位上完成这份观察表,但如果同学们觉得有必要,他们还可以在填写表格的过程中回到观察的位置再仔细地观察。教师应该提醒学生,要想取得好成绩,他们至少要从五个方面对这些植物进行对照和比较。每个学生都应该独立地完成这次作业,而不是小组合作完成。同时,教师还提醒学生注意,不要抄笔记,也不要在转移到其他位置时抄先前已经完成了这部分观察任务的其他同学的作业。

　　决定如何评价学生的学业业绩:在真实观察的基础上,请学生对照和比较植物的自然构成特征。评估内容包含了观察行为和对观察结果的描述两个方面。评判学生学业业绩有效性的标准是学生的回答中应该包含有植物构成特征比较和对照的表格。例如,植物是由根、茎、叶子、花、果实和种子组成的。教师可以为学生提供一个观察植物标本特征的提纲供学生仿效。

> ☐准确地列出观察对象的所有构成特征。
>
> ☐概括出植物构成特征的相同之处。
>
> ☐概括出植物构成特征的不同之处。
>
> (教师可以以一些植物为样本,对植物的构成特征进行对照和比较)

　　教师批改每一个学生的观察记录,完成评价。如果必要,教师还可以在学生的作业上写一些批语。把经教师批阅后的学生观察记录发回给学生以作为对这次评估的反馈。对那些在这次评估中作业完成得不好的学生(观察记录写得不规范),教师可以和他们进行个别交流,为他们提供一定的帮助。如果必要,教师还应该就这次评估的相关内容对全班进行补救性教学,以确保学生真正地掌握这些知识和技能。

教学调整:

　　评估方面:教师已经确定在这次评估活动中有两个学生需要相应的协助才能完成任务。对这两个学生而言,最好用和课堂练习中完全相同的对照和比较表。此外,还有一个学生在填写表格时很容易分心,教师可以允许她离开植物标本室到单独的研究室里去填写表格。

学习资料和学习资源:

　　让学生观察的植物或图片

　　网址或录像

　　观察记录指南

　　比较和对照表

附录 6

教案样例 2

教师：_____	学科/班级 _____	语文
单元：_____	授课日期 _____	
课题：_____	辨别形容词	

编写教学目标

　　在含有 10 个形容词的两个段落中，学生能圈出其中的形容词，正确率至少达 90％。

准备导入新课

　　引起学生注意：给每个学生五张上面写有形容词的卡片，让学生相互配对说说、猜猜每个词的含义，并互换角色。所有的词都弄明白后，请学生用一般的词汇来陈述这些句子，在此基础上，向学生解释，这些词我们称之为"形容词"，它们被用来描述某一事物。

　　阐释教学目标：告诉学生，他们应能在阅读的文字段落中辨认出形容词，准确率应该达到 90％以上。

　　激活先备知识：让学生回忆在这一单元中学过的名词，明确"名词"的作用是给某一事物命名，现在他们将学习形容词，形容词的作用是修饰名词。

呈现教学内容

　　知识和技能：向学生解释、说明什么是形容词，提供例句，并说明形容词在写作和交流中的运用。

　　教师和学生的学习活动：因为课文的重点是认识形容词，因此，可以让学生从最近阅读的课外读物中选择一些句子写在黑板上或者练习纸上。和同伴一起读读这些句子，并划出其中的所有形容词。

　　以示范的方式来检查学生对所学的每个形容词的理解正确与否。例如，带领全班同学读"blue"（蓝色的、忧郁的），然后向学生解释说，形容词是用来修饰名词的。这个词可以用来形容一个人、一个地方或者一个物体（注意，学生是否知道什么是名词）。正因为此，我们说，"blue"是一个形容词。

　　提供多样化的正例和反例，请学生进行判断，以检查学生对形容词的理解是否正确。教师大声地朗读一段文章，要求学生在听到形容词时举手示意。继续向学生呈现例子，直到几乎所有学生在听你读到形容词时都能举手示意。请学生解释为什么说这些词是形容词。

　　活动的组织和支持：这是一个全班教学活动，可以从学生最近读过的课外读物中选择一段作为课堂教学活动的学习材料。

提供练习/反馈

示范性练习:要求学生以两两配对的方式界定一段文字中的哪些词是形容词,在练习表中将这些形容词列出,同时运用定义策略,仔细地思考、核对这些列出的词语是否确实是形容词,这些列出的词是否每一个都是用来形容人、物、事的。检查两人小组的学习情况,尤其注意审核学生是否正确地运用了定义策略来检查自己的学习情况。适时调整练习时间、练习方案,包括为阅读水平较低的学生提供额外的学习材料。

独立练习:要求学生从教师所提供的三个新的文章段落中任选一段,列出其中的形容词。学生两两配对运用定义策略检查同伴所列出的词是否确实是形容词,若有异议,可在同伴所列词汇旁做出标记。对学生的练习情况做一个快速检查,以确定是否需要采取教学补救措施,如额外练习、扩展活动、再次强调形容词的定义等。

即时复习:在每一节语音课结束时都设计一个简便快捷的形容词再认活动。这种复习活动也可以安排在段落写作中进行。

总结学习所得

重述本节课的教学目标。给出形容词的定义,要求学生找出文字段落中的形容词并运用定义策略仔细检查核对。告诉学生,他们前面学过的名词是有关事物名称的词语,而形容词是用来描述事物的。下一节课他们将学习动词,动词主要是用来表示行为的词语。

评估学习效果

确定评估程序:为学生提供两段含有 10 个形容词的段落。段落的选择应该考虑学生不同的阅读水平。用口头的或者书面的方式要求学生圈出这两个段落中的形容词。

决定如何评判学生的学业业绩水平:达到掌握水平的学生应该能区分出段落中含有的 10 个形容词中的 9 个。评估结束后和学生一起重读这两个段落。分析那些没有达到掌握水平的学生的错误,采取必要的教学补救措施。

教学调整:

内容方面:对那些听力有困难的学生,提供阅读文本或者使用投影文本。

练习方面:对那些需要额外练习的学生,应该提供补充段落文本,包括降低阅读的难度。

对那些有阅读困难的学生,最好采用配对朗读的方式。

学习资料和学习资源：

　　一些有形容词的卡片

　　五个文本段落，大约 200 个语词长度，每一段落至少应该有 10 个形容词。

附录 7

《辨别名词》教学设计

教师_____　　　　学科/班级_____

单元_____　　　　授课日期_____

学习资料和学习资源：

1.制作一张标题是"名词"的表格，表格纵向分为人、地方、物体三类。

2.提供一些卡片，卡片中包括名词和非名词的词语。

3.设计两份不同的练习单，每份 12 个词语，其中包含 8 个名词。

一、编写教学目标

给出 10 个语词，其中 6 个是名词，学生能辨别出名词，正确率达到 30%。

二、准备新课导入

1.引起学生注意：教师提问学生是否还记得小时候最早学会的那些词语。教师将学生说出的其中一些词语写在黑板上，并配以简笔画说明这个词语的含义。教师引导学生辨认并划出其中的关于事物名称的词语，即名词。说明那些被称之为"名词"的词语，是给了事物一个名称，能让别人知道这是什么。

2.阐释教学目标：教师告诉学生，他们将要学习表示事物名称的词语，这些词语叫做"名词"。在黑板上写出一些名词并请学生想一想。然后，告诉学生本节课要掌握什么是名词，以及当他们在课文段落中看到名词时能把它们辨认出来。

3.激活先备知识：告诉学生他们实际上已经学过很多是名词的词语。让他们回忆这些名词并写在练习纸上：①他们周末去过什么地方；②那边的人是谁；③他们看到了什么。

三、呈现教学内容

1.相关知识技能：学生学过很多名词，但不清楚具体什么是名词以及名词有哪些种类。因此，教师应解释、说明什么是名词，提供例句，并说明怎样辨别名词。

2.师生课堂活动：制作一张标题是"名词"的表格挂在墙上，表格纵向分为人、地方、物体三类；教师让学生看黑板上的词语，提醒他们注意名词是用来命名的词语；教师讲解名词是一种关于人、地方、物体名称的词语；教师确定学生理解了名词的三种类别，让学生把黑板上有关的名词填入表格中，填写完之后，向他们指出表格中的三类词语都是名词；教师使用词语卡片，卡片中包含名词的正例和反例；

教师每次举起一张卡片,请学生判断卡片中的词语是不是名词。在学习的过程中,可以采用问题提示法加以引导:①这是一个人的名字吗?②这是一个地方的名称吗?③这是一个物体的名称吗?④这是一个名词吗?把词语卡片分类并贴到表格中合适的位置。然后将表格留在墙上,便于以后学习时参考和复习。

3.学习活动组织:在墙上张贴一张名词表格,同时,挑选一些包含名词和非名词的词语卡片。之后的练习活动中,给学生准备两份练习单,每份12个词语,其中包含8个名词。全班学生在活动中共同协作学习。

四、提供练习与反馈

1.尝试练习:要求学生采用两两配对的形式,完成小组学习和互相检查的任务。给每个小组提供一份包含12个词语的练习单,让学生辨别出表单中的8个名词。教师告诉学生,先由学生A读一个词语,判断是否为名词,如果是,那么再说出它是关于人、地方还是物体的名词,并把结果填入表中。然后,学生B说出是否同意这个结果,并说明理由。等到下一个词语时,两人交换角色,直到练习全部完成。在练习过程中,教师应来回巡查,检查学生配对学习的情况。当学生之间出现争论时,教师不要直接给出答案,而应该启发引导,帮助他们达成一致。最后,教师仔细检查学习结果,并就答案的对错提供反馈。

2.独立练习:给每个学生提供另一份练习单,但这次要求他们独立划线辨别哪些是名词。完成之后,学生两两配对,运用所教的知识(判断名词的条件)互相检查。教师对学生的掌握做出总体判断,以确定是否需要采取补救措施,如补救教学、附加练习和扩展练习等。

3.即时复习:在本单元每一节课结束时都设计一个简便快捷的名词辨别活动。这种名词复习活动也可以安排在段落写作中进行。

五、总结学习所得

教师提问:"今天我们学会了哪种词语?你知道怎样区分一个名词了吗?"教学生将名词的定义用歌曲的形式唱出来:"名词是一种关于人、地方和物体名称的词语。"而这首歌曲可以采用学生耳熟能详的童谣"我们绕着桑树玩游戏"的曲调来唱。一边唱,教师一边指向墙上表格中名词的三个种类。

六、评估学习效果

1.确定评估程序:在下次课中,让学生完成一个书面作业,为他们提供10个词语,其中有6个名词(男孩、番茄、塔拉哈西市、史密斯先生、足球、市区),另外4个不是名词的词语(唱歌、定冠词、漂亮的、迅速地)。要求学生对名词进行辨别,在每个词语旁的横线中写上"是"或"否"。

2.确定如何评判学生的学业水平:达到掌握水平的学生应该能区分出作业中含有的10个名词中的8个。评估结束后和学生再一起读读这些名词。分析那些没有到达掌握水平的学生的错误,采取必要的教学补救措施。

七、实施教学调整

对于阅读或书写有困难的学生,可以采用如下的教学调整提供帮助:

1.在激活先备知识中让学生通过画图或说出图片中的人、地方、物体的名称,来表达自己的想法。

2.在教学内容呈现中教师在表格中按名词类别填入词语时画上一些标记或者示意图。教师还应该高高举起词语卡片并读出这个词语。

3.在提供练习反馈中让学生两两配对大声读出练习表上的词语;独立练习时也要将练习单中的词语读一遍,便于学生搞清要完成的任务。

4.在评估学习效果中将任务要求以口头形式布置给学生。

(顾苗丰 译)

《圆面积计算》教学设计

教师:＿＿＿＿＿＿＿ 学科/班级＿＿＿＿＿＿＿

单元:＿＿＿＿＿＿＿ 日期＿＿＿＿＿＿＿

一、明确教学目标

了解 π 的概念,知道 π 的常用估计值(3.14;22/7),并使用这些值来估计和计算圆的周长与面积。

给出六个指定直径或半径的圆,学生能使用圆的面积公式 $S=\pi R^2$ 计算圆的面积。学生必须展示作业以及至少要正确计算五个题目。

二、准备新课导入

1.引起学生注意:展示两个不同尺寸的玩具飞盘。询问学生是否玩过飞盘,是否思考过飞盘的大小会否影响它抛出的距离?告诉学生飞盘或磁盘是一个完整的圆,它们表面上的区域就是面积。在这一课中,他们将学习如何计算一个圆的面积。

2.阐释教学目标:今天学习的课题是如何计算一个圆的面积,当圆的半径或直径已知时如何计算圆的面积。利用飞盘指出圆的面积,半径和直径等概念。

3.激活先备知识:使用提示性问题和定义,提示学生以下知识点:

圆的各部分的名称:周长,直径,半径(在黑板上画出并标志)

π 的定义和 π 值($\pi=3.14$ 或 22/7)

圆周长的计算公式(圆周长 $=\pi D$)

三、呈现教学内容

1.相关知识技能:学生已经知道圆各部分的名称和圆周长计算公式。这节课的教学内容将集中在圆面积的计算。

2.师生课堂活动:教师在黑板上写出圆的面积公式并解释含义(面积 $=\pi R^2$)。举例并说明当已知圆的半径时如何计算其面积。首先用飞盘作例子来讲解。

教师讲解例子时,先在幻灯片上绘制圆图并详细列出解题的步骤。然后,再用两个实例教师和学生共同解题。在讲解时教师要使用提示性问题引导学生注意如何正确理解题意和掌握解题步骤。

重复上述过程,帮助学生掌握如何在已知直径的条件下计算圆面积,注意通过直径来求得半径(即直径除以2)。

3. 学习活动组织:收集两种不同大小的玩具飞盘。准备好投影仪和幻灯片。准备两个不同的练习单,上面印有四个圆,用于指导性练习和独立练习。准备一份测验卷,包括六个圆形图,其中三个标出了半径,三个标出了直径。讲解新课采用全班教学,通过小组活动开展指导性练习。

四、提供练习/反馈

1. 尝试练习:让学生四人一组计算练习纸上四个圆的面积(或者已知半径或者已知直径)。要求学生遵循教师上课时讲解的解题步骤,解题时不仅要给出答案,同时要列出解题步骤。第一题解完后,先请小组内一位同学讲解解题步骤;第二题解完后,再请另一位同学讲解解题步骤,直到所有四个题目解完了,每个人都有机会轮流作出讲解。教师在小组之间巡回观察并提供反馈督促。接下来,再通过全班交流,说明解题理由,进一步复习和巩固。如有需要,提供补充例子加深与补救学习。

2. 独立练习:布置课后个人练习作业。给每个学生提供四个不同面积的圆,它们与指导性练习中使用的圆是不一样的。让学生算出四个圆的面积(有的已知半径,有的已知直径)。要求学生写出解题步骤。在第二天上课时要检查课后作业的完成情况,检查的方式同指导性练习时采用的方式相同。

3. 即时复习:在本单元后续课中适时复习圆面积计算内容。

五、总结学习所得

提醒学生本节课已经学会了如何计算圆面积。要求他们理解公式并知道当给出一个圆的直径时应该先转化为半径(即直径除以2)。指出这一方法可以适用于任何圆面积计算。在黑板上布置补充的圆面积计算题目,让学生巩固知识。

六、评估学习效果

确定评估程序:给学生一份测验卷,要求计算六个圆面积,其中三个圆已知半径,三个圆已知直径。要求学生使用面积$=\pi R^2$公式来计算圆面积,并在卷子中列出解题步骤。

确定如何评判学生的学业水平:学生必须正确解答其中的五个题目,才算掌握,除了答案正确,同时还要列出正确的解题步骤。

七、实施教学调整

1. 对于那些注意力不够集中,在小组学习中难以与同伴合作的学生,可以提供以下帮助:在小组内,一个学生与另一个学习程度较好的学生配对,以便能够得到必要的同伴协助。监督小组内的互动活动,并积极强化学生合理的行为。

2.对于功能性视力不佳的学生可以进行下面的调节:在作业单上使用黑色明显的标记确保学生可以看得更清楚。如果有需要,准备一大张印有公式和知识点的讲义以供学生阅读。

3.对于精细动作控制较差和书写能力较差的学生,可以提供以下帮助:将测验卷中的解题空档加大些或者画线,以便学生书写时更加方便到位。让学生用文字处理器来完成测验卷。

（郑丹丹　译）

第六编

教学设计推荐阅读书目*

盛群力 整理

◆盛群力主编:《现代教学设计论》(修订版),浙江教育出版社,2010 年版。

本书系普通高等教育"十一五"国家级规划教材,共分十章:教学设计定位论、教学过程优化论、算启方法教学论、精细加工教学论、发展专长教学论、分类教学设计论、意义学习工具论、通用学习设计论、教师技术素养论和系统设计教学论。本书主要从一个侧面反映了当代国际重要的教学设计流派和观点。

◆盛群力等编著:《教学设计》,高等教育出版社,2005 年版。

国家精品课程《教学理论与设计》建设教材。本书共 10 章,39 万字。本书采用当代国际先进的教学设计理论、方法和程序,特别注重探讨学与教的过程,介绍了十种新颖的学与教模式,旨在帮助学习者提高教学设计能力,适合课程与教学改革中促进教师专业发展的需要。

◆马兰、盛群力等编著:《课堂教学设计——整体化取向》,浙江教育出版社,2011 年版。

本书共 5 章,32 万字。本书主要从整体设计教学的趋势出发,介绍了梅耶的意义学习设计理论,斯滕伯格的成功智力教学理论,威金斯和麦克泰的意义理解设计理论,加依和柯雷的建构学习设计理论,同时也总结了作者在两所小学开展意义学习设计和整体单元设计的经验。

◆盛群力、褚献华编译:《现代教学设计应用模式》,浙江教育出版社,2002 年版。

本书共 5 篇,41 万字。本书介绍了加涅与德里斯科尔、迪克与赖泽、肯普等人享誉世界的五本教学设计著作的要义,比较注重实际操作程序。

◆盛群力等著:《学与教的新方式》,浙江大学出版社,2007 年版。

本书共 9 章,34 万字,403 页。主要探讨了时效利用型、概念掌握型、问题解决型、问题引探型、生成理解型、项目学习型、互助合作型、意愿激发型和信息技术型等学与教的方式。

---

*　推荐书目排名不分先后,仅限于教学理论、教学设计、教育心理学等相关领域。

◆盛群力、马兰主译：《教学原理、策略与设计》（"现代教学理论与设计丛书"），浙江教育出版社，2006年版。

本书约56万字。本书精选了当代教学设计的主要理论观点，分成四编31篇：学与教的变革、学与教的原理、学与教的策略和学与教的设计。

◆盛群力、郑淑贞著：《合作学习设计》（"现代教学理论与设计丛书"），浙江教育出版社，2006年版。

本书共10章，24万字。主要阐述了国内外合作学习的理论观点和实践运用，反映了作者在国内较早开展合作学习研究与应用的若干认识。

◆盛群力等编著：《21世纪教育目标新分类》（"现代教学理论与设计丛书"），浙江教育出版社，2008年版。

本书共8章，32万字。主要介绍了面向21世纪国际教育目标新分类的种种尝试，包括了安德森的认知目标新分类（对布卢姆认知目标的修订）、豪恩斯坦的教育目标新分类、马扎诺的教育目标新分类、乔纳森的教育目标与学习策略匹配、加涅、梅里尔、兰达、罗米索斯基等人的分类以及OECD的21世纪能力观等。本书对了解教育目标分类学的研究进展来说是一本比较系统的著述。

◆盛群力、胡平洲等译：《有效的教学方法》（"现代教学理论与设计丛书"），浙江教育出版社2008年版。

本书共13章，40万字。本书不是一般意义上的教学方法探讨，实际上是一本有关有效教学设计的著作。本书各章充分体现了现代教学设计观或者决策观——教师应该是一个决策者、设计者、管理者、呈现者、沟通者，同时也是一个问题解决者；组织策略、传递策略、管理策略、评价策略和激励策略相得益彰；同时还要考虑学习者的因素。确实，随着国家基础教育课程与教学改革的不断深化，教师教学设计与决策的能力会越来越受到重视。本书可以供广大中小学教师和其他教育研究工作者参考。

◆靳玉乐、陈静等译：《设计与大脑相协调的教学》（"现代教学理论与设计丛书"），浙江教育出版社，2008年版。

本书共9章，22万字。主要围绕着认知科学和脑科学研究的发现，如何设计与大脑相协调的学习，其中包括了多元智力和成功智力理论、小组合作学习、人际交往技能和思维技能，图形组织者等主题，本书对提高中小学教师教学理论素养颇有帮助。

◆何克抗等：《教学系统设计》，高等教育出版社，2006年版。

本书共分8章，285页。本书是教育部高等学校教育技术学专业教学指导委员会组织编写的教育技术学专业系列教材之一。本书力求反映教改成果和学科发展的新动向，从内容和形式上充分体现较新的教育思想和教学观念，在注重培养学生基本理论知识的同时突出强调学生实践能力的训练。

◆杨开城：《以学习活动为中心的教学设计理论——教学设计的新探索》，电子工业出版社，2005年版。

本书共6章，18万字。本书强调了教学设计是一种知识技术，即思考与解决问题的框架与方法。书中主要探讨了以学习活动为中心的教学设计理论，包括任务设计、学习活动设计以及学习活动的评价与监管设计。

◆裴新宁：《面向学习者的教学设计》，教育科学出版社，2005年版。

本书共4章，25万字。本书主要讨论了走进面向学习者的教学设计的理论与实践探索。

◆钟志贤：《面向知识时代的教学设计框架——促进学习者发展》，中国社会科学文献出版社，2006年版。

本书共10章，44万字，292页。本书独创性的体系和对国内外研究的综合，使之成为一本有重要理论和实践价值的教学设计著作。

◆钟志贤：《大学教学模式革新：教学设计视域》，教育科学出版社，2008年版。

本书共11章，45万字，413页。本书从审视知识时代的基本特征出发，通过研究国际上一系列关于21世纪的能力需求报告，从多个角度描述了21世纪对人才素质的新要求，以教学模式基本要素为思维框架，分析了当前我国大学教学模式存在的十大局限，论述了改革的十大走向。

◆裴娣娜主编、杨小微等副主编：《现代教学论（第1—3卷）》，人民教育出版社，2006年版。

本书是全国教育科学"九五"规划重点课题的研究成果，主要由国内教学论中青年理论工作者参加编写，是反映教学论学科建设和改革实践的重要参考书。本书获2007年政府图书一等奖。

◆皮连生主编：《教学设计》（第2版），高等教育出版社，2009版。

本书共16章，分教学设计概论与理论基础、教学目标与教学分析、教学策略、教学评价四大部分。本书凝聚了编著者长期在中小学进行教学改革与教学设计研究的成果，把教学设计视为运用教学设计过程模型、技术解决课程与教学改革中遇到的新问题的过程，形成了一个学习分类与目标导向教学设计的严密体系。每类学习都按教什么（教学目标）、怎么教（教学策略）和教得怎么样（教学评价）3个问题组织教材内容，突出了教学目标、教学过程和教学评价三者的一致性。

◆李龙编著：《教学设计》，高等教育出版社，2010年版。

本书共7章，60万字。主要涉及教学设计概述、教学系统设计、课程教学设计、课堂教学设计、自主学习教学设计、教学产品设计和教学评价等章节。本书凝聚了编著者长期对教学设计研究的成果，主张开展"整体优化"教学改革。本书的主要章节都要求学生完成一个真实的任务，安排了15个"做中学"项目，倡导理论联系实际,鼓励学生学会解决问题。

◆皮连生主编:"学科教学论新体系",包括《语文学习与教学设计》(小学卷/中学卷)、《数学学习与教学设计》(小学卷/中学卷)、《英语学习与教学设计》、《自然学科学习与教学设计》、《社会学科学习与教学色设计》、《学科学习匮难的诊断与辅导》和《学习行为障碍的诊断与辅导》等 10 本,上海教育出版社,2004 年版。

本套丛书以当代教学设计新理念为特征,阐述了新的学科教学研究方法,对一线教师和教研员有较大的参考价值。

◆王小明:《教学论——心理学取向》,上海教育出版社,2005 年版。

本书共 263 页。本书是一本关于心理学取向教学论的著作,从"教学方法的选择与设计要以学生学习的过程与规律为依据并要能有效促进学生的学习"这一思想出发,以哲学取向教学论的主要论题如教学目标、教学原则、教学内容、教学过程与方法、教学评价、教学诊断与补救为组织框架,介绍了心理学取向教学论的主要观点,并结合我国当前的课程改革实际,对课程目标框架、教科书设计、自主学习、学业评价等实践问题作了心理学的分析和解释。

◆[美]加涅著,皮连生等译审:《教学设计原理》(第 5 版"学习心理学与教学设计名著译丛"),华东师范大学出版社,2007 年版。

本书共 16 章,335 页,是教学设计领域的经典著作。本版修订中的一个突出之处是反映了数字时代的信息技术(主要是计算机和互联网)对教学设计的影响。另一个特色是从系统的角度提出了教学系统设计的若干模型,并重点介绍了 AD-DIE(分析、设计、开发、实施及评价)模型,从而更全面地刻画了教学设计的整个过程。

◆[美]迪克等著,庞维国译:《系统化教学设计》(第 6 版/学习心理学与教学设计名著译丛),华东师范大学出版社 2007 年版。

本书共 12 章,398 页,是教学设计领域的经典名著之一。该书阐述的核心思想是:书中首先介绍教学设计的系统方法模型,然后围绕模型中的确定教学目标、进行教学分析、分析学习者及情境、书写行为表现目标、开发评估工具、开发教学策略、开发和选择教学材料、设计和实施教学的形成性评价、修改教学、设计和实施总结性评价等 11 个板块,对教学设计的具体方法和技术给出具体的描述。

◆[美]德里斯科尔著,王小明译《学习心理学:面向教学的取向》("学习心理学与教学设计名著译丛"),华东师范大学出版社,2008 年版。

本书共 12 章,389 页。本书的特点是在教学情境中来讨论学习,该书按学习与行为、学习与认知、学习与发展、学习与生物学、学习与动机、学习与教学几大板块,既介绍了历史上有重要影响的行为主义、认知信息加工理论、有意义言语学习理论、图式理论,也介绍了新兴的学习论思潮,如情境认知、建构主义;既从发展的角度论述了学习,也介绍了学习的生物学机制;既讨论了学习的各方面,还论述了相应的教学含义,鲜明地体现了学习心理学作为教学的基础这一重要思想。

◆[美]安德森等编著,皮连生主译《学习、教学和评估的分类学》("学习心理学与教学设计名著译丛"),华东师范大学出版社,2007年版。

本书共14章,239页。本书是由当今最著名的教育心理学家、课程与教学专家和测量与评价专家对经典的布卢姆认知目标分类理论的修订。经典版布卢姆认知目标分类学只对作为教学评估的目标进行了六种掌握水平的分类:修订版则要求对教学目标、教学过程中的教学活动和教学评估按24个目标单元进行分类,这样就构成72种分类的结果。布卢姆的认知目标分类修订工作的完成表明知识分类学习论思想已被课程、教学和评估专家接受,是科学心理学与教学相结合进入新阶段的标志性成果之一。本书共分三个部分,分别为分类学:教育目标和学生学习;修订的分类学结构;分类学的运用。

◆[美]加涅著,皮连生等译:《教学设计原理》,华东师范大学出版社,1999年版。

本书共16章,37万字。这也是加涅最经典的著作之一。如果说《学习的条件与教学论》主要阐述了加涅对学习结果、学习过程和教学事件的看法,那么,本书旨在将这些研究贯穿在教学设计过程中。

◆[美]加涅著、皮连生等译:《学习的条件和教学论》,华东师范大学出版社,1999年版。

本书共15章,38万字。这是加涅经典的著作,其一生的主要学术贡献可见一斑。提高教学理论素养,研究教学设计,本书不可不读。

◆[美]加涅主编、张杰夫主译:《教育技术学基础》,教育科学出版社,1992年版。

本书共16章,44万字。这是加涅的又一本力作,书中共有14位知名教育技术学专家探讨了教育技术学研究各领域的基本观点、发展脉络及趋向。

◆[美]坦尼森等著,任友群等译:《教学设计的国际观第1册:理论/研究/模型》,教育科学出版社,2005年版。

本书共23章,548页。本书是国际教学设计各专题领域领军人物的合力之作,旨在为教学设计理论、研究和实践建立共同的国际参考基础。本书所明确定义的教学设计理论、研究和模型的基础,涉及学习与教学的哲学、文化学、心理学、教育学、管理学、测量学、技术学等多个学科,为弥合教学设计基础与应用之间的鸿沟搭建了多维桥梁。

◆[荷]山尼·戴克斯特拉等著作,任友群等译:《教学设计的国际观第2册:解决教学设计问题》,教育科学出版社,2006年版。

本书共16章,475页。本书为读者提供了解决教学设计问题的现状综述,从计划与决策、技术与媒体、不同应用领域等角度,为教学设计、决策和评价等问题提供了解决方案及案例分析。本书是国际教学设计各应用领域第一线专家的合力之作,旨在为教学设计的实践提供共同的国际参考基础。

◆[苏]巴班斯基著,张定璋等译:《教学过程最优化——一般教学论方面》("外国教育名著丛书"),教育科学出版社,2007 年第 2 版。

本书共 6 章,26 万字。本书详细说明了教学过程的结构,教学过程最优化的理论基础以及如何保证实现教学过程最优化。巴班斯基的教学过程最优化理论是苏联的教学设计理论,本书对于教学过程最优化在一般教学论方面所作出的阐述,使得该理论长久地保持其学术魅力。

◆[美]费兹科等著,吴庆麟等译:《教育心理学:课堂决策的整合之路》,上海人民出版社,2008 年版。

本书对教育心理学的历史发展线索进行了梳理,使学生能够从学术思想发展的更替中悟出未来的走向;同时也详细介绍了教育心理学的实践应用。理论与实践相结合的原则与风格在各章乃至全书中均有体现,这也是本书区别于其他教材的最大特色。

◆崔允漷主编:《有效教学》,华东师范大学出版社,2009 年版。

本书编写的指导思想是让学习者"像专家一样思考"。本书的单元组织、各章内容、正反信息、练习设计、参考文献以及网站的选择等都体现了如下思考:如何把问题还原到原点来思考? 如何将教学问题置于课程、教育、社会大背景中综合地思考? 如何促使学习者将中小学的课程标准、教材、教学、学习、评价进行一体化的思考? 如何促使学习者形成教育领域的大观念,而不至于去记去背书中提供的那些条条框框的东西? 本书的组织架构按学习单元的方式来呈现:什么是教学——怎样教得有效——怎样教得更好、更有意思。

◆[美]马扎诺等著,胡庆芳等译:《有效的课堂教学手册》,教育科学出版社,2008 年版。

本书共分 11 章。第 1 章至第 9 章详细解释 9 种教学策略。这些策略适用于各种不同教学内容、不同年级和不同类型的学生。第 10 章则阐述了适用于几种具体知识学习类型的教学策略,如词汇教学、总结以及过程分析。最后,第 11 章则介绍单元教学计划中教学效果有效发挥的具体方法。《有效的课堂教学手册》可供相关读者阅读学习。

马扎诺是当代国际著名的课程与教学专家,他在教育目标分类、学习与思维的维度、有效教学策略、教学评价、学校管理、学校变革等颇有建树,长期致力于将教学理论研究与课堂实践相结合。教育科学出版社 2008 年还翻译出版了马扎诺的《有效的课堂管理手册》和《有效的教学评价手册》等书。

◆[美]厄特默等著,汪琼译:《教学设计案例集(第 2 版)》("国外优秀信息科学与技术系列教学用书"),高等教育出版社,2006 年版。

本书为学习"教学设计"课程的学生提供对课堂知识进行实践的机会,试图在实际复杂的教学设计领域与传统教材的基础理论之间架设一座桥梁。"教学设计"课程的教师多年来一直期望有丰富的关于教学设计的教学案例方法。此书为他们提供了原创的设计问题资源,既可用于初级设计课程,又可用于高级设计课程。

◆[美]罗思韦尔等著,李洁等译:《掌握教学设计流程(第 3 版)》("人力资源开发实务译丛"),北京大学出版社,2006 年版。

本书共 20 章,429 页。在系统介绍教学设计流程的基础上,解答了如下问题:如何解决员工的绩效问题? 如何建立严格的培训体系? 如何通过培训来提高员工的知识、技能和态度水平?

◆[美]莫里森、罗斯和肯普等著,严玉萍等译:《设计有效教学》,中国轻工出版社,2007 年版。

本书共 375 页,是教学设计方面的经典著作,内容严谨、逻辑清楚、结构合理,具有较强的学术性、指导性和操作性。本书共十五章,分别从教学设计过程,教学需求分析,学习者和学习情境分析,任务分析,教学目标,教学设计排序,教学设计策略,教学材料开发,教学设计评价体系,方法,设计者的角色定位和设计规划及管理角度等方面阐释教学设计的各个层面,科学系统地介绍了教学设计的理论依据、实践方法。

◆郭成主编:《课堂教学设计》("教学心理学丛书"),人民教育出版社,2007 年版。

本书围绕课堂教学这一中心,将现代教学心理学关于课堂教学设计的研究成果融入到课堂教学的各个环节之中,旨在提高教师课堂教学设计能力,为教师专业化发展和提高课堂教学效益服务。本书共十一章。第一、二章是对课堂教学设计的概述和其设计理论基础的介绍,属于理论探讨,其余各章则是对课堂教学各个环节设计方法的探讨,属于具体应用部分。

◆[美]琴纳莫等著,蔡敏译:《真实世界的教学设计》,中国轻工出版社,2006 年版。

本书共 298 页,从教学设计的基本原理出发,吸纳了当代教学设计的前沿理论,并结合了两位作者在该领域工作 20 多年的切身体会,对教学设计的过程特点、基本要素、实用技术、人际合作、产品试用和效果检验等方面进行了全面、深刻的探讨。作者将教学设计理论与教学实践巧妙地结合起来,通过大量的实例来阐述教学设计的程序和步骤,使读者很容易就能理解书中的理论、概念和模式,并且可以学到开展教学设计的具体方法和技巧。

◆钟启泉、方明生著:《当代日本授业研究》,山西教育出版社,1994 年版。

本书共 8 章,29 万字。授业是教授过程与学习过程相统一而展开的过程。

本书介绍了日本学者关于授业的要素、团体动力学、教育技术学、评价、研究方法论、最优化设计以及新授业论等方面的观点。

◆王嘉毅主编:《课程与教学设计》("教师专业发展丛书"),高等教育出版社,2006年版。

本书共368页,是关于研究"课程与教学设计"等方面知识的专著,具体包括了:课程与教学概述、课程与教学的关系、基础教育的培养目标与课程改革、国外基础教育课程改革的主要内容与特点、我国普通高中课程改革的主要内容与特点、建构主义的学习理论及其课程与教学观等方面的内容。

◆胡小勇著:《问题化教学设计:信息技术促进教学变革》("信息化教育丛书"),教育科学出版社,2006年版。

本书共8章,311页。针对课程与教育信息化背景下的教学需求和实践现状,构建和实证了一种新型的问题化教学设计模式。书中全面剖析和阐述了问题化教学设计模式的各个环节,具有较强的可读性和可操作性,对丰富信息化教学的理论研究和实践操作具有积极的作用。

◆钟启泉编译:《现代教学论发展》(第2版),教育科学出版社,1992年版。

本书共29篇,45万字。本书作为现代教学论基础,为读者提供了进一步研究现代教学思潮所必需的基本知识和学术视野,主题涉及教学过程论与认知发展、教学模式论与教学流派、教学革新与教学研究三大部分。

◆高文主编:《现代教学的模式化研究》,山东教育出版社,2000年版。

本书共12章,54万字。本书主要介绍了20世纪80—90年代世界主要国家的学者有关现代教学的研究模式、学校教学基本模式与风格、课程与教学一体化研究等最新研究成果。

◆高文著:《教学模式论》,上海教育出版社,2002年版。

本书共14章,49万字。本书旨在研究与开发现代学习与教学模式,主要介绍了四组(基于知识组织与表征、基于问题解决、基于情景认知与意义建构、基于活动促进发展)共十种学习与教学模式的理论基础及实施方式。

◆高文等编著:《学习创新与课程教学改革》,广东教育出版社,2007年版。

本书共15章,43万字。本书是课题组研究成果的总结,主要从5个方面反映了当前国内外基于学习与创新的课程与教学改革研究,即(1)学习的创新;(2)重构学校学习,支撑意义的理解与建构;(3)创建学习共同体,改造学校教学组织形式;(4)更新学习观,改革课程与教学;(5)依托信息技术,优化教师培养环境。

◆杨小微、张天宝著:《教学论》,人民教育出版社,2007年版

本书共11章。本书主要介绍了教学论概述、西方教学论的形成与发展、我国教学论的发展与反思、教学的概念、现代教学的基本理念、教学活动的目的、教学活动的本质、教学设计与实施、教学论研究的最新进展与展望等内容。

◆熊川武主编:《教学通论》,人民教育出版社,2011年版。

本书共12章,45万字,是普通高等教育"十一五"规划重点教材,注重新型师范教育模块课程的建设,为培养学生的创新精神和实践能力服务。本书以教学论的基本范畴和问题为主线,反映了当代教学论学科建设与发展的新成果,建立了相对完整的学科体系。

◆陈佑清著:《教学论新编》,人民教育出版社,2010年版。

本书共4编19章,63万字。本书是全国高等师范院校通用教材,尝试建构一种"以学生发展为本的教学论",倡导以学生身心素质的形成与完善作为教学活动的最终追求。本书以"教学引论—学习与发展的过程—教导的过程—具体情境中的教学"为主线,对教学论的基本范畴和问题进行了深入研究,反映了当代教学论学科建设与发展的新成果,建立了相对完整的教学论学科新体系。本书内容丰富,结构合理,理论性、针对性和实用性强。

◆[比利时]易克萨维耶•罗日叶著,汪凌译:《为了整合学业获得:情景的设计和开发》(第2版),华东师范大学出版社,2010年版;[比利时]易克萨维耶•罗日叶等著,汪凌译:《整合学习法——教学中的能力和学业获得的整合》,华东师范大学出版社,2010年版;[比利时]易克萨维耶•罗日叶等著,汪凌等译:《为了学习的教科书——编写、评估与使用》,华东师范大学出版社,2009年版。

这一套书主要从教材编写和实施教学中如何让学生在结束几周或几个月学习以后,依据复杂情境重新运用学习到的知识和技能,强调了学习与生活的联系,突出了如何面向完整任务来解决问题,真正实现意义学习与知识迁移。

◆[美]琳达•达林—哈蒙德等著,冯锐等译:《高效学习——我们所知道的理解性学习》,华东师范大学出版社,2007年版。

本书共5章,26万字。本书系美国斯坦福大学教授、奥巴马政府教育政策改革团队领导人Linda Darling－Hammond等知名学者花了十多年的时间开展学习研究的成果,聚焦于阅读与素养、数学、科学这三大主要学科领域,从理论和实践层面探索了"理解性教学"的教学形式(基于项目学习、基于设计的学习和基于问题的学习),阐释了在新技术的强大支持下,革新课堂学习环境,促进高效学习的策略以及影响这些策略有效性的因素与条件。

◆施良方、崔允漷主编:《教学理论:课堂教学原理、策略与研究》,华东师范大学出版社,1999年。

本书共10章,38万字。本书讨论了教学与教学理论、教学理论的形成与发展、教学理论的基本问题;教学前准备策略、教学中实施策略和教学后评价策略;课堂行动研究。

◆[美]阿兰兹著,丛立新等译:《学会教学》,华东师范大学出版社,2007版。

本书共13章,467页。本书共分4个部分,第1部分包括教学艺术的科学基础和学生在多元化课堂上的学习,第 2、3 和 4 部分主要是围绕"教师职责"这一概念组织起来的。分别为教学的领导、教学的互动和教学的组织。

◆[美]Yelon SL 著,单文经等译:《教学原理》,华东师范大学出版社,2003 年版。

本书共 12 章,30 万字。本书作者是著名的教学设计专家,该书提出的10 大教学原理在培训与教学设计领域久享盛名。

◆[美]格莱德勒(Gredler ME)著,张奇等译:《学习与教学——从理论到实践》,中国轻工业出版社,2007 年版。

本书共 13 章,379 页,是一部综合介绍学习理论及其流派的著作,被美国高校广泛采用。作为教育学和心理学等学科的专业教材,它比较全面而系统地介绍和评论了 100 多年来心理学家提出的、对学校课堂教学实践产生了一定影响的有代表性的学习理论。作者在总结理论流派的同时提出了许多课堂教学建议,并在各章后面列举了一些启发读者思考的问题。

◆[美]波斯纳等著,赵中建等译:《学程设计:教师课程开发指南》,华东师范大学出版社,2003 年版。

本书共 8 章,32 万字。本书旨在课程开发的理论和实践之间架设起一座桥梁,讨论了课程开发的概念与技能,展示了如何将这些概念与技能应用于实际的学程规划。理论与实际设计一门学程相结合,使得本书成为学习课程开发技能的一种独特的方法。

◆[美]鲍里奇著,易东平译:《有效教学方法》,江苏教育出版社,2002 版。

本书共 13 章,63 万字。本书提供了有效教学的案例,采用促膝谈心的方式来讨论各种有效的教学方法,同时展示其实践操作性和可行性。

◆[美]Joyce B 等著:《教学模式》*Model of Teaching*(英文第 7 版影印版),中国轻工出版社,2004 年版。该出版社 2002 年以《教学模式》为书名出版了中译文版。

本书共 21 章,532 页。本书主要讨论了信息加工类、社会交往类、行为系统类和因材施教类 21 种现代教学模式。这是一本最权威的有关教学模式的著作。

◆[美]Gredler EM 著:《学习与教学——从理论到实践》*Learning and Instruction：Theory into Practice*(英文第 5 版影印版),中国轻工出版社,2004 年版。

本书共 13 章,450 页。本书主要讨论了学习—过程理论、认知—发展理论和社会—情境理论共八种学与教的理论。这是受到广泛赞誉的著作。

◆[美]Bigge ML 著,徐蕴等译:《写给教师的学习心理学》,中国轻工出版社,2005 年版。

本书共 14 章,28 万字。本书采用答问的形式系统介绍了当前有关学习心理学研究的重要成果,并提出了有针对性的建议,是一本适宜于教师阅读的好书。

◆[美]Stenberg RJ 等著,张厚粲译:《教育心理学》,中国轻工出版社,2003 年版。

本书共 14 章,63 万字。斯滕伯格是当代国际最著名、最优质高产的教育心理学家之一。本书作为斯滕伯格最新推出的教科书,旨在帮助教师成为专家型教师,学生成为优秀学生,理解与发展教与学的技能,成为一个善于思考的实践者。

◆[美]斯莱文著,姚梅林等译:《教育心理学》(第 7 版),人民邮电出版社,2004 年版。本书英文原版影印本由北京大学出版社 2004 年出版,书名为《教育心理学:理论与实践》。

本书共 14 章,92 万字。斯莱文是当代国际著名教育心理学家和合作学习研究专家。其编著的教育心理学著作,十分受到读者欢迎,再版更新的速度也很快。本书作者认为,教育心理学不可能告诉教师做什么,但是可以给教师提供作出正确决策的原则。有效的教学既不是一些雕虫小技,也不是一套抽象的原则,相反,它是将理解透彻的原理明智地运用于实践,满足实践的需要。

◆[美]阿妮塔·伍德沃克著:《教育心理学》(第 8 版/"教育科学精品教材译丛"),江苏教育出版社,2005 年版,英文影印版 2003 年由高等教育出版社出版。

本书共 740 页(英文影印版 661 页)。本书分为教师教学与教育心理学、认知发展和语言、个性社会性和情感的发展、学生的差异、文化与群体、学习的行为主义观点、学习的认知学派等 12 个篇章对教育心理的基本理论作了一个翔实的介绍,本书章节安排、论述的深度以及理论与实践紧密相连,内容安排亦体现出清晰而可信的内在逻辑关系,提供了大量可读性强的理论资料,总结了其中的主要观点,补充了相关研究的资料,适合教育工作者及心理学工作者学习参考。

◆[美]理查德·迈耶著,姚梅林等译:《教育心理学的生机——学科学习与教学心理学》,江苏教育出版社,2005 年版。

本书共 6 章,238 页。本书并不是将心理学深奥的理论进行简单罗列,而是将其与阅读流畅性、阅读理解、写作、数学、科学这五个具体学科相融合,从中提炼出浅显易懂的结论和切实有效的方法。相比于其他教育心理学论著而言,本书的特色是:更实用、更清晰、更具针对性。

◆张春兴著:《教育心理学——三化取向的理论与实践》,浙江教育出版社,1998 年版。

本书共 13 章,60 万字。本书以研究目的教育化、研究对象全人化和研究方法本土化为理念,从教育心理学的教育学基础、心理学基础和实践途径来加以探讨,是一本极其出色的著作。

◆陈琦、刘儒德主编:《当代教育心理学》(修订版),北京师范大学出版社,2007 版。

本书共 589 页,根据教育心理学的学习和教学需要,在每章之前设立内容提要;每章之中突出重点概念;每章之后罗列关键术语界定与思考问题等;在本书后面还罗列了参考文献。文字上力求文字简练,概念明确,举例精当,引文翔实,新增许多图片、图解和表格,试图在提高学术水准和符合学术规范的基础上实现易读性、实践性和操作性。内容包括学生与教师心理、一般学习心理、分类学习心理、教学心理等。

◆吴庆麟著:《教育心理学》,人民教育出版社,1999 年版。

本书共 20 章,30 万字。本书上编 13 章主要讨论了加涅的教学设计理论,下编 7 章主要讨论了学校学习的认知心理学基础。

◆张大均主编:《教学心理学》,西南师范大学出版社,1997 年版。

本书共 16 章,55 万字。本书以教学主体、技术策略、目标内容、方法途径、制约因素等内容来建构教学心理学的学科体系。

◆施良方著:《学习论——学习心理学的理论与原理》,人民教育出版社,1994 年版。

本书共 16 章,39 万字。本书以代表人物为主,介绍了西方主要的学习理论与思潮。

◆吴庆麟等编著:《认知教学心理学》,上海科技出版社,2000 年版。

本书共 14 章,36 万字。本书着眼于当代认知心理学与学科教育实际之结合,较为系统地阐述了知识的表征与获得、问题解决技能的形成,并从认知科学的观点出发,探讨了语文、数学、科学等学科教学的掌握知识技能的规律性问题。

◆吴庆麟主编:《教育心理学——献给教师的书》,华东师范大学出版社,2003 年版。

本书共 14 章,45 万字。本书旨在加强教育心理学与中小学实践之间的联系,从教师的角度,阐述教育心理学的基本原理与规律,促使教师学会在自己的课堂实践中运用这些知识。

◆[美]奥苏贝尔等著,佘星南等译:《教育心理学——认知观点》,人民教育出版社,1994 年版。

本书共 17 章,68 万字。本书将学习论和教学论结合在一起,在阐述了影响课堂学习的内因(学生的认知结构、认知发展、智能及其他人格发展的差异)和外因(教材、社会因素和教师特征等)时,论证了多方面的教学论主张。

◆[日]筑波大学教育学研究会编,钟启泉译:《现代教育学基础(中文修订版)》,上海教育出版社,2003 年版。

本书共 22 章,553 页,以"教育基础论"和"教育实践论"为中心,配以适当的资料,深入浅出地阐述教育学研究的重要成果。换言之,本书是集中展现教育学的全貌于一卷之中,以便读者一目了然地理解各研究分支的相互关联而严整地构筑起来的教育学宝库。

◆顾小清著:《主题学习设计》,教育科学出版社,2005 年版。

本书共 377 页。本书以信息技术与课程整合的理论和实践为研究基础,介绍了如何以主题学习模式这样一种综合性的课程框架作为实现有效整合的起点,在信息技术的支持下,将跨学科的、由多样性活动组成的课程单元组合起来。在这些多样性活动组成的课程单元中,学生可以利用信息技术工具,独立地或者合作地开展学习活动,获取相关的学科知识和技能,以及进行超越学科的探究活动,发展创新思维能力。

◆[美]申克著,韦小满等译:《学习理论:教育的视角》(第 3 版),江苏教育出版社,2003 年版。

本书共 10 章,70 万字。本书讨论的主题有:学习、教学、行为主义学习观、社会认知理论学习观、信息加工学习观、认知学习过程、发展与学习、动机、内容—领域学习、自我调节等。贯穿于本书的小学、中学和大学三个实例被用来理解各种理论观点。

◆钟启泉编著:《现代课程论》(新版),上海教育出版社,2003 年版。

本书共 9 章,45 万字。本书分课程理论与课程研究、课程改革与学校文化两大部分,力图贴近国际课程研究的前沿,贴近我国课程改革的实践,勾画课程理论的发展轮廓,着重向读者介绍当代最有影响的课程学说及其基本特点。

◆张庆林、杨东主编:《高效率教学》,人民教育出版社,2002 年版。

本书共 13 章,40 万字。本书探讨了高效率学习与教学的理论、方法和评价,以及在语文、数学与科学学科中的具体运用。

◆张大均主编:《教与学的策略》,人民教育出版社,2003 年版。

本书共 11 章,32 万字。本书力求将理论高度和实践深度结合起来,系统概括教学心理学的最新研究成果,结合国内外课程与教学改革的趋势和要求,讨论了教学准备、实施、评价的策略,学习准备、课堂学习和课后巩固的策略,以及语文、数学、外语、物理教学的策略。

◆钟启泉主编:《课程设计基础》,山东教育出版社,1998 年版。

本书共 12 章,46 万字。本书围绕课程设计的基础理论,提供了国外课程发展和课程研究中重大问题的理论思索,介绍国外最新课程实践,也结合了国内课程改革的实际作出了若干议论。主题包括课程研究方法论、全球教育视野中的课程开发、课程评价的方法与技术。

◆李定仁、徐继存主编:《教学论研究二十年 1979—1999》,人民教育出版社,2001 年版。

本书共 15 章,56 万字。本书围绕着教学论研究的基本领域,诸如对象、本质、主客体关系、课程、原则、方法、设计、模式、管理、艺术、评价、实验、理论与实践的关系等展开讨论,涉及专题研究的历程与特点、专题研究内容的评价、反思与展望。每一专题后附有主要论文索引。

◆范印哲著:《教材设计导论》,高等教育出版社,2003 年版。

本书共 17 章,57 万字。本书探讨了大学教材设计的理论基础、基本原则与实施步骤,教材的评价方法等,是一本系统新颖的有关大学教材设计的著作。

◆[美]Good TL 等著,陶志琼等译:《透视课堂》,中国轻工出版社,2002 年版(教育心理学透视课堂第 6 版,教育科学分支学科影印版系列教材,陕西师范大学出版社,2005 年)。

本书共 11 章,50 万字。本书讨论了课堂生活、管理、教学、师生互动与因材施教等。本书提供了一种观察、描述、反省和理解课堂行为方法,也是一本综合性强而且富有新意的教师手册。

◆[美]Moore KD 著,陈晓霞等译:《中学教学方法》,中国轻工出版社,2005 年版。

本书共 16 章,47 万字。本书讨论了中学教育的定位、如何为中学课堂教学作准备、教学的实施以及中学教育发展趋势展望。

◆钟启泉主编:《学科教学论基础》,华东师范大学出版社,2001 年版。

本书共 9 章,40 万字。本书梳理了中外学科教育的历史发展与未来前景,从教育学、社会学、传播学、技术学、认知心理学的角度来阐述学科教学的基本理论。

◆[新西兰]德莱顿等著,顾瑞荣等译:《学习的革命——通向 21 世纪的个人护照》(修订版),生活·读书·新知三联书店,1998 年版。

本书涉及 15 个主题,共 29 万字。本书面对未来世界的 15 种发展趋势,提出了革新学习方式的一些大胆设想。作者认为怎样学习比学习什么更为重要,学校教育最重要的任务是学会怎样学习和怎样思考。

◆[美]布鲁纳著,姚梅林等译:《教学论》("世界课程与教学的理论与实践译丛"),中国轻工出版社,2008 年版

本书共 150 页。美国著名教育家和心理学家布鲁纳被认为是继杜威之后最具有感召力的教育改革家之一。《教学论》是布鲁纳的重要代表作,它围绕心智发展和教学之间的关系,从学习机制、学习动机、学习共同体、课程内容、课程设计与评价等不同角度,阐述了教学如何采用多种方式来适应和促进学生的心智发展,使其心智潜能得到最大程度的发挥。本书为我们全面、深入地理解布鲁纳的教学理论,借鉴美国的教育改革经验,提供了非常宝贵的资料,堪称"不朽的教育经典"。

谈如何作研究与写论文

盛群力

[摘要] 中小学教师学会作研究与写论文,是促进自身专业发展的一条重要途径。提高研究能力和论文写作水平,首先要有正确的认识和平实的心态,同时也要学会检索文献,了解论文写作的基本套路,重视标题、摘要、关键词、参考文献的规范性以及使得文稿打字编排能够引人注意。

[关键词] 教育研究方法 教育论文写作 教师专业发展

一、为什么要作研究与写论文?

中小学教师学会作研究与写论文,是履行自己的岗位职责、完成工作任务的一个重要组成部分。有的教师想不通,觉得自己教好书上好课已经够辛苦了,干吗还非要作研究与写论文呢? 这是专业研究工作者做的事情嘛! 难道一个临床医生诊治疾病,还要跑到实验室做实验吗? 我们认为,教师作为一个专业岗位,之所以越来越受到人们的关注(甚至有点挑剔!),乃是因为学生作为复杂的生命体,其心理生理特点理应受到细心呵护,其间的各种教育活动有许多科学的道理需要探讨。那种认为只要拥有学科专业知识就能胜任教师工作的想法是越来越行不通了。教育科学和心理科学是最复杂的学问,没有任何理由去轻视它。中小学教师必须时时刻刻用教育理论武装自己,掌握教育心理学、学生发展心理、班级管理、教学理论与设计、家庭与社区沟通理论,等等,这就离不开借鉴别人的研究成果和自己独立地开展相关的研究。

教师学会做研究和写论文,除了体现岗位业绩之外,更要紧地还应有内部动力的激励。现在许多人都在讲"幸福指数"。如果仅仅从完成工作任务,得到别人的奖励或者认可来看,作研究和写论文的幸福指数可能还是不高的,甚至有些人会觉得苦不堪言,哪有什么幸福可言。但是,如果我们将作研究与写论文看成是生活的一部分,看成是个人成长、身心愉悦的经历,那就会有长远的发展后劲。现在许多学校和教师在做科研和写论文的过程中,太讲究功利性的业绩,恨不得一两年就有惊人的变化,放出一颗大卫星来让人刮目相看。其实我们要明白,做好一项课题,写一篇优质论文,都不算是什么难事,难的是不断有新东西推出来,时时能超越自己。作研究和写论文是一项创造性的劳动,任何投机取巧沽名钓誉甚至违背学术道德规范的做法也许会获利于一时,但绝不会将自己塑造成大家,更难以有毅力一直做下去。许多脱颖而出的中小学教师为什么能甘于寂寞作研究和写论文,这主要是为了生活中的追求和内在的愉悦感。

中小学教师在开展教科研工作时一定要从实际出发,不要好高骛远、眼高手低;不要人云亦云、盲目跟风;不要轻言发现了什么了不起的奥秘或者领先于别人多少步云云。教育现象的复杂性、教育规律的隐蔽性决定了我们每前进一小步都要花费相当的力气,都需要有惊人的毅力和善于吃得起苦并且耐得住寂寞,时时刻刻想"造势"和"超越"的人,基本上属于无知者无畏一类的表现。

中小学教师作研究和写论文的具体性质是什么呢,该如何定位呢?我们认为,研究工作有不同的类型,例如基础理论研究、应用理论研究、开发研究、应用研究等,中小学教师的研究一般属于应用研究,也就是说,研究的目的主要是为了改进工作和提升、愉悦自己,并不在意要发展多少新知。不管是基础理论研究还是应用研究,两者只有目的不同和性质差异,并不必然存在着水平高低和精细粗野之分。教师完全有理由欣赏自己的研究心得,别人,甚至包括教育理论工作者和专职教育科研人员,都应该重视教师的研究成果。

作研究与写论文是互相联系的。论文本身就是研究工作的成果,研究需要用论文的形式加以表达。一般来说,会做研究工作是写好论文的前提。没有深入地做研究工作,很难写出高质量的论文。另一方面,有时候确实开展了一定的研究工作,但是论文的质量不尽如人意,这种情况也是常见的,尤其是体现在一线教师的身上。

二、教育论文写作:重态度还是重技巧?

教育科研论文,简称为教育论文,主要是用来反映研究者对教育现象及其规律的认识,并作为一种教育研究的成果予以交流的。主要从事教育实践的教师,经常会有一个疑虑,自己能不能够写好教育论文,希望能够得到专家的指导。我们认为,一线教师写好论文,虽不能说是轻而易举的事情,但也没有必要望而生畏。正确的态度是认真对待,虚心体会,不断练习,逐步提高。

教育论文的水平高低,显示的不仅仅是一个技巧问题,更是一个研究的态度问题。我们经常说态度决定一切,这在教育论文的写作中也是能够反映出来的。有些教师,平时不注意积累,不经常读书和思考,经常遇到有"任务"时候(例如每年一篇论文写作任务,评审职称需要提交论文,课题结题需要写出报告,等等),希望能够妙笔生花或者寄希望得到专家指点。实际上这样做往往是要失败的。教育现象的复杂性决定了绝大多数专家在超出自己的研究范围外,不可能提出多少真知灼见。更重要的是,教育专家(理论工作者或者科研人员)同一线教师一样,都是要付出巨大劳动,都是要沉下心来才能有所发现。立等可取、倚马可待、挥手可就等都只是一种美好的愿望,甚至是忽悠人的拙劣伎俩,千万不可信。

我们有时候经常听到教师会说,自己用了几天时间写成了一篇论文,意思是已经投入付出了不少时间精力希望有所回报,比如获奖、发表或者交流,得到别人的肯定。我们觉得,一般来说,这是低估了教育论文写作的艰辛程度。这样的论文很少会引起别人的关注,很少会有较高的关注价值。虽然我们难以做到自己写作的论文藏之名山、传之后人,但是绝不能说出来就忘掉,写出来就过时呀。要想教育论文有较长的生命力和感染力,那一定得是辛勤耕耘、长期积累的结果。一定不能存有突然间放出一颗大卫星的心态,一定不能抱有不屑一顾所谓轻松搞定的侥幸。

论文是作者长期研究和思考的结果,反映了一个人的研究素养,这是根本的东西。这就是我们强调要读书,要查阅文献,要研究和思考而不能光靠技巧的原因。为什么在写文章方面,博士生一般要比硕士生好一些,硕士生一般比本科生好呢?就是因为他们在研究素养上有差异,在研究训练上有不同的层次。原则上说,一个人学会了写好一篇文章,就能写另一篇文章,这同写什么主题关系不大。

教育论文写作有没有技巧,回答是肯定的。但是有许多教育研究专家也指出,教育论文的写作实际上需要的是平实的风格,根本用不到花里胡哨的修辞夸张手法,许多散文小说、新闻报道、报告文学等其他体裁的写作技巧在教育论文写作中是不适用的。文史专业毕业的教师未必就比理工专业的教师在写作教育论文时更有优势。

三、不检索文献就不动手作研究与写论文

有不少教师并没有真正理解检索文献与作研究和写论文之间的关系,往往都是依据自己已经做了些什么来加以总结提炼。实际上,在开始做些什么以前或者将要总结已经做过的事情之前,都应该做检索文献的工作。检索文献,不是去抄袭别人的成果,不是被别人的观点牵着鼻子走,而是要知道别人已经做了什么或者没有作什么,做的程度如何,有什么经验教训可以借鉴,有什么观点想法可以汲取。可以这么说,不动手检索文献,没有建立某个主题或者专题的"文件夹",就不应该动手作研究与写论文。我们经常说,研究工作贵在创新,但是创新的前提是要知己知彼,如此才能扬长避短、扬长补短。要有这样一个基本判断:从信息检索到信息组织乃至知识创新也许只有几步之遥啊!似乎也可以这样说,不会检索文献,就不会作研究和写论文。

检索文献,具体应该怎样做,有几条途径呢?我们建议,首先应该采取上互联网利用谷歌、百度、雅虎等搜索引擎,同时利用中国教育科研网、维普期刊数据库、学位论文数据库等,有条件的教师还应该利用国家、省市图书馆或高校、科研机构

图书馆的资源,采取委托检索与复印、电子邮件传递、馆际互借期等。除了通过互联网检索文献之外,我们当然可以利用图书馆、书店等传统的途径,只不过我们也都可以先上网查阅是否有收藏或者上架,并不需要贸贸然动身前往。

利用网络检索文献,一般采取输入关键词的途径,当然也可以通过作者名、刊物名等检索。有时候,在关键词后面用逗号分隔并加上"pdf"字样,就可以更加快捷地集中检索带有 PDF 的文件。另外,通过文献追踪文献是我们经常采用的办法,也是一条比较切合实际的做法。除了专业数据库之外,通过专门的搜索引擎来检索文献目前最好的可能是"谷歌",它不仅可以用来检索网站、论文和著作的章节,还可以检索图片(图表)和照片(例如你想浏览国际著名教学设计专家罗伯特·加涅的形象,就可以点击谷歌首页的"图片"栏并键入 R·Gagne 搜索即可)。教师一定要学会通过谷歌来为你打开一扇新的窗户。许多的网上资料是制作成 PDF 格式的,教师只要在自己的电脑上下载或者安装相应的阅读软件(例如 Adobe Acrobat 7.0 Professional),就可以阅读甚至将其中非扫描类的 PDF 文件重新转化成 word 文件以便于编辑(下拉"文件"菜单,选择"另存为"点击,在出现的对话框中选择"保存类型"为"Mircosoft Word",最后点击"保存")。该软件还可以将一份 word 文件转换成 PDF 文件以供交流。互联网检索的好处还不仅限于此,在标注参考文献有时候缺少若干要素时(例如出版地、文献起止页码等),都可以利用"谷歌"检索予以补齐。

我们特别要说一说:年青教师只要略通一点英语,就要大胆利用关键词来检索英语文献。借助你本身的专业学科知识,利用"词霸"等工具来查词释义,你可以对许多英文文献的适用程度猜出个大概来,慢慢地当你学会了打开这一扇窗口,你会发现一个新的世界。

以前我们会说,自己的学校地处偏远,当地的科研条件差,缺乏研究力量。但是有了互联网,"世界触手可及",就彻底改变了我们作研究和写论文的传统局限。城市里的教师和偏远山区与海岛里的教师,差不多都能站在同一个起点上。甚至会出现后者超过前者的"逆差",这是因为现在就看谁能领先一步,谁能执著追求,谁又能细致洞察。只有你想不到,只有你找不到,很少会出现相关文献资料在互联网上无法检索一无所获的情况。如果你能学会用不同的关键词,在不同的时间段或用不同的方法去搜索,你肯定会有所收获。一般来说,对一线教师而言,写一篇论文,做一个小的课题,利用网上的资料可以解决你大半的问题,甚至你全部的问题。

四、教育论文写作有没有基本套路

关于教育论文的分类,有一些专门的讨论,分类很细。例如桂建生在《教育科研论文撰写指导》一书中将教育论文分成研讨型、实证型、经验型、报告型、阐释型、书评型、综合型等。我们认为,可以将教育论文简单地分成论文型和报告型两大类。论述型教育论文可以是观点研讨、经验提炼、理论阐释、文献评论等侧重;报告型教育论文主要指的是调研、实验、考(观)察等成果反映。当然,论述型和报告型互相渗透融合的情况也是有的。我们不能简单地说哪一类教育论文更容易写一些或者哪一类教育论文的水平更加高级一些。但是,确实有一些人更善于写某一类教育论文,这主要是其研究的特长决定的。

论述型教育论文要回答的问题同心理学研究的知识类型是一样的,就是回答"是什么"、"为什么"和"应怎样"。"是什么"回答陈述性知识,"为什么"回答策略性知识(在什么条件、什么时间和地点什么情境下做什么事情和怎样做事情),"应怎样"回答程序性知识。

就论述型教育论文写作而言,回答是什么,往往体现为"概念辨析",例如《论合作学习与协作学习的异同》、《谈教育叙事的特点》、《教学设计中"预设"与"生成"之分析》。回答为什么,往往体现为价值澄清、地位确定和意义彰显,例如《发挥学生主体自觉性在创设以学生为中心的教育环境中的作用》、《教育券与落实教育公平理念》、《班级管理中民主精神的彰显》。回答应怎样,往往涉及方法、策略、途径、手段等。已经做的和将要做的都可以用应怎样的方式来写,区别在于语气不同,一个好比是经验总结,成果推广,一个好比是建议与思考。例如《合作学习在小班化语文课堂的实施策略》、《如何在新课程中贯彻与落实教育目标新分类》。

特别要注意,在一篇论述型教育论文写作中,可以平均使力,兼顾三个方面,也完全可以突出一个方面,其他两个方面一带而过或者略写。这取决于论文的长度,交流的对象和自己在哪一个层面上更有心得。

报告型教育论文(包括实验报告、调研报告、课题研究报告等)的写作看起来套路更加明显一些。包括:①问题的提出;②研究的目的、价值与意义;③已有研究的综述;④研究设计(取样、方法、途径、时间以及程序安排);⑤研究结果(研究结果要用图表的方式对原始资料或数据进行整理后呈现,或者按照一定的逻辑体系来阐述);⑥对研究结果的讨论(讨论要结合别人已有的研究,对照你的研究结果,来分析异同,阐明你的研究的新颖之处);⑦研究结论;⑧后续展望与建议。

五、怎样让别人看完第一页?

作为投稿者来说,如果文稿被采用,那么当然是皆大欢喜;如果文稿被退回修改,那就要认真研究修改建议是否可行,有没有可能改好;如果文稿被退回或者没有被采用,那么也需要进一步分析原因在哪里,是不适合的刊物还是写作功夫不到家。不要将怨气撒向编辑或者评审专家。有一个简单的规则是:一般来说编辑或者评审专家会在第一时间审读完文稿的标题、作者、摘要、关键词、各级标题和参考文献以及浏览图表等重要信息之后，就会决定是否要进一步审读下去。让编辑看完第一页就是成功了一半。

怎样让别人看完第一页呢？不妨试一试改进以下几个方面。

（1）题目是论文的眼睛，无论如何要做到贴切、准确和吸引人。题目的字数一般应控制在 15～20 字以内。字数太长，采用主副标题也不失为一个补救办法。论文的题目往往分为论题式和论点式以及两者混合型。论题式题目主要反映研究工作的内容或者主旨，如《论开展教科研活动对促进教师专业成长的作用》；论点式题目比较直接地反映了作者的观点或者论文的中心思想，如《开展教科研活动是促进教师专业成长基本途径》。论题式题目和论点式题目各有优劣势。前者论题相对宽泛，写作起来有一定的伸展度和取舍度，但是有时候别人看了题目还不能一下子把握文章的特点。论点式题目一语中的、个性彰显，但是相对来说主旨的面就比较狭窄，稍长一些的论文就可能不太适合。论题式题目和论点式题目的结合可以反映在主副标题的配合使用上，如《促进教师专业成长的一条基本途径——浅析学校教科研活动的价值》，其中主标题是论点式，副标题是论题式。当然，主副标题也可以是论题式与论题式结合，甚至论点式与论点式结合。如《教育心理学——三化取向的理论与实践》就是套用了两种论题式题目。另外，题目中出现冒号时，也可以看成是一种主副标题的变式，如《合作学习：一种新的教学策略》。一篇论文最先映入人们眼前的是题目，所以无论如何仔细斟酌都不为过。

（2）关键词，也称之为主题词，是论文最重要的信息之一。需要有关键词，是因为便于计算机和人工检索，便于文稿的归档，便于你的论文在更大范围内传播，发挥更好的效用。绝不应小看写关键词，其实几个关键词就反映了作者对自己论文主题的把握程度。万字以内的论文，关键词的数目可能在 3～5 个左右，超出 7 个的情况比较少见。题目往往是关键词最重要的依据。例如，文章的题目是《小学语文课堂中运用小组合作学习的策略探讨》，适当的关键词可能有：①小学语文课堂教学；②小组合作学习；③教学策略。像"运用"和"探讨"都不应该成为关键词。除了论文的题目可以为关键词提供信息之外，论文的各级主要标题、摘要等也是确定关键词的提示信息。关键词的排序可以依据概念的大小，论述中出现的先后顺序或者其他逻辑关系来酌定。关键词中不应出现不规范的缩略语等，例如"基础教育"不能简称为"基教"。关键词的排列可以是每一个关键词后面标上分号接排，也可以每一个关键词后面空一格。

（3）摘要也称提要，也是论文最重要的信息之一。摘要可以独立成文并且为文摘类刊物或者检索类刊物所用。论文中之所以出现摘要，是为了帮助读者（包括编者、评审者）即刻把握论文的价值和特点以及创新之处。传统的摘要写法主要是用句子将论文的纲目连接起来即可，有些甚至直接罗列小标题。但是现在许多刊物都强调摘要应该包括研究的意义或者价值（可选），研究的方法和对象（可选），研究的主要结论或者创新观点。万字以内论文的摘要字数一般不会超出250字，长篇报告的摘要控制在总字数的 3％～5％。摘要往往是论文中最后定稿的部分，但是却同论文的题目与作者等信息一起被最先关注的部分。看完摘要，基本上就可以对论文的质量心中有数了。对那些论文的质量与摘要的信息不对称的教师来说（也就是实际上论文写得还不错，但是摘要写得完全没有章法），往往会吃亏了。人们经常说写好摘要应该做到惜字如金，反复推敲。教师论文中摘要写作的情况并不乐观，存在的主要问题是：①字数控制欠当；②内容选择不当，尤其是大谈论文的价值，也有的将论文的引言或者结语直接搬来做摘要。

4. 参考文献也是重要的一环。参考文献虽然不是出现在第一页，但是广义上说也是属于别人在审读或者编辑时是否能"一见钟情"的范围。目前教师写作的论文中可能存在问题最多的是参考文献，一般只有 20％～30％ 的正确率。问题突出反映在格式不对头，著录欠齐全。这里有参考文献的要素和排序问题。要素涉及著录是否齐全。齐全的著录应该包括①文献序号，一般用数字加方括号，如[1]。②文献责任人，三位以上的作者后面可以用"等"字省略。③文献名称（论文名称或者著作名称等），文献名称应该全录，有主副标题的一般副标题也不能省略。④文献发表刊物名称或者出版机构名称。有的规定还包括了在此前后分别加文献的类型标识和刊物/出版机构的所在地省份。关于文献类型标识，一般规定是专著 M，论文集 C，报纸文章 N，期刊文章 J，学位论文 D，研究报告 R，标准 S，专刊 P 和其他 Z。⑤文献发表、出版的年份或者期号、卷号等。⑥文献起止页码（可选用，主要用于与正文对应标注的"注释"或者"参考文献"）。格式问题主要涉及文献著录所涉及的各个要素如何作出排序。这里的情况相对复杂一些，具体的类别可以分为专著、期刊文章、学位论文、研究报告、论文集以及从中析出的文献、报纸文章、标准、电子或者网络文献以及其他未定义的文献。一般教师可能难以完全搞清楚，必要时应该参考范文或者对照参考文献标示标准（可以在互联网上下载）。但是，现在我们经常看到教师在列出参考文献的时候，多数不足是要素缺项、排序错误和无端空格（每一个著录要素没有在运用正确的标点符号后接排），其实这还是很容易改进的。我们虽然难以做到十分准确（实际上，参考文献的标示标准不同的刊物还略有差异，但是基本目的是相同的：即为了更好地传递信息、交流观点和保护知识产权），但至少做到看上去像那么一回事，不要让人感觉错误百出。

六、改进文稿编排为自己的论文"吆喝"

桂建生在《教育科研论文撰写指导》一书中谈到了教育论文撰写的基本要求，

文章指出,教育论文应该做到①政治导向正确;②具备教育论文的基本特点(科学性、创造性、理论性、学术性、探索性、应用型、专业性、规范性和观点鲜明性);③写作规范;④与所投刊物的要求相符;⑤可读性强;⑥具有可编性。我们认为,提交教育论文是教育研究工作本身不可缺少的一个部分。提交的形式有多种多样,列如公开发表、政策咨询、会议交流、网络传播、成果评奖,等等。不管是哪一种提交形式,最重要的是可读性和可编性。可读性,不仅适用于发表或者交流,同样适用于提交给专家评审。可编性,主要是从公开发表的角度来说,专业编辑工作者会如何处理你的论文。一般来说,经过编辑加工的文章会增强可读性,但是反过来,只有可读性强(阅读和审读)的论文,才会使编辑愿意编辑,专家愿意审读,从而提高发表的可能性,甚至获奖或者得到认可。

许多一线的同志,提交(投寄)论文、申请课题或者申报成果,都喜欢"找人",希望自己的"产品"能够得到关注。这种心理也无可厚非。其实你并没有必要花很大力气去"找人",练好内功最重要。人们经常说:"是金子就一定能闪光",但问题是你如何做到使其闪光,让别人(读者、编辑、专家、领导等)发现你的创意和智慧。以下几点事情希望作者自己能够做好,不能指望编辑或者专家来协助你做。

(1)文稿应该采用电脑打字稿和 A4 纸型(另有规定除外),页边空白采用电脑缺省设置或者阅读起来较为舒适的感觉。每页的行数建议控制在 36 行左右("格式"菜单中"段落"设置成"多倍行距",同时将"设置值"调整为 1.25),正文采用5号宋体字(正文采用 4 号字和其他的字体,如楷体、仿宋等都是不太适宜的)。

(2)文章的标题应该采用与正文不同的字体,字号一般应该在 2 号以上并依据标题字数多少加以调节,如果有主副标题,也可以将主标题和副标题的字体字号有适当差异。作者署名的字体建议采用 4 号或者小 4 号楷体。有些文稿的题目和作者署名都采用与正文一样的字体字号,这样就势必将作品最重要的信息给淹没了。另外,一般来说,文稿中的标题和作者署名都应该在页面占居中的位置。

(3)文稿中的段落每一自然段都应该空两格(这当然是小学生作文的常识了,但是经常看到不少文稿每段的空格随意得很)。每一段开始如果需要采用段落标序,最好不要采用电脑中的自动套用格式(因为这样很不利于自己或者别人修改)。文章各级标题的序号建议采用[一、/(一)/1. /(1)/和①]五级,中间可以跳过某一级标题,但是不应倒置。如果是撰写篇幅较长的课题报告,可以增加章和节的分级层次。在五级标题之下,还可以采用几种符号,如◆●■★▲◇○□☆△等。一般建议一级标题居中,其他几级标题左顶格或者左空两格。各级标题的字体字号都应该有所区别,并且保持全文的一致性。

(4)请注意标点符号的准确性。这里还主要不是指标点符号在段落和句子中如何恰当地使用,而是特别针对标点符号使用的随意性。例如:①在电脑打字时没有区分中文状态和英文状态下的句号和逗号格式,尤其是逗号中英文状态混用的情况比较常见。②在段落标号和不同标题序号中不规范的使用标点符号,最常见错误的是将一级标题标序后用圆点或者逗号(应该使用顿号),在二级标题标序后添加顿号或者圆点,在三级标题标序后用顿号(应该使用圆点)。

(5)文章中的图和表一般应该分开标注,不要简单地混称为"图表"。每一个图和表都应该配有标题,同时分别连续标示序号。在一页文稿中,图和表应该出现在首次提及的段落的后面,尽量不要跨页排,必要时可以出现在后一页。图和表的标题的字体字号应该同正文略有区别并且加粗标示。图的标题应该在图的下方标示,表的标题应该在表的上方标示,图和表同正文之间应该空出一行。图和表应该采用单倍行距来制作,同时其宽度不应超出正文的页边距。

以上五个方面也许看起来很细,但是其实并不是很难做到。现在大家不是在讲如何吆喝能引起别人的注意吗?写作细节上的改进,就是为你自己的研究成果或者论文"吆喝",这样的吆喝成本不高,容易做到,何乐而不为呢?看到许多的作者希望编辑或者专家能够帮助自己来修改文章,但是实际上,你可以为自己做很多的事情,像上面提到的几点,如果要编辑来帮助你作出改进,那么,可以说你的文稿被录用的可能性就微乎其微;如果说文稿要参加成果评审,那么沧海遗珠可能就轮到你头上了。其实不要花很多力气,只要通过改进文稿编排为自己的论文"吆喝",从而让别人更愿意审读你的文稿,更愿意编辑你的文稿。

参考文献

[1][英]奥康纳等.怎样写作科学论文.上海:上海科学技术出版社,1983.

[2]桂建生.教育科研论文撰写指导.长沙:中南大学出版社,2006.

[3][美]罗伯特.如何撰写和发表科学论文.北京:原子能出版社,1986.

[4][苏]普里霍杰科.研究工作入门.上海:上海科学技术出版社,1980.

后 记

　　《意义学习设计》一书是作为国家精品课程"教学理论与设计"的学习资源而选编的。2005 年,国家精品课程"教学理论与设计"教材《教学设计》,由高等教育出版社正式出版,迄今已经重印 10 次。鉴于教学设计的理论发展较为迅速,本书所选的篇目中有些是对原有教材的细化与更新,有些则是有所补充。编选的内容主要反映了课程主讲教师在这一领域的研究与教学心得(部分篇目曾先期在专业刊物上发表过),参与本课程学习或者建设的本科生和研究生也贡献了力量。我们始终认为,学习过程、研究过程和应用过程应该成为一体,本科教学和研究生教学实在也很难截然分开。基于此,我们积极鼓励学生参与到课程建设中来,教师要用教材教,而不是教教材。本书的六编内容中,其中的第四编便是选自浙江大学教育学院 2008 级学生选修本课程时参加课程考试的论文。我们可以看到,如果采用闭卷考试,未必会有这样深度的精彩论述。

　　本书第五编,选用了编译自由美国佛罗里达州教育署教学支持与交流处 2002 年发布,美国佛罗里达大学业绩技术中心 Debby Houston 和 Marty Beech 博士编写的《多元课堂教学设计教师手册》。这个材料十分有利于新手教师掌握教学设计的程序。编译时得到了美国佛罗里达州教育署特殊教育与学生服务处处长 Bami J. Lookmam 的书面授权,联系中得到了该处资源与信息中心主任 Judy White 和作者之一 Marty Beech 的帮助,在此特别表示感谢。

　　本书得以顺利出版,我们特别感谢浙江大学本科生院提供课程建设和出版经费的支持、感谢浙江大学教育学院本科教学科与研究生科相关负责同志的关心!感谢浙江大学教育学院教育学系、浙江大学教育学院课程与教学研究所同仁的一贯支持!感谢杭州师范大学教育科学学院的支持!感谢浙江大学出版社徐素君老师和李峰伟编辑给予的细致指教和大力帮助!

　　国家精品课程建设是一个持续和不断完善的历程。我们除了在浙江大学精

品课程网"教学理论与设计"网络学习平台(http://course.zju.edu.cn/jpkc/503/webpage/)上更新资源外,还将在国家精品课程资源网(http://www.jingpinke.com/)的课程中心板块中"教学理论与设计"网络学习平台上公布新的课程资源,同时我们还将通过其他相关的教改项目、教材建设、专著译著、课题研究和报告/论文等途径推进教学设计的研究。

敬请读者对本书编写中存在的不足予以指教。

2011.6.25